크리스틴 네프가 전하는 **적극적 자기연민의 힘**

# 나를 돌보는 마음 훈련법

크리스틴 네프가 전하는 적극적 자기연민의 힘

# 나를 돌보는 마음 훈련법

Kristin Neff 저 | 서광 · 덕산 · 서승희 공역

FIERCE SELF-COMPASSION
How Women Can Harness Kindness to Speak Up, Claim Their Power and Thrive

학지사

사랑하는 나의 아들 로완에게,
그리고 이 세상의 모든 여성에게.

## 역자 서문

우리는 각자의 경험과 배경, 문화와 성별 등 수많은 프레임을 통해서 세상을 바라보고 판단하며 살아갑니다. 책의 저자 크리스틴 네프는 특히 '여성'이라는 정체성 위에 놓인 사회적 프레임—착해야 한다, 참아야 한다, 배려해야 한다—으로부터 벗어나기 위한 내적 도구로서의 '자기연민(self-compassion)'을 새롭게 조명하고 있습니다. 적극적 자기연민(fierce self-compassion)은 우리 자신을 보호하고, 필요한 것을 얻으며, 변화를 위한 동기를 불러일으키고, 정의로운 일과 연대하는 데에도 사용할 수 있는 강력한 자원입니다.

그 적극성은 부드러움과 대립하는 것이 아니라, 서로를 보완함으로써 방편적 지혜로 활용될 수 있습니다. 즉, 친절함을 잃지 않으면서도 영향력 있고 성공적인 삶을 영위하는 핵심이 바로 자기연민의 부드러운 측면과 적극적인 측면을 조화롭게 배양하는 것입니다. 이 책은 자기를 건강하게 돌보는 방법의 균형을 익히고, 자기 안의 용기와 따뜻함을 동시에 키우도록 안내합니다. 제1부에서는 특히 왜 여성들에게 '적극적 자기연민'이 필요한지 다루고, 제2부에서는 실제로 그것을 어떻게 실천할 수 있을지 구체적 도구들을 제시합니다. 제3부에서는 그러한 자기연민의 힘이 직장과 관계, 사랑이라는 삶의 영역에서 어떻게 발휘될 수 있는지를 보여 줍니다.

크리스틴 네프의 진솔한 경험담과 각 분야의 관련 연구들 그리고 명상 실습을 통해 독자들이 얻게 될 통찰은 여성뿐만 아니라 결국 우리 모두의 정체성과 경험을 존중하며 살아가는 방향과 맞닿아 있습니다. 이 책이 독자 여러분에게 지금 이대로의 나를 따뜻하게 끌어안는 힘이 되어 주기를 바랍니다. 그리고 그 힘이 더 넓은 세상과 관계로 확장되어, 여러분의 삶도 한층 더 조화롭고 자유로워지기를 진심으로 응원합니다.

2025년

역자 일동

# 차례

part 2

자기연민의 도구들

part 3

세상 속의 적극적 자기연민

# part. 1

특별히 여성에게

적극적 자기연민이 필요한 이유

## 들어가며

# 돌봄의 힘

한 가지 확실한 것은 자비와 힘을 결합하고 힘과 권리가 합쳐진다면, 그때 사랑은 우리의 유산이 되고 아이들의 타고난 권리를 바꿀 수 있다는 것입니다.

- 아만다 고먼, 미국 국립 청소년 시인상 수상자(Amanda Gorman, U.S. National Youth Poet Laureate)

무언가 심상치 않은 변화의 기류가 느껴진다. 내가 만난 모든 여성은 이것을 감지하고 있었다. 우리는 지치고, 분노하고, 변화할 준비가 되어 있다. 전통적인 성 역할과 사회적 권력 구조는 여성이 자신의 온전함을 표현하는 것을 제한할 뿐만 아니라, 개인적으로든 정치적으로든 상당한 대가를 치르게 한다. 여성들은 부드럽고, 양육적이며, 친절해야 하는데, 여성이 과도하게 화를 내며 적극성을 보일 때나 강경한 입장을 취할 때 사람들은 겁을 먹고 온갖 좋지 않은 이름을 갖다 붙인다. 여우, 할망구, 바가지 긁는 여자, 기가 센 여자 등과 같은 모욕적인 단어들이 떠오르지만, 이건 약한 수준에 불과하다. 우리가 남성 우위를 넘어 권력의 테이블에서 제대로 된 자리를 차지하려면, 궁극적으로 적극적일 수 있는 권리를 되찾아야 한다. 그렇게 할 때 고착화된 빈곤, 조직적인 인종차별, 실패한 의료 시스템, 기후 변화 등 오늘날 세계가 직면한 문제들을 변화시킬 수 있다. 이 책은 여성들이 이러한 변화의 물결에 올라탈 수 있도록 돕기 위한 책이다.

자기연민은 여성이 어떻게 생산적인 변화를 일으킬 수 있는지 이해하는 데 유용한 틀이다. 연민은 고통을 덜어 주고자 하는 데 초점을 둔다. 누군가를 돕고자 하는 마음, 적극적으로 염려하는 감정, 어려움을 겪고 있는 사람들을 돌보고자 하는 본능을 말한다. 대부분의 사람은 자연스럽게 타인에 대한 연민을 느끼고 있지만, 이것을 자신의 내면으로 향하도록 하는 일은 쉽지 않다. 나는 지난 20년간 자기연민의 심리적 건강 효과를 연구하고 사람들에게 스스로에게 더 친절하고 지지적인 사람이 되는 방법을 가르치는 데 전념해 왔다. 친한 동료인 크리스 거머<sup>Chris Germer</sup> 박사와 함께 개발한 '마음챙김 자기연민(Mindful Self-Compassion: MSC)'이라는 명상교육 프로그램을 세계 각국에서 실시하고 있다. 하지만 자기연민의 이점을 온전히 누리기 위해서는 자기연민의 적극적인 부분과 부드러운 부분 모두를 개발해야 한다.

사실, 내가 이걸 깨달은 것은 최근의 일이다. 과거에 자기연민 워크숍을 진행하면서 나는 마음챙김과 자기연민이 분노와 같은 '힘든' 감정을 다루는 데 어떻게 도움이 되는지 설명하기 위해 재미있고 사실적인 이야기들을 자주 들려주곤 했다.

이야기를 풀어 보자면 이렇다. 내 아들 로완이 여섯 살쯤 되었을 때 새 공연을 보러 우리는 동물원에 갔다. 자폐증 진단을 받은 로완은 자리를 잡자마자 약간 방해가 되는 행동을 하기 시작했다. 소리를 지르거나 몸을 휘젓고 다니는 정도로 심각하지는 않았지만, 큰 소리로 말하고 의자에 가만히 앉아 있지를 못했다. 우리 앞줄에는 예의 바른 두 딸과 함께 온 여자가 있었는데, 그녀는 로완을 조용히 시키려고 계속해서 뒤를 돌아보며 '쉿' 하고 경고했다. 하지만 로완은 아랑곳하지 않았다. 나도 로완을 조용히 시키려 했지만 너무나 들뜬 로완은 이미 스스로 통제할 수 없는 상태였다. 세 번째 눈치를 주었을 때도 제재가 되지 않자, 그 여자는 우리 쪽으로 돌아서서 광기 어린 눈빛으로 쏘아보며 말했다. "제발 좀 조용히 해 줄래요. 공연을 보고 있잖아요!"

로완은 혼란스러워했다. "엄마, 저 사람 누구예요?" 하고 겁에 질린 목소리로 물었다.

누군가 내 아들에게 조금이라도 위협적이거나 공격적인 행동을 하면 나는 엄마 곰으로 변신한다. 나는 화가 났고, 그래서 아들에게 "응, 저 사람은 ……."이라고 말해 주었다. 'ㅁ'으로 시작해서 'ㄴ'으로 끝나는 단어를 사용했는데, 어떤 단어를 썼을지는 독자 여러분의 상상력에 맡긴다. 얼마 지나지 않아 새 공연이 끝났고, 그 여자는 나를 향해 돌아섰다.

"어떻게 감히 나한테 그런 말을 할 수 있어요!" 그녀가 소리쳤다.

"어떻게 그런 눈으로 감히 내 아들을 쏘아볼 수 있죠!"라고 나도 되받아쳤다. 어린아이들을 옆에 세워 둔 채 동물원 공연장에서 목청을 높이며 서로 싸우기 시작한 것이다. 다행히도 그 당시 나는 마음챙김 수행을 많이 하던 때였기 때문에 비교적 차분하게 "제가 지금 굉장히 화가 나네요."라고 말할 수 있었다. 그러자 그 여자는 "그건 말 안 해도 알거든요."라고 답했다. 하지만 그 순간이 나에게는 결정적인 순간이었다. 분노에 휩싸여 길을 잃는 대신 마음 속으로 분노를 인식하고 감정을 누그러뜨리고 떠날 수 있었기 때문이다.

이 이야기에는 멋진 교훈이 담겨 있다. 우리가 반응적인 감정에 휩싸일 때, 마음챙김과 같은 기술이 어떻게 벼랑 끝에 있는 우리를 끌어올리는지 보여 주기 때문이다. 하지만 수년 동안 나는 본능적으로 발생하는 적극적인 엄마 곰 에너지의 중요성을 충분히 인식하지 못했다.

그 보호 본능의 순간을 당연하게 여겼고, 심지어 그것이 문제라는 생각을 갖고 있었다. 실제로 그 에너지는 놀랍고도 경외심을 불러일으킬 만한 것인데도 말이다.

마블 코믹스의 작가인 잭 커Jack Kirby는 한 교통사고에서 자동차 아래에 갇힌 아기를 구하기 위해 1,300kg이 넘는 차량을 들어 올리는 엄마의 모습을 목격했다. 그리고 그 장면에서 받은 감동을 〈인크레더블 헐크〉로 만들어 낸 것이다. 인간 본성의 이런 적극적인 측면은 문제가 되는 것이 아니라 오히려 초능력이기도 하다. 단순히 마음챙김을 통해 '받아들여야' 하는 것이 아니라 축하해야 할 힘인 것이다. 우리는 이 힘을 자녀를 보호하는 데 사용할 수 있을 뿐 아니라, 우리 자신을 보호하고, 필요한 것을 제공하며, 변화에 동기를 부여하고 정의로운 일에 동참하는 데에도 사용할 수 있다. 이 책은 여성들이 내면의 적극적 전사를 끌어내어 세상을 변화시킬 수 있도록 돕기 위해 기획되었다.

## 돌봄의 힘

여성은 여전히 남성 중심의 사회에서 살고 있으며, 승리하는 동시에 건강하고 온전한 존재로 거듭나기 위해서는 갖가지 도구를 손에 넣어야 한다. 우리의 무기고에서 가장 강력한 무기 중 하나는 바로 돌봄의 힘이다. 부드러운 자기연민은 양육의 에너지를 활용하여 고통을 완화하고, 적극적 자기연민은 행동의 에너지를 활용하여 고통을 감소시킨다. 그리고 돌봄의 힘은 이 두 가지가 완전히 통합되었을 때 나타날 수 있다. 즉, 돌봄은 강함과 사랑이 합쳐져 있기 때문에 훨씬 효과적인 힘이 될 수 있다. 이는 마하트마 간디, 마더 테레사, 넬슨 만델라, 수잔 B. 앤서니와 같은 사회 변화의 위대한 지도자들이 남긴 말에서도 드러난다. 마틴 루서 킹 주니어 목사는 베트남 전쟁 종식을 촉구하는 연설에서 "내가 사랑에 대해 말할 때, 나는 감상적이고 연약한 반응을 말하는 것이 아닙니다. 나는 삶에서 최상의 통합 원리로서의 힘을 말하고 있는 것입니다."라고 분명하게 이야기했다.

다행스럽게도, 돌봄의 힘은 외부뿐만 아니라 우리의 내면을 향할 수도 있다. 우리는 정의를 위해 싸우는 동시에 개인적인 성장과 치유의 여정으로 나아가는 데도 그 힘을 사용한다. 결국 사회운동은 타인에 대한 연민이 아닌 자기연민의 행위이며, 우리 모두는 서로 연결되어 있고 불의는 우리 모두에게 영향을 미치기 때문이다.

예전의 나는 내가 가진 석극성이 극복해야 할 성격적 결함이라고 생각했지만, 지금은 오히려 그것이 성공적인 인생을 살아갈 수 있는 원동력이라는 것을 깨달았다. 2003년에 나는 자기연민을 정의하는 최초의 논문을 발표했고, 같은 해에 이를 측정하기 위한 자기연민척도(Self-Compassion Scale: SCS)를 만들었다. 초기 연구를 통해 SCS에서 높은 점수를 받은 사람들의 행복지수가 더 높다는 사실이 밝혀졌다. 처음 몇 년 간은 내가 주로 자기연민에 관한 연구를 했지만 그 이후로 이 분야는 폭발적으로 성장하여 현재 3,000개가 넘는 논문이 과학 학술지에 게재되었고, 매일 새로운 연구가 발표되고 있다. 가끔 나를 곤경에 빠뜨리는 전사적 에너지(아이와 함께 새 공연을 보러 가서 전혀 모르는 사람에게 욕을 한 것과 같은)가 없었다면 이 미지의 영역에 뛰어들 용기를 내지 못했을 것 같다.

## 다시, 제자리로

자기연민의 부드러운 측면과 적극적인 측면을 함께 풀어내는 작업은 최근 내가 집중하고 있는 작업이다. 아직도 써야 할 부분이 광범위하게 남아 있는 주제인 동시에 나의 커리어 전반에 걸쳐 이어져 온 주제이기도 하다. 나는 캘리포니아대학교 버클리의 엘리엇 투리얼<sup>Elliot</sup> <sup>Turiel</sup>박사와의 연구로 도덕 발달분야에서 박사 학위를 받았다. 투리얼 박사는 로렌스 콜버그<sup>Lawrence Kohlberg</sup>의 제자였는데, 콜버그는 인간의 도덕성이 세 가지의 주요 단계를 거쳐 발달한다고 제안한 것으로 유명한 심리학자이다. 콜버그 모델에서 첫 번째 단계—아동기—는 개인의 욕구 충족에 중점을 둔다. 두 번째 단계—청소년기—는 돌봄과 타인의 욕구 충족에 중점을 두며, 마지막 단계—성인기—는 정의에 초점을 두어 모든 사람의 권리와 욕구를 공평하게 고려하는 단계이다. 1960년 대에 주로 행해진 콜버그의 연구에 따르면, 여성은 배려를 기반으로 도덕적 결정을 내리는 경향이 있는 반면, 남성은 권리와 정의에 기반한 결정을 내리는 경우가 더 많았다. 이는 여성이 남성보다 도덕적 사고가 덜 발달했다는 의미로 해석되었다.

많은 페미니스트는 이러한 입장에 당연히 분노했고 치우친 해석이라고 생각했다. 영향력 있는 저서인 『다른 목소리로(원제: In a Different Voice)』의 저자 캐롤 길리건<sup>Carol Gilligan</sup>은, 배려와 정의는 세상을 바라보는 두 가지 다른 윤리적 렌즈라고 반박했다. 여성의 인식 방식은 독립적이기보다는 상호의존적이지만, 그것이 결코 남성의 관점보다 열등한 것은 아니라는 것이었다. 그녀의 이론은 여성이 남성보다 덜 도덕적이라는 견해를 저지하기 위한 것이었지만, 아이러니하게도 여성이 정의를 중요하게 생각하지 않는 것으로 묘사되었다!

나는 이 두 입장 모두에 동의하지 않으며, 이 이론들이 각자의 방식대로 성차별적임을 발견했다.

투리얼은 모든 발달 단계의 남성과 여성은 상황 맥락에 맞게 자율성, 배려, 정의에 따라 도덕적 판단을 내린다는 것을 증명함으로써 이 논쟁을 해결했다. 연령, 성별, 문화에 관계없이 대부분의 사람은 다른 사람들을 해치기보다는 배려하고 돕는 것이 더 낫다고 판단하고, 개인적인 문제에 대해 자율적으로 결정할 수 있어야 하며, 정의가 중요하다고 생각한다. 실제로 "그건 불공평해요!"와 같이 어린아이들이 가장 먼저 하는 도덕적 판단 중 하나도 '정의'와 관련된다. 또한 투리얼의 연구에서도 각각의 추론 유형이 표현되는 데는 사회적 권력이 중요한 역할을 한다는 것을 알 수 있다. 지배적일수록 더 자율적인 의사 결정을 내릴 수 있고, 종속적일수록 타인에 대한 더 많은 배려를 요구받는다. 권력을 갖는다는 것이 핵심적 특징은 원하는 것을 할 수 있는 능력이며, 종속을 정의하는 요소 중 하나는 권력을 가진 사람들의 요구를 충족시켜야 한다는 것이다. 모든 사람의 요구가 공정하게 고려되기 위해서는 권력의 동등함이 요구된다. 나는 인도에서 문화적으로 뿌리 깊게 박힌 젠더 위계가 부부 갈등에서 문제 해결에 어떤 영향을 미치는지에 대한 논문 연구를 1년간 진행했다(관련 내용은 이후에 좀 더 서술할 것이다).

자기연민을 배우게 된 것은 내가 논문을 쓰기 위해 버클리로 돌아온 지 얼마 지나지 않아서였다. 첫 번째 저서인 『러브 유어셀프(원제: Self-Compassion: Stop Beating Yourself Up and Leave Insecurity Behind, 학지사)』에서 자세히 밝혔듯이, 자기연민을 향한 나의 여정은 고통스러웠다. 해외 연구에 착수하기 직전에 나는 그만 한 남자와 사랑에 빠졌고, 남편을 떠났다(스스로가 배려심 깊고 도덕적인 사람이라고 생각했기 때문에 이 일은 나에게 큰 공포와 수치심을 안겨 주었다). 그 남자는 인도에서 나와 함께하기로 했었는데, 원래의 파트너를 떠나지 못했고 끝내 내 앞에 나타나지 않았다. 게다가, 내가 미국 집에 돌아왔을 때 알게 된 것은 그가 뇌종양에 걸려 내가 돌아오고 얼마 지나지 않아 사망했다는 것이었다.

나는 산산히 부서진 삶의 조각들을 다시 모으기 위해 명상을 배우고 싶었다. 타인들뿐만 아니라 자신에게도 자비심을 가져야 한다고 강조하는 베트남 선사 틱낫한Thich Nhat Hanh 스님의 가르침을 따르는 모임에서 수행을 시작했다. 샤론 잘츠베르크Sharon Salzberg의 『붓다의 러브레터(원제: Lovingkindness)』나 잭 콘필드Jack Kornfield의 『마음의 숲을 거닐다(원제: A Path with Heart)』와 같은 선구적인 서양 불교 스승들의 책들도 읽었는데, 이 책들 역시 자비의 원 안에 우리 자신을 포함시키는 것이 중요하다고 강조한다.

독서와 명상 수행의 결과로 나는 스스로에게 더 따뜻하고 지지적인 사람이 되려고 노력했다. 내가 저지른 일을 자책하는 대신, 좀 더 이해하고 용서하려고 했다. 그동안의 나는, 내가 못된 사람이라는 것을 질책함으로써 내가 좋은 사람이라는 것을 스스로에게 납득시키려고 해왔던 것이다. 우리의 마음은 이렇게 복잡하다. 솔직히 처음에는 조금 어색했다. "인간은 실수할 수 있어."라고 스스로에게 말하려고 하면 또 다른 목소리가 튀어나와 "변명하는 거야."라고 말하곤 했다. 하지만 스스로에게 친절하게 대하는 과정에서 내가 일으킨 피해의 고통을 인정하는 법을 배울 수 있었고, 결국 그 반대하는 목소리는 잠잠해져 갔다. 나는 스스로에게 "네가 할 수 있었다면 다르게 행동했을 거란 걸 알아. 하지만 당시에는 그럴 능력이 없었어. 넌 결혼 생활에 좌절했고 행복을 찾으려고 애쓰고 있었잖아. 누구나 행복해지고 싶어 하잖아." 자신과 나의 잘못에 집착하기보다는 인간성의 불완전함 그리고 그것이 나를 더 큰 전체와 연결하는 방식에 감사하기 시작했다. 가슴에 손을 얹고 "네가 지금 고통스럽다는 걸 알아, 하지만 괜찮을 거야. 나는 정확히 지금 있는 그대로의 너의 모습을 받아들일게."라고 스스로에게 말해 주었다. 이런 과정들을 거치며 나는 내가 한 일에 대해 전적으로 책임을 질 수 있게 되었다. 물론 고통스럽기는 했지만 스스로를 자책하지 않을 수 있었다. 나는 수행을 통해 수치심을 사랑으로 보듬는 법을 배웠고, 그 덕분에 내 삶은 근본적으로 더 나은 방향으로 바뀌었다.

대학원을 졸업한 후에는 덴버대학교의 수잔 하터$^{Susan Harter}$ 교수와 2년간의 박사후 과정을 보냈다. 하터 교수는 수십 년 동안 심리학자들의 웰빙 개념을 지배한 자존감에 대해 연구해 온 대가였다. 자존감은 자기가치에 대한 긍정적인 평가로 정의할 수 있다. 그러나 연구자들은 자존감의 함정에 대해서도 이해하기 시작했다. 자신을 긍정적으로 평가하면 더 행복해질 수 있지만, 나르시시즘에 빠지거나 또는 타인과 계속해서 비교를 하게 될 수 있다는 것이었다. 더욱이 자존감은 사회적 인정이나 외형적인 매력, 실패보다는 성공에 의해 좌지우지될 수 있고, 이는 마치 의리 없는 친구와 같았다. 일이 잘 풀릴 때는 곁에 있다가 어려운 상황에 직면했을 때, 우리가 가장 필요로 할 때는 우리를 버리는 그런 친구 말이다. 이런 점에 있어서 자기연민은 자존감에 대한 완벽한 대안이다. 자기연민은 다른 사람과 비교해서 내가 더 좋은 기분을 느낄 필요도 없고, 타인이 나를 좋아해 주기를 바라지도 않으며, 일을 제대로 처리하기를 요구하지도 않는다. 자기연민을 갖기 위해 필요한 것은 다른 사람들과 마찬가지로 나 또한 부족함이 있는 한 인간이라는 사실뿐이다. 자기연민은 끊임없는 지지와 쉼터를 제공하는 원천이 된다.

텍사스대학교 오스틴에서 교수로 임명되었을 초반에는, 권력이 관계에서의 주체성, 돌봄, 정의에 미치는 영향에 대한 연구를 진행했다. 이와 동시에 자기연민에 대한 아이디어를 발전시키고 있었고, 자존감의 건강한 대안으로서 자기연민에 대해 글을 쓰기도 했다. 이렇게 자기연민에 매료된 나는 그 이후로 다른 모든 연구에서 손을 떼고 자기 연민에 집중하고 있다. 최근에 와서는 자기연민의 맥락에서 초기 연구 관심사를 다시 돌아보게 되었다. 우리는 자기연민의 부드러운 측면과 관계할 때, 스스로를 돌보고 양육하게 된다. 적극적인 측면의 자기연민과 연결될 때는 주체적이며 자신의 권리를 주장한다. 적극성과 부드러움이 균형을 이룰 때 우리는 공정하고 정의로울 수 있다. 권력과 성 역할에 대한 기대 또한 자기연민의 표현에 영향을 미친다. 남성 우위는 적극성을 강조하고 여성 종속은 부드러움에 초점을 두는데, 성평등을 위해서는 이 두 가지의 통합이 요구된다. 뭔가 이질적이었던 예전의 연구가 지금은 통합이 되어서 퍼즐 조각들이 제자리에 들어맞은 느낌이 든다.

## 이 책이 여성들을 위해 쓰여진 이유 그리고 왜 지금일까

사실, 자기연민은 누구에게나 유용하다. 그래서 내가 과거에 자기연민에 대해 쓴 글들은 대부분 성중립적이었다. 하지만 지금 이 시점에 자기연민이 여성들에게 특히 필요하다는 생각이 들었다. 여성들은 그동안 남성 위주의 가르침[1]을 받으며 무능한 사람 취급을 받아 왔다. 이제 우리는 공정한 보수를 받고 기업과 정부의 지도자로서 동등한 권력과 대표성을 가져야 할 때이다. 적극적 자기연민은 특히 부드러운 자기연민과 조화를 이루어 여성들의 권리를 위한 싸움에 도움이 될 수 있다. 뿐만 아니라 지난 수 세기 동안 조용히 있기를 강요받고, 예쁘게 보여야 한다는 말을 들으며 생겨난 폐해에 대응하는 데도 유용할 것이다.

---

[1] mansplaining: man(남자)과 explain(설명하다)의 합성어이다. 특정 분야(예: 정치, 자동차, 스포츠 등)에 있어 여성들은 잘 알지 못할 것이라는 전제하에 남성들이 설명하거나 알려 주려고 하는 상황을 말한다. –역자 주

이 책을 쓰게 된 또 다른 계기는 미투 운동이다. 너무 오랜 세월 여성들은 성희롱과 성적 학대를 은폐해 왔다. 진실을 폭로해도 사람들이 믿지 않을까 봐 두려웠고, 오히려 수치심을 불러일으켜 더 큰 피해만 초래할 것으로 생각했다. 하지만 2017년 수십만 명의 여성이 해시태그 #MeToo를 달아 성희롱과 성폭행의 경험을 공유하면서 상황이 바뀌었다. 갑자기 평판이 곤두박질치며 직장을 떠나가야 했던 것은 남성들이었다.

나중에 더 자세히 기술하겠지만, 나의 이야기는 전 세계 수많은 다른 여성의 공감을 불러일으킨다. 나는 유명한 마음챙김과 자기연민 지도자였음에도 불구하고 성범죄자로 밝혀진 한 남성에게 속고 조종당했다. 믿고 지지했던 그 남성은 내가 알지 못하는 사이에 수많은 여성을 성희롱하고 학대하고 있었다. 이런 이야기들을 공개했을 때의 공포에 대처할 수 있었던 것은 자기연민을 실천한 덕분이다. 부드러운 자기연민은 나를 치유해 주었으며, 적극적인 측면의 자기연민은 내가 목소리를 내고 더 이상 피해가 지속되지 않도록 하는 데 도움을 주었다.

여성운동은 우리를 전문직 영역으로 진출할 수 있게 했지만, 그 안에서 성공하기 위해서는 남성의 세계에서 평가절하되는 부드러운 측면을 억누르고 남성처럼 행동해야 했다. 이와 동시에 또 과도하게 공격적이거나 자기주장이 강하면 반감을 사기도 한다. 우리는 성공하고 반감을 사느냐, 아니면 호감을 얻고 불공정한 대우를 받느냐 하는 잘못된 선택의 기로에 서게 된다. 여성은 직장에서 자신을 증명해야 하는 강한 압박을 더 많이 받지만 성희롱의 대상이 되기도 하고, 남성에 비해 낮은 보수를 받기도 한다. 그래서 결론을 말하자면 이렇다. 현재의 환경은 더 이상 여성들에게 적합하지 않다는 것이다. 나는 여성들이 자기연민의 부드러움과 적극성을 개발하고 통합시킴으로써 우리의 진정한 자아를 실현하고 주변 세상에 필요한 변화를 가지고 올 수 있을 것으로 믿는다. 우리 사회 내에 가부장제의 뿌리는 아직도 살아 있으며 큰 폐해를 가져오고 있다. 우리가 당면하고 있는 시대의 문제들—성희롱, 임금 불평등, 만연한 편견, 의료 격차, 종교적 분열, 생태 문제 등—은 여성들이 힘을 키우고 행동에 나서기를 요구하고 있다.

나는 백인 여성이며, 시스젠더[2]이고, 이성애자이기 때문에 나의 글에도 무의식적인 편견이 있을 수밖에 없다. 자신의 정체성을 여성으로 드러내는 사람들의 다양한 경험을 다루기 위해 최선을 다하겠지만 한계가 있음을 알고 있다. 이 점에 대해서 깊은 양해를 구한다. 다만, 이 책이 다양한 정체성을 가진 사람들의 경험이 의미 있게 이야기될 수 있는 보편적인 원리를 펼쳐 보일 수 있기를 바란다. 모든 여성의 조건이 같지 않고, 모든 고통이 같을 수는 없다. 하지만 적극적이면서도 부드러운 자기연민은 성차별, 인종차별, 이성애주의, 장애인차별 등 다양한 형태의 억압에 맞서 싸울 수 있는 핵심적인 요소이며, 누구에게나 보편적으로 적용될 수 있는 개념이다.

## 수행으로서의 자기연민

물론 자기연민은 그저 훌륭한 개념으로 존재하는 것이 아니라, 우리가 직접 실행할 수 있는 것이다. 우리는 두뇌를 훈련하고 정신적·육체적·정서적 고통을 연민으로 대응하는 새로운 습관을 만들 수 있다. 연구에 따르면 사람들은 더욱 자기연민적이 되는 법을 배울 수 있을 뿐만 아니라, 삶을 근본적으로 더 나은 방향으로 변화시킨다고 한다. 이 책에서는 자기연민의 개념을 소개하고 그것과 관련된 연구를 논의

---

2 생물학적 성별과 심리적 성별이 일치하는 사람—역자 주

함으로써 자기연민의 부드러운 측면과 적극적인 측면을 개발할 수 있도록 돕는다. 또한 삶의 중요한 부분인 대인관계, 가정, 직장에서 유용하게 사용할 수 있는 돌봄의 힘이 만들어지기 위해서 부드러움과 적극성이 어떻게 결합될 수 있는지 소개할 것이다.

나는 이 책의 전반에 걸쳐 독자들이 읽은 내용을 경험적으로 이해하는 데 도움이 될 만한 도구를 제공하려고 한다. 연구에서 흔히 사용되고 있고 경험적으로 입증된 자기연민, 성 고정관념, 관계 유형의 특징에 대한 평가문항을 제시하였다. 따라서 독자 여러분들은 이를 활용해서 직접 탐구해 볼 수 있다! 또한 자기연민 근육을 기르는 데 도움이 될 만한 구체적인 실습도 포함되어 있다(대부분의 실습은 FierceSelf-Compassion.org의 오디오 안내에서 확인할 수 있다). 여기에는 몇 가지 명상 실습도 있지만, 한 가지 확실히 할 것은 나는 영적 지도자가 아니라는 것이다. 나는 과학자이며 이 책이 명상 가이드북은 아니다. 하지만 실제로 자기연민 수행이 깊어지면 영적 경험으로 연결된다는 것은 맞는 말이다.

책에 수록된 대부분의 실습은 크리스 거머 박사와 함께 개발하고 경험적으로 입증된 마음챙김-자기연민(MSC) 프로그램을 근간으로 한 것이다. MSC 프로그램은 온라인(영어 www.CenterforMSC.org; 한국어 www.ikmp.org)에서 MSC 과정을 수강하거나 MSC 워크북을 통해 경험해 볼 수 있다. MSC를 경험하면서 치료 효과가 있을 수는 있지만 치료를 목적으로 하는 것은 아니다. MSC는 과거의 특정한 상처를 치료하는 데 중점을 두기보다는 일상적으로 보다 자기연민적인 접근을 할 수 있도록 도와준다. MSC의 효과에 대한 초기 연구에서, 8주간의 MSC 프로그램을 통해 자기연민 역량이 43% 향상되었다는 것을 발견했다. 또 참가자들은 타인을 더 배려하고 연민 어린 마음으로 대하게 되었으며,

우울, 불안, 스트레스, 정서적 회피가 줄어들고 자신의 삶에 더 행복과 만족감을 느낀다고 응답하였다. 무엇보다 가장 중요한 것은 자기연민 이라는 자원이 프로그램 이후에도 변함없는 친구가 되었다는 점이다. MSC를 통해 얻은 자기연민과 행복감의 증가는 최소 1년 동안 지속되는 것으로 나타났다.

사람들이 이 프로그램을 통해 얻은 이점의 정도는 각자가 수행에 시간을 할애한 정도와도 관련이 있었다. 그렇기 때문에 하루에 20분 이상 의도적으로 자기연민 수행을 하는 것을 권한다. 여러 연구를 통해 우리는 자기연민 도구가 효과가 있음을 알지만, 가장 확실히 알 수 있는 방법은 여러분이 직접 해 보는 것이다.

## 자기연민 레벨 테스트

자신이 얼마나 자기연민적인지 알고 싶다면, 대부분의 자기연민 연구에서 사용되고 있는 자기연민척도(Self-Compassion Scale: SCS)의 간단한 버전을 작성해 보라. 재미 삼아 다음의 문항에 점수를 기록한 다음, 책을 다 읽은 후에 다시 한번 테스트해 본다면 여러분의 자기연민 수준이 얼마나 변했는지 알 수 있을 것이다. 다음 문항을 보면 알겠지만, SCS 는 적극적 자기연민과 부드러운 자기연민을 구분하고 있지 않다. 앞으로 자기연민의 두 가지 측면을 반영하도록 척도를 좀 더 정교하게 개선할 때까지는 현재의 SCS가 자기연민의 일반적 측정 도구이다.

# ❙ 실습 안내 ❙

우선 각 문항을 주의 깊게 읽습니다. 제시된 문항을 얼마나 자주 행하는지 생각해서 왼쪽에 숫자로 표시합니다. 여러분의 경험이 어떠해야 한다고 생각하는 것을 표시하는 것이 아니라 실제로 여러분의 경험을 있는 그대로 답하면 됩니다.

다음 첫 세트의 각 항목에 1(전혀 그렇지 않다)에서 5(거의 항상 그렇다) 또는 그 사이의 숫자를 사용합니다.

- ___ 네가 싫어하는 나의 성격을 이해하고 인내하려고 한다.
- ___ 고통스러운 일이 발생하면 나는 균형 잡힌 시각으로 그 상황을 보려고 노력한다.
- ___ 나의 실패에 대해 '인간이면 누구나 하는 경험'으로 보려고 한다.
- ___ 내가 힘든 시기를 겪을 때, 나는 스스로에게 필요한 돌봄과 부드러움을 준다.
- ___ 나를 화나게 하는 일이 발생하면 나는 마음의 평정을 유지하려고 한다.
- ___ 어떤 식으로든 내가 부적절하다고 느낄 때, 나는 대부분의 사람이 이런 감정을 느낀다는 것을 나에게 상기시키려고 한다.

다음 항목에서는 1(거의 항상 그렇다)에서 5(전혀 그렇지 않다) 또는 그 사이의 숫자를 표시합니다. 높은 점수가 빈도가 적음을 의미하는 것으로, 점수 체계가 앞의 항목들과는 반대임을 유의하세요.

- ___ 나에게 중요한 어떤 일에 실패했을 때, 나는 자신이 부적절하다는 느낌에 사로잡힌다.

- ____ 기분이 우울할 때 나는 대부분의 다른 사람이 나보다 더 행복할 것 같다고 느끼는 경향이 있다.

- ____ 나에게 중요한 어떤 일에 실패했을 때, 그 실패가 마치 나만 겪는 일 처럼 느껴져 외롭다.

- ____ 기분이 우울할 때, 나는 잘못된 모든 것에 집착하고 사로잡히는 경향 이 있다.

- ____ 나는 내 자신의 단점이나 부적절함을 인정하지 않고 비판한다.

- ____ 내가 싫어하는 측면의 나의 성격을 용납하지 못하고 견디지 못한다.

▸ 전체 합계 (12 항목 합계) = ____
▸ 평균 자기연민 점수(전체 합계/12) = ____

일반적으로 평균 자기연민 점수가 2.75 미만은 낮은 수준, 2.75~3.25이면 보통 수준, 3.25 초과는 높은 수준으로 해석할 수 있습니다.

## 천천히 가기

이 책을 읽다 보면 우리가 연민을 연습할 때마다 자연스럽게 일어나는 힘든 감정과 마주할 수 있다. 스스로에게 사랑을 줄 때, 우리는 즉각적으로 사랑받지 못했던 과거를 떠올리거나 모든 방법을 동원해서 내 자신이 사랑스럽지 못하다는 생각을 할지도 모른다. 예를 들어, 여러분의 외모에 대해 부적절한 지적을 하는 남성 동료와 거리를 두려고 할 때, 사춘기 시절 아버지에게 옷차림에 대해 지적받으며 느낀 수치심이 떠오를 수도 있다. 또는 연인과 헤어진 자신을 위로하려고 할 때, 자신이 충분히 재미있지도 않고, 매력적이지도 않으며, 흥미롭지 않은 대상이라는 오랜 두려움들이 쏟아져 나올지도 모른다. 이런 것들은 사실 좋은 신호이다. 여러분이 마음을 열고 있다는 것을 보여 주기 때문이다. 무의식의 한 구석에 박제되어 있던 오랜 고통에 빛이 비추어지고 있다는 뜻이다. 그 고통에 여유 공간을 내어 주고 따뜻함으로 감싸 안으면 고통은 치유되기 시작한다.

하지만 이러한 감정이 가끔은 압도적으로 느껴질지도 모른다. 자기연민 수행은 철저히 자신이 안전하다고 느끼는 만큼 해야 하며, 그렇지 않으면 자기연민이 아니다! 특히 트라우마 이력이 있는 여성들은, 자신의 속도에 맞추어 천천히 진행하는 것이 중요하다. 필요할 때는 수행 프로그램을 잠시 중단했다가 다시 합류할 수도 있다. 심리치료사나 정신 건강 전문가의 도움을 받으며 할 수도 있다. 감정에 압도당하면 새로운 것을 배울 수 없다. 만약 특정 실습이나 수행이 지나치게 힘들거나 마음을 불안정하게 만든다면 스스로 중단하는 것이 좋다. 자신의 정서적 안전을 확보하는 것은 본인에게 책임이 있으며, 혹시 어떤 순간에 아니라는 느낌이 든다면 부디 스스로를 몰아붙이지 않기를 바란다.

이 책은 여러분에게 잠재되어 있는 자기연민의 적극성과 부드러움을 발휘하는 데 도움을 주고자 고안되었다. 종종 이 두 측면은 불균형한 경우가 많은데 이를 통합하는 방법을 배우는 것이 중요하다. 자기연민은 여러분이 더 성공적이며 행복해질 수 있도록 내면의 힘을 활용하게 한다. 자기연민은 여러분이 더 진정성 있고 내적으로 충만한 사람이 되도록 돕는다. 이로써 우리 사회를 효과적으로 진보시키는 주체로 우뚝 설 수 있게 되는 것이다. 세상은 너무나도 급변하고 있으며,

여성들은 더 나은 세상을 만들기 위한 변혁의 길에 앞장서라는 부름을 받고 있다. 돌봄의 힘은 그 어떤 것도 가능하게 한다.

제 1 장

# 자기연민의 기본 원칙

우리에게는 강인하면서도 부드러울 수 있고, 적극적이면서도 연민적일 수 있는 여성들이 필요합니다.

- 카비타 람다스, 전 세계여성기금 대표(Kavita Ramdas, former head of the Global Fund for Women)

자기연민은 복잡하고 어려운 무언가가 아니다. 오랜 기간 명상 수행을 통해 도달할 수 있는 특별한 마음 상태도 아니다. 기본적으로 자기연민은 자기 자신에게 가장 좋은 친구가 되는 것을 말하는데, 이것이 희망적인 이유는 우리 대부분은 적어도 다른 사람에게 좋은 친구가 되어 줄 수 있는 방법 정도는 이미 알고 있기 때문이다. 주변의 가까운 사람들이 부적절감을 느끼거나 힘든 삶의 문제에 직면해 있을 때, 우리는 수년에 걸쳐 어떤 말을 해 주어야 하는지 배워 왔다. "딱하기도 하지. 지금 당장 필요한 게 있을까? 내가 도와줄 수 있는 것이 있을까? 항상 내가 옆에 있다는 걸 기억해." 우리는 부드러운 목소리와 따뜻한 어조를 사용할 줄 알며, 몸의 긴장을 풀어 주는 방법을 잘 알고 있다. 상대를 안아 주거나 손을 잡아 줌으로써 상대에게 관심을 갖고 있다는 것을 능숙하게 전할 수 있다. 또 소중한 사람이 위협을 받거나 보호가 필요하거나 또는 삶에서 어려움을 해결하기 위한 힘이 필요할 때, 우리는 내면에서 엄마 곰의 에너지가 솟아나는 것을 느낀다. 우리는 살아오면서 그 순간 어떤 조치가 필요한지에 대한 지혜를 습득해 왔기 때문이다.

하지만 슬프게도 우리는 자신이 힘들어할 때, 타인에게 베푸는 연민과 같은 수준으로 스스로를 대하기 어려워한다. 그 순간에 필요한 것이 무엇인지 잠시 멈추어 스스로를 위로하거나 지지하기보다는, 판단이 일어나며, 문제 해결에 몰두하거나, 당황한 상태로 있을 가능성이 더 높다. 예를 들어, 출근길에 운전을 하다가 커피를 쏟는 바람에 그만 교통사고를 냈다고 가정해 보자. 아마 일반적으로 내면에서 들려오는 소리는 이럴 것이다. "세상에, 어떻게 이렇게 멍청할 수가 있니! 지금 네가 무슨 일을 저질렀는지 보라고. 빨리 당장 보험 회사에 전화하고, 상사에게 회의에 참석하기 어려울 것 같다고 말하는 게 좋을걸. 넌 분명히 해고당하겠지." 혹시 여러분 주변의 소중한 사람에게 이런 식의 말을 해 본적이 있는가? 아마 없을 것이다. 하지만 우리는 때때로 자기 자신을 이렇게 대하고, 그것이 좋은 태도라고 생각한다. 미워하는 사람에게보다 자신을 더 인색하고 가혹하게 대한다. 속담에서는 이렇게 말한다. "남이 당신에게 해 주었으면 하는 것을 남에게 행하라." 하지만 여기에 더 추가되어야 할 말이 있다. "자신을 대하는 식으로 절대 남을 대하지 말라. 그렇게 하면 당신은 친구가 한 명도 없을 것이다." 자기연민적 태도를 키우기 위해 중요한 첫걸음은 우리가 힘들 때 자신을 대하는 방식과 소중한 주변 사람들을 대하는 방식을 비교하여 살펴보는 것이다. 이를 살펴볼 수 있는 가장 좋은 상황은 가까운 친구와의 우정이다. 왜냐하면 사실 우리는 자신과 너무 친밀하게 느끼는 사람들, 즉 자녀나, 파트너, 가족 구성원에게는 때때로 연민적이지 못하기 때문이다. 하지만 친구와의 관계에서는 그에 비해 조금 더 여유 공간을 갖고 대응한다. 친구 관계는 자발적으로 맺어지고 지속되는 것이기 때문에 (가족들에 비해) 당연한 것으로 여기지 않는다. 우리의 최상의 모습은 가장 친한 친구와 있을 때 나타난다는 뜻이다.

## 힘든 상황에 처한 친구와 나 자신을 어떻게 대하는가

여러분이 자신에게 발휘하는 연민과 친구들에게 보이는 연민의 정도를 비교해 본 적 있는가? 아마도 이번 실습의 테스트 결과를 보면 놀랄지도 모르겠다. 우리는 MSC 프로그램을 시작할 때 자기연민의 개념을 이해하기 위한 목적으로 이 테스트를 실시한다. 테스트를 위해서는 필기구와 종이가 필요하다.

### ┃ 실습 안내 ┃

친한 친구가 어떤 식으로든 어려움을 겪고 있을 때를 떠올려 봅니다. 친구가 자신이 저지른 실수 때문에 기분이 나쁠 수도 있고, 직장에서 괴롭힘을 당한 경우, 아이를 돌보는 데 지친 상황 또는 도전적인 어떤 일에 대한 두려움을 느끼는 장면 등 다양한 상황이 있을 수 있습니다. 이제 다음 질문에 대한 답을 적어 보세요.

- 여러분은 이런 상황에 놓여 있는 친구들에게 보통 어떤 반응을 보이나요? 어떤 **말**을 하나요? 어떤 어조를 사용하나요? 여러분의 **자세**는 어떤가요? 어떤 **비언어적** 행동을 하나요?
- 여러분 자신이 이와 같은 상황에 놓여 있다면, 보통 어떤 반응을 보이나

요? 어떤 **말**을 하나요? 어떤 **어조**를 사용하나요? **자세**는 어떤가요? 어떤 **비언어적** 행동을 하나요?

- 친구와 본인에게 대응하는 방식에서 어떤 다른 패턴을 발견할 수 있나요 (예를 들어, 자신에게는 최악의 상황을 가정하지만 친구에게는 좀 더 관대한 시각을 가질 수 있다.)?
- 친구를 대하는 것처럼 자신을 대한다면 어떨까요? 그것이 여러분의 삶에 어떠한 영향을 미칠 수 있을까요?

이 실습에서 많은 사람이 자신을 대하는 방식과 친구를 대하는 방식이 다르다는 사실을 알고 충격을 받는다. 우리가 얼마나 자신을 하찮게 여기는지 깨닫는다는 것은 꽤나 당황스러울 수 있다. 하지만 다행히도 우리는 타인에 대한 다양한 연민의 경험을 이용해 우리 자신과 관계 맺는 법을 배운다. 처음에는 친구를 대하듯이 자신을 대하는 것이 약간 어색할 수 있지만, 이렇게 하는 것이 자기연민을 점차 발전시켜 나갈 수 있는 하나의 출발점이 된다. 왜냐하면 우리는 자신을 마치 싸워야 할 적인 것처럼 대하는 습관이 있기 때문이다. 시간이 지남에 따라 자기연민적 태도는 점차 자연스러워진다. 이렇듯 잘 연마된 자기연민 기술을 자신을 향해 사용할 수 있도록 허용하는 것은 매우 중요하다.

물론 이 과정은 쉽지만은 않다. 자기비판의 습관, 스스로에 대해 느끼는 무가치함, 수치심과 같은 걸림돌들도 있다. 또 자기연민이 좋지 않은 영향을 미쳐 게으르고 이기적이며 방종한 패배자가 되지는 않을까 하는 우려도 있을 수 있다. 나는 다음 장에서 이와 같은 자기연민에서의 방해 요소들을 극복하는 방법에 대해 논의할 것이다. 관련하여

보다 심층적으로 알고 싶다면 『러브 유어셀프』와 『나를 사랑하기로 했습니다』를 읽어 보기를 권한다.

'연습이 완벽을 만든다(Practice makes perfect).'라는 말이 있지만, 자기연민의 세계에서는 '연습이 불완전함을 만든다.'라는 말을 하고 싶다. 우리는 자기연민 수행을 할수록 인간의 한계를 받아들이는 데 더 능숙해질 수 있으며, 동시에 더 나은 삶을 위해 행동하는 법을 배울 수 있다. 잭 콘필드의 말처럼 '영적 수행의 요점은 자신을 완벽하게 만드는 것이 아니라 당신의 사랑을 완성시키는 것'이다. 사랑은 자기연민의 적극성과 부드러움을 이끌어 내는 원동력이다.

## 자기연민의 세 가지 요소

자기연민에는 친한 친구에게 자연스럽게 베풀게 되는 친절함과 같은 요소가 들어 있지만, 또 다른 요소도 필요하다. 그저 자기 자신에게 친절하게 대하는 것이라면 우리는 쉽게 자아 도취나 나르시시즘에 빠질 수 있다. 그러니까 무작정 친절한 것으로는 충분치 않은 것이다. 자신의 부족한 점을 분명하게 직시할 줄 알고, 실패를 인정하며, 자신의 경험을 더 큰 틀에서 다른 시각으로 바라볼 줄도 알아야 한다. 내가 겪고 있는 삶의 힘겨움을 다른 이들 역시 겪고 있으며 우리가 서로 연결되어 있음을 인식하면서, '나'라는 작은 자아를 넘어 더 크고 넓은 세계에 속해 있음을 깨달아야 한다.

나의 모델에 따르면 자기연민은 마음챙김, 보편적 인간경험, 친절이라는 세 가지 주된 요소로 구성된다. 이 세 가지는 각기 뚜렷한 차이가 있지만 하나의 체계로서 서로 상호작용한다. 세 가지 모두가 자기연민적인 사고방식으로 자리 잡을 때 우리는 건강하고 안정적일 수 있다.

마음챙김. 자기연민의 토대는 자신의 불편한 마음을 알아차리고 인정하는 능력이다. 고통을 억압하거나 그 존재를 부정하지도 않고, 그렇다고 해서 고통에 대해 과도하게 반응하며 도망치지도 않는다. 마음챙김은 우리의 실수나 실패를 명료하게 직시할 수 있도록 한다. 고통에 수반되는 힘든 감정들(슬픔, 두려움, 우울, 분노, 불확실성, 후회)을 회피하지 않고 마주할 수 있도록 한다. 현재의 경험에 집중함으로써 계속해서 변화하는 생각이나 감정, 감각을 인지한다. 마음챙김은 자기연민의 핵심 요소로서 우리가 고통스러울 때를 알아차리고 친절하게 대응할 수 있도록 돕는다. 고통을 무시하거나 고통 속에 완전히 빠져든다면, "아, 내가 지금 힘들구나. 나는 지금 도움이 필요해."라고 스스로에게 말하지 못하게 된다.

이처럼 마음챙김은 단순해 보이지만 실제로 마음챙김을 실천하는 것은 쉽지 않을 수 있는데, 그것은 우리가 가진 자연스러운 습성에 위배되기 때문이다. 신경과학자들은 '디폴트 모드 네트워크(default mode network)'라는 상호연결된 두뇌 영역들을 발견했는데, 이 네트워크는 뇌의 중앙선을 따라 앞에서 뒤까지 위치하고 있다. 우리가 어떤 일에 적극적으로 집중하고 있지 않을 때 활성화되는 영역으로 두뇌의 기본값이기 때문에 디폴트 모드라고 불린다. 이 영역은, ① 자아감 형성, ② 자아를 과거나 미래로 투사, ③ 문제 탐지와 같은 기능을 갖는다. 그래서 무언가에 집중하고 있지 않을 때, 우리는 현재에 집중하는 대신 걱정과 후회에 빠져들게 된다. 진화론적 관점에서는 이것이 생존을 유리하게 하는 것이 분명하다. 우리가 과거의 곤경으로부터 배우고 미래의 생존 위협을 예측하면서 어떻게 다르게 대처할 수 있을지 생각하지 못하면 어떻게 살아남을 수 있겠는가? 하지만 문제는 마음이 현재에 있지 않아서, 내가 고통받고 있는 순간에 그 사실을 인지하지 못하는 일이 생긴다는 것이다. 당면한 문제를 해결하기 위해 과거나 미래의 이야기에 마음을 빼앗긴다. 마음챙김에서의 의도적인 집중은 디폴트 모드 네트워크를 비활성화시켜, 우리가 고통과 함께 현존하며 고통을 있는 그대로 존재할 수 있게 해 준다.

잔물결 없이 맑고 고요한 연못과 같이, 마음챙김은 현재 일어나고 있는 일을 왜곡 없이 그대로 비추어 우리 자신과 삶을 균형 잡힌 관점에서 볼 수 있게 한다. 그때 우리는 스스로에게 도움이 되는 가장 지혜로운 행동을 선택할 수 있는 것이다. 자신의 고통을 마주하고 인정하는 데는 용기가 요구된다. 이는 우리가 마음의 문을 열고 고통에 대응하기를 원한다면 거쳐야 할 필수불가결한 과정이다. 느끼지 못하는 것을 치유할 수는 없다. 따라서 자기연민은 마음챙김을 바탕으로 한다.

보편적 인간경험. 자기연민의 또 다른 한 축은 우리 자신이 인간임을 인식하는 것이다. 사실, 이 부분이 자기연민과 자기동정(self-pity)을 구분하는 지점이다. 연민(compassion)이라는 단어는 라틴어로 '고통받다(passion)'와 '함께(com)'라는 뜻이다. 즉, 연민이라는 말 안에는 연결성이 포함되어 있는 것이다. 연민이 내면으로 향한다는 것은 모든 인간의 불완전성과 불완전한 삶을 인정한다는 의미이다. 이것이 너무나 당연하게 들릴 수 있지만, 우리는 일이 잘 풀려야 정상이고 그렇지 못하면 무언가 잘못되었다고 생각하는 함정에 빠지곤 한다. 나를 제외한 모든 이는 잘 지내는데, 나만 미끄러져 유리가 깨지고 엄지손가락 신경을 다쳐서 거대한 분홍색 치즈 조각처럼 생긴 것을 세 달간 차고 지내야 하는(내게 실제 일어났던 일이다.) 상황에 마주한 것과 같이 느끼게되는 전혀 합리적이지 않은 사고로 이어질 수 있다는 것이다. 상황을 더 악화시키는 것은 내가 고통 속에 있다는 사실 그 자체가 아니라 외롭고 혼자라는 느낌이다. 진화 생물학에서 '외로운 원숭이는 죽는다.'

라는 말이 있듯 고립감은 끔찍한 감정이다.

　고통이 보편적인 인간경험의 일부라는 것을 생각할 때, 우리는 자기동정의 함정에서 빠져나오게 된다. "나만 왜 이러는 걸까."라고 울부짖는 대신 고통의 보편성을 존중하게 된다. 물론 고통의 상황과 정도는 사람마다 다르다. 구조적 불평등이나 고착화된 빈곤으로 억압받는 사람들은 특권을 가진 사람들보다 더 큰 고통을 받는다. 하지만 그 어떤 사람도 육체적·정신적·정서적 고통에서 완전히 자유로울 수는 없다.

　연민은 모든 의식 있는 존재는 본질적으로 인도적 대우를 받을 가치가 있다는 생각을 전제로 한다. 자신에게 연민적이기를 거부하면서 다른 사람에게만 연민을 베풀거나 다른 집단의 요구보다 어느 한 그룹만의 요구를 중요시한다면 이러한 기본적인 진리를 훼손시키는 것이다. 우리는 모두 상호의존적이며 더 큰 전체의 일부라는 사실 말이다. 나의 행동이 상대방의 행동에 영향을 주는 것처럼 상대의 행동도 나에게 영향을 준다. 조금 저속한 표현이지만 영어 관용구 중에는 "밥 먹는 곳에 똥 싸지 마라(Don't sh*t where you eat)."라는 말이 있는데, 바로 이런 의미를 잘 전달한다. 내가 나를 대하는 방식은 내가 만나는 다른 모든 사람과의 상호작용에 영향을 미치고, 내가 타인을 대하는 방식 역시 모든 상호작용에 비슷한 영향을 미친다. 이러한 상호의존성을 이해하지 못함으로 인해 오는 폐해는 도처에서 찾아볼 수 있다. 인종적·종교적·정치적 긴장이 불러오는 폭력사태, 미국에 의해 경제가 파탄 난 국가들에서 탈출해 미국으로 넘어오는 이민자들, 급속도로 진행되고 있는 온난화로 곧 인간이 살 수 없게 될 지구 등이다. 보편적 인간경험을 인정하는 지혜는 우리를 더 거시적으로 볼 수 있게 하며, 모두가 함께 연결되어 존재한다는 것을 깨닫게 한다.

　친절. 자기연민에 동기를 부여하는 핵심은 친절이다. 친절은 고통을 덜어 주고자 하는 욕구인데, 이 돌봄의 욕구는 돕고 싶은 충동으로 경험된다. 이는 우리가 삶의 진흙탕을 헤쳐 나갈 때, 스스로를 향해 따뜻하고 친절하며 지지적인 태도를 취하는 것을 말한다. 하지만 우리는 너무나도 자주, 자신이 힘들어할 때 팔을 내어 주고 감싸기보다는 자책하고 스스로를 벼랑 끝으로 몰아세운다. 남에게는 늘 아낌없는 친절을 베푸는 사람조차도 종종 자신에 대해서는 형편없는 쓰레기 취급을 한다. 자기연민은 이러한 경향을 바꾸어 자신에게 진정으로 친절하게 대할 수 있도록 돕는다.

자기친절은 우리가 실수 했다는 것을 알았을 때, 다음에는 더 잘할 수 있도록 자신을 이해시키고 수용하고 격려하는 것을 의미한다. 나쁜 소식을 듣거나 인생의 문제에 정면으로 부딪혔을 때, 적극적으로 마음을 열고 고통에 수반되는 감정들도 온전히 느끼고 받아들여 본다. 그리고 잠시 멈춘 후, "정말 힘들어. 내가 이 순간에 스스로를 어떻게 돌볼 수 있을까?" 하고 말하는 것이다.

우리는 완벽할 수 없으며 우리 삶에서 투쟁은 필연적인 것이다. 하지만 자신의 고통에 자비와 호의를 갖고 대할 때, 사랑과 돌봄의 느낌이 만들어지고 긍정적인 변화를 만들어 낸다. 자기친절은 삶의 고난에 대응할 수 있는 자원을 제공하며 더 잘 견뎌 낼 수 있도록 한다. 인생의 쓴맛을 상쇄시키는 자기친절의 단맛은, 자신에게 보람과 성취감을 주는 감정이다.

## 자기연민의 이점

자기연민과 웰빙의 연관성을 조사하는 수천여 건의 연구가 있다. 일반적으로 자기연민에 관한 연구는 주로 세 가지 방법으로 진행된다.

가장 일반적인 방법은 자기연민척도(SCS)를 사용하여 점수가 높을수록 행복과 같은 긍정적인 결과가 높고, 우울과 같은 부정적인 결과가 낮은 것과 상관관계가 있는지 확인하는 것이다. 두 번째 방법은 연구 참가자들에게 자기연민적 마음가짐을 유도하는 것이다. 이때는 주로 자기연민의 세 가지 핵심인 마음챙김, 보편적 인간경험, 친절을 상기시키며 삶의 힘든 경험에 대해 스스로에게 글을 쓰도록 한다. 참가자들은 무작위로 자기연민 집단이나 통제 집단으로 배정된다. 통제 집단에 배정된 참가자들은 자기연민 집단과는 달리 중립적인 주제(예를 들면, 자신이 좋아하는 취미활동)에 대해 글을 쓴다. 그런 다음, 두 집단을 시험공부에 대한 동기부여와 같은 행동 측면에서 비교한다. 세 번째는 점점 더 보편화되고 있는 방식으로, MSC와 같은 프로그램을 통해 사람들에게 자기연민을 교육하고 그 후 참가자들의 웰빙에 변화가 있는지 조사하는 것이다. 세 연구 방법 모두 동일한 결과가 도출되는 경향을 보인다.

자기연민의 이점에 대한 연구 문헌은 책 전반에 걸쳐 논의될 예정이다. 여기서 잠시 요약해서 언급하자면, 사람들은 자기연민의 수준이 높을수록 더 행복하고 희망적이고 낙관적인 경향을 보인다는 것이다. 그들은 자신의 삶에 더 만족하며 가진 것에 감사한다. 불안감, 우울, 스트레스, 두려움이 덜하고 자살이나 약물, 알코올에 대해 생각할 가능성이 적다. 더 현명하고 정서적으로 안정되어 있어서 자신의 부정적인 감정을 더 효과적으로 조절할 수 있다. 몸에 대한 인식이 더 긍정적이므로 섭식 장애가 발생할 가능성이 적다. 운동, 올바른 식습관, 정기적인 병원 방문으로 더 건강하다. 숙면을 취하며 감기에 덜 걸리고, 더 강한 면역 체계를 갖는다. 그들은 더 의욕적이며 양심적이고 자신에 대한 책임감이 크다. 삶의 난관에 직면했을 때 회복력이 더 높으며 목표 달성을 위한 근성과 불굴의 용기를 보인다. 친구, 가족, 파트너와의 관계가 더 친밀하고 건강한 관계를 유지하며 성적 만족도 또한 더 높다고 보고된다. 그들은 너그럽고 공감적이며 타인의 관점을 고려할 줄 안다. 타인에게 더 연민적으로 대하지만, 극도의 피로감 없이 돌봄을 지속할 수 있다. 자기연민은 친한 친구에게 하듯이 자신을 대하기만 하면 되는 간단한 일인데, 그에 비해 장점은 실로 엄청나다. 자기연민적인 사람들은 더 높은 수준의 자존감을 갖지만, 높은 자존감을 계속 추구함으로써 생기는 함정에 빠지지 않는다. 자기연민은 높은 자존감과 연관되는 나르시시즘과 관련이 없다. 자기연민은 끊임없는 사회적 비교나 자기방어적 태도로 이어지지 않는다. 자기연민에서 나오는 자신에 대한 가치는 특정한 방식이나 성공의 여부, 타인의 인정에 의존하는 것이 아니다. 조건적인 것이 아니기 때문이다. 따라서 자기연민으로부터 생겨난 가치들은 시간이 가면서 더 안정적으로 유지된다.

자기연민이 배울 수 있는 기술이라는 사실과 함께, 자기연민의 엄청난 이점들을 보면 왜 그렇게 많은 연구자가 자기연민 연구를 시작했는지 알 수 있다. 마음챙김과 자기연민에 관한 훌륭한 책인 『뇌를 재설계하는 자기연민 수행 마음챙김(원제: Good Morning, I Love You)』을 쓴 쇼나 셔피로Shauna Shapiro는, 나의 좋은 친구이자 동료 연구자인데 그는 자기연민이 만족스러운 인생의 비결이라고까지 말한다. 이렇듯 자기연민은 모든 것을 더 좋게 만들어 준다.

## 자기연민의 생리학

앞서 말했듯, 대부분의 사람은 실패하거나 부적절감을 느낄 때 타인에게 하는 만큼 자신에게 연민적이지 못하다. 그 이유 중 하나는 신경계의 자동 반응과 관련이 있다. 우리는 실수를 하거나 인생에서 어려움을 겪을 때 본능적으로 위협을 느낀다. 곧장 '모든 것이 괜찮지 않다'는 생각이 들면서 우리는 '위협-방어 반응(threat-defense response, 파충류 뇌라고도 함)'으로 대응하게 된다. 이는 위험에 대해 가장 빠르고 쉽게 촉발되는 반사적인 반응이다. 뇌가 위협을 감지하면 교감신경계가 활성화된다. 편도체가 작동하고, 코르티솔과 아드레날린이 분비되며 싸우거나 도망치거나 얼어붙(Fight-Flight-Freeze)을 준비를 한다. 이 시스템은 갑자기 쓰러지는 나무나 으르렁거리는 개를 만났을 때, 물리적 위협으로부터 신체를 보호하는 데는 효과적이다. 하지만 물리적 위협이 아닌 생각—예를 들면, "나는 정말 루저야." "이 옷 입으면 뚱뚱해 보일까?"—에서 비롯된 위협에 대응하는 데는 문제가 될 수 있다.

우리의 자기개념이 위협을 받을 때, 그건 내면의 위험이다. 스스로가 공격자이면서 공격을 당하는 존재이기도 하다. 그래서 우리는 스스로를 호되게 비판하면서 자신과 싸워 스스로를 변화시키고 약점을 제거하려고 한다. 수치심으로 인해 움츠러들고 자신이 쓸모없다는 망상에 빠져 타인들로부터 심리적 거리를 두기도 한다. 때로는 서른아홉 번만 생각하면 문제가 사라질 것처럼 부정적인 생각에 생각을 반복하며 반추에 갇히기도 한다. 이처럼 반응적인 상태가 지속되면 스트레스, 불안, 우울증으로 이어지며 건강에 악영향을 미친다. 하지만 이런 반응에 대해 옳고 그름의 잣대를 대지 않는 것이 중요하다. 왜냐하면 이는 우리가 안전하고자 하는 순수한 욕구에서 비롯된 것이기 때문이다.

하지만 우리는 또 다른 방법으로도 안전함을 느낄 수 있다. 바로 포유류의 돌봄 시스템을 활용하는 것이다. 파충류에 비해 포유류가 가진 진화적 이점이 있는데, 포유류의 새끼는 매우 미성숙한 상태로 태어나 환경에 적응하는 데 더 오랜 발달기간이 필요하다. 인간은 다른 포유류에 비해서도 성숙단계에 이르는 데 가장 오랜 시간이 걸린다. 인간의 두뇌는 놀라운 신경가소성으로 인해 전전두엽 피질이 발달하는 데 25~30년이 걸린다. 이렇게 긴 발달기간 동안 취약한 아이를 보호하기 위해, 부모와 자식이 사회적 유대감을 통해 가깝고 안전하게 지낼 수 있도록 유도하는 '돌보고 유대감 형성하기(tend-and-befriend)'가 발달되었다. 이 돌봄 시스템이 활성화되면 옥시토신(사랑의 호르몬)과 엔도르핀(기분이 좋아지는 천연 마약)이 분비되어 안정감이 높아진다.

돌보고 유대감 형성하기는 타인을 돌볼 때는 본능적으로 활성화되지만 우리는 그 반응이 자신을 향하도록 돌리는 방법을 연습해야 한다. 우리는 자신에게 안정감과 안선, 행복감을 제공하기 위해 자신을 돌보고 친구가 될 수 있다. 이렇게 할 때 부교감신경계가 가동되고 심박변이도가 증가하며(따라서 더 개방적이고 편안해진다), 교감신경 활동이 줄어든다(따라서 긴장이 완화된다). 실제로 자기연민을 구성하는 세 가지 요소인 친절, 보편적 인간경험, 마음챙김은 위협-방어 반응으로 생겨나는 자기판단, 고립, 반추에 직접적으로 대응한다. 실제로 우리는 안전을 확보하기 위해 고도로 진화한 이 두 가지의 본능적 행동을 선택적으로 활용하고 있다. 즉, 하나가 활성화되면 동시에 다른 하나는 비활성화되는 것이다.

자기연민은 생리학적으로 일어나기 때문에 신체적 접촉은 스스로를 돌보고 있다는 것을 보여 주는 매우 효과적인 방법이다. 우리 몸은 신체적 접촉에 거의 즉각적으로 반응하여 우리가 지지받고 있음을 느끼도록 한다. 접촉은 우리를 진정시키고 자신에게 집중할 수 있도록 하는 부교감신경계를 자극한다. 인간의 신체는 접촉을 돌봄의 신호로 해석하도록 정교하게 설계되어 있다. 생후 2년 동안 부모가 촉각을 통해 아기에게 안정감과 사랑을 전달하는 것과 같이 우리도 스스로에게 그렇게 해 줄 수 있다는 것이다.

## 위로와 지지의 손길

MSC 프로그램에서는 기본적인 자기연민 수행으로 위로와 지지의 손길을 안내한다. 화가 날 때 때때로 너무 압도되어 자신에게 친절하게 말하는 것을 잊어버릴 수 있다. 이럴 때는 생각에서 벗어나 촉감과 같은 신체적 감각에 집중함으로써 주의를 머리가 아닌 몸으로 가져올 수 있다. 위로와 지지의 손길은 힘든 순간에 믿을 수 없을 정도로 큰 도움이 될 것이다.

## ▌실습 안내 ▌

다양한 유형의 신체 접촉을 시도해 보고 어떤 느낌이 드는지 알아봅니다. 각 유형의 접촉에 약 15초 정도 머무르면서 깊이 몰입해 봅니다. 신체에 어떠한 효과가 있는지 확인해 보세요. 여러분에게 위로와 편안함을 주는 접촉과 힘과 용기를 북돋아 주는 접촉을 찾는 것이 좋습니다. 사람마다 다르기 때문에 스스로에게 가장 잘 맞는 것을 찾을 때까지 실험해 보세요.

부드러운 위로를 줄 수 있는 신체 접촉은 다음과 같습니다.

- 가슴에 한 손 또는 두 손 얹기
- 손으로 얼굴을 부드럽게 감싸기
- 팔을 부드럽게 쓰다듬기
- 양쪽 팔을 교차해서 부드럽게 잡기

- 자신의 몸을 감싸 안고 앞 뒤로 부드럽게 흔들기

강한 지지를 보낼 수 있는 신체 접촉은 다음과 같습니다.

- 가슴 위에 주먹을 얹고 다른 한 손으로 감싸기
- 한 손이나 두 손을 에너지의 중심인 명치 위에 얹기(흉곽 바로 아래, 배꼽에서 약 8cm 위)
- 한 손은 가슴에, 다른 손은 명치에 얹기
- 손을 꼭 쥐기
- 양손을 허리에 올리고 서 있는 자세

이 실습은 여러분이 스트레스 상황에 처했을 때, 자동적으로 사용할 수 있는 신체 접촉을 찾는 데 목적이 있습니다. 지금까지 실습한 것 중 두 가지 정도를 선택해서 정서적으로, 신체적으로 불편함을 느낄 때 활용해 보세요. 때때로 우리는 마음이 감정에 압도되어 제대로 생각할 수 없을 때가 있습니다. 이런 경우에 접촉을 이용해 연민을 몸으로 전할 수 있습니다. 여러분이 스스로를 돌보고 지지할 수 있는, 쉬우면서도 놀랍도록 효과적인 방법입니다.


## 자기연민의 어려움

어떤 사람들은 다른 사람들보다 선천적으로 더 자기연민적일 수 있는데, 이는 부분적으로 그 사람이 자란 방식에서 기인한다. 부모가 한결같은 보살핌과 친절을 제공하여 포유류의 돌봄 시스템이 충분히 반응하고 제대로 작동할 수 있었다면, 성인이 되어서도 이러한 지지적인 태도를 내면화했을 가능성이 높다. 반대로, 부모가 가혹하게 비판하거나 방치 또는 학대했다면 자기연민적인 사람이 되기가 좀 더 힘들 수 있다.

부모에게 느끼는 안정감의 정도를 애착 유형이라고 한다. 안정애착을 가진 사람들, 즉 부모로부터 일관되고 따뜻한 보살핌을 받아 욕구가 채워진 경우에는 자신이 위로와 지지를 받을 만한 가치가 있다고 느낀다. 그리고 어른이 되어서도 자신에게 친절하게 대하는 경향이 있다. 일관성 없는 부모를 가진 사람들(어떤 때는 정서적 지원이 있지만 때로는 그러지 않은 경우)이나 방치를 경험한 사람들은 자신을 무가치하고 사랑받을 수 없는 존재로 느낄 가능성이 크다. 그러면 자기연민을 갖기가 더 어려워진다. 또한 부모로부터 정서적·신체적·성적 학대를 당한 경험이 있는 사람의 경우 공포가 돌봄의 신호와 뒤섞여 나타날 수 있다. 이런 경우에는, 자신에게 연민을 표현하는 것이 오히려 두려움으로 작용하게 된다.

나의 동료 크리스 거머 박사는 『오늘부터 나에게 친절하기로 했다(원제: The Mindful Path to Self-Compassion)』라는 깊은 통찰을 제공하는 책을 저술한 임상 심리학자로, 그의 환자들 사이에서 이와 같은 패턴을 자주 발견했다고 한다. 그는 이러한 유형의 반응을 '역류(backdraft)'로 표현했는데, 역류는 소방 용어이다. 밀폐되거나 환기가 잘 되지 않는 방에서 화재가 발생했을 때, 소방관들은 내부의 불길을 잡기 위해 문을 여는 데 신중을 기한다. 화재로 인해 내부의 산소가 모두 소진된 상태에서 갑자기 문을 열면, 신선한 산소가 새롭게 유입되어 화재가 더욱 커질 수 있기 때문이다. 아주 위험한 폭발을 일으킬 수도 있다. 자기연민에서도 가끔 이런 일들이 발생할 수 있다. 어린 시절의 힘겨움을 견뎌 내기 위해 마음의 문을 굳게 닫아 둔 경우, 마음의 문을 열기 시작하면 애정 어린 '신선한 공기'가 들어와서 내면에 갇혀 있던 고통을 자각하게 된다. 이러한 고통은 때때로 폭발적으로 일어나서 감당할 수 없을 지경이 될지도 모른다. 트라우마 이력이 있는 사람만 역류를 경험하는 것도 아니며, 힘든 감정을 극복하는 방법으로 자신을 닫고 고립시킨 사람이라면 누구나 자기연민 수행을 시작한 초기에 역류를 경험할 수 있다. 이는 치유가 시작되었음을 의미하기 때문에 좋은 신호로 보면 되겠다.

좀 더 일상적인 비유를 들자면, 우리가 겨울에 눈을 치우다가 손이 얼어 감각이 없어질 정도가 되었을 때 집 안으로 들어와 손을 따뜻하게 하는 경우를 떠올릴 수 있다. 아마도 손이 엄청나게 아플 것이다. 이와 같이, 우리의 얼어붙은 마음이 녹을 때 고통이 따를 수 있지만 그래도 우리는 그것이 좋은 일이라는 것을 안다. 하지만 너무 조급할 필요는 없다. 소방관들이 소방용 스틱을 들고 다니는 이유 중 하나는 불타는 건물 주변에 구멍을 뚫어 공기가 천천히 들어가도록 하기 위해서라고 한다. 우리는 스스로에게도 이렇게 해야 할 필요가 있다. 즉, 너무 강렬하게 느끼지 않도록 연민의 감정을 천천히 가져와야 한다. 그러니까 우리는 자기연민을 자기연민적인 방식으로 수행해야 하는 것이다.

나에게 필요한 것이 무엇인지 스스로에게 물어볼 때, 때로는 잠시 다른 것에 집중하는 것이 필요하다고 느낄 수 있다. 예를 들어, 목욕하기, 산책하기, 강아지 쓰다듬기, 차 한잔 마시기 등과 같이 자신을 돌볼 수 있는 간접적인 방식들도 있다. 이렇게 스스로에게 친절을 베푸는 행위는 자신을 돌보고 자신의 필요를 충족시켜 주는 방법이기 때문에 연민의 습관을 기르는 데 도움이 된다. 마음이 좀 더 안정이 되면 마음의 문을 보다 명료하게 여는 수행으로 돌아올 수 있다.

마음챙김은 역류를 다룰 때 아주 효과적인데, 하나의 대상에 마음을 집중함으로써 안정감을 얻을 수 있기 때문이다. 의식적으로 호흡에 집중했을 때 마음이 안정되는 이유도 여기에 있다. 바로 생각이 아닌 다른 것에 집중하게 만드는 전략이다. 또 다른 효과적인 방법은 그저 바닥에 닿아 있는 발바닥의 감각을 느껴보는 것이다. 이렇게 하면 우리의 의식이 안정되고 현재에 집중(grounding)하는 데 도움이 된다.

## 발바닥 명상

연구에 따르면 발바닥 명상은 감정적으로 혼란스러울 때 스스로를 조절하고 마음의 중심을 잡을 수 있도록 돕는다고 한다. 발바닥 명상은 MSC 프로그램에서 역류를 다루는 핵심 수행이다. 일반적으로 서 있는 상태로 진행하지만, 앉은 자세로 변형할 수도 있다.

### │ 실습 안내 │

- 일어서서 바닥과 맞닿은 발바닥의 감각(촉각)을 느껴 봅니다.
- 발바닥의 감각을 더 잘 느끼기 위해 발을 앞뒤로, 그리고 좌우로 부드럽게 움직여 봅니다. 그런 다음, 무릎으로 작은 원을 그리며 발바닥에서 일어나는 감각의 변화를 느껴 봅니다.
- 바닥이 몸 전체를 어떻게 지탱하고 있는지 느껴 봅니다.
- 마음이 떠도는 것을 인지하면 바로 다시 발바닥 감각으로 돌아갑니다.
- 이제 발바닥의 감각 변화를 느끼며 천천히 걷기 시작합니다. 한 발을 들어 앞으로 내딛고 발을 바닥에 내려놓을 때 느껴지는 감각에 집중합니다. 다른 쪽 발도 똑같이 해 봅니다. 한 발씩 이와 같이 걸어 봅니다.
- 걸으면서 발이 닿는 면적이 얼마나 작은지, 그리고 그 작은 면적으로 몸

전체를 어떻게 지탱하고 있는지 느껴 봅니다. 우리가 당연하게 여기는 발의 노고에 대해 잠시 감사하는 시간을 가져 봅니다.

- 한 걸음, 한 걸음을 내딛을 때마다 땅이 나를 지탱해 주고 있다고 상상할 수 있습니다.
- 계속 천천히 걸으면서 발바닥을 느껴 봅니다.
- 이제 다시 자리에 서서 여러분의 자각을 몸 전체로 확장시키고, 느끼는 모든 것을 있는 그대로 느끼도록 맡겨 두고 이 순간에 현존합니다.

## 자기연민은 약한 사람을 위한 것이 아니다

문화적 요소에 의해 자기연민에 대한 오해가 생길 수 있다. 자기연민을 일종의 방종이라고 여겨 자기연민이 사람들의 추진력을 빼앗아 나약하게 만든다고 생각한다. 나의 연구가 『뉴욕타임스』에 처음으로 크게 실렸을 때, 많은 독자의 댓글이 부정적이어서 놀랐던 기억이 있다. 특히 한 댓글이 눈에 띄었었다. "참 잘됐네, 이젠 나라 전체가 나약해지겠군." 나는 대부분의 사람이 자기연민이 가진 강력한 특성을 이해하지 못한다는 것을 알기 시작했다. 그들은 연민이 보살핌이나 부드러움과 연관되어 있기 때문에 약하고 수동적인 것이라고 생각한다. 하지만 사실 연민은 강력하고 역동적일 수도 있다! 예를 들어, 응급 구조 대원들은 본인의 목숨을 걸고 허리케인에서 사람들을 구하고, 아이들에게 좋은 음식을 제공하기 위해 두 개의 직업을 갖기도 하고, 학생들이 빈곤의 굴레로부터 벗어나도록 돕기 위해 저임금을 받으며 애쓰는 교사들도 있다. 이 모든 것들이 엄청난 연민의 행위가 아니고 무엇일까.

불교의 가르침에는 이러한 강력한 실천적 행위를 불러일으키는 연민을 '적극적 연민(fierce compassion)'이라고 한다. 이는 해로움이나 부당함에 맞서는 힘이다. 샤론 살츠버그는 이를 친절, 명료함, 힘, 균형 그리고 행동력이 합쳐졌을 때 나타나는 강인한 사랑으로 묘사했다. 불교학자인 밥 서먼Bob Thurman은 "내면의 힘과 결단력을 키우는 데 사용할 수 있는 강력한 에너지"로 설명했다. 스스로의 고통을 완화하기 위해, 그 순간에 진정으로 필요한 것을 자신에게 주기 위해서 적극적이든 부드럽든 우리가 사용할 수 있는 모든 대응을 총동원하고 싶어 한다. 자기연민의 이러한 두 측면을 이해하는 데 도움이 될 만한 비유는 음과 양이다.

## 자기연민의 음과 양

음양(陰陽)에 대한 개념은 고대 중국 철학에서 유래한다. 이 개념에서는 보편적인 에너지 원리에는 끊임없이 변증법적으로 작용하는 두 가지 측면이 있다는 것을 가정한다. 음은 고요함을, 양은 움직임을 나타낸다. 음은 부드럽고 양보하며 수용적이고 양육하는 에너지인 반면, 양은 단호하고 강력하고 명령적이고 목표 지향적인 에너지이다. 음은 역사적으로 여성적인 것, 양은 남성적인 것과 연결되지만, 둘 다 성별에 관계없이 인간의 본질적인 측면으로 간주된다. 음과 양은 기(氣)나 생명 에너지의 상호보완적 표현이기 때문에 이 두 에너지는 건강과 웰빙에 중요한 역할을 한다. 이러한 관점에서 질병은 이 두 에너지의 불균형에서 생겨 나는 것이다. 우리에게 익숙한 음양의 상징에서 볼 수 있듯 어둠은 음을, 빛은 양을 나타내며, 부정적인 것과 긍정적인 것, 상반되는 두 극을 의미한다. 하지만 각각은 다른 쪽의 요소를 또한 포함하고 있으므로 근본적 비이원성을 나타낸다. 이와 같은 음양의 상징

[그림 1-1] 음과 양 - 태극문양

은 자기연민의 적극성과 부드러움 사이의 핵심적인 차이를 잘 보여 주고 있다. 보통은 자기연민이 이러한 관점에서 논의되지 않고, 또 본인이 중국철학 전문가인 것도 아니지만, 나는 존경과 겸손의 마음으로 음양의 개념을 유용한 틀로 사용하고 있다.

　부드러운 자기연민은 음의 특성으로, 수용적인 방식으로 자신과 '함께'하는 것을 뜻한다. 이는 우리 자신을 위로하고, 혼자가 아니라는 사실에 안심하고, 자신의 고통과 함께 현존한다. 이 부분이 바로 자기연민의 치유력이다. 우는 아이를 달래기 위해 안고 흔들어 주는 어머니의 모습이 부드러운 자기연민의 좋은 예가 될 수 있다. 감정이 상했거나 스스로에 대해 부적절감을 느낄 때 우리는 힘들어하는 자신을 달래고 위로하며 고통을 수용하고 있는 그대로의 자신을 끌어안는다. 그동안 주변의 소중한 사람들이 고통받을 때 우리 내면에서 자연스럽게 흘러나왔던 돌봄의 에너지를 자신에게로 돌리는 것이다. 부드러운 자기연민이 구현될 때의 느낌은 자애, 연결감, 현존이라는 말로 표현할 수 있겠다. 이는 친절, 보편적 인간경험, 마음챙김에 상응하는 느낌이다. 친절함으로 고통을 포용할 때 우리는 사랑을 느끼고, 보편적 인간경험을 기억할 때 연결감을 느낀다. 또 마음챙김이 일어날 때 우리는 현재의 순간에 존재하며 내가 고통스럽다는 것을 자각하게 된다. 자애와 연결된 현존을 느낄 때 우리는 고통을 견뎌 낼 수 있고 전환이 시작된다.

적극적 자기연민은 양의 특성이며 고통을 완화하기 위해 '세상 속에서 행동하는 것'과 관련이 있다. 필요에 따라 다른 형태로 나타날 수도 있지만 기본적으로는 자신을 보호하고 부양하고, 스스로에게 동기부여를 하는 경향이 있다. 역동적인 에너지의 적극적 자기연민은 엄마 곰에 비유하면 이해하기 쉽다. 위협에 처한 새끼 곰을 적극적으로 보호하거나, 새끼를 위해 물고기를 잡고, 먹을 것이 더 이상 없을 경우에는 새로운 터전을 찾아 떠나는 엄마 곰 말이다. 부드러움이 내면으로 향할 수 있듯 엄마 곰의 적극적인 에너지도 자신의 내면으로 향할 수 있다. 우리는 스스로를 옹호하고 보호할 수 있으며, 스스로를 키워 자립시키고, 자신이 더 나은 삶을 사는 데 필요한 변화를 만들어 낼 수 있다.

자기연민의 가장 본질적인 질문은 "나에게 지금 필요한 것이 무엇인가?", 더 구체적으로는 "나의 힘겨움을 극복하기 위해 무엇이 필요한가?"이다. 이 질문에 대한 답은 상황에 따라 다르다. 때때로 우리는 인간의 불완전한 모습을 그대로 받아들이는 것이 필요한데, 이는 부드러운 자기연민이 요구되는 때이다. 하지만 잠재적인 위험으로부터 스스로를 보호해야 할 때도 있다. 이럴 때 자기연민의 세 가지 요소는 다른 양상으로 드러난다. 자기친절은 용기로 나타난다. 경계선을 긋고, 거절하며, 강철과 같이 강해지는 데는 용기가 필요하다. 보편적 인간 경험은 우리의 투쟁이 혼자가 아니라는 것, 모든 사람은 정당한 대우를 받을 자격이 있다는 것을 인식하도록 돕는다. 우리는 다른 사람들과 힘을 합쳐 옳은 것을 지지함으로써 강력한 힘을 얻게 된다. 마음챙김은 우리가 명료하고 단호하게 진실을 보고 말할 수 있도록 해 준다.

이렇듯 자기연민이 우리를 해로움으로부터 지키는 역할을 할 때, 우리는 용기 있고 확고한 마음을 갖게 된다.

우리의 목적이 자신에게 필요한 것을 제공하고, 주체적인 삶을 사는 것에 있다면 자기연민의 세 요소는 또 다르게 드러난다. 이러한 경우에 자기친절은 정서적·육체적·영적으로 자신을 충족시키는 것을 의미하게 된다. 자신의 필요가 중요하다는 것을 알기 때문에 이를 충족시키기 위해 행동한다. 보편적 인간경험은 자기 자신과 다른 사람들을 균형 있고 공평한 방식으로 만족하도록 한다. 이기적이지는 않지만 그렇다고 자신의 욕구를 하위에 두지도 않는 것이다. 우리는 본인의 욕구를 포함한 모든 사람의 욕구를 존중한다. 마음챙김은 우리가 진정성 있게 행동하고, 깊은 내면에서 내가 원하는 것이 무엇인지 알 수 있도록 한다. 따라서 우리는 그것을 자신에게 제공하고 스스로의 가치를 지켜 나갈 수 있게 된다. 이처럼 자기연민이 자신에게 필요한 것을 제공하는 목표일 때 우리는 만족감과 균형 잡힌 진정성을 구현해 낸다.

마지막으로, 목표를 이루거나 변화를 일으키기 위해 스스로에게 동기를 부여하는 것이 목적인 경우 또 다른 형태의 자기연민이 필요하다. 자기친절은 우리가 변화를 위해 다른 일을 하도록 격려하고 지지하는 것을 요구한다. 마치 훌륭한 코치가 운동 선수에게, 부모가 아이들에게 동기를 부여하는 것과 같다. 건설적인 비판과 피드백은 자신이 최선을 다할 수 있게 만든다. 보편적 인간경험에 대한 인식은 우리가 실패를 통해 배울 수 있게 한다. 사람은 누구나 실수를 할 수 있으며 실수로부터 성장할 수 있다는 것을 이해하며, 자신의 행동을 어떻게 수정할 것인지 지혜롭게 결정할 수 있다. 그리고 마음챙김은 우리에게 도움이 되는 것과 그렇지 않은 것을 이해하고 더 유익한 방향으로 행동할 수 있는 비전을 제공한다. 따라서 다음 단계에서 취해야 할 행동을 명확하게 알고, 목표에 집중할 수 있다. 자기연민을 통해 스스로에게 동기를 부여하고자 할 때, 우리는 고무적이고 현명한 비전을 구현할 수 있다.

<표 1-1> 자기연민의 발현 양상

| 목적 | 자기친절 | 보편적 인간경험 | 마음챙김 |
|---|---|---|---|
| 부드러움(함께하기) | 사랑 | 연결감 | 현존 |
| 적극성(보호) | 용기 | 역량 강화 | 명료함 |
| 적극성(제공) | 만족감 | 균형 | 진정성 |
| 적극성(동기부여) | 격려 | 지혜 | 비전 |

불교에서 연민의 보살인 관세음보살(세상 모든 고통의 소리를 듣는 보살)은 수많은 손을 가지고 있는데, 각각의 손은 중생의 다양한 고통을 덜어 주기 위해 서로 다른 도구를 들고 있다. 앞의 표는 우리가 상황에 맞게 취할 수 있는 자기연민의 다양한 모습을 보여 준다. 자신을 돌보는 각 방법들은 다음 장에서 자세히 살펴볼 예정이니, 지금 당장 이해가 어렵더라도 걱정할 필요는 없다.

여러분 중에 누군가는 이런 궁금증이 생길지도 모르겠다. 적극적 자기연민에는 세 가지 형태가 있는데, 어째서 부드러운 자기연민은 한 가지 형태만 있는걸까? 그 이유는 우리가 고통과 '함께'한다는 것은 고요함을 의미하기 때문이다. 이는 열린 마음으로 상황을 있는 그대로 받아들이는 것을 요구하므로 하나의 주된 형태를 갖는다. 물론 열린 마음을 표현하는 방식은 조금씩 다를 수 있으나(신체 접촉을 통한 위로, 친절한 말 건네기 등), 모두 연민 어린 현존으로 귀결된다. 하지만 고통을 완화하기 위해 행동을 취하는 것은 더 다양한 형태를 보인다. 실제로는 이 세 가지보다 훨씬 더 많은 양상을 보일 수 있으며, 자기연민을 행동으로 표현하는 방식은 인간의 욕구만큼이나 다양하다. 다만 여기에서 말하는 보호, 제공, 동기부여의 세 가지 주된 형태는 우리가 고통을 완화하기 위해 사용할 수 있는 핵심적인 자기연민의 방법이다.

## 자기연민 동작

자기연민의 세 가지 요소는 어떤 목적으로 사용하는지에 따라 다른 느낌으로 경험된다. 실제로 우리는 몸에서 각기 다른 에너지를 느낄 수 있다. MSC 프로그램에서는 참가자들이 자기연민의 부드러움과 적극성의 다른 느낌을 감지하도록 돕는 실습을 한다. 이 실습은 서서 하는 것이 가장 좋지만 앉아서 할 수도 있다.

## ▎실습 안내 ▎

여러분은 자기연민이 줄 수 있는 다양한 느낌을 감각하기 위해 일련의 동작을 취할 것입니다. 먼저 자기연민의 부재가 어떤 느낌인지 살펴보는 것이 중요합니다.

- 몸 가까이에서 두 주먹을 꽉 쥐어 보세요. 어떤 느낌이 올라오는지 알아차려 봅니다. 여러분은 긴장감, 팽팽함, 스트레스, 답답함 등을 느낄지도 모릅니다. 이런 느낌은 자기비판과 저항의 느낌입니다. 자신과 싸우거나 고통에 저항하고, 자신의 욕구를 무시할 때 일어나는 느낌이며, 우리는 무의식적으로 대부분의 시간을 이렇게 보내게 됩니다.

이제는 부드러운 자기연민이 어떤 느낌을 주는지 살펴봅니다.

- 꽉 쥐었던 두 주먹을 펼쳐서 손바닥을 위로 향하게 합니다. 주먹을 쥐고 있을 때와 비교해서 어떤 느낌이 드나요? 많은 사람이 좀 더 편안하고 평

화롭고 차분해지며 수용적인 느낌을 받는다고 합니다. 이 느낌은 부드러운 자기연민의 마음챙김에 해당합니다. 열린 마음과 폭넓은 인식으로 일어나는 일을 그대로 수용할 때의 느낌과 같습니다. 이를 통해 우리는 고통과 함께하며 고통이 있다는 것을 인정할 수 있습니다.

- 이제 두 팔을 상대를 향해 내밀듯 뻗어 봅니다. 친구나 연인을 안아 주는 상상을 해도 좋습니다. 어떤 느낌이 드나요? 아마도 연결감, 공존, 확장감을 느낄 수 있을 겁니다. 분리된 자아를 넘어 타인을 포용하게 되는, 부드러운 자기연민의 보편적 인간경험에 해당합니다. 이는 혼자가 아니라는 사실을 스스로에게 알리며 안심시킬 때 드는 느낌입니다.

- 이제 한 손을 다른 한 손 위에 얹고, 양손을 천천히 가슴 중앙에 올려 봅니다. 따뜻한 촉감과 두 손이 가볍게 가슴을 누르는 것을 느껴 봅니다. 부드럽게 호흡합니다. 어떤 느낌이 드나요? 사람들은 이 동작을 할 때 보통 안전, 위로, 따뜻함, 편안함을 느낀다고 합니다. 이 느낌은 부드러운 자기연민의 자기친절을 나타냅니다. 우리가 스스로에게 사랑을 줄 때의 느낌이며 아주 기분이 좋은 느낌입니다 (만약 여러분이 역류를 경험하지 않는다면 기분이 좋을 겁니다. 물론 역류를 경험하는 것 또한 당연히 괜찮습니다).

- 그다음으로는 지금까지의 동작을 모두 이어서 한 동작으로 합니다. 손바닥을 위로 향하고 팔을 내민 후, 다시 여러분의 손을 가슴으로 가져오세요. 이 동작은 부드러운 자기연민의 전체적인 느낌을 줍니다.- **자애, 연결된 현존**

적극적 자기연민은 목적에 따라 다르게 드러납니다.

- 가능하다면 일어서서 무술을 하는 것처럼 '기마자세'를 취합니다. 두 다리를 어깨너비로 벌리고 무릎을 살짝 굽힌 후, 골반을 앞으로 기울입니

다(허리를 바로 세워도 괜찮습니다). 기마자세를 하면 무게중심이 내려가기 때문에 안정적이고 균형 있는 자세가 나옵니다. 이 자세를 기본으로 해서, 여러분은 그 순간에 필요한 어떤 동작이든 취할 수 있습니다.

때때로 우리는 스스로를 보호해야 할 필요가 있습니다.

- 손바닥을 정면으로 향하고, 앞으로 팔을 쭉 뻗어 "안 돼!"라고 명료하고 큰 소리로 외칩니다. 이 동작을 세 번 반복합니다.
- 이 동작을 할 때 여러분의 척추 위아래로 흐르는 에너지를 느낄 수 있는지 확인해 봅니다. 어떤 느낌이 드나요? 사람들은 종종 강해지고, 힘이 솟고, 용기가 생기는 느낌이 든다고 합니다. 이러한 적극적 자기연민의 형태로 여러분은 **용기와 확고한 마음**을 갖게 됩니다.

우리는 가끔 자신을 위해, 본인이 행복해지는 것을 스스로 제공해야 할 때도 있습니다.

- 팔을 쭉 뻗어 마치 여러분이 필요한 무언가를 모으는 듯한 동작을 해 봅니다. 두 손을 안쪽으로 가져와 에너지의 중심부인 명치 위에 놓으면서 "좋아!" 하고 말합니다. 이 동작을 세 번 반복합니다.
- 이 긍정의 확언이 어떻게 여러분의 몸에 활력을 주는지 느껴 봅니다. 이런 식으로 자신의 주장을 펼치면 어떤 기분이 드나요? 유치하게 느껴질 수도 있지만 어떤 측면에서는 만족감을 느낄 겁니다. 이러한 형태의 적극적 자기연민을 통해 만족감과 균형 잡힌 진정성을 나타내게 됩니다.

때때로 우리는 도전적인 일을 해내기 위해 자신에게 동기를 부여하고, 지지하고 고양시켜 변화를 만들어 내야 합니다.

- 주먹을 쥐고 앞뒤로 흔들면서 열정적으로 말해 봅니다. "너는 할 수 있어!" 이 동작을 세 번 반복하세요.

- 지지하는 에너지가 전진하는 움직임을 느낄 수 있는지 살펴 봅니다. 어떤 느낌이 드나요? 긍정적이고 희망적이며 고양되는 느낌인가요? 이러한 형태의 자기연민으로 우리는 고무적이고 현명한 비전을 얻게 됩니다.

이 동작들은 일상에서 반복적으로 수행하기 위해 만들어진 것은 아닙니다. 자기연민의 다양한 형태를 이해하고 경험하는 데 도움을 주기 위한 것입니다. 하지만 특히 도움이 되는 동작이 있었다면 언제든지 필요한 때에 자기연민을 위해 사용할 수 있습니다.


## 음양의 조화

자기연민의 힘을 최대한으로 활용하기 위해서는 음과 양이 함께 작용해야 하고(양 또한 음과 함께해야 한다), 항상 균형을 이루어야 한다. 그렇지 않으면 자기연민은 불건강한 방식으로 변질될 위험이 있다. '가까운 적(a near enemy)'은 이러한 변질의 과정을 이해하는 데 유용한 불교 개념이다. 바람직한 상태와 유사해 보이지만('가까운'으로 표현한 이유), 실제로는 그 상태를 방해('적'이라고 표현한 이유)하는 마음의 상태를 가리킨다. 음과 양이 조화를 이루지 못하면 각 형태의 자기연민은 가까운 적으로 변할 수 있다. 예를 들어, 음의 수용하는 마음에 양의 행동하려는 의지가 없다면 수동적이고 그저 안주하는 것으로 끝날 수 있다. 티베트의 불교 지도자인 초감 트룽파<sup>Chogyam Trungpa</sup>는 이것을 "바보 같은 연민"이라고 불렀다. 자신을 있는 그대로 사랑하고 수용하는 것이 중요하지만 그렇다고 해서 늘 지금 있는 그대로 머물기만을 원해야 한다는 뜻은 아니다. 소 떼가 나를 향해 돌진해 오고 있다면 그 상황을 그저 수용하고 가만히 있는 건 위험하다. 흡연과 같이 건강에 해로운 행위를 하거나 정서적으로 학대를 받는 상황에 처했을 때, 우리는 단지 고통을 받아들이기만 하는 것이 아니라 어떠한 조치를 취할 필요가 있다.

같은 관점에서, 만약 자신을 보호하려는 힘이 자애의 감정과 연결된 존재라는 느낌 없이 일어난다면, 그것은 타인을 향한 적대감과 공격으로 변할 수 있다. 우리는 상황을 '우리 vs 그들', 우리는 옳고 그들은 틀렸다는 식으로 보기 시작할 수 있다. 연민은 항상 돌봄의 마음이어야 한다. 연민은 적극적이고 용감할 수 있지만 공격적이지는 않다. 연민은 힘을 실어 줄 수 있지만, 그 힘이 너무 강해서 압도당하게 하지 않는다. 진실을 말해야 할 때 연민은 명료하지만 맹목적으로 독선적이지는 않다. 이처럼 충분한 음익 에너지 없이 욕구를 충족시키려는 노력은 자아도취로 변질되거나, 향상을 위한 동기가 완벽주의로 변해 버릴 수 있다.

이와 관련해서는 나중에 더 자세히 살펴보겠지만, 음과 양이 균형을 이루고 통합될 때 더 건설적이라는 것만 기억하면 된다. 우리는 스스로에게 도움이 되지 않는 행동 패턴을 버리고 상황을 개선하기 위한 행동에 나설 수 있다. 이는 있는 그대로의 자신을 수용하지 못해서가 아니라 자신을 보살피고 있기 때문이며 고통받는 것을 원치 않기 때문이다. 무조건적인 자기수용이 안정적으로 이루어질수록, 우리는 자신을 보호하고, 필요한 것을 제공하며, 목표를 달성하는 데 더 많은 에너지를 쏟을 수 있게 된다.

약 1년 정도 함께 적극적이고 부드러운 자기연민 수행을 한 나의 친한 친구, 제스는 이 수행 덕분에 완전히 다른 사람이 되었다고 말한다. 제스를 만난 것은 내가 텍사스로 이사를 간 직후였다. 제스는 명상 수행을 하고 있었으며, 심각한 ADHD(주의력결핍 과잉행동장애) 진단을 받은 아들인 빌리를 두고 있는 데다가, 나이도 나와 비슷해 공통점이 많았다. 부드러운 자기연민은 빌리가 문제 행동을 보일 때, 그녀 자신에게 필요한 친절과 지지를 제공했고 따라서 아들의 신경학적 증상에 더 잘 대처할 수 있었다. 또 양육에서 본인의 실수를 조금 더 수월하게 받아들이고, 자신 또한 한 인간임을 상기시키며 스스로를 안심시키고 최선을 다했다. 그러나 그녀에게는 아들보다 더 도전적인 사람이 있었고 부드러운 자기연민 수행만으로는 이 상황을 다루기에 충분치 않았다. 그 사람은 다름 아닌 제스의 어머니, 사만다였다.

이렇게 말하면 마치 제스가 어머니를 사랑하지 않는 것으로 오해할지도 모르겠다. 하지만 제스는 여느 딸들이 그렇듯 어머니를 사랑한다. 그렇지만 그녀로부터 오는 스트레스는 정말이지 견딜 수가 없었다. 사만다는 (중년의) 딸이 무언가 잘못된 일을 했을 때, 가족 구성원의 연장자로서 그 해결방법을 딸에게 말해 주는 것을 당연하게 여겼다. 그러니까 딸에 대해 늘 선 넘는 조언을 하고 있으면서도, 선의 존재조차 인정하지 않았다. 제스는 어머니가 진심으로 걱정하고 있다는 것을 알지만 원치 않는 조언에 끊임없이 침해받는 느낌을 받았다. 그녀는 "엄마는 내가 그냥 실수하게 두지를 못하고 왜 내 일에 계속해서 참견하는 걸까."라고 불만을 토로하곤 했다.

제스가 어머니와 대화할 때의 전형적인 패턴 덕분에 그들은 오랫동안 평화를 유지할 수 있었다. 어머니의 말을 듣고 어머니의 배려에 감사하다고 말하면서, 그냥 자신의 뜻대로 하는 식으로 해결했다. 그녀가 해 온 수년간의 명상 수행이 효과가 있었다. 보통은 그랬다. 문제는 제스의 분노가 계속 끓어오르다가 어느 지점에서는 결국 폭발한다는 것이었다. 한번은 추수감사절 저녁 식사 자리에서 사만다가 제스에게 음식을 두 접시째 먹지 말라는 뜻을 비추자, 제스는 순간적으로 "F*** you!"라고 소리치며 식탁을 박차고 나간 적이 있었다. 그 사건 후에 제

스는 어머니에게 그렇게 화를 낸 것에 대해 끔찍함과 수치심을 느꼈
다. 가족에게 감사를 표해야 하는 날에 그런 행동을 했다는 것이 부끄
러웠던 것이다. 제스는 수년간의 명상에도 불구하고 반찬 하나 때문에
이성을 잃었다는 사실에 절망하기 시작했다.

적극적 자기연민에 대해 이야기를 나누기 시작하면서, 나는 그녀
에게 물었다. "만약 그 분노가 관리해야 할 대상이 아니라 축하해야 할
대상이라면, 어떤 기분일 것 같아요?" 그리고 "경계가 침범받을 때마
다 스스로를 보호하기 위해 나타나는 내면의 어머니 곰을 인정한다면
어떨까요?" 하고 말이다. 그녀가 대답했다. "좀 무서운 것 같아요. 내
가 정말로 이성을 잃고 돌이킬 수 없는 말을 할지도 모르잖아요. 저는
어머니를 사랑해요. 그리고 사실은 어머니가 실제로 나를 도와주려 애
쓰는 것도 알아요."

내가 말했다. "제스, 당신이 그런 반응을 보이는 이유가 혹시 당신
내면에 있는 정말 중요한 어머니 곰 에너지를 부정적으로 평가 절하해
서 그런 건 아닐지 궁금해요." 그러고는 "내면의 전사가 나타나면 그
걸 환영하는 동시에 친절과 자애를 곁에 둘 수 있다면 무슨 일이 일어
날까요?" 하고 제안했다. 제스는 한번 시도해 보기로 했다.

처음에는 상황이 녹록지 않았다. 사만다가 매주 점심 식사 자리에
서 제스에게 해야 할 일을 말하려고 하면, 제스는 용납할 수 없는 선
을 명확히 하기 위해 돌봄의 힘을 사용했다. 그러다가도 여전히 어느
순간에는 분노가 끓어올라 어머니에게 폭발하고 말았다. 하지만 얼마
후, 마음속에 자기연민의 부드러움과 적극적인 에너지가 함께 자리 잡
으면서부터는 상황이 나아지기 시작했다. 한번은 제시가 나에게 전화
를 걸어 사만다의 선 넘는 행위를 이전과 다르게 대처한 자신이 얼마
나 자랑스러운지 전한 적이 있었다. "빌리가 학교에서 문제를 일으켰

을 때, 제가 어떻게 대처했는지 어머니에게 이야기하고 있었는데, 어머니는 또 제가 다르게 대처했어야 했다고 하는 거예요. 그때, 내면 깊은 곳에서 '안 돼!' 하는 강력한 목소리가 들렸어요. 나는 어머니에게 내 아들의 훈육 방식은 어머니가 아니라 내가 결정할 일이라고 했죠. 우리 둘 다 그 거절의 힘에 놀랐지만 대화는 깔끔하게 마무리되었고, 더 이상 할 이야기는 없었어요." 점심 식사를 마치고 약 한 시간 반 정도 지났을 때, 사만다는 제스에게 전화를 걸어 "맞아, 내가 그 일에 간섭할 일은 아니지. 그동안 너는 빌리에게 아주 잘해 왔어. 미안하구나." 하고 사과를 했다고 한다. 제스는 이 과정에서 본인이 무례하지 않고, 당당하게 맞설 수 있었다는 사실에 매우 상기되어 있었다.

나는 우리가 부드러운 자기연민 수행과 적극적 자기연민 수행을 함께한다면, 많은 고통의 밑바탕에 있는 불균형을 해결하고 삶에서 획기적인 변혁이 일어난다고 믿는다. 다행히 자기연민은 단순한 관념이 아니라 실천이다. 여성으로서 자신의 힘을 주장할 때, 우리는 자기연민의 두 가지 측면을 계발하고 통합시키는 것을 배울 수 있다. 그리고 그것을 통해 우리가 지금 직면하고 있는 도전적인 과제들을 해결해 나갈 수 있다. 여성들은 화를 내거나 격렬하게 행동하기보다는 사람들을 화나게 하는 것을 피하도록 사회화되어 왔다. 하지만 더 이상은 배가 흔들리는 것을 피하기 위해 수동적으로 가만히 있을 수는 없다. 배는 흔들려야 한다! 자기연민은 우리의 뒷주머니에 숨겨져 있는, 언제나 꺼내서 사용할 수 있는 초능력이다. 다만, 이렇게 강력한 힘을 갖고 있다는 것을 기억하고, 스스로에게 그 힘을 사용할 수 있도록 허용하기만 하면 된다.

제 2 장

# 자기연민이 성별과
# 무슨 상관이 있을까

왜 사람들은 "배짱 좀 키워라."라고 말할때 "고환을 키우라(Grow some balls)."라고 말하죠? 고환은 연약하고 예민하잖아요! 강해지고 싶다면 질을 키우세요. 그래야 쉽게 상처입지 않으니까.

— 베티 화이트, 배우 겸 코미디언(Betty White, actor and comedian)[1]

　여성들이 적극적 자기연민을 개발해야 하는 이유가 있다. 우리 사회의 관습적인 성 역할 고정관념은 여성들이 유의미한 방식으로 권력을 표현하는 데 한계를 드러내기 때문이다. 대부분의 문화권에서 여성은 '공동체적'이며, 남성은 '주체적'인 존재로 간주된다. 이 고정관념은 음의 부드러움과 양의 적극성을 나타내는 특성과 연결 지을 수 있다. 여성은 민감하고 따뜻하며 협동적이고 타인의 행복에 관심이 있다고 여겨지는 반면, 남성은 강하고 공격적이며 목표지향적이고 독립적인 것으로 인식된다. 즉, 부드러움은 여자들만의 것으로 적극성은 남자들만의 것으로 그려진다.

　성 고정관념은 현실 속에서 개인이 느끼고 행동하는 방식과 충돌을

1　Grow some balls, 용기를 내라는 뜻으로 사용되는 영어 관용구–역자 주

일으킨다. 어떤 사람은 주체적이기보다 공동체 지향적(여성적)이며, 또 어떤 이들은 공동체적이기보다는 주도적(남성적)일 수 있으며, 주체적 이지도 공동체적이지도 않거나(미분화), 두 가지의 특성을 모두 나타내 는 사람들도 있다(양성적). 그러나 이러한 특징들은 성 정체성과는 다른 것인데, 성 정체성은 자신이 생각하는 성별과 해부학적 성별이 일치한 다고 느끼는지(시스젠더), 반대 성별로 느끼는지(트랜스젠더), 둘 다인지 (젠더 플루이드), 아니면 둘 다 아닌지(논바이너리)와 관련된다. 어떤 성 정 체성을 가졌다고 하더라도 개인에 따라 주도성과 공동체 지향성의 정 도는 차이가 있다. 인간은 믿기 어려울 정도로 복잡하고 다양한 존재이 다. 문제는 그런 인간을 사회가 좁은 틀 안에 가두려고 할 때 생겨난다.

문화는 여성이 부드러운 자질을 개발하도록 권장하는 반면, 적극적 인 기세는 막는다. 남성들은 부드러운 측면을 억누르며 적극적인 기세 를 키우도록 교육받는다. 우리가 온전한 한 인간 존재가 되기 위해서 는 음과 양이 균형적이며 통합되어야 하지만, 성 역할 사회화는 남성 과 여성 모두를 반쪽짜리 인간으로 만든다. 성 역할 고정관념이 음양 의 조화로운 발달을 억제한다는 것은 결국 음과 양이 극단적으로 표현 된다는 것을 뜻한다. 음은 온화하고 부드러운 것만이 되며, 양은 근육 질의 '람보'나 '지아이 조(G.I. Joe)'가 된다. 음과 양이 성별에 상관없이 건강하고 조화로운 방식으로 흐르고 통합될 수 있도록 우리는 스스로 를 이 좁은 틀 안에 가두어서는 안 된다.

성별에 따라 행동에 대한 기대치가 높은 것은 남성과 여성 모두에 게 문제가 된다. 부드러움, 민감함, 연약함을 창피하게 여기는 유해한 남성적 문화 안에서 그런 남성들은 상처를 받는다. 심리학자들은 이 러한 규범들이 대인관계에서의 연결감보다는 공격성에 강조점을 두 어 남성들의 정서 지능 발달을 저해한다고 주장한다. 그러니까 부드러운 음의 특성을 갖춘 남성들에게는 분명히 이점이 생길 수 있다. 하지만 여성들이 이에 상응하는 양의 특성을 개발하는 것은 훨씬 더 중요한 일이다. 고정적인 성 역할은 남녀 모두에게 심리적인 해를 끼치지만 그럼에도 남성들에게는 리더의 역할이 주어진다는 것이다. 그리고 그로 인해 자원에의 접근성이 커진다는 것은 일종의 보상이다. 하지만 적극적인 행동 대신 부드러움을 우선시하는 여성의 성 규범은 부당한 대우에 맞서 싸울 수 있는 힘과 능력을 제한할 뿐이다.

협력이나 타인을 돌보는 행위로 드러나는 음의 특성이 아름답고 필수적이라고 해도 주도성이나 자기주장과 같은 양의 특성과 균형을 이루지 못한다면 사회적 불평등을 존속시키는 요인이 된다. 여성에게는 '친절해야 하고', 타인을 돌보며, 과도하게 주장하거나, 너무 많은 것을 요구해서는 안 된다는 기대가 있다. 이러한 기대가 당연시될 때, 여성들이 원하는 것은 거부당하고 남성은 원하는 것을 얻는 패턴이 유지될 수밖에 없다. 여성들이 가진 자기희생에 대한 이상적 관념은 이성애자 여성들이 남성의 필요(섹스, 출산, 가사노동, 육아 등)를 충족시켜 줄 것이라는 기대를 지속시킨다. 파트너, 사회 또는 자기 자신으로부터 응당 받아야 할 것에 대해서는 거의 고려하지 못한 채 말이다.

여성이 남성과 동등한 지위를 얻으려 한다면 우리가 원하고 필요한 것을 당당히 요구할 수 있는 능력이 필수적이다. 여성이 일방적으로 사회를 변화시킬 수 없으며, 남성 또한 자신의 역할을 수행해 내어야 한다. 이러한 변화를 이끌어 내기 위한 중요한 방법 중 하나가 제한적인 성 고정관념에서 벗어나는 것이다. 우리는 이기적이고 공격적인 방식으로 평등한 권리를 얻고자 하는 것이 아니다. 대신에, 돌봄의 힘을 발휘하여 백인 우월주의, 건강 및 부의 극심한 불평등, 지구 온난화의 지옥으로부터 벗어날 수 있도록 앞장서기를 원한다. 이를 위해서는 적극적이면서도 부드러운 자기연민을 균형 있게 통합하는 능력이 무엇보다 중요하다.

## 세 가지 유형의 성차별주의자

성 불평등이 여성에 대한 남성의 편향된 시각에서 비롯된 것으로 볼 수도 있지만, 실제 현실은 그것보다 더 복잡하다. 연구에 따르면 최소 세 가지 형태의 성차별주의가 있고 각각은 서로의 이념을 지지하는 작용을 한다는 것이다. 적대적 성차별주의는 남성이 여성보다 우월하다는 믿음을 조장한다. 이는 편견 및 차별과 밀접한 연관이 있다. 이러한 세계관을 가진 남성들은 페미니스트와 여성 CEO와 같은 기존의 전통적 성 역할에서 벗어난 여성들을 적극적으로 혐오한다. TV방송 전도사인 팻 로버트슨<sup>Pat Robertson</sup> 목사가 한 말을 생각해 보라. "페미니즘의 목표는 결코 여성의 평등한 권리에 관한 것이 아닙니다. 그것은 사회주의적이며 반(反)가족주의 정치 운동일 뿐이에요. 여성들에게 가족을 떠나고 아이들을 버리고, 마녀들이나 하는 행동을 하며, 자본주의를 파괴하고, 레즈비언이 되라고 부추기는 거예요." 이러한 시각은 1600년대 사회의 규범을 따르지 않았던 여성들이 마녀로 몰려 실제로 교수형에 처해졌던 마녀사냥 이후, 미국 역사의 한 축으로 자리 잡아 왔다. 여전히 미국 사회의 특정 계층에서 만연해 있는 시각이다.

이 유형의 대표적인 예가 '여성을 다시 위대하게(Make Women Great Again)' 콘퍼런스이다. 이 콘퍼런스는 코로나19 팬데믹이 닥치기 전인 2020년 10월에 개최 예정이었으나 실제로 열리지는 않았다. 그저 떠들썩한 선전활동이었을지도 모르지만, 적대적 성차별주의에 대한 전형을 보여 준 것이다. 여성 청중을 대상으로 남성 발표자가 3일간 진행하는 이 컨퍼런스를 미국의 유명 일간지인 『뉴욕 포스트』는 '자궁을 위한 마가 모자(MAGA hat, 도널드 트럼프 지지자들의 상징적인 아이템)'로 묘사했다. 극우 성향의 연사들은 여성 청중들에게 더 여성스러워지고(복종하는 법을 배우고), 남편을 기쁘게 하고, '무제한으로 아이'를 갖는 방법을 가르치는 데 그 목적이 있었다. 참가자들은 그곳에서 이런 약속을 받기도 했다. "더 이상 여러분은 유해한 페미니스트적 신념에 굴복할 필요도, 여성으로서의 생물학적 본성을 거스를 필요도 없습니다. 우리 남성들이 여러분을 돕기 위해 여기에 있습니다." 이 행사의 주최자들은 '매노스피어(manosphere)'의 대표들이었다. 참고로, 매노스피어는 여성혐오와 여성에 대한 성폭력을 조장하는 반(反)페미니스트 블로그, 웹사이트, 온라인 포럼 등을 지칭하는 말이다. 적대적 성차별주의자가 언제나 과격한 것만은 아니지만, 이들은 성폭행에 대해 '원치 않았다면 막을 수 있었을 것이다.'와 같은 생각을 지지하며 그것을 정당화할 가능성이 좀 더 높다.

적대적 성차별주의와는 대조적인 온정적 성차별주의는 여성들을 보호의 대상으로 보는 '긍정적' 형태의 편견이다. 이 이데올로기는 여성들(적어도 성 고정관념에 순응하는 여성들)에 대해 매우 호의적인 시각을 갖고 있으며, 여성들을 본질적으로 남성보다 더 착하고 따뜻하고 배려심 많은 존재로 여긴다. 또한 남성은 여성을 보호하고 소중히 여기며 부양해야 할 의무가 있다고 생각한다. 온정적 성차별주의에서는 분리된 영역의 이데올로기를 공고히 한다. 즉, 여성은 사적인 가정일에, 남성은 공적인 지도자로서의 역할에 최적화된 것으로 보는 것이다. 남녀는 동등한 지위(적어도 인종에 대해서는 평등한 지위가 적용되었지만, 여성의 평등한 법적 지위는 1954년 대법원에서 기각되었다.)를 갖지만 그 역할에 있어 분리되어 있다는 생각이다. 이 관점에서 남성은 리더십을 발휘해서 이끌어야 하고 여성은 양육해야 한다. 아내를 자신의 '더 나은 반쪽'이라고 표현하는 남성은 아내의 공동체적 특성을 존중하지만 자신은 그런 특성과 상관이 없다고 믿는다. 한편, 여성은 본인의 타고난 착하고 부드러운 성향을 자랑스러워할 수 있다. 동시에 남성의 주도적인 자질에 의존해야 자신을 보호하고, 부양하고, 자신을 대신해서 남편이 성공할 수 있다고 생각한다. 이 세계관은 음과 양 모두의 중요성과 상호보완성을 인정하면서도 그 이원성을 개인 내부가 아닌 이성애 커플의 수준에서 찾는다. 따라서 음양의 성별 분리는 가부장제(및 이성애주의)를 유지하는 접착제로 작용하게 된다.

적대적인 성차별주의는 여성보다 남성이 더 강력하게 지지하지만, 많은 여성은 온정적 성차별주의를 옹호한다. 이들 중 가장 대표적인 여성은 필리스 슐래플리<sup>Phyllis Schlafly</sup>로, 그녀는 성평등 헌법 수정안 반대 운동을 성공적으로 이끈 사람이다. 그녀는 페미니즘이 가족 구조를 위협할 뿐만 아니라, 전통적인 가치 체계에서 여성에게 주어지는 보호와 재정적인 지원에도 위협을 가하는 것으로 보았다. 물론 비대칭적인 의존과 완전한 평등은 양립할 수 없는 개념이다. 남성들로부터의 보호를 받는 대가로 권력, 진정성, 선택권의 결여가 발생한다. 보호를 받기 위해 여성은 남성에게 적극적으로 도전하는 것이 허용되지 않는다. 여성은 사회적 질서 안에서 자신의 자리를 지키기 위해 끊임없이 '책임자의 역할은 남성'이라는 정체성을 지지해야 한다. 따라서 이러한 경우에 '평등'은 실제적인 평등과는 거리가 멀다.

세 번째 유형인 현대적 성차별주의는 단순히 성차별이 존재한다는 사실을 부정하는 것이다. 이는 남성과 여성이 다르게 대우받아야 한다고 주장하는 것이 아니라 이미 남성과 여성은 동등한 대우를 받고 있다고 말한다. 가장 교활한 형태의 성차별주의라고 볼 수도 있겠다. 현대적 성차별주의는 불평등이 존재한다는 사실을 인정하지만(사실을 부정하기는 어렵다), 어떠한 제도적인 불이익 때문은 아니라고 보는 것이다. 성공은 주로 자신의 능력과 동기에 달려 있다는 생각이다. 즉, 남성의 주도성이 그들을 열심히 일하게 하여 성공으로 이끄는데, 그에 반해 여성의 공동체적 성향은 여성들이 양육과 관계에 초점을 맞추도록 이끌어 사회적 경력에 지장을 준다고 주장한다.

현대적 성차별주의는 여성의 동등한 대우를 요구하는 페미니스트들을 불평꾼으로 여긴다. 그러니까 규칙도 따르지 않고 특별한 혜택을 요구함으로써 제도를 악용하려는 사람들로 보는 것이다. 이 논리는 여성의 성평등을 위한 정책으로 인해 자신들(남성들)이 역차별의 피해자가 된다는 주장을 정당화시킨다. 이 관점에서는 경쟁의 장이 공평할 때 주도적 성향이 강한 여성은 남성 못지않은 성공을 거둘 수 있다.

성 불평등은 차별의 결과가 아니라 남성의 주도성과 여성의 공동체적 성향이라는 본질적 차이에서 비롯된 것으로 간주된다. 이 논점의 좋은 예로 토론토대학교 교수이자 극우파의 영웅인 조던 피터슨<sup>Jordan Peterson</sup>이 있다. 그는 성별에 따른 성취도의 차이가 "여성이 자신의 일보다 자녀를 우선시하는 경향이 있다."라는 사실과 "우리 문화가 억압적인 가부장제라고 주장하는 사람들은 현재의 위계질서가 능력에 기반하고 있다는 것을 인정하고 싶어 하지 않는다."라고 말한다.

앞의 세 가지 유형의 성차별주의의 공통점은 남성은 주도적이고 여성은 공동체 지향적이라는 확고한 믿음을 갖고 있다는 것이며, 결국 이것은 불평등한 현재의 상태를 정당화한다.

## 성차별과 생물학

성차별주의적 세계관을 가진 사람들은 일반적으로 남성과 여성을 주도성과 공동체적 성향으로 구분하는 것이 자연스럽다고 주장한다. 물론 성별에 따른 생물학적 차이가 있을 수 있다는 연구 결과도 있다. 예를 들어, 옥시토신과 테스토스테론과 같은 호르몬은 각각 여성에게서 공동체적 성향을, 남성에게서는 주도적 성향이 드러나도록 역할을 할 수 있는 것이다. 옥시토신은 돌봄, 소속감, 사회적 유대감을 강화하는 호르몬이며 테스토스테론은 경쟁심, 동기부여, 공격성과 같은 주도적인 자질을 담당하는 호르몬이다. 또 여성의 뇌가 공감과 협력에 더 뛰어나다는 신경학적 증거도 있는데, 이는 아기가 필요한 것을 이해하는 엄마의 능력은 종의 생존에서 필수적이기 때문에 진화론적으로 타당한 결과이다.

하지만 생물학과 사회적 힘은 항상 상호작용한다. 예를 들어, 권력을 경험하면 여성과 남성 모두 테스토스테론이 증가한다. 한 연구에서 연구자는 모의 직장 환경을 만들어 참가자들에게 부하 직원을 해고하는 상황을 연출하도록 했고, 후속 테스트에서는 여성에게서 테스토스테론이 유의미하게 증가한 것을 볼 수 있었다. 마찬가지로, 아기를 돌보는 시간은 남성과 여성 모두에게서 옥시토신 레벨을 증가시킨다.

생물학적인 유전적 소인이 행동으로 나타나는 방식은 그것이 발생하는 환경적 맥락에 따라 달라진다. 한 예로, 남자아이가 여자아이보다 신체적으로 더 활동적이고 여자아이의 집중력이 남자아이보다 더 높은 생물학적 경향성이 다소 있기는 하다. 하지만 이는 부모들이 남자아이들과는 운동을 요구하는 거친 놀이를 하고, 여자아이들과는 집중을 필요로 하는 가상의 놀이를 하기 때문에 더욱 크게 증폭되는 것이다.

일반적으로 연구에 따르면 성별 그룹 간 차이보다는 성별 그룹 내에서 개인 간의 차이가 더 크며, 성별에 따른 차이는 매우 근소하다. 이는 생물학적 차이가 성별의 차이를 만들어 낸다는 주장에 반박하는 주장이다. 성별 고정관념의 기저에 한 진실이 있다면 그 진실은 사회적 요인에 의해 과장된 것이며, 사실은 아주 작은 부분일 뿐이다. 그렇기 때문에 주도성과 공동체적 성향에서 성별의 차이를 고려할 때는 사회화의 부분을 참작하지 않으면 안 된다.

## 성별 지도

어린 시절부터 여자아이들은 분홍색 옷을 입고, 인형을 가지고 논다. 또 훌륭한 여성은 다정하고 양육적이며 배려심이 많다는 메시지를 들으며 자라게 된다. 남자아이들은 파란색 옷을 입고 트럭과 총을 가지고 놀며, 멋진 남자는 강하고 활동적이라는 말을 듣는다. 성인의 정체성은 이러한 젠더 이데올로기를 중심으로 형성되며, 이는 삶의 거의 모든 중요한 영역에서 영향을 미치고 우리 자신과 타인의 행동을 해석하는 방식을 구성하게 된다. 성별 사회화가 어떻게 발생하는지 이해하면 우리가 어떻게 그 구속으로부터 자유로울 수 있는지에 대한 통찰을 얻는 데 도움이 될 것이다.

어린 시절 우리는 성별 스키마(gender schemas)라고 하는 성별에 따라 규정된 역할, 특성 및 활동에 대한 매뉴얼을 내재화한다. 스키마는 내면의 지도처럼 작동하는 조직화된 지식 구조를 말한다. 스키마는 무의식적으로 작동되며, 우리의 심리적 인식을 필터링하여 세상을 해석하는 데 도움을 준다. 예를 들어, 미국에서 우리가 생일 파티에 초대를 받으면 생일 파티에 대한 스키마를 가지고 있기 때문에 일어날 일에 대해 예측할 수 있다. 선물을 준비하고, 촛불이 꽂힌 케이크가 예상되며, 만약 깜짝 파티라면 생일의 주인공이 문을 열고 들어오는 순간 "서프라이즈!"라고 외칠 때까지 아무 말도 하지 말아야 한다는 것을 알고 있다. 즉, 스키마는 우리가 사물을 이해하는 데 도움을 준다. 성별 스키마를 사용하여 사람들을 분류하고, 행동을 예측함으로써 파티에 무엇을 입고 갈지, 다른 사람들이 어떻게 행동할지, 어떤 선물을 살지 등에 대한 예측을 하도록 돕는다.

우리는 내가 가지고 있는 스키마에 맞지 않는 상황에서 불편함을 느끼는 데 이것을 인지 부조화라고 한다. 나의 한 동료는 인지 부조화를 효과적으로 사용했던 이야기를 들려준 적이 있다. 그녀는 남자친구의 생일을 맞아 그를 깜짝 놀라게 해 주고 싶어서 남자친구가 문을 열고 들어올 때, 모든 친구가 아무 옷도 걸치지 않은 채로 있기로 파티를 계획했다. 친구들이 "서프라이즈!" 하고 외쳤을 때 남자친구는 진심으로 깜짝 놀랐다(나도 거기 있었으면 좋았을 텐데)! 우리는 부조화를 경험하는 것을 좋아하지 않기 때문에, 우리 마음은 스키마와 상황을 일치시키기 위해 최대한 노력한다. 예를 들어, 음식을 하고 있는 남자아이의 사진을 여자아이가 요리하는 사진으로 기억할 수 있다.

이미 우리 안에 내재된, 선입견에 부합되지 않는 정보를 계속해서 무시하면 우리의 스키마는 계속해서 강화된다. 한 연구에서, 여학생은 남학생보다 성적이 높더라도 수학 능력에 대한 자신감이 떨어지고 과학에 재능이 떨어진다고 판단하는 것으로 나타났다. 남학생이 여학생보다 수학과 과학을 더 잘한다는 스키마에 맞지 않기 때문에 실제 점수 정보가 무시된다. 이는 단순히 여성이 남성보다 지능이 낮다는 일반적인 인식에서 나온 결과와는 다르다. 여학생 또한 남학생처럼 자신의 읽기 및 쓰기 능력에 자신감을 갖고 있으며, 남학생도 남성이 여성에 비해 문해력이 더 뛰어나다는 스키마가 없기 때문에 이에 동의하게 된다.

종종 우리의 스키마는 무의식적으로 형성되기 때문에 그것이 우리 생각에 스며드는 파급력이 얼마나 큰지 깨닫지 못한다. 남녀가 평등하다고 생각하는 사람들도 이 보이지 않는 인식의 필터에 영향을 받고 있다. 의식적으로는 남성과 여성의 능력이 비슷하다고 판단할 수 있으나, 특히 어떤 명확한 정보가 적은 경우에 보통 남자는 주체적이고 여자는 공동체적이라는 고정관념에 의존하여 판단하기 쉽다. 이러한 무의식적 고정관념은 우리가 스스로 선택한 것이 아니며 이성적인 사고에서 비롯된 것도 아니다. 대신, 우리는 평생 동안 남성을 강력하고 주체적인 존재로, 여성은 돌보며 양육하는 존재로 묘사하는 책이나 영화, TV 프로그램, 음악 등에서 이러한 고정관념을 흡수했다. 이와 같은 편견은 너무나도 널리 퍼져 있기 때문에 인식하기가 힘들다. 마치 수영장에서 수영을 할 때의 물과 같은 존재처럼 말이다.

연구자들이 무의식적인 성 편견을 연구하는 일반적인 방법은 참가자들에게 남성 또는 여성의 이름을 가진 인물에 대해 묘사한 내용을 읽도록 하는 것이다. 그리고 참가자들이 주어진 성별 정보에 따라 어떻게 다르게 반응하는지를 확인한다. 듀크대학교 경영대학원의 연구원들은 건축가 이름으로 캐서린(여자 이름) 대신에 존(남자 이름)이라는 이름을 붙였을 때 집 디자인이 더 혁신적이라고 생각한다는 사실을 발견했다. 뉴욕대학교의 연구원들은 담당 관리자의 이름이 남성일 때 비즈니스 전략이 더욱 독창적이라고 평가했으며, 이러한 관리자는 보너스나 승진할 자격이 더 높다고 판단했다. 이와 같이, 팀 구성원들과 함께하는 공동 프로젝트를 평가할 때, 성공과 관련하여 여성의 공로에 대한 정보가 명확치 않으면 남성 팀원들에게 그 공을 돌리는 경우가 더 많았다(무의식적 편견의 여파는 제9장에서 적극적 자기연민이 직장 여성들에게 어떤 도움을 줄 수 있는지 살펴볼 때 더 자세히 다룰 것이다).

안타깝게도 성 고정관념은 우리 정신 깊숙이 내재되어 있기 때문에 변화에 대한 저항력이 강하다. 지난 30년 동안 우리 사회에서 여성들의 지위는 많이 향상되었으며, 사람들은 대체로 예전에 비해서는 더 평등주의적 태도를 취하고 있다. 하지만 한 연구에 따르면 1983년부터 2014년까지 남성은 주체적이고 여성은 공동체적이라는 고정관념은 거의 변하지 않은 것으로 나타났다. 이러한 고정관념은 시간이 지남에 따라 현저하게 고착화되고, 나이가 들수록 더욱 뿌리 깊어지는 것 같다.

텍사스대학교 오스틴에 부임한 직후, 내 연구소는 초기 청소년기부터 초기 성인에 이르는 성 고정관념의 발달을 살펴보는 연구를 수행했다. 특히 지배('리더십이 있다.' '독립적') 또는 복종('순종적' '타인의 요구에 민감하다.')과 관련된 특성에 중점을 두어 진행되었다. 젊은 성인들은 초기 청소년들에 비해 남성은 지배적이고, 여성은 순종적이라는 견해를 더 많이 가지고 있었다. 이는 나이가 들수록 미디어에 더 많이 노출되고 미국 문화를 더 많이 알게 됨으로써 나타난 결과로 볼 수 있다. 또한 이러한 차이가 존재하는 이유에 대한 근본적 신념도 조사했다. 그 결과, 젊은 여성은 여자아이와 남자아이의 양육 방식 때문이라고 답한 비율이 높은 반면, 젊은 남성은 유전자나 호르몬과 같은 생물학적 차이 때문이라고 답한 비율이 더 높았다. 젊은 여성들은 기업과 정부에서 여성들에게 더 많은 기회가 주어져야 한다고 믿는 평등주의적 태도를 보였는데, 이는 부분적으로는 성별의 차이가 여성의 사회화 방식에서 비롯된 것으로 보기 때문이었다. 다시 말해, 여성들은 순종에 대한 고정관념을 잘 알고 있었음에도 불구하고 권력 불평등을 근본적으로

불공평하다고 판단한 것이다. 이것이 바로 억압적인 성 역할에 변화가
일어날 수 있다는 희망적 메시지이다.

## 나는 누구인가

내재화된 고정관념을 극복하기 어려운 이유 중 하나는 이러한 고정
관념이 거의 태어나는 순간부터 뿌리를 내리기 시작하고, 실제로 우리
의 자아는 공동체적 또는 주체적인 성 정체성을 중심으로 형성되기 때문
이다. 성별은 유아가 가장 먼저 배우는 범주 중의 하나로, 생후 3~8개월
사이에 남성과 여성을 지각하기 시작한다. 4~5세가 되면 남성은 강인
하거나 용감한 특성을, 여성은 부드럽고 친절한 공동체적 성격을 가진
다는 고정관념이 깊이 내면화된다.

이러한 고정관념은 자신에게 부여된 성 역할에 따르지 않는 사람들
에 대한 사회적 반응을 관찰함으로써 강화된다. 부드러운 공동체적 특
성을 보이는 남자아이를 'sissy(여자애 같은 소년을 뜻하는 비하적 표현)'라
고 부른다. 그들은 남자아이들이 하는 일반적 관행을 따르지 않을 뿐
만 아니라 여자아이처럼 행동하는 것이 나약하다는 것으로 생각하기
때문에 놀림을 받는다. 유아기 때는 주도적 특성을 가진 여자아이들은
놀림감이 되기보다는 보통 'tomboy(털털한 여자아이)' 정도로 받아들여
진다. 이는 그들의 행동이 지위를 낮추기보다는 한 단계 올라가는 것
이기 때문이다. 하지만 주체적인 여자아이를 톰보이로 분류한다는 것
자체가 이 여자아이의 행동이 '평범하지' 않다는 것을 보여 주는 것이
다. 사춘기가 되면 여학생, 특히 이성애자 여자아이들은 인기를 얻고
데이트 게임에서 성공하기 위해 성 역할 고정관념에 따라야 한다는 압
박이 더 커진다. 남자아이들의 호감을 얻고 인정받기 위해 여자아이들

은 더 조심스럽게 말하고, 성적 매력에 집중하며 자신들의 능력을 과소평가 하게 되는 것이다.

성인이 되면 성적 지향과 상관없이 단호하고 지배적인 여성들은 사회적 역풍을 경험하기 쉽다. 남성에게는 완전히 용인되는 자기주장적인 행동이 여성에게는 혐오와 모욕, 불신을 초래하는 경우가 많다. 남성이 다른 사람의 의견이 부적절하다고 생각하여 명확하고 단호하게 거부하면 명료하고 자신감 있는 사람으로 여겨진다. 그러나 여성이 같은 방식으로 거절하게 되면 억센 여자로 여겨진다. 이와 같은 사회적 역풍에 대한 두려움 때문에 많은 여성은 인정을 받기 위해 자신의 적극적인 부분을 억누른다(이 주제에 대해서는 나중에 더 자세히 다룰 예정이다).

그러나 실제로 여성들의 건강한 정신을 알아볼 수 있는 특성은 공동체적 특성이 아니라 주체성에 있다. 단호하며 자신을 진정성 있게 표현할 수 있는 여성은 더 행복하며 삶에 만족한다. 자신을 주장할 수 없는 여성은 어려움에 직면했을 때 더 불안하고 우울하다. 경계를 정하고, 거절하거나 원하는 것을 요구할 수 있는 능력이 없으면 여성은 쉽게 스트레스를 받고 상황에 압도되기 쉽다. 또한 공동체 지향적이지만 주체적이지 못한 여성은 자신의 어려움에 압도될 뿐 아니라 자신의 역할을 돌보는 사람으로 인식하기 때문에 사랑하는 사람과의 문제로 이중고를 겪게 된다.

양성적이며 스스로를 주체성과 공동체적 성향 모두를 높은 수준으로 평가하는 여성들은 두 성향 중 한 자질이 충분히 개발되지 않은 여성보다 정신적으로 더 건강하기 쉽다. 연구에 따르면 두 자질 모두를 가지고 있는 여성들이 스트레스에 더 잘 대처하고, 실패로부터 더 잘 회복할 수 있는 것으로 나타났다. 이는 가능한 경우에 상황을 개선하기 위해 적극적으로 대처하고, 변화가 불가능할 때는 평온하게 상황을 받아들이는 두 가지 대처 방법을 갖고 있기 때문이다. 또한 이들은 자신의 진정한 모습을 솔직하고 편안하게 표현할 가능성이 더 높다.

미분화적인 사람들(주도성과 공동체적 성향의 수준이 모두 낮은 경우)은 돌봄과 자기주도성 모두에서 어려움을 겪기 때문에 개인적·대인관계적 어려움을 겪을 확률이 가장 크다. 다시 한번 강조하지만, 적극성과 부드러움 모두의 개발과 균형 잡힌 통합이 여성들을 온전하고 건강한 존재로 서게 한다는 것은 분명하다.

## 주도성과 공동체적 성향 레벨 테스트

다음의 척도는 텍사스대학교 오스틴의 심리학자 재닛 스펜스[Janet Spence]와 로버트 헬름라이히[Robert Helmreigh]에 의해 개발된 개인적 특성 질문지(Personal Attributes Questionnaire: PAQ)를 수정한 것이다. 이 척도는 연구에서 남성성과 여성성을 측정하는 가장 일반적인 방법 중 하나이다.

◆ **지침**

각 특성을 읽고 여러분에게 해당하는 숫자를 선택합니다. 만약 왼쪽의 항목이 여러분을 설명한다면 1을 선택하고, 오른쪽 문항이 여러분의 특성에 해당된다면 5를, 아니면 그 중간의 숫자를 선택할 수 있습니다. 예를 들어, 여러분이 '전혀 예술적이지 않다'와 '매우 예술적이다'의 척도를 결정할 때, 전혀 예술적인 능력을 갖고 있지 않다고 생각하면 1을 선택하면 됩니다. 만약 여러분이 어느 정도 예술적이라고 생각한다면 4를 선택하고, 보통이라면 3을 선택할 수 있습니다.

| 1 | 전혀 독립적이지 않다. | 1 2 3 4 5 | 매우 독립적이다. |
| 2 | 전혀 감정적이지 않다. | 1 2 3 4 5 | 매우 감정적이다. |
| 3 | 매우 수동적이다. | 1 2 3 4 5 | 매우 적극적이다. |
| 4 | 타인에게 전적으로 헌신할 수 없다. | 1 2 3 4 5 | 타인에게 전적으로 헌신적이다. |
| 5 | 전혀 경쟁적이지 않다. | 1 2 3 4 5 | 매우 경쟁적이다. |
| 6 | 매우 거칠다. | 1 2 3 4 5 | 매우 부드럽다. |
| 7 | 결정을 내리는 데 어려움이 있다. | 1 2 3 4 5 | 결정을 쉽게 내릴 수 있다. |
| 8 | 타인을 전혀 돕지 않는다. | 1 2 3 4 5 | 타인을 매우 잘 돕는다. |
| 9 | 쉽게 포기한다. | 1 2 3 4 5 | 결코 포기하지 않는다. |
| 10 | 전혀 친절하지 않다. | 1 2 3 4 5 | 매우 친절하다. |
| 11 | 자신감이 전혀 없다. | 1 2 3 4 5 | 자신감이 매우 많다. |
| 12 | 타인에 대한 감정을 전혀 알지 못한다. | 1 2 3 4 5 | 타인에 대한 감정을 매우 잘 안다. |
| 13 | 매우 열등하다고 느낀다. | 1 2 3 4 5 | 매우 우월하다고 느낀다. |
| 14 | 타인에 대한 이해가 전혀 없다. | 1 2 3 4 5 | 타인에 대한 이해도가 매우 높다. |
| 15 | 압박을 받으면 몸과 마음이 허물어진다. | 1 2 3 4 5 | 압박을 받아도 잘 견딘다. |
| 16 | 대인관계에서 매우 냉정하다. | 1 2 3 4 5 | 대인관계에서 매우 따뜻하다. |

◆ 점수 안내

• 주도적 성향 전체 점수(홀수 번호 항목 합계) =

• 주도적 성향 평균 점수(전체 합계 / 8) =

• 공동체적 성향 전체 점수(짝수 번호 항목 합계) =

• 공동체적 성향 평균 점수(전체 합계 / 8) =

대략적 가이드로, 주도적 성향 평균 점수 또는 공동체적 성향의 평균 점수가 3.0 이하이면 여러분은 그 특성이 낮다는 것을 뜻합니다. 주도적 성향의 점수가 낮고 공동체적 성향이 높은 사람은 여성적·주도적 성향의 점수는 높고 공동체적 성향의 점수가 낮은 사람은 남성적, 두 가지 모두 낮은 사람은 미분화, 두 가지 모두 높은 사람은 양성적으로 분류될 수 있습니다.

## 사회적 성과 자기연민

그렇다면 성별과 자기연민 사이에는 어떤 연관성이 있을까? 이 질문은 나의 최대 관심사였으며 지속적으로 연구하고 있는 주제이다. 여성은 사회적으로 따뜻함과 돌봄의 자질을 개발하도록 길러졌기 때문에 남성보다 훨씬 자기연민적이라고 생각할 수도 있다. 하지만 연구결과에 따르면 여성은 남성에 비해 덜 자기연민적인 것으로 나타났다. 71개의 연구를 메타분석한 결과, 비록 그 차이는 적었으나 여성의 자기연민 점수가 일관되게 낮은 것으로 확인되었다. 여성이 자기연민을 덜 느끼는 이유 중에 하나는 자기비판적인 경향이 있기 때문이다. 앞서 언급한 바와 같이 위협-방어 반응이 작동될 때, 여성에게는 자기비판, 고립감, 과잉 동일시 등으로 나타나는 경우가 많다. 직위가 낮은 개인일수록 위험에 더 경계해야 하기 때문에 여성들은 안전함을 느낄 수 있는 하나의 방식으로, 자기비판에 의존하는 것이다.

여성이 남성보다 자기연민적이지 않지만 다른 사람들에게는 좀 더 연민적이다. 우리는 1,400명의 성인을 대상으로 SCS(자기연민척도)와 유사연민척도를 활용하여 친절함, 보편적 인간경험에 대한 감각, 마음챙김을 평가했다. 여성은 SCS에서 남성보다 점수가 약간 낮았지만 유사연민척도에서는 훨씬 더 높은 점수가 나왔다. 남성과 여성 모두 일반적으로 자신들보다 타인에게 좀 더 연민적인 경향이 있었지만, 여성의 경우 이러한 차이가 더욱 심하게 나타났다. 남성의 67%는 자신보다 타인에게, 12%는 타인보다 자신에게, 21%는 자신과 타인에게 똑같이 연민을 느끼는 것으로 보고되었다. 여성의 경우 86%가 자신보다 타인에게 더 연민적이었으며, 5%는 자신에게 더 연민적이고, 9%만이 자신과 타인에게 동일하게 연민적인 것으로 드러났다.

이러한 조사 결과는 여성이 자신의 욕구보다 타인의 욕구를 우선시하도록 학습된 현실을 반영한다. 권력은 누가 자신의 욕구를 충족시킬지 결정하며, 역사적으로 여성들은 관계에서의 평화를 지키기 위해 자신의 욕구를 남성의 욕구에 종속시키도록 요구받아 왔다. 자신의 욕구를 충족시킬 권리가 더 크다고 느끼는 남성은 자기에게 연민을 주는 데 거의 어려움이 없어 보인다.

그러나 자기연민에 차이를 가져오는 것은 생물학적 성별이 아니다. 성 역할의 사회화가 그 주범이다. 약 1,000명의 성인을 대상으로 한 또 다른 연구에서, 우리는 주체성과 공동체적 성향 모두를 가지고 있는 양성적 여성도 남성만큼이나 자기연민을 느낀다는 사실을 발견했다. 이들은 자신감이 있고 스스로를 가치 있게 느끼기 때문에 힘든 상황에서 잘 발달된 돌봄의 기술을 자신에게로 향하게 할 수 있다. 주도성과 공동체성이 모두 낮은 여성들은 자신을 돌볼 수 있는 따뜻함과 힘, 모두를 사용할 수 없기 때문에 자기연민 지수가 낮게 나타났다. 이 결과는 여성으로서 우리는 자기연민을 충분히 수용하기 위해 공동체 지향적인 특성을 포기할 필요가 없다는 것을 뜻한다. 잠재력을 최대한 발휘하려면 음양이 조화를 이루도록 주체성을 강화하기만 하면 된다.

다행히 여성들은 연민을 중시하도록 사회화되어 왔기 때문에 남성에 비해 자기연민에 대한 두려움이 적고, 기술을 배우는 데 더 개방적이다. 이에 관한 자료는 없으나 MSC 워크숍에 참석하는 참가자의 약 85~90%가 여성인 것으로 추정된다. 힘겨운 상황에 대처하는 능력과 회복력은 남성보다 여성들에게 더 적합한 것으로 보인다. 여성들은 어린 시절부터 타인을 돌보도록 훈련받기 때문에 연민 전문가로 성장한다. 즉, 여성은 따뜻하고 섬세하며 지지하는 방법을 이미 알고 있기 때문에 자기연민적인 사람이 되기에 더 유리한 위치에 있는 것이다.

여성의 공동체 지향적 성 역할은 부드러운 특성을 강화시키지만, 적극적인 특성이 발현되는 것이 허용되는 한 가지 상황이 있다. 바로 아이들을 보호하기 위한 상황인데, 그때 여성들은 강력한 엄마 곰처럼 행동하기를 기대받는다. 여성이 자녀를 돕기 위해 강력한 행동을 취하는 것은 공동체적인 주체성으로 여겨져서 사회적으로 용인되며, 심지어는 전설의 소재가 되기도 한다. 자녀가 있든 없든 대부분의 여성은 내면에서 엄마 곰의 힘을 느낄 수 있다. 그러니까 의식적으로 이 힘을 유턴시켜 돌봄의 힘을 자신에게로 향하게 하면 된다.

## 성별을 뛰어넘다

우리 모두는 음과 양의 자질인 주도성과 공동체 지향성이라는 성별 고정관념으로 인한 피해를 입어 왔다. 존재를 온전하게 표현할 수 있는 능력인 음과 양의 능력을 제한하면, 우리의 성장은 방해 받으며 각 에너지는 왜곡될 수 있다. 음의 자질인 민감함, 수용, 이해가 양의 에너지와 분리될 때, 그 자질들은 무력감과 의존으로 변형될 수 있다. 양의 자질인 용기와 행동 또한 그렇다. 이것이 음의 에너지와 분리될 때 공격성, 지배, 감정적 무지 상태로 왜곡되는 것이다.

음과 양이 남성, 여성이라는 성별과 연결되지 않는다면 어떨까? 모든 개인이 자신의 고유한 목소리를 드러낼 수 있다면 어떨까? 우리는 하나의 특성을 다른 특성에 우선시하는 대신 두 가지를 모두 활용하고 통합할 수 있을 것이다. 음과 양이 지배와 종속의 역학관계에서 자유로울 때, 우리는 돌봄의 힘을 자신을 전환시키는 데 사용할 수 있고 이 힘을 이용해 무너진 사회 시스템에 변혁을 일으킬 수도 있다.

지난 몇 년간 나는 내 안의 음과 양의 에너지가 균형을 이루어가는 것을 깊이 체험했다. 일반적으로 여성들은 문화에 의해 적극적인 부분을 억압당하지만, 사람마다 각기 다른 여정이 있다. 나의 경우, 내 안의 부드러운 특성을 되살려 양의 에너지와 통합시켜야 했다. 나의 삶에서는 대부분 음의 에너지보다는 양의 에너지가 많았는데, 이는 의도적인 선택이었다. 열여섯 살 때쯤의 일인데 아직도 선명하다. 나는 고등학교 복도를 걸어 내려오고 있었고 남학생들은 나를 쳐다보기 시작했다. 순간적으로 자존감을 높이기 위해 매력적이고 인기 있는 사람이 되어야 한다는 생각이 들었고, 온몸에 긴장이 느껴졌다. 놀랍게도 그 순간 나는 나에게 "집어치워, 나는 미모로 성공하지 않을거야. 난 똑똑해져서 인정받을 거야!"라고 스스로에게 말했다. 내 아버지는 내가 두 살 무렵이었을 때 우리 가족을 떠났고, 나는 한 남자에게 의지하는 것이 얼마나 무력감을 주는 것인지 알고 있었다. 어머니는 자상한 남편의 지원을 받는 전업주부가 되기를 꿈꾸고 있었지만 상황은 그렇게 흘러가지 않았고, 어머니는 생계를 위해 (그렇게 좋아하지 않는) 비서 일을 해야만 했다. 나는 내가 우리 어머니, 아버지처럼 되기를 원치 않았다.

그래서 나는 학업에 몰두했고 UCLA에서 전액 장학금을 받고 입학했으며, 버클리대학교에서 박사 학위를, 덴버대학교에서 박사후 과정을 거쳐 텍사스대학교 오스틴에서 교수직을 얻었다. 나는 기본적으로 학교에서 벗어난 적이 없었고, 지성은 내 안전을 보장해 주는 원천이었다. 나는 최고의 지성인들과의 논쟁에서도 뒤처지지 않을 자신이 있었고, 따라서 적극적인 나의 부분은 자연스러운 것이었다. 나의 부드러운 측면이 자기연민을 지도하거나, 아들을 기르면서 충분히 개발되었다고 해도 내 안의 적극성과 부드러움은 매우 분리되어 있다고 느꼈다. 많은 시간을 뭔가를 하면서—연구, 논문 작성, 교육 프로토콜 개발, 강연—보냈기 때문에 내면의 음양은 균형을 이루지 못한 채로 있었다.

이런 깨달음이 온 후로부터, 지성에 압도당한다고 느낄 때마다 의도적으로 내 안의 더 부드럽고 직관적인 음의 면을 알아 가는 데 집중한다. 실제로 나는 여성 조상들에게 삶의 조언을 구하는 것과 같은 매우 비과학적인 일을 하기도 한다. 수행을 통해 알고자 하는 욕구를 내려놓고, 삶을 신뢰하며, 불확실성을 받아들이는 법을 배운다. 내 존재의 적극성과 부드러움 모두를 존중하며, 그 두 면이 내 안에서 서로 통합될 수 있도록 초대한다.

의도적으로 자기연민의 적극성과 부드러움을 동시에 불러낼 때, 나는 내 자신이 더욱 온전해지고 충실해지는 느낌을 받게 되고, 더 균형감 있게 세상을 운영할 수 있게 된다. 물론 그러다가 잊어버리고 중심을 잃을 때면 다시 기억해 내고 다시 시도한다. 이 과정은 음과 양이 한번 통합되면 모든 것이 완성되는 직선상의 순차적인 과정이 아니라 지속적으로 스스로를 일깨워야 할 반복의 과정이다. 우리가 자신에게 지금 필요한 것이 무엇이냐고 물어볼 때, 때로는 적극성이 더 필요하고, 또 어떤 때는 부드러움이 더 필요하지만 언제나 우리에겐 두 가지 모두가 필요하다.

## 음양 호흡

이 수행은 전형적인 호흡명상을 바탕으로 음과 양의 에너지를 다루어 균형을 맞추도록 한다. 나는 이 수행법을 내 안의 적극성과 부드러움을 통합시키는 방법으로 개발했고, 이를 워크숍에서 지도한다. 많은 사람은 이 수행을 한 후, 신체에서 즉각적인 효과를 느낄 수 있었으며 더 온전해지고 중심을 잡는 데 도움이 된다고 말한다(이 수행의 오디오 안내 버전은 FierceSelf-Compassion.org에서 확인할 수 있다).

◆ **지침**

- 편안하게 앉아 등을 곧추세웁니다. 두 손을 가슴 위 또는 여러분이 강함과 지지를 느낄 수 있는 다른 신체 부위에 올려놓습니다.

- 여러분의 호흡을 알아차리기 시작합니다. 호흡을 바꾸거나 조절하려고 하지 않고 그저 자연스럽게 호흡합니다.

- 여러분의 마음은 떠돌 것입니다. 그렇다면 판단하지 말고 다시 주의를 호흡으로 가지고 옵니다.

- 이제 들숨에 특히 집중하면서 호흡을 느껴 봅니다.

- 숨을 들이쉬면서 여러분이 적극적인 양의 에너지를 들이쉰다

고 상상합니다.

- 원한다면, 여러분은 밝은 흰 빛의 적극적인 에너지가 온몸에 흐르고 있다고 상상해도 좋습니다.

- 이렇게 약 2분 정도 호흡하고, 원한다면 더 길게 해도 좋습니다.

- 숨을 크게 들이쉬고 약 5초간 그대로 머문 후 내쉽니다.

- 이제는 여러분의 손을 가슴이나 다른 위로가 되는 곳에 놓습니다.

- 날숨에 집중하면서 각각의 날숨에 자신이 이완되는 것을 느낍니다.

- 숨을 내쉬면서 그대로 놓아주고 그대로 허용합니다.

- 삭각의 날숨에 부드러운 음의 연민, 즉 자애와 연결된 현존이 나온다고 상상합니다. 그 연민의 에너지가 여러분을 양육하고 치유하도록 합니다.

- 원한다면, 은은한 황금빛 에너지가 여러분의 온몸에 흐른다고 상상해도 좋습니다.

- 이렇게 약 2분 정도 호흡하고, 원한다면 더 길게 해도 좋습니다.

- 다시 또 크게 호흡을 들이쉬고 5초 정도 머문 후, 내쉽니다.

- 이제는 음과 양의 에너지를 함께 모이게 합니다. 한 손은 가슴에 다른 한 손은 배 위나 편안함이 느껴지는 다른 부위에 올려 놓습니다.

- 들숨에 적극성의 에너지를 들이쉬고, 날숨에 부드러운 에너지를 내뱉는다고 상상합니다.

- 이 두 에너지가 여러분의 몸에서 서로 어우러지고 통합되며 자유롭게 흐르도록 허용합니다.

- 바다의 파도가 밀려오고 밀려나가는 것처럼 에너지가 여러분

의 몸 안으로, 밖으로 자연스럽게 흐르도록 합니다.

- 이 순간 여러분에게 가장 필요한 것이 무엇인지에 따라 들숨이나 날숨에 더 집중할 수도 있습니다.

- 이렇게 5분 정도 호흡하고, 원한다면 더 길게 해도 좋습니다.

- 준비가 되면 눈을 부드럽게 뜹니다.

이 수행을 할 때 정해진 올바른 방법은 없다는 것을 유의해야 한다. 어떤 사람들은 들숨에 부드러운 에너지를 소환하고, 날숨에 적극적인 에너지를 세상으로 내보내는 것을 좋아한다. 또 들숨과 날숨의 순서를 바꾸는 것도 가능하다. 한번 실습을 해 보고, 자신에게 가장 적합한 방법을 찾아보라.

제 3 장

# 분노한 여성들

진실은 당신을 자유롭게 해 주겠지만, 우선은 당신을 화나게 할 겁니다.

- 글로리아 스타이넘, 작가 겸 활동가(Gloria Steinem, author and activist)

근소한 투표 차이로 브렛 캐버노Brett Kavanaugh가 미국 대법관으로 확정된 후, 많은 사회 평론가는 상원 사법위원회 청문회에서 표출한 그의 분노가 인준 결과에 미친 영향에 대해 곰곰이 생각해 보게 되었다. 청문회에서 자발적으로 증언에 나선 크리스틴 블레이시 포드Christine Blasey Ford 박사는 자신이 10대였을 당시 캐버노에게 성폭행을 당했던 기억을 상원 위원회 앞에서 낱낱이 밝힘으로써, 놀라운 용기를 보여 주었다. 청문회 중 보인 그녀의 태도도 놀라웠다. 자신의 전문분야인 트라우마 정신의학에 대해 자신 있게 증언하는가 하면, 때로는 주위의 권력자들을 달래야 하는 어린 소녀처럼 호소하기도 했다. 그렇다고 해서 그녀의 용기가 사라진 것처럼 느껴지지는 않았다. 정말 대단한 일이었다. 하지만 그녀는 자신이 청문회장에서 부드럽고 상냥해야 사람들이 조금이나마 귀를 기울여 줄 것이라는 것을 분명히 알고 있었다.

아마도 포드가 옳을 것이다. 만약 그녀가 캐버노를 향해 분노를 표출했다면, 그녀는 '착한' 여성에 대한 고정관념을 어긴 여성으로 사회적 역풍을 받았을지도 모르겠다. 감정적으로 증언했다면 오히려 많은 사람의 눈에 증언이 신빙성 없는 것으로 비추어졌을 것이다. 그녀에게는 성폭행 피해자로서의 고통을 표현할 수 있었지만, 그 이상은 허용되지 않았다.

대조적으로 캐버노는 많은 대중과 상원의원으로부터 정의롭게 분노한 것에 대해 찬사를 받았다. 표출한 분노는 그가 연방 대법원 대법관에 인준되는 데 확실한 역할을 했다.

## 착한 여자아이는 화를 내지 않아

분노하고 화를 내는 것은 양의 에너지가 강력하게 표현되는 것이다. 화는 위험을 알리는 기능을 한다. 또한 화는 위협을 줄이기 위해 우리가 긴급하게 행동하도록 동기를 부여한다. 남자아이와 여자아이는 발달 초기에 같은 비율의 분노를 경험하지만, 여자아이의 분노는 남자아이와 다르게 다루어진다. 여자아이들은 걷고 말하는 법을 배우자마자 부모와 교사로부터 상냥하고 친절하고, 협조적인 부드러운 성격을 보이도록 격려받지만, 격렬하게 분노를 표출하는 것은 적극적으로 제지당한다. 어른들은 남자아이들의 분노에 대해서는 자연스러운 것으로 용인하는 반응을 보이지만, 여자아이의 분노에 대해서는 그렇지 않다. 여자아이는 남자아이보다 '더 착한' 목소리를 내라는 말을 세 배 이상 자주 듣고, 일을 망치기보다는 평화를 유지하는 것이 우리의 역할이라는 메시지가 계속해서 주입된다.

분노는 남자아이에게는 적절하지만 여자아이에게는 적절치 못하다는 생각이 확고하게 뿌리를 내리고 있다. 엄마들은 아이가 힘들어할 때, 여자아이라면 슬퍼한다고 인식하고 남자아이라면 화가 났다고 생각하는 경향이 있다. 이런 상황에서 아이들이 남자아이가 화를 내는 건 정상적이고, 여자아이가 화를 내면 비정상이라고 보는 것은 너무나도 당연하다. 어린 여자아이들에게 이러한 현실은 꽤 혼란스러운 일이다. 감정의 타당성을 인정받지 못하고 이해받지 못할 때, 자신의 목소리를 내고 주장을 펼 수 있는 능력 자체가 애초에 저지당하는 것이다.

테네시대학교의 산드라 토마스$^{Sandra\ Thomas}$와 동료들은 1990년대에 여성의 분노에 대한 선구적인 연구를 실행했다. 이 연구에서는 535명의 여성을 대상으로 분노의 경험에 대해 개방형 질문을 던졌다. 그 결과, 많은 여성이 자신의 분노에 대해 잘 알지 못하거나, 매우 불편하게 느끼고 있다는 사실을 발견했다. 한 여성은 이렇게 진술했다. "저는 분노를 인간의 정당한 감정으로 인정하지 못하도록 사회화되었다고 생각해요. 이런 사회화의 결과로 제가 언제 화가 나는지를 알지 못했고 분노를 표출하는 효과적인 방법도 많지 않았어요. 그래서 전 제가 화가 날 때면 종종 무력감과 어리석음, 두려움을 느껴요. 화가 나면 겁이 납니다." 연구자들은 여성들이 분노를 느끼는 가장 큰 원인으로 무력감, 무시당함, 불공정함, 타인의 무책임 그리고 자신이 원하는 변화를 이룰 수 없다는 것 등을 발견할 수 있었다.

또한 이 연구에서는 여성들이 분노를 억누르고 참을 때 신체적 긴장감, 무력감, 위축되는 느낌을 받는다는 것도 발견했다. 분노를 억압하면 결국에는 자신을 통제할 수 없을 정도로 폭발하게 되는데, 그렇게 되면 더욱 무력감을 느낀다고 한다. 한 여성은 "제 남편은 저를 지킬 앤 하이드 같다고 해요. 상냥하고 평범한 목소리로 이야기하고 있다가도 한순간에 폭발하곤 하거든요……. 소리를 지르고 분노에 찬 얼굴을 하게 되고요……. 그럴 때면 제가 완전히 다른 사람이 된 것 같은 기분이예요. 언젠가 한번은 너무 화가 나서 찻잔을 들어 남편 얼굴에 부어 버린 적도 있거든요. 남편은 제가 그런 짓을 했다는 걸 믿을 수 없어 했고, 저도 믿을 수가 없어서 울었어요."라고 보고했다. 본질적으로 강력한 감정인 분노가 여성들에게 무력감을 느끼게 한다는 것은, 아이러니하게도 분노를 본성의 일부로 인정하지 못하기 때문이다. 대신, 우리는 분노가 올라오면 이상하고 낯선 힘에 압도되었다고 느끼며, "이성을 잃었다." 또는 "내가 아니었다."와 같은 말을 하게 된다. 이것은 여성들이 자신의 분노를 거부하고 이질적인 것으로 간주하도록 배워 왔기 때문이다.

여성들에게서 표출되는 분노의 감정이 자연스럽지 않다는 믿음은 주위 다른 사람들의 반응으로 더욱 공고해진다. 분노한 여성은 미쳤고, 비이성적이며, 제정신이 아닌 사람으로 여겨진다. 사람들은 일반적으로 여성이 화를 내거나 '방해스러운' 행동을 하면 정신적으로 문제가 있는 사람이라고 생각한다. 정서적으로 불균형하고, 호르몬의 영향(생리 주기)을 받고 있다고 판단해 버린다(미국 대통령 도널드 트럼프가 토론 중에 뉴스 앵커인 메긴 켈리로부터 공격적인 질문을 받고 나서 "여러분은 그녀의 눈에서 피가 나고, 또 다른 어디에선가도 피가 나는 것을 볼 수 있었습니다."라고 말한 사례도 유명하다). 여성은 공동체적 성향의 양육자라는 고정관념이 우리 사회에 너무 뿌리 깊어서, 여성이 그 외의 다른 행동을 하면 그것은 정상에서 벗어난, 일탈적인 것으로 해석된다. 하지만 슬픔은 있는 그대로를 받아들이는 부드럽고 양보하는 감정이기 때문에 여성이 슬퍼하는 것은 괜찮은 것으로 간주된다. 다만 화를 내서는 안 된다. 반면, 남성은 분노할 때 열정적이고 정의로우며 헌신적인 모습으로 비추어진다. 남성의 분노는 행동과 변화의 주체라는 고정관념과 일치한다. 남성들은 분노할 때 찬사를 받는데, 그들의 '남자다움'을 드러내기 때문이다. 반면에 분노하는 여성들은 매도되는데, 남자의 기를 꺾는 '기 센 여자'로 보이기 때문이다.

## 흑인 여성과 분노

여성들의 분노에 대한 산드라 토마스의 연구에 참여한 참가자들은 대부분 백인 여성이었다. 토마스는 일부 흑인 참가자와 심층 인터뷰를 진행하여 그들의 경험이 백인 여성들과 차이가 있는지 조사했다. 그 결과, 흑인 여성들도 자신이 분노에 휩쓸리는 것을 두려워하지만, 그들은 다른 집단에 비해 분노의 긍정적 기능에 대한 인식이 더 높다는 사실을 발견했다. 성차별과 인종차별이라는 이중적 위협 때문에, 그들의 어머니와 할머니는 불공정한 세상에서 자신을 보호하고 생존하기 위해 때때로 분노가 필요하다는 것을 자식들에게 가르쳤다. 하지만 클레이튼주립대학교의 연구자들은 흑인 여성들은 순간적으로 일어나는 분노의 감정, 분노의 기질, 분노의 언어적·육체적 표현 또는 분노조절에 있어서 다른 여성들보다 분노를 더 많이 표출하지는 않는 것으로 밝혔다. 실제로 흑인 여성은 다른 사람들로부터 비난, 무례함, 부정적 평가를 받은 상황에서의 분노 수준이 다른 여성들보다 낮다는 보고가 있다. 이러한 연구 결과들은 흑인 여성들이 일상적으로 인종차별과 성차별을 겪으며 성숙해졌고, 분노의 보호 기능을 인식할 수 있을 뿐만 아니라 분노를 조절하는 능력도 더 뛰어나다는 것을 보여 주는 것으로 해석된다.

그러나 안타깝게도, 화를 잘 내고 적대적이라는 흑인 여성에 대한 사회적 고정관념은 여전하다. 분노한 흑인 여성(the Angry Black Woman)에 대한 비유는 1950년대 '아모스 앤 앤디(Amos 'n' Andy) 쇼에서 적대적이고 남편에게 끊임없이 잔소리를 하는 인물로 묘사된 사파이어의 캐릭터에 빗대어, '사파이어 고정관념'이라고 불린다. 학자들은 흑인 여성에 대한 이러한 부정적인 고정관념이 흑인 여성 학대를 정당화하기 위해 개발되었으며, 지속적으로 파괴적인 결과를 초래하고 있다고 주장한다. 약 300명의 백인 학부생을 대상으로 한 연구에서 같은 인종의 부부 간에 일어난 가정 폭력에서 여성의 책임은 얼만큼인지에 대한 인식을 조사했다. 연구자들은 흑인 부부와 백인 부부가 관련된 가정 폭력에 대한 동일한 설명을 읽은 후, 폭력을 유발한 원인에 대해 물었다. 그 결과, 흑인 여성이 백인 여성보다 폭력에 대해 더 책임이 있다고 기술되었다. 이는 흑인 여성이 백인 여성에 비해 화를 더 잘 내고, 공격적이라는 고정관념이 작용한 것으로 보인다. 이러한 답변은 성별에 대한 전통적 관점을 가진 사람들 사이에서 더욱 두드러졌다. 같은 맥락에서 경찰이 흑인 피해자의 가정 폭력 신고를 백인 피해자에 비해 덜 심각하게 받아들이는 경향이 있다는 통계도 있다. 이상적인 여성성의 틀을 깨는 여성은 누구나 사회로부터 외면당하지만, 이러한 편견의 타격은 흑인 여성에게 가장 크게 가해진다.

## 분노, 사회적 성 그리고 권력

여성의 분노 억제는 불평등한 권력 관계를 유지하는 데 일조하고 있다. 남성의 분노는 다른 사람들이 보았을 때, 남성의 힘과 자신감의 원형을 뒷받침하며 그들의 권력을 상승시키는 것처럼 보인다. 하지만 같은 분노가 여성들에게서 보이면 그것은 여성의 힘을 약화시키는 것으로 작용한다. 애리조나주립대학교의 한 연구에서는 인지적 편향을 알아보기 위해 참가자들에게 살인 사건에 대한 모의 배심원 심의에 참여한다고 안내했다. 이 실험은 온라인에서 진행되었으며, 배심원 4명이 서면 의견을 통해 그 사건에 대한 참가자들의 판결에 동의하는 방식이었다. 하지만 그중 한 배심원은 반대를 하고 동의하지 않기로 설계되었다. 이 세팅은 온라인 피드백에 대한 참가자들의 반응을 조사하기 위해 고안된 것으로 실제로 다른 배심원들은 존재하지 않았다. 이러한 상황 아래에서 반대하는 배심원이 남자 이름이고 분노를 표출했을 때, 참가자들은 자신의 견해에 확신이 떨어지고 반대 의견에 더 흔들리는 것으로 나타났다. 반면, 반대하는 배심원이 여자 이름이고 분노를 표현한 경우, 동일한 주장과 동일한 정도의 분노였음에도 불구하고 참가자들은 자신의 의견에 더 자신감을 느끼고 반대 의견에 덜 흔들리는 것으로 나타났다.

분노의 표현이 남성에게는 존경심을 심어 주고 역량이 있다고 믿게 하지만, 여성에게는 경멸을 불러오고 낮은 역량을 암시한다. 분노와 같은 기본적인 감정의 지위를 박탈하는 것은 여성들이 다른 사람들에게 효과적으로 영향을 줄 수 있는 능력을 빼앗는 것이다. 이는 또한 정신 건강에도 해롭다.

## 여성, 분노 그리고 웰빙

여성의 분노는 남성들과 같이 외부로 표출하는 것이 허용되지 않기 때문에 그 분노는 자기비판의 형태로 자신의 내면을 향할 수 있다. 위협을 느낄 때 외부적 행동을 취해 위험에 맞설 수 없을 때, 투쟁에 대한 반응은 내면에서 나타나게 되는 것이다. 우리는 자기비판을 통해 상황을 통제할 수 있다는 것을 분명히 하고자 하며, 자기비판이 우리에게 변화를 가져올 것이라 믿기 때문에 그것을 통해 안전함을 느끼기를 바란다. 또한 남성보다 분노한 자신을 더 부정적으로 판단하는 경향이 크며, 훨씬 더 가혹하게 스스로를 비판하기도 한다. 자기비판의 형태로 내재된 분노는, 특히 여성적 성 역할 정체성을 가진 여성이 남성보다 자기연민 수준이 낮은 주된 이유이다.

또한 여성이 남성보다 우울증에 걸릴 확률이 두 배나 높은 이유를 설명하는 데도 도움이 된다. 여성들은 자기혐오의 압력에 짓눌리고 끊임없는 공격으로 인해 상처를 받는다. 지속적인 교감신경계의 활성화로 인해 코르티솔과 염증이 증가하면 몸과 마음이 위축된다. 자기비판은 공황장애와 같은 불안장애와 거식증과 같은 섭식장애로도 이어지기 쉽다.

게다가 분노를 표현하지 못하면 우리는 계속해서 반추(rumination)[1]를 하게 되고 이것이 우울증의 원인이 되기도 한다. 반추란, 위험에 대응하는 얼어붙는 반응(freeze response)를 나타내며, 기본적으로 자기비판과 마찬가지로 안전을 확보하기 위한 행위이다. 반추는 고통을 없애고 싶은 욕망에 기반한 현재 상황에 대한 저항의 한 형태이다. 분노가 자연스럽게 일어났다가 사라지는 것이 아니라 우리의 저항에 의해 마음속에 머물러 있게 된다(어쨌든 여성은 화를 내서는 안 되는 존재이다). 따라서 우리 마음은 벨크로처럼 고착화되어 분노를 일으킨 그 생각을 계속해서 반복하게 되는 것이다.

웨이크포레스트대학교의 로빈 사이먼Robin Simon과 다트머스대학교의 캐슬린 라이블리Kathryn Lively는 1,125명의 미국인을 대상으로 전국적인 대규모 표본 조사를 실시한 결과, 여성의 분노가 남성보다 더 강하고 오래 지속된다는 것을 발견했다. 심지어 교육, 소득, 인종과 같은 사회 인구학적 요인을 통제했는데도 그런 결과가 나온 것이다. 연구진

---

1  반복적으로 특정 사건이나 감정을 돌이키는 것-역자 주

은 표본을 통해, 여성에게서 더 높은 우울증 발병률이 보고된 이유가 여성들의 분노의 강도 및 지속 시간이 증가하는 것과 관련이 있음을 알 수 있었다. 사회는 여성들이 정당한 분노를 자유롭게 표현하는 것을 거부함으로써 분노를 억누르도록 강요하고 있으며, 이는 우리를 병들게 한다.

## 분노의 선물

여성의 분노를 억누르는 사회 규범은 우리의 정신 건강을 해칠 뿐만 아니라 중요하고 강력한 자원에 대한 접근을 막기도 한다. 캘리포니아대학교 어바인의 레이먼드 노바코Raymond Novaco 교수는 분노 연구의 전문가로, 분노가 유용한 감정이 될 수 있는 최소 다섯 가지의 방법을 설명했다.

첫째, 분노는 우리에게 활력을 준다. 화가 나면 등이 뻣뻣해지고 혈관을 통해 에너지가 뿜어져 나오는 것을 느낄 수 있다. 이 에너지는 우리가 행동하도록 동기를 부여하고 타성과 안일함을 거부한다. 분노는 우리에게 부상이나 부당함을 멈추게 하는 동기를 제공한다. 도널드 트럼프 미국 대통령 선거나 조지 플로이드의 사망 이후 많은 사람이 표출했던 방식처럼 당국과 대화하든, 투표소에 가든, 거리로 나가든, 우리는 변화를 일으키기 위해 분노해야 한다.

둘째, 분노는 우리를 위협하는 요소에 놀라운 집중력을 발휘하게 한다. 현재의 위험을 정확하게 찾아내는 레이저 빔과 같은 역할을 하는 것이다. 분노가 반추로 바뀌면 몸과 마음을 약화시킬 수 있지만, 집중을 요하는 문제에 빛을 밝혀 그것을 드러내도록 하는 능력은 평가절하되어서는 안 될 분노의 선물이다. 분노는 필요한 순간에 놀라운 명료함을 제공한다.

셋째, 분노는 자신을 방어하고 보호하는 데 도움이 된다. 분노는 우리를 해치거나 부당하게 대하는 사람에게 맞서 싸울 수 있도록 돕는다. 때로는 위협하거나 무례한 사람들에게 맞설 용기를 갖기 위해 화를 내야 할 때도 있다. 화를 내지 않으면 스스로를 지키고 옹호할 가능성이 훨씬 줄어들 것이다. 분노는 우리에게 에너지를 공급하고 눈앞의 위협에 집중시키기 때문에 자기보호 행동을 취할 수 있는 태세를 갖추게 한다.

넷째, 분노는 명확한 의사소통 기능이 있다는 점에서 유용하다. 분노는 무언가가 잘못되었다는 사실을 알려 주는 동시에 불쾌하다는 감정을 주위에 알리게 된다. 만약 한 동료가 뭔가 모르게 비꼬는 투의 지적을 했을 때, 우리가 화를 내지 않으면 그 동료의 말이 부적절하거나 상처를 주는 말이라는 것조차 깨닫지 못할 수 있다. 소리를 지르거나 고함을 쳐서 상대의 말문을 닫히게 한다면 유용한 의사소통이라고 볼수는 없겠지만, 강한 확신으로 표현된 분노("나는 그 마지막 코멘트는 별로 도움이 되지 않았어요.")는 종종 듣는 사람이 현재 그리고 가까운 미래에 우리로 하여금 더 주의를 기울이게 만들 수 있다.

발가락을 찧어 통증 때문에 욕을 하는 것처럼, 분노가 단순히 고통의 표현일 때도 중요한 카타르시스의 기능을 한다. 실제로 한 연구에서는 참가자들이 차가운 물에 손을 담가야 할 때 욕을 하도록 지시받은 사람들은, 아무런 반응도 하지 말라는 지시를 받은 사람들보다 통증에 대한 내성이 더 강하고 더 오래 손을 담그고 있는 것으로 나타났다. 이러한 효과는 특히 남성에 비해 욕을 덜 하는 여성에게서 두드러졌다. 여성은 분노의 카타르시스에 익숙지 않기 때문에 분노가 통증 완화제로서 특히 효과적이라는 것을 알 수 있었다.

마지막으로, 분노는 삶에서의 통제감과 유능감을 제공한다. 우리가 분노하며 더 나은 삶을 위한 변화를 모색할 때, 더 이상 무기력한 피해자가 아니다. 설사 상황을 변화시킬 수 없을지라도, 분노는 우리가 두려움과 수치심으로 무너지는 것을 막아 준다. 우리는 생존의 정신으로 무장된다. 분노는 우리가 삶을 선택하는 방식에 있어 우리가 강력한 목소리가 있다는 것을 상기시켜 준다.

## 건설적인 분노와 파괴적인 분노

물론 모든 분노가 유익하지는 않다. 연구자들에 의해 밝혀진 두 가지 유형의 분노가 있는데, 바로 건설적인 분노와 파괴적인 분노이다. 파괴적인 분노는 사람들을 개인적인 방식으로 거부하고 비난하는 것으로 사악한 악당과 같다! 적대적이며 공격적인 에너지로 보복과 파괴를 추구하는 경우가 많다. 파괴적 분노는 독선적이며 자신에게 닥칠 수 있는 잠재적 후유증에 대해서는 전혀 신경 쓰지 않는다. 또 자기방어적인 방식으로 행해지며 마치 생사가 걸린 문제인 것처럼 자기 이미지를 보호하기 위해 애쓴다. 이는 반응적이며 무분별하고, 잘못된 의사 결정으로 이어질 가능성이 높다. 파괴적인 분노는 극도로 격앙된 상태로 우리를 눈멀게 하여 상황을 명확히 인지하지 못하도록 하며, 오직 자신에게 해를 끼친 사람을 응징하는 데 초점이 맞추어진다. 그 사람이 바로 자기 자신일 때도 마찬가지이며, 자신이 잘못을 저지른 것에 대해 가혹한 비판을 퍼붓게 된다. 이는 관계를 파괴하고 언어적·신체적 공격을 포함한 폭력으로 이어질 수 있다. 또한 교감신경계를 활성화시키기 때문에 고혈압, 면역 체계 기능 장애, 혈압 수치의 상승과 관상동맥 심장질환과 같은 주된 건강 문제를 일으킨다.

파괴적인 분노는 '화는 화를 담고 있는 그릇을 부식시킨다.' 또는 '화는 상대방에게 던지기 위해 뜨거운 석탄을 손으로 잡는 것과 같아서, 결국 화상을 입는 것은 바로 당신이다.'와 같은 말을 뒷받침해 준다. 우리가 자기 자신과 타인에게 화를 내는 순간에는, 우리가 서로 연결되어 있는 존재라는 사실을 망각하게 된다. 단지 적을 향해 분노하는 사람으로 돌변하는 것이다. 즉, 연민의 마음이 사라지고 고립감과 증오심을 증폭시켜 타인뿐 아니라 스스로에게도 상처를 준다.

반면에 건설적인 분노는 적대감이나 공격성 없이 스스로를 옹호하고 자신의 권리를 방어하는 과정이다. 이는 피해와 불공정으로부터 자신을 보호하는 데 초점이 있다. 분노는 잘못을 저지른 사람을 공격하기보다는 해를 입히는 상황을 이해하려고 노력하면서 잘못된 행동에 대한 분노를 표출한다. 자신의 표현이 다른 사람에게 미치는 영향을 고려한다. 고통을 완화하기 위한 분노는 문제를 악화시키는 것이 아니라 문제를 해결하기 위한 노력이다. 건설적인 분노는 불의를 막고 "아니요."라고 말할 수 있는 목표지향적인 행동이다.

건설적인 분노는 우리의 정신과 육체 건강에 긍정적인 효과를 가져온다. 앨라배마대학교의 연구진은 약 2천 명의 성인 남녀를 대상으로 한 대규모 연구에서, 참가자들이 영상 인터뷰를 하는 동안 어떻게 화를 표출하는지 관찰했다. 연구자들은 참가자들이 다음의 네 가지 기준 중 하나를 충족하는 경우 건설적인 분노를 표출하는 것으로 분류했다. 네 가지 기준은 다음과 같다. 첫째, 자기주장을 내세우면서 그들이 화를 낸 대상과 직접적으로 상황을 다룬다. 둘째, 화가 난 이유에 대해 대화한다. 셋째, 상대방의 관점을 이해하려 노력한다. 넷째, 상황을 바라보는 대안적 시각을 얻기 위해, 화에 대해 다른 사람들과 논의하려고 한다. 연구 결과에 따르면 건설적인 분노를 표출한 참가자들은 그렇지 못한 참가자들에 비해 타인에 대한 냉소, 공격성, 적대감이 낮고 불안과 우울감이 덜한 것으로 나타났다. 또 혈압 수치 면에서도 신체적으로 더 건강했다.

파괴보다는 이해를 모색하고자 하는 분노는 효과적인 갈등 해결을 위한 동력이 될 수 있다. 분노의 중요한 목표는 권리나 공정성에 대한 침해를 바로잡는 것이다. 건설적인 분노를 표출할 때, 개인이 균형 잡힌 방식으로 갈등을 해결할 수 있도록 동기를 부여한다. 예를 들어, 한 연구팀이 예루살렘과 팔레스타인 난민의 지위에 대한 이스라엘의 타협 지지를 조사한 결과, 분노에 증오가 동반되면 타협에 대한 지지가 줄어든다는 사실을 발견했다. 그러나 증오 없이 분노가 일어났을 때, 즉 팔레스타인 사람들을 적이 아닌 인간으로 보았을 때는 오히려 지지가 증가했다. 건설적인 분노가 개인적이지 않고 해를 막는 것을 목표로 하는 한, 그것은 선(善)을 위한 힘이 될 수 있다.

## 분노와 사회정의

분노는 상황을 있는 그대로 바라보게 한다. 분노는 우리가 차별을 받거나 부당한 대우를 받고 있을 때, 이를 알아차리고 이에 맞서 싸울 수 있게 해 준다. 여성이 화를 내지 않는다면 우리의 욕구, 필요, 욕망이 중요하지 않다는 것을 의미한다. 이는 우리가 처한 상황을 효과적으로 바꿀 수 없다는 것을 뜻한다. 여성의 분노를 "부적절하다." "여성스럽지 못하다."라는 이유로 금지하는 것은 일종의 사회적 통제이며, 여성들을 제자리에서 꼼짝하지 못하게 하는 방법이다. 따라서 기꺼이 화를 내는 것은 정치적 행위이며 개인적인 권리 주장이기도 하다. 『우리의 분노는 길을 만든다(원제: Rage Becomes Her)』의 저자인 소라야 시멀리Soraya Chemaly는 "진실은, 분노가 우리를 방해하는 것이 아니라 그저 우리의 표현 방식이라는 것입니다. 우리가 해야 할 일은 그것을 갖기만 하면 되는 것입니다." 분노는 우리가 처한 상황에 대해 발언권을 갖고 싶을 때 발생한다. 분노의 격렬한 에너지는 행동에 동기를 부여하고, 자기주장과 주체성을 강화한다. 분노는 우리가 공정한 대우를 받을 권리에 대해 큰소리로 진정성 있게 말하게 해 주며, 우리의 욕구를 충족시키는 데 도움이 된다. 타인을 향한 무분별한 분노는 도움이 되지 않지만, 분노의 에너지를 적절히 활용하고 고통을 유발하는 부당한 시스템에 초점을 둘 때, 놀라운 유용성을 발휘할 수 있다.

화를 내는 것을 두려워하는 여성은 불의에 직면했을 때 목소리를 낼 가능성이 낮을 수 있다. 캘리포니아대학교 산타바바라 캠퍼스의 다이애나 레너드Diana Leonard와 동료 연구자들은 여성들의 분노에 대한 고정관념이 불의에 맞서 행동하려는 욕구에 어떤 영향을 미치는지 조사했다. 연구에 참가한 여대생들은 가상의 상황에 대해 설명을 들었다. "남자 학생들이 대부분이 킥복싱 수업에서 강사가 근력 운동 위주로 수업을 진행하기로 결정했다고 말합니다. 그 후 강사는 제시카를 불러 에어로빅 수업으로 옮길 것을 고려해야 한다고 했습니다." 일반적으로 여성의 분노에 대한 부정적인 고정관념을 지지하는 참가자는, 특히 이러한 상황에 분노할 가능성이 낮았다. 또한 이 상황을 차별 행위로 여기거나 다른 여성들과 함께 킥복싱 강사와 맞서고 싶다는 생각도 덜했다. 이러한 성차별적 발언을 그냥 넘어간다는 것은 불의에 도전하지 않겠다는 뜻이다. 여성의 분노는 여성들이 함께 행동에 나서도록 동기를 부여함으로써 성 불평등에 항의할 수 있는 열쇠이다. 집단행동은 불의와 차별에 맞서 싸우기 위해 한 집단이 취하는 조치를 말한다. 여기에는 시위, 행진, 보이콧, 청원, 서명, 투표, 학대를 규탄하는 발언 등이 포함될 수 있다. 역사적으로 집단 행동은 여성이 사회변화를 이끌어 내는 가장 효과적인 방법 중 하나였다. 1920년 여성 참정권을 쟁취한 여성 참정권 운동이나, 법정 음주 허용 연령을 21세로 올리고 음주운전 처벌을 강화하도록 의회에 성공적으로 청원서를 올린 음주운전 방지 어머니회(Mothers Against Drunk Driving: MADD)를 생각해 보자. MADD의 활동으로 음주운전 사망률이 절반으로 줄어들 수 있었다. 현재의 미국 정치 지형은 '성난 엄마들(Rage Moms)'의 분노로 그틀이 만들어졌다. '성난 엄마들'이라는 용어는 『뉴욕타임스』의 저널리스트인 리사 레러Lisa Lerer와 제니퍼 메디나Jennifer Medina가 100만 명의 회원을 보유한 정치 행동 단체인 '맘스라이징(MomsRising)'이나 총기 규제를 옹호하는 어머니회인 '맘스 디맨드 액션(Moms Demand Action)'과 같은 단체를 설명하기 위해 만든 용어이다. '흑인의 생명도 소중하다(Black Lives Matter)' 운동 또한 세 명의 여성—앨리시아 가자Alicia Garza, 패트리스 컬러스Patrisse Cullors, 오팔 토메티Opal Tometi—이 그들의 아이들과 가족, 지역사회에 가해진 폭력에 분노하여 조직한 흑인 민권운동이다. 분노는 사회정의를 이끄는 충전식 배터리와 같다.

## 자기연민과 분노

자기연민과 분노에 대한 연구는 많지는 않다. 소수의 연구 결과에 따르면 자기연민이 분노의 부정적인 영향을 줄이는 데 도움이 되는 것으로 나타났다. 뉴저지대학교의 애슐리 보더스Ashley Borders와 아만다 프레스닉스Amanda Fresnics는 200명이 넘는 학부생을 대상으로 자기연민과 분노의 연관성을 조사한 연구를 진행했다. 연구 결과, 자기연민 수준이 높은 사람은 분노한 경험을 보고할 가능성이 약간 낮았지만(누군가에게 짜증을 내거나 소리를 지르고 싶다고 보고할 가능성이 약간 낮았으나 차이가 크지는 않았다), 자기연민 수준이 낮은 사람은 화를 낸다고 보고할 가능성이 약간 높았다. 자기연민은 분노와 양립할 수 없는 것이 아니다. 다만, 자기연민은 분노를 더 효과적으로 다룰 수 있게 해 준다. 이는 자기연민적인 사람은 반추가 덜하며, 화난 생각, 기억, 복수심과 같은 환상에 사로잡힐 가능성이 훨씬 낮다는 것이 이를 증명한다. 자기연민은 자기판단이나 억압 없이 분노를 느낄 수 있게 해 주므로, 건강하지 않은 방식으로 분노에 집착하지 않는다. 자기연민 수준이 높은 참가자는 지난 6개월 동안 신체적 또는 언어적 공격성을 보일 가능성이 낮은 것으로 보고되었고, 이것은 줄어든 반추 행위로 설명될 수 있었다. 우리는 주로 분노에 휩쓸릴 때 다른 사람을 공격할 위험이 가장 높다. 반면에 분노라는 감정이 인간다운 삶을 살아가는 데 있어 중요한 부분이라는 사실을 기억하며, 분노의 감정에 주의를 기울일 때 상대에게 해를 입히지 않고 자신을 주장할 수 있다.

　나는 이웃인 셀레스테의 삶에서 자기연민이 분노에 미치는 변화를 보았다. 그녀는 60대 후반의 백인 여성으로 성인이 된 두 자녀, 세 명의 손자, 투투라는 신경질적인 푸들을 기르는 은퇴한 사서이다. 셀레스테는 미시간주 그랜드래피즈시에서 자랐으며, 여성은 미소 짓고 상냥하며 친절해야 한다는 생각을 갖고 자랐다. 남편인 프랭크는 최근 자동차 대리점을 운영하다 은퇴했고 부부는 많은 시간을 함께 보내고 있었다. 프랭크는 말을 장황하게 늘어 놓고 지루한 면이 있었다. 그는 셀레스테가 이야기를 하고 있으면 끊임없이 끼어들거나 뉴스에 나오는 정치적 상황을 말했는데, 마치 그녀가 어린아이인 것처럼 설명하곤 했다. 하지만 셀레스테는 불평하는 아내가 되고 싶지 않았기 때문에 싫은 내색을 하지 않았다. 그녀는 시간이 갈수록 점차 불행해졌다. 은

퇴 후의 생활은 더 편안해야 했지만 셀레스테는 그 어느 때보다 혼란스러워했다. 그녀는 가진 것에 대해 감사할 줄 모르는 스스로를 비난했고, 자기판단은 상황을 더욱 악화시켰다. 동요는 결국 불안으로 변했고 올라오는 감정에 불편함을 느끼기 시작했다.

셀레스테는 내가 자기연민에 대해 연구하고 있다는 것을 알고 있었고, 우리는 그것에 대해서 이야기하곤 했었다. 그녀는 내가 쓴 책을 읽었고 자신에게 더 친절해지는 법을 배우는 데 관심이 있었다. 나는 그녀가 치료를 통해 도움을 받을 수 있을 것이라는 생각에 그 지역의 치료사인 로라를 소개해 주었다. 나 또한 로라를 만나서 많은 도움을 받았다고 부드럽게 권유했다. 로라는 리처드 슈워츠Richard Schwartz가 개발한 내면가족체계(Internal Family System: IFS)라는 접근법을 사용했다. IFS는 사람들이 자신의 다양한 부분과 접촉하고 모든 부분에 연민을 갖도록 도와준다. 셀레스트가 관심을 보일까 염려했는데, 다행히도 셀레스트는 즉각적인 반응을 보였다.

셀레스테는 로라에게 자신의 혼란과 불안에 도움을 줄 치료법을 찾고 있다고 말했다. 셀레스테의 감정 상태는 자신이 불편감을 느낄 뿐만 아니라 결혼 생활에도 부정적인 영향을 미치고 있었다. 로라가 왜 그렇게 불안해졌는지 묻자, 셀레스테는 호르몬 변화와 나이 때문인 것 같다고 말했다. 로라는 어디에서 불안을 느꼈는지 물었다. 셀레스테는 뱃속이라고 대답했다. 그러자 로라는 "위장이 말을 할 수 있다면 뭐라고 말할까요?" 하고 물었다.

처음에 셀레스테는 로라가 참 황당한 사람이라고 생각했다. 그렇지만 "배고파?"라고 답하며 애써 내키지 않는 마음을 드러내지는 않았다. 하지만 로라는 계속해서 대화를 이어 갔고, 결국에 셀레스테는 "나 화가 나."라는 말을 했다.

"그 화에 대해 조금 더 말해 줄 수 있을까요?" 로라가 물었다. "혹시 남편에게 화가 난 건 아닐까요?"

"아니요. 당연히 아니죠." 셀레스테가 대답했다. 그렇게 말하는 셀레스테는 볼이 달아오르는 것을 느꼈다. 로라가 이 점을 지적하자 셀레스테는 자신의 내면에 화가 있다는 것을 깨닫게 되었다. 하지만 그녀는 그런 자신에게 당황스러움을 느꼈다. 그녀는 어린 시절부터 화는 나쁜 것이라고 배웠고, 그녀의 기억 속에는 화를 내면 얼굴이 못생겨진다고 했던 이모의 말이 선명히 남아 있었다.

"그런 말을 들은 것이 몇 살 때였나요?" 하고 로라가 물었다.

셀레스테는 자신이 일곱 살 때 쯤이었던 것으로 기억했다.

로라의 안내에 따라 셀레스테는 그 어린 소녀와 대화하기 시작했다. 화를 내는 것에 대해 수치심을 느꼈던 자신의 한 부분에게 "괜찮아, 난 이제 성인이고 내 화를 잘 다스릴 수 있어. 하지만 나를 안전하게 지켜 주려고 수고해 줘서 고마워." 그 후 셀레스테의 어린 소녀는 편안해졌다. 이제 그녀는 뱃속에서 뜨겁게 타들어 가는 매듭처럼 느껴지던 자신의 화난 부분에 더 가깝게 다가갈 수 있었다. 자신의 일부인 이 분노 부분에 말을 걸었을 때, 셀레스테는 자신이 수년간 얼마나 화를 억압해 왔는지 깨닫고 깜짝 놀랐다. 그녀는 남편으로부터 모욕감과 무가치함을 느끼고, 항상 자신이 아랫사람이 된 것 같은 느낌을 받았다. 그녀가 깨달은 것은 이것이었다. 남편의 무시하는 태도로부터 자신을 보호하기 위해 분노의 부분이 계속 애썼지만, 화를 내는 것을 두려워하는 그녀의 어린 소녀 부분이 그 분노를 반복적으로 차단시켜 왔던 것이다. 로라의 도움으로 셀레스테는 그녀의 분노와 좀 더 친숙해질 수 있었고 마치 오랫동안 잃어버렸던 자신의 일부를 찾은 것처럼 느꼈다.

초반에 셀레스테의 분노는 파괴적이었다. 마치 마법의 램프에서 빠져나온 지니처럼, 남편이 말을 방해하고 무시하는 말을 할 때마다 격분했다. 그녀는 영화에서만 들어 봤던, 감히 입 밖으로 내지 못했던 온갖 종류의 욕설로 그를 비난했다. 남편은 점차 말이 사라졌고 활기를 잃었으며 그들의 관계에는 팽팽한 긴장감이 감돌았다. 셀레스테는 비록 자신의 감정과 가까이 소통한 것에 감사함을 느꼈지만, 남편을 진심으로 사랑하고 있음에도 불구하고 둘 사이의 긴장감이 결혼 생활을 무너뜨리고 있다고 생각했다. 그녀는 남편과 자신이 이 상황을 잘 해결해야 할 필요가 있다는 것을 알았지만, 평생을 참아 온 만큼 자신의 감정을 억누르고 싶지도 않았다.

몇 달간 치료를 하면서 로라는 셀레스테에게 그녀의 분노를 적이 아닌 친구로 바라보도록 안내했다. 셀레스테는 자신의 분노와 소통하는 방법을 배웠고, 분노가 하는 말에 귀를 기울이며 분노가 주는 에너지에 감사하는 법을 배웠다. 분노가 몸에서 자유롭게 흐르도록 허용했고, 싸우려는 생각이 들거나 긴장하여 분노를 억누르려고 할 때 의식적으로 긴장을 풀려고 노력했다. 얼마 후, 그녀는 프랭크 때문에 화가 날 때 즉각적으로 반응해서 소리를 지르기보다는 내적으로 자신의 분노에 감사를 느끼고, 그 분노를 남편이 아닌 남편의 행동으로 돌리는 것을 배울 수 있었다. 침착하지만 단호한 모습으로, 의견을 묻기 전에는 말에 끼어들지 말고 장황하게 설명하는 것을 멈춰 달라고 남편에게 요청할 수 있었다.

둘의 결혼 생활이 급격하게 개선되었다거나 프랭크가 셀레스테의 새로운 방식을 완전히 받아들였다고 한다면 거짓말일 것이다. 프랭크는 그렇게까지 변화하지는 않았다. 하지만 아내가 욕을 하지 않자 그는 아내의 분노에 좀 더 편안하게 대처할 수 있었고, 자주 끼어들던 습관도 줄어들었다. 시간이 흐르면서 부부는 휴전 상태에 접어들었다. 셀레스테는 훨씬 더 자신에게 진정성을 느꼈고 자신감을 갖게 되었으며, 행복을 결혼 생활 안에서 찾으려는 집착이 옅어지며 마침내 그녀의 혼란과 불안은 완전히 사라졌다.

## 분노 이해하기

이 실습은 내면가족체계 치료의 기본 원리를 따른다. 즉, 우리가 분노와 같은 감정을 존중하고, 인정하고, 이해하고 그 감정들이 궁극적으로는 우리를 어떻게 안전하게 보호해 주며 목표에 도달하게 하는지 인식할 필요가 있다는 것이다. 연구에 따르면 이러한 치료적 접근 방식은 우울증과 자기비판을 줄일 수 있다고 한다. 나는 내 개인적인 경험을 통해 IFS가 효과가 있다는 것을 알고 있으며, 우리 자신과 단절된 부분을 통합시켜 준다는 측면에서 내가 그동안 발견한 체계 중에 으뜸에 속한다. 이 실습은 쓰기 실습이므로 종이와 필기구가 필요하다.

## ▍실습안내▍

최근에 일어난 일 중 타인에게 화가 났던 사건을 떠올려 봅니다(정치 문제, 글로벌 이슈 또는 자신에게 화가 났던 경우는 제외합니다). 그 사건을 떠올렸을 때 감정에 압도되지 않을 수 있는 정도의 일을 떠올립니다. 만약 그렇게 되면 실습을 진행하기가 어려울 수 있습니다. 하지만 또 너무 사소한 일이라면 도전적이지 않을 겁니다. 그러니 이 양극단의 중간 정도되는 사건을 떠올려 보세요. 어떤 상황이었나요? 예

를 들어, 파트너가 무언가를 숨겼거나, 딸이 무례한 말을 했거나, 직원이 중요한 업무를 미뤄 둔 일 등

- 여러분은 분노를 어떻게 표출했나요? 예를 들어, 소리를 지르거나 차가운 어투, 모진 말을 했나요? 아니면, 아무 말도 하지 않고 화가 안에서 부글부글 끓었나요?

- 분노의 결과는 어떠했나요? 파괴적인 결과로 이어졌나요? 건설적인 결과로 이어졌나요?

- 화를 내고 난 후 기분이 어떠했나요? 개인적으로 당신에게 어떤 영향을 주었나요(예를 들어, 힘이 났거나, 수치스러웠다거나, 혼란스러운 느낌이 들었다거나)?

- 그 분노가 여러분을 위해 무엇을 하려고 했는지에 대해 호기심을 가질 수 있을까요? 비록 분노의 결과가 이롭지 않았다 하더라도, 어떤 식으로든 위험을 알리고 나를 보호하려고 했던 것인가요? 예를 들어, 상처받는 것을 막거나 진실을 옹호하기 위해 명확한 경계를 그을 수 있도록 도우려고 했나요?

- 여러분을 돕기 위해 수고한 분노에게 감사의 말을 써 봅니다. 분노를 표출한 방법이 이상적이지 않았더라도 그리고 분노의 결과가 실제로 도움이 되지는 않았더라도 나를 보호하려고 했던 내면의 에너지를 존중할 수 있나요? 예를 들어, "나를 지켜 주고 진실을 밝히기 위해 노력해 준 화의 에너지에게 감사. 네가 나를 얼마나 안전하게 지켜 주길 원하는지 알아……."와 같이 쓸 수 있습니다.

- 이제 여러분의 분노는 감사의 말을 건네받았고, 인정받았습니다. 분노가 당신에게 해 줄 지혜의 말이 있나요? 어떤 말인가요?

● 이 실습이 마칠 때쯤, 스스로를 점검해 봅니다. 만약 감정에 압도된 느낌
이 들면 이 책의 48쪽에 있는 발바닥 명상을 통해 스스로를 안정시켜 봅
니다. 만약 분노를 느끼는 것에 대해 판단하거나 수치심을 느낀다면(또는
분노에 접촉하는 것조차 힘들었다면) 부드러운 자기연민을 통해 자신에게
친절하고 수용적인 태도를 취합니다. 지금 이 순간, 여러분은 자신을 있
는 그대로 존재하도록 허용할 수 있나요?

## 분노가 가진 돌봄의 힘

적극적 자기연민은 때때로 분노로 표현된다. 힌두교의 여신 칼리
Kali는 여성의 적극성을 나타내는 멋진 상징으로 우리들은 그녀로부터
영감을 얻을 수 있다. 칼리 여신은 종종 파란색 또는 검은색으로 혀를
내밀고 해골 목걸이를 하고, 힘없이 허우적거리는 남자(남편인 시바신)
위에 서 있는 모습으로 묘사된다. 그녀는 당당한 모습으로 옷을 걸치
지 않고 있으며 가슴이 완전히 드러나 있다. 칼리의 많은 팔에는 칼과
잘린 머리가 들려 있는데, 그녀는 파괴를 상징하지만 우주의 어머니이
자 궁극적인 창조자로 인식된다. 칼리가 파괴하는 것은 환상인데, 특히
분리에 대한 환상이다. 칼리의 포악함은 사랑과 정의의 가르침이다. 그
녀는 분리와 억압의 구조를 쓸어버리고 평등과 자유를 위한 공간을 만
든다.

여성으로서 우리는 칼리의 힘을 이용할 수 있다. 이것은 과학적인
사실이 아니라 대부분의 여성이 직관적으로 알고 있는 사실인데, 우리
는 칼리를 두려워하거나 다른 사람들의 반응을 두려워하는 것을 멈추

어야 한다는 것이다. 그 대신, 우리는 내면의 칼리를 판단하거나 거부하지 말고 존중해야 한다. 이 에너지를 억압할수록 건강하지 않은 방식으로 분출되어 우리 자신과 타인에게 해를 끼칠 수 있다. 하지만 파괴적인 분노가 아닌 건설적인 분노로 발전하도록 격려하면 칼리의 힘을 선하게 활용할 수도 있다.

또한 칼리는 현명하며(궁극적으로 그녀는 여신이다), 분리에 대한 환상을 없애는 능력은 그녀가 깊은 연민을 가지고 있다는 것을 의미한다. 연민은 사람들의 상호의존, 원인, 조건을 인정한다. 해로운 행동의 원인이 종종 우리가 통제할 수 없는 조건들(유전자, 가족력, 사회문화적 영향 등)에서 비롯되는 경우가 많다는 것을 이해한다. 즉, 우리는 잘못을 저지른 사람들에 대해 동정심을 갖고 그들이 집단 전체의 일부라는 것을 이해하면서도, 그들의 잘못에 분노할 수 있다. 상호연관성을 인식하면 한 사람을 해치는 것이 모두에게 해를 끼친다는 사실을 명확하게 알 수 있다. 이러한 맥락에서 우리는 가해자들에게 증오를 품지 않으면서 그 피해에 맞서야 한다. 자기연민적 분노는 위협을 가하는 사람들을 적대시하지 않고 자신을 보호하는 데 초점을 둔다.

분노를 연민적으로 사용하기 위해서는 음양의 조화가 핵심이다. 양의 힘이 음의 부드러움으로 단련되지 않으면 거칠고 반응적이게 된다. 분노는 우리가 화를 내는 상대에 대한 배려 없이 우리를 바로 행동으로 몰아가 파괴적인 행동에 이르게 한다. 마음의 문을 열고 자신과 타인을 수용할 수 있을 때, 분노는 고통의 완화에 초점을 맞춘다.

분노는 중국어로 生气(shēngqì)이다. 직역하면 "기를 생성하다."인데, 기는 중국어로 에너지를 뜻하며 분노는 기의 양적인 형태이다. 앞서 언급했듯이 한의학에서는 기의 음과 양이 서로 조화를 이룰 때 건강, 웰빙, 만족감을 얻게 된다고 가정한다. 음양의 부조화는 질병, 통증, 고통이 따른다. 분노의 양적인 표현이 음의 요소와 균형을 이룰 때, 건강하고 건설적인 힘이 될 수 있다. 적극적인 에너지가 부드러운 돌봄의 에너지와 결합되지 못했을 때 분노는 해롭고 파괴적인 것이 된다. 우리의 힘이 지속 가능하고 효과적이기 위해서는 돌봄이 필요하다.

사랑 없는 분노는 증오지만, 분노가 없는 사랑은 빈 껍데기와 같이 그저 아름답게 포장된 것에 불과하다. 사랑이 불의를 만나면 분노가 일어난다. 선 수행 지도자인 로시 버니 글래스먼Rosie Bernie Glassman은 "분노 그 자체에 동기가 부여되고 자기중심적일 때 그것은 독으로 간주된다. 하지만 분노에서 자기에 대한 애착을 떼어 내면 그 감정은 적극적인 에너지의 투지로 변하고 매우 긍정적인 힘이 된다."라고 기술했다. 우리는 부드러운 여신이자 적극적인 전사이다. 둘 중 하나가 빠지면 불완전한 존재가 되는 것이다.

## 분노와 함께한 나의 여정

적극적 자기연민 연습을 규칙적으로 하기 전에는 다른 사람에게 친절하거나 화를 내는 것 사이에서 흔들리는 경향이 있었고 통합이 어려웠다. 솔직히 지금도 여전히 나에게는 도전적이다. 특히 양의 에너지를 많이 사용하는 직장생활(나는 엄마 곰보다는 불도그에 가까운 경향이 있다.)에서는 더욱 그렇다. 이것은 나의 힘이 항상 상대방을 배려하는 것만은 아니라는 뜻이다. 나는 타인을 모욕하거나 공격적으로 대하지는 않지만, 항상 말의 결과를 고려하지 않고 보이는 대로 진실을 말해 버린다. 게다가 무뚝뚝한 편이고 사람들이 나를 좋아하든 싫어하든 상관하지 않는 경향이 있다. 이는 위험한 조합이다. 누군가 말이 안 되는 주장을 하거나 명백한 사실을 간과하거나 중대한 결함이 있는 연구를 한다고 하면 나는 짜증이 난다. 사실 나는 이 부분을 나의 '분노 측정기'라고 부른다. 내가 짜증이 난다는 것은 무언가 제대로 일이 돌아가고 있지 않다는 뜻이고, 이 분노 측정기는 유용한 정보를 제공한다. 하지만 내면의 불도그가 그 현장으로 달려오면 나는 그 순간 마음챙김과 연민 어린 마음을 잊게 되고, 그 결과는 매우 좋지 않다. 책도 써야 하고, 연구도 진행해야 하고, 워크숍도 진행해야 하니까 그런 순간에는 마치 친절할 시간이 없는 것처럼 느껴진다. 물론 문제는 내 반응이 다른 사람들에게 미치는 영향에 충분히 주의를 기울이지 않는다는 것이다.

예를 들어, 최근에 한 동료가 몇 년 동안 연구한 자기연민에 관한 논문을 보내 왔다. 그는 방금 논문 작성을 마쳤고 동료심사에 부치기 전에 내 의견을 구하고 싶어 했다. 나는 답장으로 "논문 방법론으로는 절망적이네요."라는 직설적인 말과 함께 논문의 긍정적인 측면에 대한 언급 없이 연구의 모든 문제점을 지적했다. 건설적인 피드백을 주는 방법을 알고 있지만 분노 측정기에 빨간 불이 켜지고, 불도그가 나타나면 그런 지식은 모두 사라져 버린다. 나의 직설적인 말과 무뚝뚝함은 무례한 수준이었다. 얼마 지나지 않아 나는 내가 한 짓을 깨닫고 그가 연구 분석을 개선할 수 있는 방법을 제안했고 그 연구에 대한 긍정적인 특징들을 언급했다. 그는 "오, 알겠습니다. 저를 도와주려고 하셨던 거네요. 사실 처음 이메일에 충격을 받았거든요."라는 답장을 보내 왔다. 나는 사과하고 용서를 구했다.

보통의 경우에는 내가 따뜻하고 친절하게 대하는 경우가 많기 때문에 나를 잘 알지 못하는 사람들은 이런 적극성을 보고 당황하고 어떻게 반응해야 할지 몰라 하는 경우가 많다. 또 나의 적극성이 신체적·정서적 폭력으로 이어질 것이라고 예상하기 때문에 실제로 위협을 가하지 않더라도 두려움에 움츠러드는 경향이 있다. 사람들은 이런 긴장된 에너지가 있는 곳에 있는 것만으로도 겁을 먹는다. 과거에 이런 일이 발생했을 때, 나는 선을 넘었다는 것을 알아차리고 사과를 하곤 했지만 그때마다 스스로에 대한 수치심이 올라왔다. 오랫동안 이 문제는 나를 힘들게 했다. 수년간 자기연민 수행을 해 왔음에도 불구하고 내가 여전히 반응적인 사람일 수 있다는 사실이 절망스러웠다. 내 안의 불도그 같은 적극성을 수용하고 나의 불완전함에 양해를 구하려고 해도 나는 여전히 이 부분을 강점이라기보다는 약점으로 보는 경향이 있었다.

다행히도 적극적 자기연민을 하나의 확실한 수행과정으로 만든 후부터 상황은 변하기 시작했다. 나는 불도그가 정말로 잘못 해석된 칼리 여신이라는 것을 알게 되었다. 칼리는 환상을 깨고 들어가 그녀가 본 그대로의 진실을 보호하고자 했던 것이다. 때때로 다른 사람을 공격하는 적극적인 에너지는 사실 내가 훌륭한 과학자가 되고, 학계의 치열한 영역에서 성공할 수 있게 해 준 에너지와 같은 것이었다. 예를 들어, 자기연민을 측정하는 척도로서 SCS의 적절성에 대한 열띤 논쟁(나는 이를 '척도 전쟁'이라고 부른다.)이 벌어졌을 때, 나는 기꺼이 참여하여 척도를 검증하기 위해 수많은 실증 데이터를 수집하는 데 박차를 가했다. 한 학자가 데이터를 '과학의 탈을 쓴 연막'이라고 일축하며 자신의 주장을 펼치기 위해 인신 공격성 발언까지 했을 때, 나는 너무 화가 나서 단 3일만에 실증적 증거 자료들이 나의 주장을 어떻게 뒷받침하는지에 대한 참신하고 (내 생각에) 매우 설득력 있는 방식으로 설명하는 종합적 답변서를 작성했다. 나는 완전히 의기충천한 상태였다! 나의 분노는 생각을 명료하게 구체화시키고 이 분야에 양질의 공헌을 하는 데 건설적인 역할을 해 주었다.

나는 내면의 전사를 판단하거나 통제하기보다는 기쁘게 맞이해야 할 존재라는 것을 깨달았다. 내면의 전사는 생산성을 높일 수 있는 집중력을 제공하는 강력한 엔진이다. 하지만 부드러움과 균형을 이루지 못하면 강인함은 유용하지 않다. 나는 이러한 통합에 대한 탐색의 일환으로 지구를 품은 임산부의 모습으로 묘사된 여신 그림 족자를 사서 침실 벽에 걸었다. 명상 쿠션 바로 위 반대쪽 벽에는 칼리의 파괴적인 화려함을 담은 그림을 걸었다. 요즘 나는 화가 날 때면 칼리 아래에 앉아 칼리의 에너지가 내 몸 안에 자유롭게 흐르도록 한다. 나에게 힘과 용기를 준 칼리에게 감사하며, 칼리의 온 힘을 세상에 필요한 일에 쓸 수 있도록 허락을 구한다. 또 부드러운 애정 어린 측면을 주신 어머니 여신에게 감사하며, 나의 행동이 어떠한 해도 끼치지 않노록 평화와 사랑으로 채워 주시기를 간절히 기도드린다. 마지막으로, 이 두 에너지가 나의 몸과 마음, 정신 안에서 통합되어 균형 잡힌 온전한 존재가 되는 것을 상상한다.

## 분노 다루기

분노를 능숙하게 다루려면 분노를 완전히 용인해야 한다. 분노가 우리를 보호하기 위해 존재한다는 것을 알고, 분노의 에너지가 흐르도록 허용해야 한다. 또 분노가 파괴적으로 변하지 않도록 내면과 외면을 향한 부드러운 배려의 감정과 접촉해야 한다. 결국에는 우리에게 상처를 준 사람(그 상대가 자신이라 할지라도)에게도 용서를 베풀 수 있어야 하겠지만, 용서는 차후의 문제이고 시간이 걸리는 일이다(자신과 타인에 대한 용서를 계발하기 위한 실습은 MSC 워크북에서 만나 볼 수 있다). 이 실습의 목적은 적극적인 분노의 에너지 그 자체를 다루고 그것을 부드러움과 통합하는 데 있다.

실습을 할 때, 치료사나 정신 건강 전문가의 지도를 받는 경우가 아니라면 과하게 충격적이거나 자신을 압도할 수 있는 상황을 고르지 않는 것이 좋겠다. 무례했던 지인, 무책임하게 행동하는 친구, 여러분을 기만한 판매원과 같은 일상적인 일에서 시작하는 것이 좋다. 안전하지 않다고 느껴지면 언제든 실습을 중단하고 나중에 원할 때 다시 시작할 수 있다.

## ┃ 실습 안내 ┃

- 당신을 화나게 하는 상황을 생각해 봅니다. 과거의 일일 수도 있고 현재의 일일 수도 있습니다. 지금 여러분이 다루기에 안전하게 느껴지는 상황을 떠올려 봅니다.

- 상황을 떠올리며 최대한 생생하게 세세한 부분들을 기억해 봅니다. 무슨 일이 있었나요? 여러분의 경계가 침해당했나요? 존중이나 정당한 배려를 받지 못했나요? 부당한 일이 발생했나요?

- 분노의 감정이 일어나도록 내버려둡니다.

- 분노를 느낄 때 양손을 가슴 위나 여러분을 지지해 줄 수 있는 다른 신체 부위에 올림으로써 마음을 안정시키는 데 도움을 받습니다.

- 발이 바닥에 닿는 느낌도 느껴 보세요. 발바닥으로 여러분 자신을 땅에 안착시킵니다.

- 이제 누가 또는 무엇이 분노를 일으키는지에 대한 스토리는 흘려보내고, 분노를 신체 감각으로 느낄 수 있는지 살펴 봅니다. 어디에 있나요? 어떤 감각이 느껴지나요? 뜨겁거나, 차갑거나, 맥박이 뛰거나, 욱신거리거나, 저린 감각인가요?

## - 분노 받아들이기-

- 여러분이 지금 느끼는 감정은 완전히 자연스럽다는 것을 알기를 바랍니다. 이 에너지는 여러분을 보호하고 있는 적극적인 엄마 곰입니다. 자기 연민의 한 형태이지요. 스스로에게 이렇게 말해 봅니다. "분노를 느껴도 괜찮아, 이건 나 자신을 보호하려는 자연스러운 욕구야."

- 일어난 일 자체에 너무 사로잡히지 않도록 하면서 지금 일어나는 분노의 감정을 완전히 인정합니다. 분노 그 자체와 함께합니다.

- 분노의 감정에 다시 휩쓸린다면, 다시 중심을 잡을 때까지 여러분의 발바닥에 집중합니다. 그리고 다시 돌아와서 신체 감각으로 분노를 느껴 봅니다.

- 격렬한 에너지가 몸 안에서 자유롭게 흐르도록 허용할 수 있는지 살펴봅니다. 그것을 억누르고, 억압하고, 판단할 필요가 없습니다. 분노 역시 연민 어린 마음의 중요한 한 측면입니다.

- 발바닥으로 안착된 느낌을 갖고 여러분의 신체 위에 있는 손의 지지를 느끼면서 분노에 마음을 열도록 해 봅니다(안전하다고 느껴지는 만큼 합니다). 아마 분노의 에너지가 척추 위아래로 흐르면서 여러분에게 힘과 결단력을 준다는 것을 느낄 수도 있습니다. 분노는 무언가를 말하고, 전하고 싶은 메시지가 있을 수도 있습니다. 안정되고 중심이 잡힌 상태에서, 여러분의 분노는 무엇을 말하려고 하나요?

- 이 부분에 귀를 기울이고 자신을 보호하기 위한 노력에 감사할 수 있나요?

## - 부드러운 마음 가져오기-

- 발바닥이 바닥에 안착해 있는 상태에서 보호의 적극적인 에너지를 계속

흐르게 합니다.

- 분노와 함께 머무르는 것이 가장 도움이 된다고 생각된다면, 그렇게 하도록 허락합니다.

- 하지만 약간의 부드러움을 더하고 싶다면, 한 손은 가슴에 또 다른 한 손은 배 위나 다른 위로가 되는 곳에 올려 놓습니다. 두 손 사이의 공간을 느껴 봅니다.

- 여러분을 보호하기 위해 올라오고 있는 적극적인 에너지의 힘과 결단력을 느낍니다. 이 힘이 나오는 지점에서 이제 자신의 마음을 향해 눈을 돌려 보세요.

- 분노는 자신을 안전하게 지키고자 하는 사랑의 표현임을 인식합니다.

- 스스로를 보호하려는 욕구를 불러일으키고 있는 자신에게, 배려나 관심과 같은 더 부드러운 감정과도 접촉할 수 있는지 살펴봅니다.

- 분노에 대한 부끄러움이나 판단이 생기면 그것 또한 부드럽게 담고 있을 수 있나요?

- 자애의 마음과 연결감이 분노와 합쳐지고 통합되도록 초대합니다.

- 자신에게 적극적이고, 부드러운 에너지가 동시에 흐르도록 허용합니다. 그 에너지들이 이 순간에 필요한 춤을 추도록 내버려둡니다.

- 이 온전한 느낌을 음미하고 포용해 보세요.

- 고통을 덜어 주고 싶은 마음을 느껴 봅니다. 이 연민의 마음에서, 당신이 겪은 일을 해결하기 위해 어떤 행동을 취하고 싶은가요? 비록 그것이 단지 앞으로 자신을 보호하기로 결심하는 것일지라도요.

- 준비가 되었다면, 실습에서 나와서 여러분의 현재 경험에 머물러 봅니다. 이 순간 있는 그대로, 현재 여러분의 있는 그대로를 느낍니다.

이 실습은 꽤 강렬한 경험일 수 있기 때문에 실습 후 산책, 차 마시기 또는 마음을 안정시킬 수 있는 활동을 통해 반드시 여러분 자신을 돌봐야 합니다.

한동안 의도적으로 나의 분노를 연구대상으로 삼기 시작하며, 상황이 점점 나아지기 시작했다. 물론 여전히 화가 나고 과민하게 반응하지만 그 강도와 빈도가 조금이나마 줄어들었다. 나의 분노가 다른 사람에게 미칠 영향을 생각해 가능한 한 피해를 주지 않겠다고 굳게 다짐했다. 하루 종일 이 약속을 스스로에게 상기시키며, 분노가 치밀어 오르고 앞이 잘 보이지 않는 순간에도 나를 도울 수 있도록 노력한다. 통합을 향한 길은 멀고 아직 걸음마 단계에 불과하지만, 이것이야말로 나뿐만 아니라 여성 전체를 위한 유일한 길이라고 확신한다. 우리는 역사의 중요한 갈림길에 서 있다. 여성, 소수인종 그리고 수많은 사람이 억압받고 착취당하고 학대받는 다양한 방식을 명확히 인식하고 우리는 목청껏 외치며 분노해야 한다. 분노하지 않으면 우리는 잠들어 있는 것이다. 하지만 그 분노로 무엇을 할 것인가? 권력을 가진 백인 남성들을 증오하고, 그들에게 소리를 쳐서 끌어내리고, 적의에 불타 우리의 협력자가 될 수도 있는 사람들을 멀리해야 할까? 아니면 여성의 공동체 지향적 역할이 우리를 억압하는 기제로 사용되었다고 해서 우리의 숙련된 자원인 친절, 돌봄, 사랑을 외면해야 할까?

여성으로서 우리는 다르게 행동할 수 있다. 우리는 분노가 가져오는 추진력과 결단력에 감사할 수 있고 분노를 본성의 일부로 온전히 허용하는 법을 배울 수 있다. 우리는 분노 속에서 좀 더 편안해질 수 있고, 따라서 분노를 덜 두려워할 수 있다. 무엇보다도 우리는 분노와 사랑을 결합하여 이 돌봄의 힘을 불의에 맞서 싸우는 데 효과적으로 사용할 수도 있다. 모든 존재의 고통을 완화하고자 하는 탐색의 과정 속에서 적극적인 자기연민은 우리가 믿고 의지할 수 있는 강력한 자원이다.

제 4 장

# #METOO 운동

주도성에는 내재된 힘이 있습니다. 미투 운동은 여러가지 측면에서 주도성에 관한 이야기입니다.

- 타라나 버크, 미투 운동의 창시자(Tarana Burke, founder of the Me Too movement)

2017년 10월, 유명 영화 제작자인 하비 와인스틴Harvey Weinstein이 수십 명의 여성을 성희롱하고 학대한 사실이 드러났다. 이에 여배우 알리사 밀라노Alyssa Milano는 성희롱이나 폭행을 당한 여성들이 트위터상에 #MeToo를 달아 응답해 줄 것을 호소했다. 며칠 만에 페이스북 친구 중에 미투 해시태그에 응답한 사람이 거의 전체 페이스북 사용자의 절반이 될 정도였다. 이후 얼마 지나지 않아, 수백 명의 권력층 남성들이 여성을 성희롱하거나 학대한 사실이 폭로되기 시작했다. 로이 무어Roy Moore와 같은 정치인부터, 루이 C. K.Louis C. K.와 같은 배우, 라이언 애덤스Ryan Adams 같은 음악가, 찰리 로즈Charlie Rose와 같은 뉴스 앵커, CEO인 레스 문베스Les Moonves, 억만장자인 제프리 엡스타인Jeffrey Epstein 그리고 토니 로빈스Tony Robbins 같은 자기계발 전문가에 이르기까지 전 영역에서 드러났다. 유명인들의 목록은 계속해서 늘어났다. 이 유명인사들

중 상당수는 자신의 행동에 대한 처벌을 받았지만 여전히 책임을 지고 있지 않은 이(특히, 도널드 트럼프)도 많다. 물론 여성에 대한 성적 학대는 사회에 항상 만연해 있다. 트위터상의 미투 운동 이전에는 2006년 타라나 버크Tarana Burke에 의해 시작된 운동이 있으며, 흑인 여성에 대한 광범위한 성적 학대를 알리기 위해 시작되었다. 다만 지금은 더 공개적으로 이야기하고 있다는 점이 가장 큰 차이점이다. 여러 가지 측면에서 미투 운동은 "더 이상은 안 돼!"라고 외치는 여성들의 적극적 자기 연민에 대한 집단적 봉기를 상징한다.

2018년 '미투 운동 이면의 사실들(The Facts behind the #MeToo Movement)'이라고 불리는 대규모 연구에서는 미국 내에서 발생하는 성희롱과 학대의 범위를 정량화하였다. 결과는 놀라웠다. 대다수의 여성(81%)이 공공장소나 직장에서 부적절한 행동을 경험한 적이 있다고 답했다. 여성들이 겪는 가장 흔한 형태의 학대는 비하적 발언(77%)이었지만 원치 않는 신체 접촉(51%), 나체 사진 전송과 같은 사이버 성희롱(41%), 스토킹이나 공격적인 미행(34%), 성기 노출(30%)을 경험하기도 한 것으로 드러났다.

여성 3명 중 1명은 직장에서 괴롭힘을 당한 적이 있으며, 이는 스트레스를 유발하고 여성의 업무 수행 능력을 저해하는 부정적인 환경을 조성한다. 일반적으로 원치 않는 행동은 하위 직급의 직장 여성에서 집중된다고 생각할 수 있지만, 연구에 따르면 리더의 위치에 있는 여성들이 더 큰 위험에 처해 있다. 한 연구에서는 남성 위주의 업무 환경에서 여성 상사의 58%가 성희롱을 당한 경험이 있다고 답했다. 아이러니하게도 이러한 여성의 힘은 남성의 정체성을 위협하기 때문에, 불안해진 남성은 여성을 모욕하고 비하하는 행위를 한다. 결국 성희롱은 성에 관한 것이 아니라 권력에 관한 문제이다.

이에 대응하여 타임즈업(Time's Up)과 같은 단체들이 생겨나 여성들이 직장 내 성희롱에 맞설 수 있도록 돕고 있다. 엔터테인먼트계의 배우, 프로듀서, 경영진들이 시작한 이 운동은 들불처럼 번져 나갔고, 곧 농장 근로자에서부터 학계에 이르기까지 모든 분야로 확대되었다. 타임즈업은 법률 방어 기금을 조성하여, 성폭행, 괴롭힘, 학대 및 관련 보복 등 직장 내 성추행을 경험한 모든 여성에게 법률 지원을 제공한다.

하지만 이러한 재앙은 직장을 넘어서 계속되고 있다. 여성의 4분의 1 이상이 인생의 어느 시점에 강제적인 성적 접촉을 경험한 적이 있다고 보고한다. 레즈비언이나 양성애자, 빈곤 계층의 여성, 지적 장애가 있는 여성 등 소외 계층의 여성들이 보고한 성폭행 경험 수치는 훨씬 더 높다. 대략 5건 중 3건에서 가해자는 친구, 가족, 연인 등 아는 사람이었다. 그리고 대부분의 강간은 경찰에 신고되지 않으며, 특히 낯선 이에 의한 경우 수치심이나 본인의 책임에 대한 두려움으로 신고되지 않고 있다. 게다가 신고된 사건 중 유죄 판결로 이어지는 경우도 극히 일부에 불과하다. 이것이 바로 현실이다.

## 성희롱에 대한 개인적 경험

이 실습은 여러분의 경험이 성희롱에 해당하는지 알아보기 위해 고안되었다. 때때로 사건들은 노골적이며 명백할 수 있고, 때로는 좀 더 모호할 수 있다. 성희롱에 해당하는 구체적 방식에 주의를 기울이면 어떤 일이 일어나고 있는지 더 잘 인식할 수 있으며, 따라서 자신을 더 잘 보호할 수 있다.

만약 과거에 성적인 트라우마를 가지고 있다면 이 실습을 하지 말고 치료사나 상담사의 안내에 따라 진행하는 것이 좋다. 또한 현재 직장 내 성희롱 사건을 경험하고 있거나 최근에 경험한 적이 있다면 가능한 한 빨리 사건을 문서화해서 상사에게 보고하는 것이 좋다. 그리고 반드시 보복 없이 여러분의 말을 경청해 줄 수 있는 상사라야 한다. 아무런 조치가 취해지지 않는다면 한국 고용노동부 상담 서비스(labor. moel.go.kr/counsel/employmentEqualityInfo.do)의 도움을 받을 수 있다.

다음은 몇 가지 일반적인 성희롱 유형이다(RAINN.org에서 발췌).

- 성적 행위나 성적 지향을 언급하는 농담을 포함한 성적인 성격의 언어적 괴롭힘
- 원치 않는 신체 접촉
- 원치 않는 성적 접근
- 직장이나 학교 또는 다른 부적절한 장소에서 성관계, 성과 관련된 이야기, 성적인 공상에 대한 논의
- 원치 않는 성적으로 노골적인 사진, 이메일, 문자 메시지

## | 실습 안내 |

- 학교나 집, 직장에서의 생활을 곰곰이 생각해 봅니다. 여러분이 기억할수 있는 성희롱과 관련된 모든 사건을 적어 보세요.
- 그 일이 발생한 후 기분이 어땠는지 적어 봅니다. 화가 났나요? 혼란스러웠나요? 기분이 상했나요? 겁이 났나요? 짜증이 났나요?
- 해당 행동이 발생한 후 어떤 조치를 취했나요?
- 이런 상황이 발생했을 때 우리는 종종 어떻게 대응해야 할지 모릅니다. 또는 보복이 두려워서 원하는대로 대응하지 못하는 경우도 있습니다.

- 이제 더 이상 위험에 처해 있지 않으므로 여러분이 사건이 일어났을 때, 이상적으로 어떻게 대응했으면 좋았을지 적어 봅니다.

여성들은 때때로 이런 성희롱적인 행위가 과도하게 나쁘지 않으면 대수롭지 않게 넘어가거나 재미없는 농담 정도로 지나칩니다. 우리를 불편하게 만드는 모든 행동에 주의를 환기시켜 다른 사람들에게 이런 행동이 용납되지 않는다는 사실을 알리고, 목소리를 내는 것은 중요합니다. 특히 문제가 되는 행동으로 기억에 남는 사건이 있나면, 그 일에 대해 스스로에게 연민 어린 편지를 써 보는 것도 좋습니다(142쪽의 실습 안내 참조).

## 남겨진 상처

여성들에게 성희롱은 어떤 결과를 가져올까? 연구에 따르면, 만성적 스트레스, 불안, 우울, 신뢰의 어려움 등을 초래하는 것으로 나타났다. 직장 내에서는 업무 만족도가 떨어지고, 업무 성과가 감소하며 조직에 대한 헌신, 업무 몰입도 저하, 정신적 및 신체적 건강 악화를 초래할 수 있다. 성폭행의 결과는 더욱 심각하다. 외상 후 스트레스 장애(PTSD), 불면증, 섭식 장애, 약물 사용 및 남용, 심지어 자살까지 초래할 수 있다. 미투 운동은 여성들이 흐름을 바꿀 가능성을 제공했고, 마침내 우리가 진실을 직시하고 치유를 시작할 수 있게 해 주었다. 남성들, 특히 동성애자나 양성애자, 성전환 남성도 성희롱과 성추행의 피해자가 될 수 있으나, 피해자의 대다수는 여성이다. 그리고 가해자의 압도적 다수는 남성이다. 일부 남성은 사회와 미디어가 여성을 성적 대상화하는 메시지를 전달하기 때문에 여성들을 이용할 자격이 있다고 생각한다. 여성은 종종 성적 대상물로 여겨지는데, 파티에 함께 대동하는 미모의 여성, 액션 영화에서의 매혹적인 상대, 상품을 좀 더 매력적으로 보이게 하는 광고 장식물 등으로 활용된다. 여성들의 가치는 남성의 성적 욕구를 충족시킬 수 있는 능력에 비교하여 지속적으로 평가된다. 성별 사회화는 특정 남성들을 돌봄과 연민이라는 음의 에너지로부터 깊이 차단하고, 그와 동시에 여성들은 성적 대상으로 비인간화시킨다. 과잉 남성성(공격성을 미화하며 부드러운 감정은 약하고 여성스러운 것으로 폄하하는 마초적 태도)은 성희롱과 학대에 직접적으로 영향을 미친다. 39개의 연구에 대한 메타 분석에 따르면, 과잉 남성성은 남성의 성폭행 가능성을 예측할 수 있는 가장 강력한 요인 중 하나로 밝혀졌다.

이는 남성들 사이에서 음양의 통합이 시급하다는 것을 말하지만, 나는 여기에서 주로 여성들을 위한 음양의 통합에 주된 의미를 두고 논하고자 한다. 내가 여성의 적극적 자기연민에 열정적인 이유 중 하나는 여성이 가진 돌봄의 힘이 가부장제의 유산과 맞서 싸우는 데 도움이 될 수 있다고 믿기 때문이다. 여성들이 적극적 자기연민을 인정하고, 강화하고, 존재 방식에 더 깊이 통합될 때, 우리는 성적 학대에 맞서 "더 이상은 안 돼!"라고 말할 수 있는 힘을 얻게 된다.

## 텍사스 사기꾼

나에게 소중한 사람이 성폭력의 피해자였다는 사실을 알게 된 경험이 이 책을 쓰는 데 주된 동기가 되었다. 내가 그 사실을 알게 되었을 때, 더 충격이 컸던 이유는 가해자가 바로 내가 수년간 신뢰하고 후

원까지 했던 남성이었기 때문이었다. 당시에는 친한 친구라고 말하기까지 했을 정도였다. 수년간의 마음챙김 수행에도 불구하고 그의 좋은 점만 보려는 바람이 끔찍한 진실에 눈을 멀게 했다. 이 상황에 대처하려고 노력하면서 성적 학대의 공포에 대처하기 위해 얼마나 적극적이고 부드러운 자기연민이 중요한지 절감하게 되었다. 불가피하게 발생하는 상처와 수치심을 감싸안을 수 있는 부드러움과, 피해가 계속되지 않도록 목소리를 낼 수 있는 적극성이 필요하다. 다음 이야기에서, 무고한 사람들을 보호하기 위해 사람들의 이름과 신상 정보를 사실과 다르게 기술한다.

조지는 40대 후반의 매려저이고 잘생긴 남부 출신 신사로, 남부 특유의 부드러운 말투를 가졌다. 그는 오스틴 외곽에서 자폐 아동과 그 가족을 위한 서비스를 제공하는 비영리 단체를 운영하고 있었다. 내가 살던 엘진에서 차로 30분 거리에 있던 센터였기 때문에 아들 로완이 어렸을 때 자주 데리고 갔다. 로완은 자폐 스펙트럼을 가진 아이들과 함께, 조지의 비전통적 접근 방식의 미술, 음악, 놀이에 잘 반응했다. 나는 당시에 조지가 훌륭하고 영감을 주는 사람이라고 여겼고 우리는 친밀한 관계를 구축했다. 나는 이 단체를 홍보하게 되어 기뻤다. 센터 기금을 모금하기 위한 행사로 자기연민 이벤트를 개최했고 매년 조지의 비영리 단체에 기부했다.

조지는 센터 직원들을 자원봉사자들과 유급 직원들로 꾸렸다. 주로 순수하고 모험심 강한 10대(주로 여성)들과 젊은 성인들이었는데, 그들은 미국이나 다른 나라에서 왔으며 이타심이 강한 이들이었다. 열정적이고 헌신적으로 자폐 아동들과 그 가족들을 돕는 데 전념하며 세상에 변화를 만들어 내고자 했다. 센터는 7개의 건물로 이루어진 소규모 복합 주거지였고 직원들은 센터 내에서 거주했다. 모두가 조지를 존경했다. 그는 자폐 스펙트럼의 치료에 있어 통념을 거스르는, 재미있고 지적이며 강렬한 괴짜 독재자였다.

하지만 그 당시에도 널리 인정되었던 사실은 조지가 바람둥이라는 것이었다. 때때로 여성의 외모에 대해 부적절한 반응을 했고, 항상 어깨가 아프다며 주물러 줄 것을 요구했다. "조지는 원래 그래. 바람둥이 거든. 그래도 아이들을 위해 헌신하는 훌륭한 사람이지." 조지는 센터 운영을 도운 아일랜드 출신인 스무 살 연하의 에일린과 결혼했다. 둘 사이에는 어린 자녀가 두 명 있었는데 둘 다 딸이었다. 나는 비영리 단체를 운영하고 유지하는 데만 집중하는 에일린에게 특별히 친근감을 느끼지는 못했다. 조지가 바람을 피우고 있다고 의심했지만, 그의 정직함은 내가 신경 써야 할 일은 아니라고 생각했다. 모든 일은 직장 밖에서 동의한 성인 간의 일이라고만 여겼던 것이다.

캐시는 센터에서 일하는 초롱초롱한 눈망울을 가진 발랄한 10대 소녀였고, 가족끼리도 알고 지내던 사이였다. 그녀의 엄마는 두 가지 일을 하며 가정을 책임지고 있던 싱글맘이었다. 캐시는 몇 년 동안 내 아들 로완과 나를 도와 왔고 나는 그녀를 정말 좋아했다. 밝고 장난기 많은 캐시와 함께 있으면 즐거웠다. 로완과도 잘 어울렸고 나에게는 딸이 없었기 때문에 특별한 애착을 갖게 되었다. 캐시는 자신이 자폐 아동들과 함께하는 것을 좋아한다는 것을 깨닫고 14세부터 조지의 센터에서 자원봉사를 시작했다. 나는 가끔 캐시를 태워다 주기도 하고, 새로운 관심사를 격려해 주기도 했다. 조지의 바람기가 약간 걱정되긴 했지만 센터는 아주 신나는 분위기였고, 캐시는 너무 행복해했다. 나는 조지가 확실하게 선을 정하고 센터 직원들, 특히 어린 10대들에게는 절대로 추근대지 않을 것이라고 생각했다. 심지어 두 딸도 있었으니까.

곧 캐시는 주말마다 센터에서 시간을 보내며 조지와 다른 직원들과 가까워졌고 때로는 조지의 두 딸을 돌보기도 했다. 이런 일이 몇 년 간 지속되었다. 조지는 캐시에게 타고난 재능이 있다고 생각해 많은 관심을 기울였고, 결국 센터에 고용되어 조지의 치료법을 배워 자폐증 관련 직종을 얻기를 희망하는 제자 중 하나가 되었다. 가끔 조지와 캐시는 한번에 몇 시간씩이나 둘이서만 일을 보러 가곤 했다. 그런 것들을 볼 때마다 나의 내면에서 들려오는 작은 소리는 "음...... 약간 이상한데."였지만, 다른 목소리가 "괜찮을 거야."라고 말하곤 했다. "조지는 좋은 사람이니까 캐시에게 특별한 관심을 주는 거겠지. 그녀 인생에 아버지가 없으니까 주변에 나이 든 남자가 있는 것도 좋지 뭐." 하고 넘겼다. 그럼에도 불구하고 나는 캐시와 가까운 사이였기 때문에 가끔 그녀에게 확인을 하곤 했다. "조지가 부적절한 말이나 행동을 한 적이 있지는 않니?"라고 물으면 그녀는 "아니요. 그럴 리가요! 저한테 아빠 같은 존재고 저보다 나이가 세 배나 많아요."라고 답했다. 캐시는 내 질문에 대해 일축하듯 빠르게 대답했고, 나는 의심한 것에 대해 죄책감을 느꼈다. 얼마 후 캐시가 약간 위축되어 보이는 변화를 느꼈지만 사춘기의 기분 탓이라 생각했다.

조지의 생일을 기념하기 위해 열린 파티에서 그는 술에 취해 한 젊은 여성과 과도하게 성적인 춤을 추기 시작했다. 그건 여러 가지 이유로 매우 부적절한 행동이었는데, 심지어 그의 아내와 어린 두 딸이 불과 몇 미터 떨어진 곳에 앉아 있는 상황이었다. 부인 에일린은 어린 두 딸에게 그 장면을 보여 주지 않기 위해 댄스 플로어에 등을 대고 서 있었다. 그녀는 그저 아이들에게만 집중하고 내려다보고 있었는데, 그녀가 조지의 행동을 진짜 본 것이 맞는지 내 눈을 의심할 정도였다. 나는 매우 불편한 감정이 올라왔고 파티에서 일찍 나와 버렸다.

캐시도 그 파티에 참석했었고 그다음 날 우리는 조지의 그런 행동에 대해 이야기했다. 그녀는 조지가 제정신이 아니었다는 것에 동의했고, 나는 지난번보다 조금 더 강하게 그녀에게 조지의 부적절한 행동에 대해 질문했다. 그러자 그녀는 "글쎄요." 하면서 흔들렸고 곧 모든 것을 고백했다. 자원봉사자로 일하기 시작한 지 약 2년이 지난 후부터 계속 접근하기 시작했다고 했다.

처음에 조지는 성관계에 대해 이야기를 했는데, 그녀는 불편함을 느꼈지만 동시에 그런 어른스러운 주제에 대해 논의한다는 것에 우쭐한 기분이 들기도 했다. 그 후 그는 캐시 앞에서 노출을 하기 시작했고, 처음에는 단순한 신체 접촉으로 시작했지만 결국에는 그 이상으로 발전했다. 그녀는 극도로 혼란스럽고 갈등을 느꼈지만 그는 그녀의 인생에서 유일한 아버지 같은 사랑을 느낄 수 있는 존재였기 때문에 캐시는 그를 잃고 싶지 않았다. 조지는 캐시의 18세 생일에 그녀의 처녀성을 가져갔다. "그 후로 조지는 저에게 큰 관심을 두지 않았어요. 아마 그게 그가 원했던 전부였던 것 같아요. 그 전에는 그가 나를 돌보고 있다고 생각했는데 지금은 그런 것 같지 않아요. 내가 너무 어리석었어요."

그녀가 이야기하는 동안 내 마음은 칼리의 분노로 타올랐다. 자신의 성적 만족을 위한 그의 짐승 같은 행동에 내 몸은 분노로 부들부들 떨렸다. 하지만 나는 캐시를 너무 아꼈기 때문에 캐시를 돌봐야 한다는 애정 어린 걱정 또한 강하게 올라왔고 분노는 서서히 누그러졌다. 캐시를 보호해야 한다는 열망으로 이제는 그녀가 더 이상의 어떤 피해도 입어서는 안 된다는 분명한 목적을 위한 강렬한 힘을 느꼈다.

"너는 어떤 수치심도 가질 필요가 없어. 조지가 너를 교묘하게 속이고 이용한 거야."라고 말하며 그녀를 안심시켰다.

"저도 그렇게 생각해요." 캐시는 자신감 없는 목소리로 말하며 "아주머니가 어떤 일을 해도 제발 엄마에게는 말하지 말아 주세요. 엄마가 큰 충격을 받으실 거예요."라고 덧붙였다.

나는 캐시에게 그 부분은 스스로 선택할 수 있도록 하겠다고 약속했고, 다른 직원들에게 어떤 일이 있었는지 알려서 다른 직원들이 피해를 입지 않도록 하겠다고 부드럽게 설명했다. 하지만 캐시는 문제를 일으키지 않고 싶어 했다. 조지의 가족을 해치거나 센터의 평판을 손상시키고 싶지 않았기 때문이었다. 캐시처럼 어린 여성이라도 다른 사람에게 해를 끼치지 않겠다는 생각을 먼저 하고, 심지어 자신이 해를 입는 것까지 생각하는 것은 너무나도 전형적인 여성들의 모습이다. 하지만 인상 깊었던 것은 그녀가 화를 내지 않고 이상할 정도로 소극적으로 보인다는 것이었다. 몇 년 전에 만났던 반짝이는 소녀의 모습은 찾아보기 어려웠다. 반짝이던 그녀의 눈은 갈 곳 잃은 사람처럼 빛이 사라져 있었다.

우리는 계속 이야기를 나누었고, 내가 많은 말을 하기보다는 그녀의 말을 경청하면서 지지와 무조건적인 수용으로 그녀를 위로했다. 그러자 조지와 연루된 것에 대한 그녀의 깊은 혐오감이 서서히 수면 위로 떠오르기 시작했다. 그녀는 자신이 더럽고 이용당했다고 느꼈고, 그 일을 오랫동안 방치한 것에 대해 죄책감을 느꼈다고 말했다. 그녀의 자기비난은 끔찍했다. 나는 그녀가 자폐 어린이들을 품어 주었던 것처럼 그 연민심으로 스스로의 감정을 포용할 수 있도록 도와주고자 노력했다. 조지는 그녀에게 아버지 같은 존재였고, 당연히 그녀는 그의 사랑을 원했다. 그녀가 그의 제자라는 사실과 자신의 직업이나 경력에 피해가 생기지 않기를 바라는 마음도 말을 하기 어려웠던 큰 이유였다. 그녀의 잘못은 아니었다. 부드럽고 연결된 존재로 자신을 보듬을 수 있게 되자 캐시는 부드러워지기 시작했다.

나는 많은 사람이 그러하듯, 캐시 역시 자신에 대한 사랑이 분노의 형태로 나타나기 위해서는 부드러운 자기연민이 필수 요건이라는 것을 알았다. 시간이 지나면서 그녀는 자신의 행동은 이해될 수 있는 것이지만, 그의 행동은 잘못된 것이라는 것을 깨달았다. 그는 그녀가 감정적으로 취약하다는 것을 알고 있었고, 상사라는 이유로 그녀를 이용했다. 권력의 불균형이 너무 커서 실제로 캐시는 동의할 수 있는 위치도 되지 못했다. 캐시의 내면에서 적극성의 용기가 올라왔다. 그녀는 자신이 성적으로 학대받아 왔음을 인정하기 시작했고, 이런 식으로 착취당해서는 안 된다는 것을 인식했다. 이건 전혀 괜찮지 않은 일이다! 그녀는 분노했고 등은 점차 곧게 펴졌다. 나는 캐시의 온몸에 양의 에너지가 흐르는 것을 감지했고, 그녀의 반짝이는 눈을 볼 수 있었다. 그녀는 다시 살아났고 매우 분노했다. 그녀의 얼굴 표정에서는 분노와 함께 결연함이 보였다. "아주머니 말이 맞아요. 내가 유일한 피해자가 아닐 것 같아요. 센터에 있는 다른 여자아이들도 성추행을 당했을 거예요. 우리가 그를 멈추게 해야 해요!"라고 말했다.

우리는 일단 임시방편으로 계획을 세웠다. 먼저 정보를 수집해 의혹이 사실인지 확인한 다음, 어떻게 해야 할지 결정하기로 했다. 전직 자원봉사자들과 전직 직원들에게 몇 차례 전화를 해 본 결과, 진실은 나의 우려보다 훨씬 더 심각했다. 조지와 긴밀하게 일했던 많은 여성이 성희롱, 착취, 인격 모독 등의 피해를 입었다. 젊은 여성만 그런 것이 아니었다. 갑자기 센터를 떠난 60세의 페루인 보모도 있었는데, 그 이유를 어떤 여성이 설명해 주었다. 조지가 그녀를 성추행한 것이었다. 다행히 그 여성은 취업 알선 기관에 근무했기 때문에 그녀에게 다른 일자리를 구해 줄 수 있었고, 조지를 블랙리스트에 올려놓았다.

센터에서 일하던 사람들이 갑자기 떠날 때마다 조지는 보통 자신을 피해자로 묘사하는 변명을 만들어 냈다. 이 사람은 돈을 훔쳤고, 저 사람은 거짓말을 했다, 이 사람은 무능했다는 식이었다. 하지만 나의 조사 결과, 많은 사람이 성적 학대를 당해서 떠났다는 사실이 밝혀졌다. 한 전직 자원봉사자는 조지가 자신을 강제로 추행했다고 인정했다. 그녀는 세 번이나 싫다고 말했지만 그는 멈추지 않았다. 그러나 그가 그녀를 강요하는 데 사용한 힘은 물리적인 힘이라기보다는 심리적인 것이었기 때문에 그녀는 수치심과 혼란을 느꼈고 자신을 의심했다. 결국 그녀는 혼란한 마음을 추스르기 위해 조지와 합의하에 관계를 맺게 되었다. 불안한 마음에 일이 잘 되어 가는 것처럼 보이려고 애를 쓴 것이다. 이는 흔히 볼 수 있는 패턴이다. 침해당하는 현실이 너무 끔찍해서 이 상황을 받아들일 만한 것으로 만들기 위해 자신과 반대되는 결정을 내리고 이것을 심리적으로 정당화시키는 것이다.

조지는 내가 사람들에게 본인에 대해 물어보고 다닌다는 사실을 눈치채고, 센터와 관련된 모든 사람에게 내가 정신이 나갔고 일종의 신경쇠약을 앓고 있다고 말하기 시작했다. 또 사람들에게 나에게 접근하지 않도록 경고하기도 했다. 당시 조지를 위해 일하던 대부분의 자원봉사자와 직원은 그의 말을 믿었다. 그는 놀라울 정도로 설득력이 있었으며 텍사스 사람들이 이야기하는 것처럼, 삶은 양파보다 더 미끈미끈(Slikcer than a oiled onion)[1] 했다.

조지는 자신의 흔적을 감추기 위해 연막을 치는 데 능숙했다. 수년 동안 자신의 성추행 사실이 드러나지 않도록 하기 위해, 피해자들을 혼란스럽게 만들어 갈피를 잡지 못하게 만들었다. 피해자들에게 불안감을 조성하거나("모두가 너에 대해 불평하고 있어."), 괴롭히거나("넌 다시는

---

1  매우 능숙하거나 교묘한 사람을 묘사하는 텍사스식 표현—역자 주

자폐계에 발도 들여놓지 못할 거야."), 자신이 필요하고("네가 없으면 센터가 무너질거야."), 특별하다고 느끼게 만들었다("네가 나를 이해해 주는 유일한 사람이야." 이 말을 여러 명에게 했다). 그는 이러한 심리전을 통해 직원들의 침묵을 얻어 낼 수 있었다.

조지가 악성 나르시시스트일지도 모른다는 생각을 하게 된 것이 그 무렵이었다. 다른 사람에게 끊임없이 자랑하고 우월감을 느끼는 과대형 나르시시스트와는 달리 악성 나르시시스트는 양심의 가책 없이 자기중심적인 방식으로 다른 사람들을 이용하고 원하는 것을 얻기 위해 거짓말과 조작을 하는 사람들이다. 이들은 사람들의 무의식에 깊이 뿌리내리고 있는 무가치함과 불충분함을 이용하여, 성을 권력의 원천으로 이용한다. 그들은 종종 뱀파이어처럼 다른 사람을 먹이로 삼아 자신 내면의 공허함을 메우고 종종 상대를 멸시하거나 조정하여 자신의 중요성과 통제권을 주장한다. 또 친절하고 배려심 많은, 믿을 수 있는 피해자를 골라 이러한 고귀한 자질을 악용하는 경향이 있다. 나는 내가 오랫동안 지지했던 절친한 친구가 좀 더 잘생긴 버전의 하비 와인스타인(할리우드 성범죄자)이라는 것을 깨달았다. 오즈의 마법사라고 생각한 그 개성 넘치는 명석한 괴짜는 단지 텍사스 출신의 사기꾼에 불과했던 것이다.

나는 내가 그 모든 일에 대해 인지하지 못한 것에 놀랐다. 어떻게 내 자신이 그렇게 속을 수 있었을까? 어떻게 캐시를 그런 끔찍한 상황에 빠뜨릴 수 있었을까? 게다가 나는 센터에 자금을 지원했고 내가 소속된 대학의 이름과 학자라는 내 신분은 센터의 신뢰도를 더 높였다. 나도 모르게 이 모든 재앙을 지속시키는 데 일조한 셈인 것이다. 나는 캐시를 위해 했던 일을 나 자신을 위해 해야 했다. 먼저, 무조건적인 사랑과 지지를 나에게 보냈다. 이 고통과 수치심을 부드러운 보살핌으로 견뎌 내며 상황을 잘못 이해했음을 받아들이기 위해 노력했다. 나는 괴물 같은 진실을 인정하지 못했기 때문에 그것을 외면했고 더 쉬운 선택을 한 것이다. 그리고 이것은 아주 인간적인 일이었다.

그 후, 나는 화산폭발처럼 타오르는 내 분노를 부드럽게 끌어안았다. 조지에게 맞서 호통치는 상상도 했으나 그가 건강이 좋지 않고 역효과가 날 수도 있다는 생각에 직접 부딪히지 않기로 했다. 또 충격적인 만남이 될 수 있는 상황으로부터 스스로를 보호하고 싶기도 했다. 그 대신에 나는 행동에 나섰다.

우리 집에는 지혜로운 할머니의 영혼이 깃든 거대한 고목인 떡갈나무가 있다. 나는 습관적으로 나무 아래에 앉아 치유와 사랑, 자기용서를 구하곤 했다. 떡갈나무 아래에 앉아 나는 내 분노가 가지고 있는 힘을 온전히 사용할 수 있기를 간청했다. 격렬한 분노의 에너지가 내 몸 안에서 자유롭게 흐르도록 허용했다. 더 이상 쉬운 길을 택하지 않고 그저 전진할 것임을 스스로와 약속했다. 피해를 막기 위해서는 무슨 일이든 하겠다고 다짐한 것이다.

캐시는 조지의 부인인 에일린에게 일어난 일에 대해 말하고 싶어 했다. 에일린과 그녀의 아이들을 보호하는 차원에서 조지의 모든 야만적인 행위를 알아야 한다고 생각했다. 그래서 캐시는 에일린에게 편지를 통해 상처를 준 것에 대해 사과하고 모든 일을 털어놓으려고 했다. 그녀는 나에게 이 편지를 전달해 달라고 부탁했는데, 에일린과는 그렇게 친한 사이가 아니었기 때문에 나는 매우 불편한 마음이 들었다. 하지만 에일린은 센터의 공동책임자이기 때문에 만약 누군가가 조지에게 소송을 건다면 에일린 또한 법적 책임을 져야 한다는 걱정이 들었다. 또 같은 여성으로서 에일린이 현명한 선택을 할 수 있도록 알려 주어야 한다는 의무감도 있었다. 나는 조지가 외출할 때까지 기다렸다가 조지의 직접적인 영향이 없는 상태에서 그녀가 진실을 알게 되는 것이 최선이라고 생각했다.

캐시의 편지와 함께, 다른 여성들이 쓴 조지에 대한 몇몇 진술도 당사자들의 허락하에 여러 장 출력했다. 조지가 이미 에일린에게 내가 미쳤다고 확신시켰을 것이 분명하기 때문에 나는 그의 행동에 대한 확실한 증거를 제시하고 싶었다. 하지만 에일린의 반응은 나의 예상과는 너무나도 달랐다. 그녀는 방어적이었다. 편지를 열지도 않고 오히려 나에게 화를 내는 것이었다. 심지어 내가 그들 부부를 협박한다고 비난하기도 했다. 나는 그녀의 이런 행동이 그녀가 일을 처리하는 방식이라고 생각했다. 사랑하는 남편보다는 나를 악당으로 모는 것이 더 쉬운 일이었을 것이다.

캐시는 마침내 용기를 내어 어머니에게 무슨 일이 있었는지 말했고, 나는 그녀의 어머니로부터 이 상황에 대해 논의를 하기 위한 차담을 요청받았다. 어머니의 반응도 나의 예상과 달랐다. 나는 캐시의 어머니가 격분할 것이라 생각했지만 전혀 그렇지 않았다. 대신에 그녀는 주로 걱정을 많이 했다. 나는 그녀에게 캐시가 17세(텍사스의 동의 연령) 이전에 성행위가 있었기 때문에 소송을 제기할 수 있을 것이라고 말했다. 하지만 캐시 어머니는 고소를 원치 않았다. 그녀는 딸이 공개 법정 싸움에 끌려다니는 것을 우려했고, 매우 위험한 인물처럼 보이는 조지로부터 보복을 당할까 봐 두려워했다. 이것이 사람들이 성폭행을 보고하지 않는 흔한 이유이다. 상황이 더 악화될 것 같은 두려움이다. 그리고 대다수의 가해자가 유죄 판결을 받지 않는다는 점을 고려할 때, 이는 근거 있는 두려움이다.

내가 미쳤다는 이야기를 들은 한 센터 직원이 나에게 문자메시지를 보내 왔다. "당신이 진술서를 작성했다고 들었어요, 제가 볼 수 있을까요?" 나는 그녀와 직접 만나 진술서를 읽을 수 있도록 했다. 그녀는 경악을 금치 못했고 센터에서 함께 생활하는 다른 여성 직원들에게도 이 사실을 알렸다. 그들은 모두 같은 날 센터를 그만두기로 했다. 이제 두려움의 대상이 된 조지와 대면하지 않기 위해 짐을 챙겨, 어느 날 이른 새벽에 조용히 센터를 빠져나갔다.

몇몇 소녀들은 다음 단계를 결정할 때까지 며칠간 나와 함께 지내길 원했다. 우리는 오랫동안 분노에 찬 대화를 나누었다. 그 소녀들 역시 모두 자신들이 조지와 성관계를 맺었다는 사실을 고백했다. 모두 자신들만 조지와 특별한 관계에 있었다고 생각한 것이 완전한 착각이었음을 알고 몹시 당황했다. 그들은 조지가 그의 마음에 드는 모든 여성과 잠자리를 했고 자신들이 하렘(harem)[2]의 일부라는 것을 깨달았다. 더 정확하게 말하자면, 카리스마 넘치고 책임감 없는 지도자가 이끄는 숭배 집단이었다. 다시 한번, 그들은 진실의 충격과 슬픔을 감당하기 위한 부드러운 자기연민과 행동을 취할 수 있는 적극적 자기연민이 필요했다. 그들은 무슨 일이 일어나고 있는지 알아야 할 사람들에게 경고했고, 결국 이 소식은 자폐계 전체로 퍼져 나가기 시작했다. 조지의 카리스마는 더 이상 센터를 꾸려 나갈 힘이 되지 못했다. 그는 센터를 폐쇄하고 가족을 다른 지역으로 이사 보냈다.

에일린은 조지를 떠나지 않았는데, 아마 어린 두 딸 때문일 수도 있고 남편으로부터 받은 정서적 학대가 그녀의 정신을 산산조각 내었기 때문일 수도 있다. 그녀를 확실하게 잘 알지는 못하지만, 일반적으로 파트너로부터 학대받은 여성들이 배우자를 떠나지 않는 경우는 흔하다. 오늘까지도 조지는 피해자들에게 한마디 사과조차 하지 않고 오히려 자신의 삶을 파괴했다고 나와 캐시를 비난한다.

---

2  여러 여성이 한 남성에게 종속되어 있는 집단-역자 주

　　조지에게 피해를 당했다고 느끼는 여러 여성과 이야기를 나누면서 어떻게 이런 일이 그렇게 오랫동안 지속될 수 있었는지 알기 위해 노력했다. 그건 바로 그의 노련한 가스라이팅 때문이었다. 나르시시스트들이 사람들의 균형을 잃게 하기 위해 사용하는 거짓말과 조작 등 그의 교묘한 가스라이팅은 지금 일어나고 있는 일에 대한 파악을 어렵게 했다. 하지만 우리가 충분히 주의를 기울였어야 했지만 그러지 못한 분명한 징후들도 있었다. 조시가 캐시의 생일을 맞아 저녁을 먹으러 외출했던 날이 생각났다. 그때 나는 불편한 마음이 들었지만 의심을 무시하기 위해 최선을 다했다. 감히 딸 같은 10대 소녀를 건드릴 수는 없을 것이라고 생각했기 때문이다. 솔직히 말해서 생각하지 않는 편이 더 쉬웠기 때문에 크게 고민하지 않았다. 나의 의심을 진지하게 받아들이는 것은 내가 보고 싶지 않은 무언가를 마주하는 것을 의미하는 것이니 그랬을 것이다. 그리고 그날이 그가 캐시와 잠자리를 한 날인 것으로 밝혀졌다.

　　센터가 폐쇄된 후, 센터에서 그동안 있었던 일을 사람들에게 이야기했을 때 그들은 얼떨떨해했지만 놀라는 사람은 거의 없었다. 사실, 사람들은 수년에 걸쳐 알아차리고 있었지만 우리 내면의 정신적 장벽(mental block)이 올바른 결론을 도출해 낼 수 없도록 했던 것이다. 하지만 마침내 이 모든 사실과 그동안의 조지의 행동이 맞아떨어지는 듯했다. 또 한 가지의 걸림돌은 다른 사람에게서 최고를 보려고 하는 욕망인 것 같다. 다들 조지의 바람기가 부적절하고 상스럽다는 것을 알고 있었지만, 그는 아이들을 위해 많은 일을 했다! 우리는 인지부조화를 경험할 때, 즉 세상이 돌아가는 방식이 우리의 인지 도식과 맞지 않으면 현실을 무시하고 우리가 보고 싶은 세상에 더 적합하고 더 이해가 되는 정보를 찾게 된다. 선하다고 생각하는 사람이 나쁜 행동을 할 수도 있다는 것을 믿지 못하기 때문에 우리는 방해받지 않고 계속 살아가기 위해 의심과 혼란을 억누르게 된다. 하지만 우리는 여성으로서 더 이상 외면할 수 없다. 자신과 서로를 보호하기 위해 해로운 행동에 눈을 떠야 한다.

내가 대화를 나눈 여성 중 의외로 많은 수가 전남자친구, 전남편, 전동료 또는 전상사와의 유사한 경험을 보고했다. 놀라운 점은 우리가 이에 대해 거의 함구하고 있다는 사실이다. 앞에서도 말했듯이 미투 운동을 촉발하는 행동은 늘 있어 왔던 것이지 전혀 새로운 것이 아니다. 다만 새로운 점은 드디어 공개적으로 논의가 시작되었다는 것이다. 우리는 침묵을 통해 자신도 모르게 약탈적 행동을 조장하고 있지는 않는지 명확히 볼 필요가 있다. 그 행동과 이를 막는 데 필요한 정보를 차단하고 있는 모든 것을 인식해야 하는 것이다. 이러한 유형의 성적 학대에 대한 책임은 전적으로 가해자에게 있지만, 우리는 남성들이 각성하고 스스로 잘못된 행동을 멈출 때까지 기다릴 수 없다. 여성으로서 우리는 지금 스스로를 보호하기 위해 행동해야 한다.

## 약탈적 행동을 중단시키는 방법

성적 학대를 예방하기 위해 어떻게 적극적 자기연민을 발휘할 수 있을까? 가해자가 상사이고 해고당할 우려가 있을 때, 피해자는 목소리를 내기가 어려운 것이 현실이다. 그렇기 때문에 성희롱과 성적 학대가 발생하는 어느 곳이든 그것을 범죄화할 수 있는 법을 통과시켜야 한다. 믿기 어렵지만, 텍사스를 비롯한 많은 주에서는 15명 미만의 직원이 고용된 사업장에서 성희롱을 금지하는 법이 없기 때문에 조지의 자폐 센터에서 일하던 유급 직원이 법적 행동을 취할 의지가 있었음에도, 결국 법적 조치를 취하지 못했다. 여성에 대한 법적 보호가 부족한 이러한 상황은 반드시 개선되어야 한다.

또한 학대가 시작되는 순간 내면의 칼리 에너지를 불러내어 단호하고 분명하게 "안 돼! 그건 괜찮지 않아!" 하고 말해야 한다. 포식자들은 쉬운 표적을 선호하기 때문이 이러한 유형의 적극적인 기운은 포식자의 발걸음을 멈추게 할 수 있는 잠재력을 갖는다. 나는 센터에서 일하던 몇몇 소녀들이 조지의 접근을 거부했고, 그 후 조지가 그들은 내버려두었다는 사실을 알게 되었다. 그가 어떤 여자아이들은 계속 쫓고 어떤 여자아이들은 그러지 않았는지 확실히 알 수는 없지만, 그가 포기한 여자아이들은 양의 에너지가 많다는 것을 알 수 있었다. 조지는 그 소녀들을 계속 쫓아다니는 것이 힘들다고 생각해서 다른 곳으로 눈을 돌린 듯하다. 물론 권력, 사생활, 재정 상황, 술이나 마약 등 여러 복합적 요인에 따라 "안 돼!"라고 말하는 것이 늘 가능한 것은 아니다. 또 가해자를 막는 것은 여성이 아니라 가해자에게 100% 책임이 있다. 하지만 우리 내면의 적극성은 우리를 보호하는 데 도움이 될 수 있으며, 필요할 때 이를 활용하는 것을 두려워해서는 안 된다.

조지의 요구를 성공적으로 거절할 수 있었던 직원들과 이야기를 나누어 보니 모두 조지의 행동에 침묵한 것을 후회하고 있었다. 센터에서 일하는 다른 직원들에게 미묘한 경고(예를 들어, 다른 사람이 없을 때 어깨를 주물러 달라고 하면 조심하라)를 주기는 했으나, 조지를 공개적으로 폭로한 직원은 아무도 없었다. 부분적으로는 조지의 악행 정도를 알지 못했기 때문이기도 하지만, 조지를 단지 바람둥이로 치부하면서 그의 행동을 심각하게 받아들이지 못했기 때문이다. 안타깝게도 가부장제의 오랜 역사로 인해 여성들은 종종 가학적인 행동을 대수롭지 않게 여긴다. "조지, 하비, 찰리, 제프리, 도널드, ……는 원래 그래요."라고 말하며 마치 남성들은 성적 만족을 위해 남을 이용해도 되고 여성들은 인내하는 것 외에 어떤 선택의 여지도 없는 것처럼 말하곤 하는 것이다.

여성들은 진정한 성적 주체가 되기 위해 오랫동안 열심히 싸워 왔다. 하지만 때로는 권력 불균형이 우리의 동의 능력을 어떻게 형성하는지, 성적 경계를 존중하지 않는 남성의 행동이 실제로 얼마나 해로운지에 대해 충분히 생각하지 못한다. 나는 미투 운동을 계기로 변화가 시작되기를 바라고 있다. 여성들이 우리 역사에서 중요한 시점에 왔다고 믿기 때문이다. 우리의 침묵은 약탈적인 행동을 가능하게 한다. 상황이 개선될 수 있는 유일한 방법은 아무리 불편하더라도 현재 일어나고 있는 일을 인정하는 것이다. 여성이 공개적으로 목소리를 낼지의 여부는 개인적인 결정이며, 그것이 안전한지, 그렇게 할 경우 득보다 실이 더 많지는 않을지, 연루된 다양한 사람에 따라 선택이 달라질 수 있다. 하지만 최소한 스스로에게 진실을 인정해야만 자신을 보호하고 생존하며 치유하기 위해 최선을 다할 수 있다.

## 자기연민의 역할

연구에 따르면, 다행히도 자기연민은 성적 학대로부터의 상처 치유에 많은 도움을 줄 수 있다. 성폭력 피해자들을 위한 자기연민에 관한 대부분의 연구는 심층 인터뷰를 통해 자기연민이 상황 대처에 어떤 도움이 되었는지에 대해 다루었다. 피해자들의 증언에서 한 가지 공통된 점은 학대를 당한 경험에서 오는 수치심이 자기연민을 할 수 없도록 방해한다는 것이었다. 한 연구에 참여한 참가자는 "자기감각이 없으면 스스로에게 사랑과 양육을 줄 수 없어요. 저에게 성적 학대는 힘든 일이지만, 사실은 자격이 없다는 수치심에 대한 믿음이 내재되어 있어요. '내가 나쁜 사람이 아니면 그들이 그렇게 하지 않았겠지.'라고 생각하게 되는 거예요." 이것이 바로 성폭력 피해자들이 자기연민으로부터 많은 혜택을 받는 지점이다. 왜냐하면 자기연민은 자기감각에 입은 상처를 치유하고 회복하는 데 도움을 주기 때문이다.

시간이 흐르고 전문가의 도움을 받으며 피해 여성들은 성폭력이 자신들의 잘못이 아니라는 것을 깨닫고 그들의 충격적인 경험에 연민을 보내는 법을 배울 수 있었다. 연구에 따르면, 자기연민은 피해자들이 수치심과 같은 어려운 감정을 보다 생산적인 방식으로 다룰 수 있도록 돕고, 그들이 감정에 압도당하지 않도록 해 준다. 또 다른 연구에서는 여성들이 학대로부터 회복하는 데 있어 자기연민의 역할에 대해 논의하면서 다음과 같은 사실을 발견했다. 자기연민은 자신의 가치를 긍정하고, 자신을 있는 그대로 받아들이고, 자신을 비난하지 않고, 고통스러운 감정을 존중하고, 자기관리를 위한 시간을 갖고, 비슷한 경험을 한 다른 사람들과 연결감을 가지며, 스스로가 진전에 감사하며, 무엇보다도 자신의 힘을 주장하는 데 도움이 되었다. 도미니크라는 한 여성은 "성폭력이 발생했지만 그것이 지금의 나를 규정짓는 것은 아니에요. 지금의 나는 맞서 싸울 수 있는 힘이 생겼고, 성폭력의 경험이 나와 내 인생을 통제하지 못할 거예요. 저는 빼앗겼던 힘을 되찾아올 수 있어요."라고 말했다. 또한 이 여성들은 성 불평등에 맞서 싸우고, 다른 사람들의 권리를 함께 옹호할 것을 서로 약속했다.

하지만 학대를 받은 후 다시 힘을 얻기까지 우리는 스스로에게 부드러운 자기연민을 주어야 한다. 가장 먼저 해야 할 일은 트라우마의 고통을 외면하지 말고 인정하고 검증할 수 있도록 마음챙김으로 감싸는 것이다. 우는 아이를 내버려두지 않고 곁에 머물며 달래 주는 것처럼, 불편하더라도 고통과 함께 존재해야 한다. 나는 많은 여성으로부터 학대 경험을 잊고 싶다는 이야기를 들었다. 하지만 고통이 인정받지 못하고 잊혀질 때, 치유 과정은 더 늦어질 수밖에 없다. 무슨 일이 일어났는지에 대한 진실을 명확히 인지하고, 그것을 스스로에게 또는 친구나 전문 치료사에게 말하는 것이 중요하다. 하지만 우리는 치유의 과정에서 스스로에게 트라우마를 주지 않는 것도 중요하다. 학대가 가족이나 연인에게서 비롯된 것일 때, 일어난 일의 고통을 털어놓을 때 역류가 일어날 가능성이 매우 높다. 안전하다고 느껴지는 속도로 진행해야 하며, 가능하면 전문가의 도움을 받는 것이 좋다. MSC 프로그램에서 자주 언급되는 말 중에 '천천히 가면 더 멀리 간다.'라는 말이 있다. 학대 후의 치유 속도에 대한 인내심은 자기연민을 통해 얻을 수 있는 선물과 같은 것이다.

또 자신을 가능한 한 따뜻하게 이해하며, 무조건적으로 받아들이는 것도 도움이 된다. 상처를 받았다고 느낄 때, 그 감정을 끌어안아 줄 수 있을까? 성적 학대를 당했을 때 마치 더럽혀진 것처럼 느낄 수 있다(과거에는 성폭력 피해자 여성을 '망가진' 여자라고 여겼다). 하지만 실제로 일어난 일과 관계없이 우리의 영혼은 여전히 순수하고 아름답다. 자애와 연결감으로 우리의 의식을 채울 때, 우리의 진정한 자기가치는 다시 드러나게 된다.

마지막으로, 우리는 보편적 인간경험을 기억해야 한다. 여성 인구 4분의 1 이상이 폭행을 당했으며 대다수는 괴롭힘을 당한 경험이 있다. 그 이유는 개인적인 것이 아니다. 그러므로 우리는 이런 일로 인해 고립감을 느끼거나 수치심을 느낄 필요가 없다. 우리는 혼자가 아니다. 전 세계와 역사를 통해 같은 경험으로 고통받은 수백만의 여성들과 연결되어 있음을 느낄 수 있을 것이다. 우리의 믿음이 산산조각 났을지라도 유사한 경험을 한 여성들을 향해 손을 뻗어 새로운 안전망을 형성할 수 있다. 우리는 이러한 연대감 속에서 힘을 발견하고, 성적 학대를 완전히 종식시키겠다는 공동의 약속에 동참할 수 있다.

## 연민 어린 편지 쓰기

연민 어린 편지 쓰기는 MSC 프로그램에서 지도하는 실습 중 하나이다. 연구에 따르면, 연민 어린 편지 쓰기를 규칙적으로 하게 되면 아주 효과적이라고 한다. 성적 학대의 피해 경험이 있다면 그 경험에 대해 자신에게 연민 어린 편지를 쓸 수 있다. 단, 이 실습에서는 아주 충격적인 피해의 경험(예를 들면, 성폭행 피해와 같은)보다는 불쾌한 경험(예를 들어, 남성으로부터 선정적인 농담을 들었을 경우)을 다룰 때 가장 안전할 수 있다. 성적 학대나 성폭력의 경험이 있다면 혼자서 이 실습을 진행하기에는 너무 강렬할 수 있으므로 치료사나 기타 정신 건강 전문가의 도움을 받으면서 진행하는 것이 좋다. 또한 사람마다 개인차가 있고 때로는 실습에 대한 자신의 반응에 스스로 놀라는 경우도 있다. 따라서 진행 과정에서 압도되는 느낌이 들기 시작하면 스스로가 중단할 수 있도록 허용한다. 이것 또한 자기연민이다.

최근에 성폭행(강압적인 성적 접촉)의 피해 경험이 있다면 즉시 도움을 요청해야 한다. 119에 전화하거나 한국성폭력위기센터(crisis-center. or.kr), 한국성폭력상담소(www.sisters.or.kr) 등과 같은 기관에서도 훈련된 전문가의 도움을 받을 수 있다.

## ｜실습 안내｜

과거에 겪은 성희롱이나 학대 중 지금 다루어도 괜찮다고 느끼는 상황을 떠올려 봅니다. 사건의 충격이 너무 강하지 않고 적당한 것을 떠올립니다. 과거의 사건이고, 그 사건은 끝났으며, 지금은 안전하고, 스스로를 치유하고 싶은 사건이어야 합니다. 이 상황을 떠올리는 것이 너무 생생해서 고통스럽다면, 가능한 한 조금 덜 충격적인 사건을 선택합니다.

- 첫 번째 단계에서는 무슨 일이 있었는지 간단히 작성해 봅니다. 관련이 있다고 생각되는 모든 세부 사항을 포함시켜서 씁니다. 마음이 너무 힘들다면 잠시 멈추고 차를 마시거나 발바닥이 바닥에 닿는 감각을 느끼는 것과 같은 자기연민적 행동을 하는 것이 좋습니다.

- 사건에 대해 설명한 후, 이 경험으로 인한 고통을 마음챙김으로 자각하는 문장을 써 봅니다. 당시 어떤 감정이 들었나요? 지금은 어떤 느낌이 드나요? 이러한 감정이 어떻게 신체적 감각으로 나타나는지 설명할 수 있나요? (목이 조이는 느낌, 속을 찌르는 느낌, 가슴이 텅 빈 느낌 등) 어떤 감정이 일어나더라도 판단하지 말고 있는 그대로를 받아들입니다. 수치심, 혐오감, 두려움, 분노, 짜증, 슬픔, 혼란, 죄책감 등 모든 감정이 의식 속에 드러날 수 있도록 허용합니다. 이러한 감정을 경험하는 것이 얼마나 힘든 일인지 적어 봅니다. 여러분의 고통은 타당한 것이라고 인정해 봅니다. 여러분이 이러한 감정을 느끼는 것은 너무나도 자연스러운 일입니다.

- 다음으로, 인간의 보편적 경험을 떠올릴 수 있도록 하는 문구를 작성합니다. 안타깝지만 이와 같은 상황은 매일 발생합니다. 여러분만의 문제가 아닙니다. 여러분은 혼자가 아닙니다. 가장 중요한 것은 여러분의 잘못이 아니라는 것입니다. 여성에 대한 학대는 수천 년에 걸친 가부장제와 불평등한 권력에서 비롯된 것입니다. 하지만 우리는 더 이상 이러한 대우를 용납하지 않는다는 것을 알기 때문에 동료 자매들과 함께 강인하게 맞설

수 있습니다. 여러분이 자신을 넘어 더 큰 힘의 한 부분임을 느껴 봅니다.

- 이제는 여러분을 향해 깊은 친절을 표현하는 문장을 써 보세요. 자신이 겪은 상처와 고통에 대해 위로와 위안을 주는 말을 써 봅니다. 비슷한 일을 겪은 친한 친구에게 할 수 있는 말처럼 부드럽고 지지적인 표현을 씁니다. 수치심이나 자기의심과 같은 느낌이 올라오면, 자애로움과 연결된 현존으로 그 감정을 보듬을 수 있는지 살펴봅니다. 여러분은 고통 속에서도 스스로에게 다정할 수 있나요?

- 다음으로, 내면의 칼리 여신 또는 적극적인 엄마 곰이 되어 문구를 작성해 봅니다. 자신과 자매들을 보호하겠다고 다짐하며 강하고 대담하게, 용감한 말을 써 보세요. 자신에게 일어난 일의 정당성을 명확하게 인정하고 분노를 억누르지 말고 솟아오르는 것을 허용합니다. 감정에 압도되기 시작하면 발바닥의 느낌에 집중하면서 땅에 안착시킵니다. 가해자에 대한 생각에 너무 빠져들지 않습니다. 여러분의 뇌세포는 그동안 그에 대한 생각으로 이미 많은 에너지를 사용했고, 더 이상은 그럴 필요가 없습니다. 그 대신 여러분의 분노에서 나오는 모든 힘을 피해 그 자체에 집중해 보세요. 이런 일은 일어나지 말았어야 하는 일입니다!

- 마지막으로, 그 분노가 여러분이 행동을 하는 데 필요한 에너지로 사용될 수 있는지 알아보세요. 자신이나 다른 여성에게 이런 일이 다시는 일어나지 않도록 하기 위해 할 수 있는 일이 있나요? 그렇다면 여러분은 그 방향을 향해 작은 발걸음을 내딛을 수 있나요?

- 편지 쓰기가 끝나면 심호흡을 몇 번 하고 편지를 안전한 장소에 둡니다. 괜찮으면 편지를 꺼내 다시 읽으면서 편지의 내용을 충분히 음미합니다. 어떤 사람들은 편지를 실제로 자신에게 우편으로 보내고 며칠 후에 도착하면 그때 읽는 것을 좋아합니다.

이 실습을 하는 동안 힘든 감정이 떠오르면 스스로를 돌볼 수 있어야 합니다. 자신에게 필요한 것이 무엇인지 물어보세요. 포옹, 산책, 신뢰할 수 있는 사람과의 대화, 혼자만의 조용한 시간 갖기 등 그 순간에 가장 도움이 될 만한 것을 스스로에게 제공하도록 합니다.

## 행동하기

성적 학대로 인한 상처를 치유하는 데 자기연민을 발휘하는 것도 중요하지만, 치유만으로는 충분치 않다. 향후 여성들에 대한 피해를 예방하기 위해 노력하는 것도 중요하기 때문이다. 성적 학대의 주요 원인은 여성에 비해 남성들이 더 많은 권력을 갖게 되는 사회구조적 불평등이다. 다른 여성들과 연대하는 것은 가해자를 고발하는 데 필요한 용기를 제공한다. 미투 운동은 권력을 쥐고 있는 남성들이 유죄를 선고받고 정의의 심판을 받을 수 있다는 것을 보여 주었다. 우리가 함께 힘을 모은다면 이렇게 터무니없는 행동을 가능하게 하는 시스템을 해체할 수 있다.

그러나 특히 불이익을 당할 위험이 있는 경우, 학대에 대응해 목소리를 낼 수 있는 최선의 방법은 무엇일까? 일부 회사는 성적인 가해 행동을 익명으로 신고할 수 있도록 하지만, 대부분은 그렇지 않다. 또 이런 행위는 직장 밖의 환경에서도 흔히 일어나고 있다. 사실, 성적인 학대는 가족 내에서 종종 발생한다. 이럴 경우는 어떻게 해야 할까? 안타깝게도 나는 이 문제에 대한 답을 가지고 있지는 못하다. 이 주제에 대해 더 많이 알고 있는 전문가들이 있다(RAINN과 같은 단체에는 핫라인이 있으며, 즉각적인 조언을 제공할 수도 있다). 하지만 내가 할 수 있는 말은 우리가 언제나 자기연민의 원칙에 따라 행동해야 하며, 스스로를 보호하기 위해 용감하고 분명하게 행동해야 한다는 것이다. 우리가 적극적이면서도 부드러운 열린 마음으로 함께 노력한다면 최선의 길을 찾을 수 있을 것이다.

점차 더 많은 남성이 우리의 길에 동참하고 있으며 적극적 자기연민으로 약탈적 남성들을 저지하기를 바라고 있다. 그러나 남성들이 모두 동참할 때까지 마냥 기다릴 수만은 없다. 여성으로서 우리는 지금 스스로를 보호해야 한다. 여성 의식에 변화가 일어나고 있다. 우리의 분노는 불타고 있으며, 음의 에너지와 균형을 맞추기 위한 양의 에너지가 솟구치고 있다. 여성들은 마침내 강렬하면서도 부드러운 본성에 눈을 뜨기 시작했다. 칼리 여신이 일어나고 있다.

part. 2

자기연민의 도구들

제 5 장

# 자신을 부드럽게 안아 주기

마음의 감옥에서 벗어나는 길은 우리 자신과 우리 삶에 대한 모든 것을 있는 그
대로 받아들이고, 순간순간의 경험을 주의 깊게 받아들이는 것에서 시작됩니다.

– 타라 브래크, 작가 겸 명상 지도자(Tara Brach, author and meditation

teacher)

자기연민은 고통을 완화하기 위해 그 순간에 필요한 다양한 방법을
제공한다. 적극적 자기연민의 도구를 본격적으로 탐구하기 전에, 우
선 부드러운 자기연민에 대해 더 잘 이해할 필요가 있다. 왜냐하면 음
의 에너지는 궁극적으로 온전함과 웰빙을 위해 양의 에너지와 균형을
이루고 통합되어야 하기 때문이다. 여기에서는 부드러운 자기연민의
개념을 간략히 다루려고 한다. 다만, 좀 더 깊은 이해를 원한다면 음의
자기연민 수용에 대해 더 자세히 다루고 있는 책인 『러브 유어셀프(원
제: Self-Compassion: Stop Beating Yourself Up and Leave Insecurity Behind)』를
보면 도움이 될 것이다.

부드러운 자기연민은 단지 있는 그대로의 자신과 함께할 수 있는
능력을 말한다. 고통을 인정할 뿐만 아니라 그 고통 속의 우리가 혼자
가 아님을 자신에게 안심시키며 위로하는 것이다. 부드러운 자기연민

은 아기를 향한 엄마의 부드러움과 돌봄의 마음이다. 아기가 통제할 수 없이 울어도, 새로 산 블라우스에 토를 한다고 해도 전혀 상관이 없다. 우리는 아기를 아무런 조건 없이 사랑한다. 부드러운 자기연민은 이와 똑같은 마음을 자신에게 향하도록 한다. 소리 지르며 우는 아기를 보듬어 안는 것이 가능한 것처럼, 우리 자신의 강렬하고 불안한 감정도 그것에 압도되지 않고 사랑으로 보듬어 줄 수 있다. 이러한 돌봄의 특성은 고통스럽든, 힘들든, 도전적이든, 실망스럽든, 무슨 일을 경험하고 있는가에 신경을 쓰기보다는, 어떻게 관계를 맺고 있는지에 더 집중하게 한다. 우리는 새로운 방식으로 자신과 함께하는 법을 배운다. 고통에 빠져 그 고통에 휩싸이는 대신, 우리는 고통스럽기 때문에 스스로에게 연민을 느낀다. 본인에게 베푸는 돌봄과 관심은 우리가 안전하며 받아들여진다고 느낄 수 있게 한다. 있는 그대로의 모습에 마음을 열면 상처를 치유하는 데 필요한 따뜻함이 생겨난다. 이 책을 집필하는 동안 코로나19가 전 세계를 강타했다. 모든 오프라인 워크숍이 취소되었고 로완은 줌(Zoom)으로 학교 수업을 들었다. 나는 로완을 가르치고 같이 놀아 주면서 충분한 식량을 확보하고(만약을 대비해 쌀과 콩 50파운드를 사 두었다), 화장지(50파운드의 쌀과 콩을 다 소비한 후에도 사용할 수 있을 정도로 충분히)도 비축해 두었다. 팬데믹이 가져온 엄청난 삶의 변화를 감당해야 했기 때문에 글을 쓰는 것이 쉽지 않았다. 나는 외로웠고 미래에 대한 걱정이 많았다. 직장이나 사랑하는 사람, 건강을 잃은 많은 사람에 비해 운이 좋은 편이지만, 그렇다고 해서 스트레스가 없는 것은 아니었다. 두려움, 슬픔, 불확실함이 마음에서 올라오면 나는 무엇을 해야 하는지 알고 있었다. 나 자신에게 부드러운 위로를 건네는 것이다. 나는 스스로에게 "정말 힘든 상황이야. 지금 이 순간 가장 필요한게 뭘까?"라고 물어본다. 때때로 스스로를 진정시킬 필요가 있을 때는 산책을 하거나 따뜻한 물에 샤워를 한다. 이전보다 더 자주 정서적인 지지가 필요했다. 한 손은 심장에 다른 한 손은 배 위에 얹고 내 자신의 존재를 느껴 본다. 지금 내가 겪고 있는 이 상황이 누구나 겪고 있는 보편적인 것(코로나19의 경우는 말 그대로 수십억 명의 다른 사람과 공유하고 있는 경험이었다.)임을 상기하면서 의식적으로 따뜻함과 사랑을 가져온다. 이렇게 하는 것이 힘겨움을 완전히 없애 주지는 못하지만, 몇 분만 시간을 내어 스스로를 돌아보고 친절하게 대하는 것이 커다란 차이를 만들어 낸다.

우리가 힘들 때 자신을 연민적으로 대하면 우리의 자각은 더 이상 고통에 완전히 사로잡히지 않고 그 고통에 대한 관심으로 가득 차세 된다. 우리는 고통보다 더 큰 존재이다. 우리의 존재는 고통을 보듬고 안아 줄 수 있는 사랑이다. 이 생명성은 그 순간의 상황이 얼마나 힘든 가와 상관없이 우리에게 큰 의미와 성취감을 가져다주는 원천이 될 수 있다.

자기연민의 세 가지 요소―친절, 보편적 인간경험, 마음챙김―각각 은 부드러운 자기연민에서 중요한 역할을 한다. 친절은 우리가 자신을 위로하고 달래는 정서적인 태도를 말한다. 보편적 인간경험은 우리가 혼자가 아니라는 것을 이해하고 우리의 불완전함이 모든 인간의 보편 적 경험의 한 부분이라는 것을 인식하는 지혜를 제공한다. 또한 마음 챙김은 우리가 고통과 함께 존재할 수 있도록 하므로, 힘든 감정을 즉 시 고치거나 바꾸려고 하지 않고 그 대신에 그 감정을 타당한 것으로 인정할 수 있게 해 준다. 이 세 가지 요소는 우리의 필요를 충족하기 위해 부드러운 자기연민으로 사용될 때 특별한 형태를 취한다. 바로 자애, 연결 그리고 현존이다.

## 자애

자기연민의 핵심인 친절의 요소는 있는 그대로의 자신과 함께할 때 자애의 성격을 띤다. 부드럽고 따뜻하며 돌봄의 특성을 갖는다. 일반적으로 여성은 여성적 성 역할이 깊이 배어 있기 때문에 자기연민의 부드러운 측면에 매우 익숙하다. 우리는 태어날 때부터 다른 사람을 돌보도록 양육된 연민 전문가들이다. 하지만 이러한 연민을 내면으로 돌리면 덜 친숙하고 불편하게 느껴질지도 모른다.

우리 대부분은 다른 사람들보다 자신에게 더 가혹하다. 종종 다른 사람에게는 절대로 하지 않을 잔인하고 불친절한 말을 하곤 한다. 예를 들어, 너무 바쁜 나머지 어머니의 생신에 전화드리는 것을 잊었다고 해 보자. 친한 친구가 그랬다고 한다면 아마도 이렇게 이야기하지 않을까? "저런, 엄마께 전화드리는 걸 잊어버려서 죄송했겠다. 근데 뭐 바쁘다 보면 그럴 수 있지. 그렇게 큰일도 아니고, 요즘 너가 스트레스가 많아서 깜빡 잊어버렸나 보다. 지금이라도 전화해서 축하드린다고 말씀드려 봐." 하지만 같은 상황에서 자신에게는 "너 정말 답이 없구나. 그렇게 자기중심적일 수가 있다니. 엄마가 얼마나 실망하셨겠니. 아마 평생 용서 안 해 주실걸."과 같이 말할 가능성이 높다.

친구의 상황에서 우리는 보통, 사람(너는 정말 답이 없구나)보다는 행위(전화를 잊은 것)에 초점을 둔다. 또 그 행위의 원인을 상황 탓(바빠서)으로 하지, 성격(자기중심적)에 두지 않는다. 그리고 상황을 파국적(엄마가 얼마나 실망하셨겠니.)으로 몰기보다는 일의 심각성을 객관적(그렇게 큰일도 아니고)으로 바라본다. 상황이 영구적이라고 가정하기(아마 평생 용서 안 해 주실걸)보다는 일시적인 상황(지금이라도 전화해서)으로 인식한다.

그러면 우리는 왜 친구를 대할 때와 자신을 대할 때 다르게 대할까?

한 가지 이유는 위협에 대처하는 방식과 관련이 있다. 자신에 대해 마음에 들지 않는 무언가를 발견하거나 인생의 어려움에 직면했을 때, 우리는 개인적으로 위협을 느낀다. 앞서 설명한 것처럼 위협에 대한 본능적인 반응은 싸우거나 도망치거나 얼어붙는 것인데, 이러한 본능이 자신에게로 오게 되면 자기비판, 고립, 과잉 동일시 등으로 나타난다. 이런 식으로 반응함으로써 통제권을 장악하고 실수를 방지하여 우리를 안전하게 지킬 수 있다고 생각한다. 반면, 다른 사람의 어려움에 대해서는 직접적인 위협을 느끼지 않기 때문에(친구가 해고당한 소식이 기분이 좋지는 않더라도 나 자신을 직접적인 위험 상황에 빠뜨리지는 않는다.) 우리 내면의 자질인 친근하고 부드러운 반응에 좀 더 쉽게 접근할 수 있다. 따라서 우리는 자기연민을 발휘함으로써, 안전을 위한 본능적인 반응을 위협-방어 체계에서 돌봄 체계로 전환하고, 그럼으로써 자신에게 더 지지적이고 어려운 상황에 효과적으로 대처할 수 있다.

이러한 지지적 분위기를 만들어 내기 위한 하나의 핵심적인 요소는 자신에게 말해 주는 목소리의 톤이다. 소리를 내서 말하든, 속으로 말하든 마찬가지이다. 사람들은 생각보다 목소리 톤에 더 민감한데, 언어를 이해하기 전인 생후 2년간은 부모와 아기가 소통하는 주요 수단이 바로 목소리 톤이다. 우리는 말 자체의 의미와는 별개로 단어의 감정적 의도를 느낄 수 있다. 예를 들어, 친절한 말이지만 무뚝뚝하거나 차가운 어조로 이야기한다면 전체적 메시지는 어떻게 느껴질까? 아마도 자동차 보증 연장을 요청하는 녹음된 자동응답 전화를 받은 것 같은 느낌을 줄 것이다. 하지만 우리 목소리가 자비와 선의로 가득 차 있다면, 그것을 뼛속 깊이 느낄 수 있다. 우리는 따뜻함에 본능적으로 반응한다.

가혹한 자기비판 대신 친절로 자신을 대할 때의 놀라운 점은 힘든 수치심과 부적절감을 유발하는 힘든 상황이 오히려 사랑을 주고받을 수 있는 기회로 전환된다는 것이다. 아무리 힘든 일이 닥쳐도 스스로에게 부드러울 수 있다. 자기친절의 목소리에 더 익숙해질수록 사랑의 힘은 더욱 강해진다. 이때의 사랑은 전제조건이 없기 때문에 어떤 것이든 품을 수 있고, 무언가를 바꾸라고 요구하지도 않는다.

## 연결

부드러운 자기연민에 내재된 보편적 인간경험에 대한 감각은 우리가 고통을 마주할 때 연결감을 느낄 수 있도록 한다. 누구나 고난과 부적절감을 겪을 수 있다는 것을 기억하면 고립감을 느끼지 않는다. 하지만 사실상 우리는 힘든 일을 겪을 때 다른 사람들과 단절된 느낌을 받는 것이 더 일반적이다. 생각해 보라. 모임에서 완전히 부적절한 발언을 하거나, 신용카드 대금을 지불할 수 없을 때, 의사로부터 좋지 않은 소식을 듣게 되었을 때, 무언가 잘못되었다는 기분이 든다. 이런 일은 일어나서는 안 되는 것처럼 말이다. 마치 모든 일이 완벽하게 진행되어야 하는데 바라는 대로 일이 진행되지 않으면 비정상적인 일이 벌어진 것처럼 느낀다. 비정상이라는 느낌은 논리적인 반응이 아니라 감정적인 반응이다. 그렇다. 우리는 논리적으로는 누구도 완벽하지 않고, 어느 누구도 완벽한 삶을 사는 사람이 없다는 것을 이미 알고 있다. 하지만 무언가 어려움이 닥쳤을 때, 우리의 감정적 반응은 세상의 다른 모든 이는 문제없이 '정상적'인 삶을 살고 있고, '나'만 어려움을 겪는 듯이 느끼는 것이다.

이러한 자기중심적 관점은 서구 문화에 의해 더욱 심화된다. 즉, 서구 문화는 개인이 독립적인 주체로서 자신과 운명을 통제해야 한다는 믿음이 커지도록 한다. 삶이라는 쇼의 운영자가 자신이라는 내러티브를 믿게 되면, 우리의 모든 행위가 더 큰 원인과 조건의 그물망 속에서 이루어진다는 본질적인 상호의존성을 잊게 된다.

내가 가끔 다른 사람들에게 짜증을 내고 참을성이 없어 부적절하다고 느끼며, 이것이 업무 관계에 피해를 끼쳤다고 가정해 보자(물론 이건 가상의 상황이다). 나는 이것에 대해 스스로를 판단하고 비난하면서 '성격적인 결함'으로 단정 지을지도 모른다. 하지만 이 보편적인 인간경험이라는 관점에서, 이런 행위가 완벽하게 나의 통제하에 있을 수는 없다는 것을 알고 있다. 만약 내가 제어할 수 있는 일이라면, 진작에 멈추었을 것이다. 나의 행동에는 어느 정도의 유전적 구성, 호르몬, 어린 시절의 가족사, 인생 경험, 현재의 생활 환경(재정 상태, 연애 상황, 직장, 건강 등)이 영향을 주었을 것이다. 그리고 이러한 모든 요소는 사회적 관습이나 글로벌 경제와 같은 다른 요소들과 상호작용하며, 대부분은 완전히 내가 통제할 수 없는 요소이다. 따라서 그 어떤 것도 개인적으로 받아들일 이유가 없다. 나의 경험은 더 큰 전체에서 일어나는 일들과 밀접히 연결되어 있다. 그렇다고 해서 이것이 자신의 행동에 책임을 질 필요도 없고, 최선을 다할 필요가 없다는 뜻은 아니다. 행동하기 전에 스스로를 다잡아야 하며, 필요한 경우에는 종종 사과하거나 어떤 형태로든 보상을 해야 할 것이다. 그러나 무자비하게 자신을 비난할 필요는 없다는 말이다.

실수는 인간경험의 필수적인 부분이라는 사실을 기억하면 실패를 덜 개인적으로 받아들이게 된다. 단지 우리가 커다란 태피스트리(tapestry)[1]의 스티치 하나라는 것을 인식한다면 소외감과 고립감은 줄어들기 시작한다. 우리는 더 이상 비정상이 아니며 사람들은 누구나

---

1 여러 가지 색실로 그림을 짜 넣은 직물 공예품-역자 주

강점과 약점이 있고, 이는 독립적인 한 개인을 넘어 훨씬 복잡한 요인들에 연결되어 있음을 인식하는 것이다. 혼자라는 느낌이 들지 않을 때, 우리의 고통은 견딜 만한 것이 된다. 이러한 연결감은 삶의 도전적인 과제들에 맞서는 데 필요한 안전감을 강화시켜 준다.

## 현존

마음챙김은 자기연민의 핵심이며, 있는 그대로의 자신과 함께하고 고통을 확인하는 데 필요한 자각력을 제공한다. 마음챙김은 고통에 대한 두 가지 일반적인 반응(회피, 과잉 동일시)에서 벗어날 수 있도록 해 준다. 때로 우리는 눈을 감고 다른 곳을 바라봄으로써 힘겨움을 외면한다. 결혼 생활이나 직장, 주위 환경의 문제를 무시하고, 있는 그대로를 받아들이는 불편함 대신 부정의 망각 속으로 숨는다. 하지만 자신을 돌보기 위해서는 고통과 함께 존재해야만 한다. 우리의 주의를 내면으로 돌려서 슬픔, 두려움, 분노, 외로움, 실망, 슬픔, 좌절과 같은 힘든 감정을 위한 여유 공간을 만들어야 한다. 그래야 이러한 감정이 인간이 공유하는 경험의 일부임을 알고, 사랑으로 고통에 반응할 수 있다.

어떤 때는 부정적인 감정에 사로 잡히기도 한다. 고통에 사로잡혀 모든 관점을 잃어 버린다. 우리는 문제에 집착하고 그 과정에서 문제를 왜곡하고 과장한다. 액션 영화를 볼 때 마치 내가 실제로 미끄러지는 차에 치이는 사람이 된 것처럼 몸이 긴장되어 있는 자신을 상상해 보자. 갑자기 옆자리 사람이 재채기를 하면 '아, 맞다. 내가 영화를 보고 있지!'라고 깨닫게 된다. 마음챙김은 지금 일어나고 있는 일을 명확하게 볼 수 있는 공간과 관점을 제공할 수 있다. 그래서 그 순간이 얼마나 힘든지에 대해 스스로에게 연민을 줄 수 있도록 돕는다.

현실이 마음에 들지 않더라도 있는 그대로의 상태에 우리가 온전히 마음의 문을 열면, 거의 즉각적인 도움을 받을 수 있다. 보통은 마음에 들지 않는 일이 발생하면 그것을 고치고 없애려고 노력한다. 현실과 싸우며 필요 이상으로 일을 더 어렵게 만드는 것이다. 심리학 연구에서 알 수 있듯 고통에 저항하면 할수록 고통은 더 악화된다. 풍선을 꽉 쥐면 어떻게 되는지 떠올려 보라. 저항은 현재 순간에 대한 우리의 경험을 조작하려는 욕망으로 정의할 수 있다. 불편함에 저항하면 고통스러울 뿐만 아니라 원하는 대로 되지 않는 상황에 화가 나고 좌절감을 느끼게 된다. 명상 지도지인 신젠 영$^{Shinzen Young}$은 이를 수학공식 '괴로움(Suffering)=아픔(pain)×저항(resistance)'으로 설명한다. 예전에 명상 모임에서 신젠 영을 만난 적이 있다. 그는 이 공식에 대해, "사실 단순히 곱해지는 것이 아니라 기하급수적인 관계예요."라며 농담하기도 했다. 예를 들어, 비행기 결항으로 친한 친구의 결혼식에 참석하지 못하게 되었다고 가정해 보자. 참 난감하고 안타까운 일이다. 하지만 이런 상황에서 머리를 쥐어뜯으며 소리를 지르는 것은 오히려 스트레스를 증폭시키는 일이다. 또 '이런 일은 일어나서는 안 돼!'라는 생각으로 현실에 저항하는 것은 불에 기름을 붓는 것과 같다. 마음챙김을 통해 우리는 현실을 받아들일 수 있다. 스스로에게 "비행기가 결항되어 속상하네. 친구의 결혼식을 정말 놓치고 싶지 않은데. 정말 화가 나고 슬퍼."라고 말해 준다. 이렇게 고통을 명료하게 인정하면 자신의 감정을 확인하고 앞으로의 상황을 바꾸기 위한 현명한 조치를 취할 수 있다(예를 들어, 자동차를 빌려서 갈 수도 있을 것이다).

고통에 저항하는 대신 마음챙김을 하는 것의 또 다른 이점은 어려운 상황을 더 빨리 해결할 수 있다는 것이다. 우리는 저항이 고통을 증폭시킬 뿐만 아니라, 고통을 그 자리에 가두어 버린다는 것도 알고 있다. 저항하는 것은 지속된다. 불안을 느끼고 이에 맞서 싸우면 공황장애로 발전할 가능성이 있고, 슬픔을 느끼고 그것과 싸우면(특히, 슬픔을 느끼는 자신을 비난하면) 우울증이 생길 수도 있다. 일반적으로 감정의 수명은 한정되어 있다. 힘든 상황에서 감정은 솟아나지만, 시간이 지나면 저절로 사라진다. 우리가 부정적인 감정과 싸울 때, 실제로 저항의 에너지를 통해 그 감정에 영양을 공급하고 유지한다. 마치 우리가 밤에 음식물 쓰레기를 버려 두면 길고양이가 그 주위를 계속해서 돌아다니는 것과 같다. 하지만 힘든 감정을 있는 그대로 받아들이고 그 순간을 있는 그대로의 경험으로 받아들이면 그 감정은 결국 사라지게 된다.

　그런데 사실 고통에 저항하는 마음은 정말 당연하고 자연스러운 것이다. 오히려 고통을 있는 그대로 놓아주는 것이 쉽지 않은 일이다. 아메바조차도 세균 배양용 페트리 접시에 독성 물질이 놓여 있으면 그것으로부터 도망간다. 저항감을 불러일으키는 것은 더 잘 되고자 하는 인간의 본능적인 욕구가 있기 때문이다. 나는 어릴 때부터 아들 로완에게 마음챙김과 자기연민을 가르치려고 노력했다. 그것이 그의 인생에 얼마나 도움이 될지 알고 있었기 때문이다. 그러나 로완은 처음 몇 년간은 완강히 거부했다. 그가 어떤 일로 화가 났을 때, 내가 따뜻하고 친절하게 상황을 받아들이도록 도와주려고 하면 로완은 가끔 "엄마, 그런 자기연민 같은 거 하지 마세요. 나는 고통을 받아들이고 싶지 않아요."라고 말했다. 아들의 솔직한 반응에 너무나도 가슴이 아팠다. 엄마로서 나는, 그래도 그의 저항이 효과가 있어서 아들의 고통이 마법처럼 사라지기를 바랐다. 하지만 저항은 큰 소용이 없다. 오직 열린 마음과 가슴으로 고통을 받아들일 때만이 고통은 제 시간과 제 속도로 가라앉기 시작한다.

자기연민 수행은 우리에게 저항의 끈을 놓게 함으로써 좀 더 연민적인 방법으로 자신과 함께할 수 있도록 한다. 우리가 힘들다는 것을 인정하고 그 힘듦을 허용함으로써 치유를 향한 첫걸음을 내딛게 된다. 우리 자신 그리고 고통과 함께 현존하며, 동시에 나만이 고통 속에 있는 것이 아니라는 것을 기억하고, 고통스러운 자신에게 친절해질 수 있다면 우리는 부드러운 자기연민 상태에 있는 것이다. 이 자애롭고 연결된 존재감은 모든 경험에 적용될 수 있으며, 상황 대처 능력에 극적인 차이를 만들어 낸다.

## 부드러운 자기연민 휴식

자기연민 휴식(The Self-Compassion Break)은 MSC 프로그램의 가장 대표적인 수행 중 하나이다. 일상에서 수용이나 지지가 필요할 때마다 자기연민의 세 가지 구성요소를 떠올릴 수 있도록 돕기 위해 고안되었다. 이는 마치 컴퓨터의 리셋 버튼을 누르는 것과 같으며, 힘들 때 잠시 멈춰서 자신의 위치를 확인하고 다시 중심을 잡는 것과 같다. 자기연민 휴식의 기본은 자기연민의 세 가지 요소인 마음챙김, 보편적 인간경험, 친절을 의도적으로 이끌어 내어 좀 더 연민적인 방식으로 자신의 경험에 공감할 수 있도록 돕는 것이다. 우선 부드러운 자기연민이 필요한 상황에서 이것을 적용해 보자. 다음 장에서는 적극적 자기연민의 세 가지 형태(보호, 부양, 동기부여)에 맞추어 조정된 실습을 해 본다(이 실습에 대한 안내 오디오 버전은 FierceSelf-Compassion.org에서 찾을 수 있다).

## | 실습 안내 |

삶에서 여러분을 힘들고 고통스럽게 만들었던 상황, 즉 좀 더 돌봄과 수용으로 접근하고 싶은 상황을 떠올려 봅니다. 아마도 자신이 부적절하다는 느낌을 받았거나 어떤 일에 대해 깊은 슬픔을 느꼈을 수도 있을 겁니다. 여러분은 이 상황을 자애, 연결감, 현존으로 만나기를 원합니다. 이 실습을 처음 접한다면 압도적인 경험보다는 적당한 선에서 가벼운 경험을 선택하는 것이 좋습니다. 그 경험을 떠올리며 여러분의 신체에 어떤 불안감이 느껴지는지 주의를 기울여 봅니다. 가장 강렬하게 느껴지는 부위는 어디인가요? 그 불편감을 느껴 보세요.

최대한 편안한 자세를 취합니다. 음의 자기연민에 해당하는 세 요소를 불러오기 위한 일련의 문구를 스스로에게 말해 줄 겁니다. 소리를 내거나 마음속으로 말해 봅니다. 제안된 문구가 있지만, 이 실습의 목적은 여러분 자신에게 맞는 문구를 찾는 것입니다.

- 첫 번째 문구는 현재 겪고 있는 고통에 마음챙김하면서 현존할 수 있도록 돕는 문구입니다. 자신에게 천천히 침착하게 말해 보세요. "지금은 고통스러운 순간입니다." 이 표현이 적절하지 않다고 느껴지면 "힘들다." "스트레스가 너무 심하다." "정말 아파."와 같이 다른 표현 방법을 생각해 봅니다.

- 두 번째 문구는 여러분이 인류 전체와 어떻게 연결되어 있는지 상기시키는 문구입니다. "고통은 삶의 한 부분이야."라고 스스로에게 말해 봅니다. 또는 "나는 혼자가 아니야." "우리는 누구나 인생에서 어려움에 직면해."

"사람들은 힘들면 지금과 같은 기분을 느껴." 등을 말할 수도 있습니다.

- 세 번째 문구는 사랑과 친절의 힘을 불러오는 문구입니다. 먼저, 손을 여러분의 가슴 또는 몸의 어느 곳이든 편안하게 느껴지는 곳에 올려 두고 따뜻함과 부드러운 촉감을 느껴 봅니다. 부드럽게 "내가 나 자신에게 친절할 수 있기를."이라고 말해 봅니다. "있는 그대로의 나를 받아들일 수 있기를." "나 자신을 이해하고 인내할 수 있기를." "나는 너를 위해 지금 여기 있어."라고 할 수도 있습니다. 편안함이 느껴진다면 자신에게 "나는 너를 사랑해."라고 말할 수 있습니다.

- 적절한 문구를 발견하는 데 어려움이 있다면, 친한 친구가 여러분과 같은 문제를 겪고 있다고 상상해 봅니다. 그 친구에게 진심을 다해 위로와 위안을 주기 위해 어떤 말을 해 주고 싶은가요? 이제 여러분은 자신에게도 같은 메시지를 줄 수 있나요?

이 실습을 한 후에는 아마도 긍정적인 느낌, 부정적인 느낌, 중립적 느낌 중에 하나를 느낄 것입니다. 아무것도 고칠 필요 없이 그 순간에 있는 그대로의 자신을 허용할 수 있는지 살펴봅니다. 역류를 경험한다면 48쪽에 있는 발바닥 명상을 하는 것도 도움이 됩니다.

## 자기연민 vs 자존감

부드러운 자기연민의 가장 중요한 기능 중 하나는 무조건적 자기수용이다. 불완전한 자신을 연민 어린 마음으로 끌어안는 것을 배울 때, 우리는 충분치 않다고 스스로를 판단하고 비난하는 것을 멈추게 된다.

다른 사람처럼 되고자, 완벽해지고자 끊임없이 노력하는 것을 포기하고 그 대신 우리의 모든 결점과 연약함을 포용한다. 이러한 접근법은 자존감을 높이는 것과는 근본적으로 다르다.

자존감은 자기가치에 대한 평가이다. 우리가 좋지 않은 상황에 처했을 때보다 좋은 상황에 있을 때 하는 자기판단이다. 자신에 대해 좋은 감정을 느끼기 위해서는 자신이 특별하며 평균 이상이라고 생각해야 한다. 만약 내가 평균에 속한다면 괜찮지 않은 것이다. 물론 우리 모두가 동시에 특별하고 평균 이상이 되는 것은 논리적으로 불가능하기 때문에 자존감은 여러 문제를 내포한다. 이는 또한 우리가 계속해서 다른 사람들과 비교하고 있음을 뜻하기도 한다. 그녀가 나보다 페이스북 친구가 더 많을까? 그녀는 나보다 더 예쁜가? 브레네 브라운Brené Brown이 정말 넷플릭스 스페셜에 출연한다고? 이와 같은 끊임없는 비교는 우리를 타인과 경쟁하도록 만들고 따라서 단절감을 유발한다. 뿐만 아니라 유대감을 감소시키며 심지어는 신체적 괴롭힘(내가 저 이상한 애를 괴롭히면 멋져 보일 것 같아서)에서부터 관계적인 공격(저 신입 여직원에 대한 루머를 퍼트리면 다른 직원들이 그녀보다 나를 더 좋아할 것 같아서)에 이르는 굉장히 저속한 행동으로 이어질 수 있다. 사회적 비교는 편견을 불러일으킬 수도 있는데, 편견의 뿌리는 복합적이고 권력 및 자원을 유지하려는 것과 깊은 관계가 있다. 하지만 중요한 것은 편견을 유발하는 핵심 요인은 우월감이라는 것이다. 내가 속한 민족, 종교, 국가, 인종 등이 상대의 것보다 더 우월하다고 스스로에게 말할 때, 상대적으로 그 지위가 높아지게 된다.

자존감의 또 다른 문제점은 나의 가치가 스스로 설정한 기준에 도달했는지의 여부에 달려 있다는 것이다. 내가 원하는 만큼 체중을 감량했나? 나의 매출 목표를 달성했나? 여가 시간을 생산적으로 사용했나? 우리의 가치는 자신의 목표를 달성했는지에 근거를 둔다. 여성들이 자존감을 높이기 위해 몰두하는 일반적인 세 가지 영역은 사회적인 승인, 매력(perceived attraction)[2] 그리고 성공적인 일(학교, 직장, 양육 등)의 완수이다. 그렇기 때문에 우리는 끊임없이 "내가 잘 했나?" "사람들이 나를 좋아하나?" "내가 멋져 보이나?"라는 질문을 스스로에게 던진다. 대답이 "그렇지!"일 때는 자신을 긍정적으로 느끼지만, 대답이 "아니."일 때는 가치가 떨어진다고 느낀다.

자존감은 스스로 또는 타인의 기대에 부응하고 있는지에 따라 달라지기 때문에 큰 폭으로 흔들릴 수 있다. 좋은 상황에 놓여 있을 때만 자존감을 지킬 수 있기 때문에 불안정하다. 입사 지원에서 거절을 당하거나 파트너에게 차였을 때, 거울 속 내 모습이 마음에 들지 않을 때는 어떻게 되는 걸까? 자존감의 원천이 사라졌을 때, 우울감이나 불안이 뒤따르는 경우가 대부분이다.

높은 자존감을 향한 노력은 끝이 없으며, 우리가 무언가를 계속 추구하는 한, 끊임없이 돌아가고 있는 이 러닝머신 위에서 내려올 수가 없다. 지금 당장은 아니더라도 언젠가 나보다 더 나은 사람이 나타난다는 것은 자명한 일이다. 그리고 우리가 불완전한 창조물이라는 사실은 스스로의 기준을 충족하지 못하는 일이 반복될 수 있다는 것을 의미한다. 우리는 결코 충분히 훌륭하거나 충분히 성공할 수 없다.

부드러운 자기연민은 자신을 무조건적으로 받아들임으로써 자존감의 함정을 피할 수 있다. 자기연민을 누리기 위한 어떠한 권리도 필요치가 않다. 본질적으로 내가 보살핌을 받을 가치가 있는, 불완전한 인간이기 때문에 스스로에게 연민을 베풀 수 있는 것이다. 성공하거나

---

2 인지된/지각된 매력으로, 타인의 관점에서 매력적일 수 있는 외모, 성격, 말투, 행동 등–역자 주

특별하거나 평균 이상이 될 필요가 없으며, 그저 혼란스럽고 고군분투하고 있는 나를 있는 그대로 따뜻하게 포용하기만 하면 된다.

　최근에 자존감이 무너져 내릴 위기가 있었다. 그때 자기연민이 나를 구해 준 경험에 대해 나누어 보고자 한다. 작년 여름, 나는 많은 청중 앞에서 자기연민에 관한 중요한 강연을 하기로 예정되어 있었다. 강연일로부터 약 한 달 전쯤 코 끝에 여드름 같은 뾰루지가 생겼다. "이상하네, 몇 년간 뾰루지가 생긴 적이 없었는데, 갱년기 호르몬 변화 때문이겠지." 하지만 여드름은 사라지지 않았고, 점점 더 커졌다. 루돌프 사슴코까지는 아니었지만 거의 그 정도로 눈에 띄는 모양이 되었다. 결국 피부과를 방문했고 그게 흑색종이라는 사실을 알게 되었다. 다행히도 심각한 상태는 아니었지만 즉시 제거해야 했다. 그날이 중요한 강연을 위해 비행기를 타러 가기 하루 전날이었다. 강연자로 섰을 때 내 모습은 얼굴 한가운데에 커다란 흰색 붕대를 감고 있는 모습이었다. 이건 누가 보더라도 확실히 최고 상태일 때의 내 모습은 아니었다. 그럼에도 불구하고 나는 내 모습이 매력적일지 걱정하거나, 청중들이 나를 비난할까 봐 두려워하기보다는, 내 자신이 겪고 있는 당황스러움에 연민의 마음을 보냈다. 그러자 좀 더 가벼운 마음으로 상황을 받아들일 수 있었고 농담도 할 수 있었다. "제 코에 붕대 보이시죠. 여러분도 일단 나이 오십이 넘으면 이상한 것이 몸에서 자라기 시작하고 제거해야만 하죠. 여러분은 뭘 제거할 예정이신가요?"

　나는 이전에 네덜란드 니메겐대학교의 로스 폰크$^{Roos\ Vonk}$ 교수와 함께 자존감과 자기연민이 자기가치에 미치는 영향을 직접 비교하는 연구를 수행한 적이 있다. 신문과 잡지 광고를 통해 모집된 2,187명의 참가자(74%가 여성이며 연령대는 18~83세였다)로부터 수집한 자료를 조사했다. 참가자들은 8개월에 걸쳐 다양한 항목을 묻는 설문지를 작성했다. 우리는 자존감에 비해 자기연민은 사회적 비교와 연관성이 적으며 사회적 승인, 매력, 성공적 성과에 덜 의존한다는 것을 발견했다. 따라서 자기연민으로 얻어진 자기가치는 시간이 갈수록 더 확고하게 유지되었다. 8개월간 총 12회에 걸쳐 개인의 자기가치에 대한 느낌을 측정한 결과, 참가자들의 자기가치에 대한 안정성을 예측할 수 있는 것은 자존감이 아니라 자기연민임이 밝혀졌다.

자존감과 자기연민의 목적은 완전히 반대이다. 자존감은 상황을 바로잡는 것에 관한 것이고 자기연민은 마음을 여는 것이다. 후자는 우리가 온전한 인간이 될 수 있게 해 준다. 완벽해지거나 이상적인 삶을 살기 위한 노력을 포기하는 대신 모든 상황에서 자신을 돌보는 데 집중한다. 마감일을 놓지거나 어리석은 말을 하거나 잘못된 결정을 내렸을 때, 자존감에 큰 타격을 입었을 수도 있지만, 그런 순간에도 스스로에게 친절하고 수용적인 마음을 갖는다면 나는 성공한 것이다. 자신을 있는 그대로 받아들이고 스스로에게 지지와 사랑을 줄 수 있다면 이미 목표 달성이다. 자기연민은 언제 어떤 일이 있더라도 '달성함'이라는 체크박스에 체크할 수 있는 항목이다.

## 자기연민이 주는 치유의 힘

앞서 언급한 것과 같이, 자기연민이 웰빙을 증진시킨다는 연구는 광범위한 규모로 실시되고 있다. 자기연민은 우울, 불안, 스트레스를 감소시키고 행복과 삶의 만족감을 높여 주며 신체적인 건강을 향상시킨다. 이것은 우리의 생리학적 변화 때문이다. 자기연민이 실행되면 위협-방어 체계가 비활성화되고 돌봄 체계가 활성화되어 우리에게 안전감을 제공한다. 한 연구에서는 참가자들에게 연민을 받으면서 그것을 몸으로 느끼는 상상을 하도록 했다. 일정한 간격으로 그들은 다음과 같은 문구를 들었다. "여러분이 커다란 연민을 받는 사람임을 느껴 봅니다." "자애와 친절이 항상 여러분의 곁에 있음을 느껴 봅니다." 이 연구의 결과 연민을 느낀 참가자들은 대조군에 비해 코르티솔 수치(교감신경 활성화의 지표)가 낮아졌는데, 이는 그들이 안전한 느낌을 받았다는 의미이다. 또한 심박변이도(부교감신경 활성화의 지표)가 증가했고 이것은 그들이 더 편안하고 덜 방어적으로 느꼈다는 것을 시사한다.

　자기연민은 또한 부정적인 마음의 상태를 긍정적으로 전환시킴으로써 웰빙을 증진시킨다. 자애 및 연결된 현존으로 고통을 보듬으면 고통은 차츰 줄어들기 시작하고 가슴이 열리면서 긍정적인 느낌을 받게 되는데, 이는 참으로 보람된 경험이다. 예를 들어, 연구자들은 페이스북을 통해 참가자들을 모집하고 그들에게 7일간 하루에 한 번 자신에게 연민 어린 편지를 쓰도록 요청했다. 참가자들은 기분이 나빴던 일을 떠올려 다음 지침에 따라 매일 편지를 썼다. "나는 같은 처지의 친구에게 뭐라고 말할지 또는 친구가 이런 상황에서 나에게 뭐라고 말할지 생각해 보세요(예를 들어, 네가 힘들어서 슬퍼). 당신의 고통을 이해하려고 노력하고, 그 고통이 합리적이라는 것을 깨닫도록 노력해 봅니다. 스스로에게 친절해질 수 있도록 노력합니다. 무엇이든 떠오르는 대로 쓰되, 스트레스 상황이나 사건에 대한 위로와 위안을 받기 위해 필요하다고 생각되는 내용을 편지에 담으세요." 연구진은 참가자들을 대조군으로 분류하여 그들에게는 7일간 매일 일어난 일의 기억에 대해 작성해 달라는 요청을 했다. 그러고는 시간이 지남에 따라 각 그룹 참가자들의 웰빙 수치가 어떻게 변화하는지를 추적했다. 그들은 연민 어린 편지를 쓴 참가자들이 대조군과 비교하여 이후 3개월간 우울감이 덜한 것으로 나타났다. 더욱 놀라운 점은 6개월간 행복감을 느꼈다고 보고했으며, 이는 자애와 연결감, 현존의 느낌에서 비롯된 긍정적인 감정이 지속되고 있음을 보여 준것이다.

자기연민이 제공하는 또 다른 중요한 점은 수치심을 상쇄시킨다는데 있다. 수치심은 우리의 잘못된 행동을 우리 자신과 혼동할 때 발생한다. 단순히 우리가 실수했다고 인식하는 것이 아니라 우리는 "나 자체가 실수야."라고 믿는다. 어떤 상황에서 실패가 일어났다고 여기는것이 아니라 "나는 실패자이다."라고 생각하는 것이다. 이는 자신을 공허하고 무가치하며 타인과 단절된 상태로 느끼는 자기몰입적인 상태이다. 자기연민의 세 가지 요소는 수치심에 대한 직접적인 해독제역할을 한다. 마음챙김은 실수를 자신과 지나치게 동일시하는 것을 방지하고, 보편적 인간경험은 타인으로부터 분리되어 있는 고립감을 상쇄시키며, 친절은 우리의 불완전함에도 불구하고 우리가 가치 있는 존재임을 느끼게 해 준다. 이를 통해 우리는 자신의 취약한 부분을 명확히 보고 인정하면서도, 그 약점이 자신이라고 정의하지 않을 수 있는것이다.

얼마 전, 아들 로완은 아주 자연스럽게 내가 이 작업을 해야 한다는사실을 떠올리게 해 주었다. 우리는 차를 타고 가고 있었고, 라디오에서 흘러나오는 음악에 맞춰 노래를 부르고 있었다. 그날 내 목소리가그렇게 좋지 않았던 건 맞지만 실제로도 나는 내 노래 실력에 수치심을느끼곤 했다. 나는 큰 소리로 "나는 정말 음치야." 하고 외쳤다. 박자하나 놓치지 않고 노래를 잘 따라 부르던 로완은 내게 "엄마는 음치가아니고, 단지 노래를 좀 형편없이 부르는 거예요." 하고 말해 주었다.

수치심은 우리를 위축시키며, 실제로 우리가 저지른 피해를 복구하려는 시도를 방해할 수 있다는 점에서 유난히 힘든 감정이다. 수치심이 불러일으키는 강렬한 혐오감과 고립감은 내가 저지른 일로부터 숨고 싶은 욕구와 결합되어, 문제를 직면하는 것을 더 어렵게 만든다. 수치심은 죄책감과는 다른 감정이며, 죄책감은 수치심만큼 우리를 쇠약하게 만들지는 않는다. 자신의 존재가 나쁘다고 생각하지 않으면서, 자신의 행동에 초점을 둘 수 있다면 그 나쁜 행동에 대해 책임을 지는 데 도움이 된다. 매니토바대학교의 에드워드 존슨<sup>Edward Johnson</sup>과 카렌 오브라이언<sup>Karen O'Brien</sup>은 자기연민, 수치심, 죄책감, 우울의 연관성을 조사했다. 연구진은 참가자들에게 후회되는 행동을 떠올리게 한 다음, 한 그룹에서 자기연민의 세 요소인 마음챙김, 보편적 인간경험, 친절을 사용하여 그 사건에 대해 글을 쓰도록 했다. 그 결과, 자기연민적 글을 쓴 그룹은 대조군에 비해 수치심과 부정적인 감정이 현저히 감소한 것으로 드러났다. 단, 죄책감 수준은 변하지 않았다(자기연민을 느낀다고 해서 죄책감이 더 커지지도 않았으며, 덜해지지도 않았다). 죄책감은 나쁜 행동에 대한 솔직한 인정으로 도움이 될 수 있지만, 수치심은 어느 누구에게도 도움이 되지 못한다. 또한 연구진은 2주 후 자기연민 그룹에서 우울감이 덜 하다는 것을 발견했으며, 이는 그들의 수치심이 낮아진 결과로 일부 설명할 수 있었다. 스스로를 명확히 바라보면서 수치심을 느끼지 않는 능력은 자기연민이 주는 가장 강력한 선물 중 하나이다.

## 고통 다루기

자기연민은 우리가 충격에 휩싸이지 않고 고통스러운 시간을 이겨낼 수 있도록 도움으로써 우리에게 정서적 회복력을 제공한다. 예를 들어, 자기연민은 이혼과 같은 힘든 상황에 더 잘 대처하도록 돕는다. 연구자들은 이혼한 성인 남녀에게 그들의 이혼 경험에 대해 4분간 의식의 흐름대로 말하기를 요청하고 녹음했다. 그리고 각각의 독립적인 심사위원들은 그들의 독백이 얼마나 자기연민적인지 평가했다. 이별에 대해 이야기할 때 자기연민을 더 많이 보인 사람들은 즉각적인 위기 상황뿐만 아니라 9개월 후에도 더 큰 심리적 적응력을 보인다는 것이 입증되었다.

또한 자기연민은 당뇨병, 척추갈림증, 다발성 경화증과 같은 건강 문제를 다루는 데도 도움을 준다. 환자들이 정서적으로 안정될 수 있으며, 하루하루를 좀 더 수월하게 살아갈 수 있도록 해 준다. 자기연민이 만성적인 신체 통증에 대처하는 데 어떠한 도움이 되는지 알아보는 질적 연구에서, 한 참가자는 이런 이야기를 남겼다. "나는 아침을 먹으면서 통증은 내가 나로부터 떼어 내어야 할 무언가가 아니라고 계속 생각하게 됩니다. 아마도 내 통증은 일상적인 나의 한 부분일 수도 있고 괜찮을 수도 있어요. 내가 (나 자신에게) 친절하게 대하면서 계속 나아간다면 모든 것이 더 수월해 질 거예요." 이와 유사하게 암이나 에이즈와 같은 치명적인 상황에 있는 개인들도 자기연민과 함께 했을 때, 질병에 대한 스트레스, 우울, 불안, 수치심이 덜한 경향을 보였다.

나는 대학원생들과 함께 자기연민이 자폐 아동의 부모들에게 제공하는 안정감에 대한 연구를 했다. 이미 특별한 보살핌이 필요한 아동을 돌볼 때 자기연민을 갖는 것이 얼마나 중요한지 직접 경험을 통해 배웠지만, 자폐아를 둔 다른 부모들의 경험도 살펴보고 싶었다. 지역 자폐증 학회를 통해 자원봉사자를 모집하고 부모들에게 자기연민 척도를 작성해 달라고 요청했다. 또 자녀의 자폐증이 얼마나 심각한지, 자녀의 상황으로 인해 얼마나 스트레스, 압도감, 우울감을 느끼는지 평가하는 설문 항목을 작성하도록 했다. 마지막으로, 미래에 대해 얼마나 희망적인지, 자신의 삶에 얼마나 만족하는지 물었다. 조사 결과,

자기연민을 더 많이 느끼는 부모는 자녀를 대할 때 스트레스를 덜 받는 것으로 나타났다. 또한 우울증에 걸릴 확률이 낮았고, 삶에 대한 희망과 만족도가 높았다. 실제로 자녀의 자폐가 얼마나 심한지보다, 부모의 자기연민 수준이 부모들의 삶에 더 큰 영향을 주는 변수였다. 이는 우리가 직면하는 문제의 강도보다 그 문제 상황에서 우리가 자신과 어떠한 관계를 맺을 것인가가 더 중요하다는 것을 말하고 있다.

하지만 우리는 자신이나 삶의 문제를 다루는 데 필요한 정서적 자원이 부족할 때, 고통을 피하기 위해 부정적인 대처 전략을 사용한다. 충동적으로 술, 마약, 성관계에 빠져 잠시라도 기분이 좋아지기 위해 필사적인 노력을 할 수 있다. 하지만 기분이 좋아지고 그 경험의 스릴이 사라지면 다시 원래의 현실로 돌아와서 그 고통으로부터 벗어나기 위해 애쓰게 된다. 이것이 중독 사이클의 시작이다. 연구에 따르면, 자기연민적으로 자신의 고통을 자애로 보듬을 수 있고, 마음에 변화를 주는 일시적인 경험으로 고통을 해소할 필요가 없는 사람들은 술, 마약, 성, 음식 중독이 될 가능성이 낮다고 한다. 심지어 자기연민을 잘하는 사람들은 초콜릿 중독에 걸릴 확률이 적다는 연구 결과도 있다. 또한 자기연민은 중독에서 벗어날 수 있도록 돕기도 하는데, 실제로 '익명의 알코올 중독자들(Alcoholics Anonymous)'이라는 알코올 중독자의 회복을 위한 자조모임에서 가장 도움이 되는 것 중 하나이기도 하다.

자기연민은 고통에 대처하는 다른 문제적인 방식을 줄일 수 있다. 예를 들어, 한 연구에서는 1년간 괴롭힘을 당한 중국 청소년을 추적한 결과, 자기연민이 큰 청소년이 자해 행위를 할 가능성이 낮다는 사실을 발견했다. 자해를 하는 사람들은 종종 감정적 고통으로부터 주의를 돌리기 위해 신체적 고통을 이용하거나, 감정적으로 무감각해진 상태에서 무언가를 느끼기 위한 수단으로 자해를 한다. 하지만 자기연민은 고통을 느끼고 처리하는 더 건강한 방법을 제공한다. 상황이 정말 좋지 않을 때 사람들은 고통에서 벗어나기 위해 목숨을 끊으려는 시도를 하기도 한다. 한 연구에서는 작년에 자살을 시도한 적이 있는 저소득층 아프리카계 미국인을 대상으로 자기연민을 지도했다. 참가자들은 빈곤과 구조적 인종차별과 같은 큰 어려움을 겪고 있음에도 불구하고 스스로에게 좀 더 친절해지는 방식을 배울 수 있었고, 우울증과 자살 충동이 현저히 감소했다고 보고했다. 이 사례에서 자기연민은 말 그대로 인명 구조요원이었다.

## 자기연민의 역설

부드러운 자기연민은 고통을 줄이고 치유하는 데 도움이 되지만, 현재 순간의 경험을 바꾸기 위해 조작적인 방식으로 사용하지 않는 것이 매우 중요하다. 자기연민의 핵심적인 역설은 '우리가 자신에게 연민을 주는 이유는 기분을 더 좋게 하기 위해서가 아니라 기분이 나쁘기 때문'이라는 것이다. 역설적인 이 말이 여러분을 어리둥절하게 만들 수 있을 것이다. 하지만 이것이 자기연민의 핵심이다. 자기연민은 물론 우리 기분을 더 나아지도록 돕지만, 고통의 순간에 고통을 없애기 위한 의도를 갖고 가슴에 손을 얹거나 친절한 말을 하게 되면, 겉으로 드러나지 않는 저항이 형성되어 상황이 더욱 악화될 수 있다. 우리가 무언가에 대해 저항을 하기 시작하면 그것은 끈질기게 계속되며 더 강해진다. 대신, 우리는 고통스러움을 온전히 받아들이고 고통스럽기 때문에 자신에게 친절해야 한다는 것이다. 이렇게 할 때 고통에 대한 저항을 누그러뜨리고 고통이 감소되는 효과가 생긴다. 자기연민의 이점은 통제나 강요에서 오는 것이 아니라, 오히려 자연스럽게 따라오는 부수적인 효과에 있다.

이에 관한 한 가지 예를 들자면 다음과 같다. 나는 수면장애가 있었고 만성적인 불면증을 겪는 고통에 대해 자기연민이 도움이 된다는 사실을 발견했다고 해 보자. 그럼에도 나는 이러한 사실을 교묘하게 이용할 수는 없다. 불면증을 해소하는 데 자기연민을 사용하기 시작하면, 바로 잠들지 못하는 때는 더 불안해져서 잠들지 못하게 된다. 저항하기 위해 사용되는 자기연민은 상황을 통제하기 위해 애쓰게 되고 이것은 필연적으로 고통을 증폭시킨다. 다만 내가 불면증이라는 사실을 받아들이고, 불면증 그 자체가 너무 끔찍하기 때문에 나에게 친절할 수 있을 때, 나는 돌봄을 받고 있다고 느끼고 잠에 들 수 있을 정도로 충분히 편안해질 수 있다. 수용과 함께하는 자기연민이야말로 자연스러운 치유로 연결된다.

## 경험에서 얻은 교훈

나는 개인적인 힘든 경험을 통해 자기연민의 역설에 관한 통찰을 할 수 있었다. 내가 20대 초반이었을 때 내 동생 파커는 간경화에 걸렸었다. 의사는 그가 틀림없이 알코올 중독이었을 것이라고 했는데, 파커는 가끔 맥주를 마시기는 했지만 절대로 중독 수준은 아니라고 말했다. 그때 한 똑똑한 의사는 의과대학에서 배운 적이 있다고 하며 윌슨병이라는 희귀한 유전질환을 기억해 내었다. 이 질환은 구리 대사 이상으로 인해 구리가 신체에 축적되고, 간이나 다른 장기에 침착되어 생긴다. 윌슨병의 주된 징후는 홍채 주위에 카이저-플라이셔(Kayser-Fleischer) 고리라고 하는 구리색 고리가 생기는 것이다. 이 이름은 고리를 처음 발견한 독일의 안과의사 이름을 따서 붙여졌다. 파커의 주치의는 그의 안구에서 카이저-플라이셔 고리를 발견했고, 당연히 그는 월슨병에 걸린 것이었다. 이는 이중열성 유전질환이라 양쪽 부모로부터의 유전인자가 모두 필요한 경우이다. 따라서 나 또한 월슨병에 걸릴 확률이 4분의 1이라는 뜻인데, 상황이 나에게 유리한 쪽으로 굴러가지는 않았다.

나도 양성판정을 받았으나 다행히도 간에는 이상이 없었다. 그 이후로 구리 배출에 도움이 되는 킬레이트제를 복용하기 시작했고, 정기적으로 간 검사를 성실하게 받았다. 진료 예약을 하고 접수 용지에 월슨병이라고 적을 때마다 의사들은 매우 흥미롭다는 듯, 동료들을 진료실로 불러서 내 카이저-플라이셔 고리를 관찰할 수 있는지 물어보곤 했다(아마 일생에 다시 보기 어려울지도 모르기 때문에 절호의 찬스였다). 하지만 이렇게 잠깐 유명세를 탄 것 외에 별다른 증상이 나타나지는 않았다. 몇 년 동안 눈에 띄는 증상도 없었다.

그러다가 30대가 되자, '꿈의 데자뷰'(내가 붙인 이름이다.)라는 이상한 일들을 경험하기 시작했다. 새 이불을 사기 위해 쇼핑을 하거나, 산책을 하고, 고양이를 쓰다듬으며 하루 일과를 보내고 있던 중이었다. 갑자기 난데없이 그 순간 내가 하던 일이 예전에 꿈에서 있었던 일이라는 강렬한 느낌을 받곤 하는 것이었다. 그 느낌은 마치 내가 어떤 신비로운 지하세계로 끌려들어 가는 것 같이 아주 매혹적이었지만 공포감이 엄습해서 불쾌한 기분도 들었다. 자기연민 수행으로 나는 손을 가슴에 얹고 지지적인 말을 나에게 들려주며, 단순히 데자뷰의 느낌을 따뜻하고 수용적으로 받아들이려고 했다. 보통은 몇 분 안에 이런 경험들은 지나갔다. 이상하고 약간 당황스럽기는 했지만 데자뷰는 흔히 일어나는 일이니 그다지 크게 생각하지는 않았다.

2009년, 극장에서 또 다른 데자뷰가 나를 강타했다. 곧장 가슴에 손을 얹고 자기연민을 느끼려고 노력했다. 하지만 영화 장면을 정말로 놓치고 싶지 않다는 생각에 기분이 좋지 않기 때문에 연민을 보내는 것이 아니라, 기분을 좋게 하려고 자기연민을 이용하고 있었다. 데자뷰 현상은 약 45분간 지속되었다. 극장에서 나왔을 때 나는 심각한 기억상실을 경험했다. 작년 여름 유럽여행에서 내가 어느 나라에 갔었는지도 기억나지 않았다. 내가 겪고 있는 현상에 대한 저항은 자기연민의 탈을 쓰고 있었고, 자기연민을 떠올리지 않았을 때보다 훨씬 오래 나를 괴롭혔다.

나는 가능한 한 빠르게 신경과 전문의를 찾아갔다. 동생과 달리 나는 구리가 간에 쌓이지 않고 뇌에 쌓인다는 것이 밝혀졌다. 이 침전물로 인해 측두엽 간질(측두엽 근처의 국소적인 간질 발작으로 종종 강한 데자뷰 느낌으로 나타나는 간질)이 생겼던 것이다. 나는 약을 복용했고 큰 도움을 받았지만, 가끔은 여전히 발작이 일어나기도 한다. 이제는 '전에 이런 장면을 꿈에서 봤었나?'라는 생각이 들면, 내 자각을 오른쪽 엄지발가락에 집중하고(특별한 이유는 없다. 그냥 뇌에서 최대한 멀리 떨어진 부위처럼 느껴지기 때문이다.) 주의를 다른 곳으로 돌리려고 노력한다. 데자뷰 현상과 맞서 싸우지 않지만 그렇다고 손을 놓고 있지도 않다. 그 대신, 데자뷰의 영향을 줄이기 위해 내가 할 수 있는 모든 것을 한다.

나는 이 질환을 앓으면서, 나의 가장 심각한 증상(기억에 허점이 많은 것)을 다루는 데 자기연민이 핵심이라는 것을 깨달았고, 부드러운 자기연민에 대한 인식이 확실하게 증가했다. 나의 증상이 얼마나 심각한지 예를 들자면, 이전에 대학 동창 저녁 식사 모임에 참석했을 때 나는 옛날에 함께 어울려 다녔던 친구 이름을 떠올리며, "그 친구 어떻게 지내? 몇 년간 소식이 없네?" 하고 물었다. "크리스틴, 너 기억 안 나니?" 라고 한 친구가 답하며 "몇 년 전에 자살했잖아." 하고 알려 주는 것이었다.

내 얼굴은 홍당무처럼 새빨개졌고 부끄러움으로 가득 찼다. 그렇게 중요하고 비극적인 일을 기억하지 못하는 내가 얼마나 냉정하고 무심해 보일까 하는 생각이 먼저 들었다. 다행히도 자기연민 수행이 있었기 때문에 다시 돌아올 수 있었다. 나는 잠시 눈을 감고 불편하지만 수치심을 느끼도록 그냥 내버려두었다. 그런 다음, 스스로에게 따뜻하게 말해 주었다. "네가 무관심해서가 아니야. 단지 이 특별한 기억이 지워진 것뿐이지. 누구에게든 일어날 수 있는 일이야. 괜찮아." 자기연민은 나와 어디든 함께하며 끊임없는 버팀목이 되어 준다. 상황이 쉽게 풀리지 않거나 복잡하게 얽혀 있다고 해도, 그 상황을 자애와 연결된 현존감으로 감내하는 나의 능력은 확실히 강해졌다. 이는 삶이 나에게 자기연민을 실습할 수 있는 많은 기회를 주었다는 뜻이므로 감사하다.

## 힘든 감정과 함께하기

힘든 감정에 저항하거나 압도되지 않고 부드러운 방식으로 '함께' 할 수 있는 여러 기술이 있다. 이러한 기법은 힘든 감정을 없애기 위한 전략이 아닌, 감정과 새로운 관계를 맺을 수 있도록 도와준다. MSC에서는 이러한 다양한 기법을 하나의 특별한 실습 프로그램으로 통합시켜 힘든 감정을 다룰 수 있도록 진행한다. 방법은 다음과 같다.

감정에 이름 붙이기. 힘든 감정에 이름을 붙이면 우리는 그것으로부터 분리되고 '집착하지 않게' 된다. 우리가 "이건 슬픔이야." 또는 "두려움이 올라오고 있어."라고 말한다면 그 감정에 휩쓸려가지 않고 균형 있게 감정을 바라볼 수 있다. 이 실습은 우리에게 정서적인 자유를 얻도록 해 준다. 힘든 감정에 이름을 붙이면 잘 다스릴 수 있다.

신체에서 발현되는 감정에 마음챙김하기. 생각은 너무 빨리 떠오르고, 마음을 순식간에 장악하기 때문에 다루기가 쉽지 않다. 반면, 몸은 상대적으로 느리다. 감정이 우리 몸에 어떻게 나타나는지를 발견하고 그곳에 마음챙김을 할 수 있다면, 감정과 우리의 관계를 바꾸는 데 더 유리하다. 힘든 감정을 몸으로 느끼면 치유될 수 있다.

부드럽게 하기-위로하기-허용하기. 힘든 감정에 부드러운 자기연민을 불러오는 세 가지 방법이 있다. 긴장이 느껴지는 신체 부위를 부드럽게 하는 것은 신체적 자기연민의 한 형태이고, 자신에게 그 감정이 얼마나 아픈지에 대해 위로하는 것은 정서적 자기연민의 한 형태이다. 또한 허용하는 것은 저항을 줄여 고통을 줄여 주는 정신적 자기연민의 한 형태이다.

이 실습은 분노와 같은 적극적인 감정과는 반대로, 슬픔, 외로움, 비애와 같이 부드럽게 보듬어야 하는 감정에 사용하는 것이 좋다. 항상 그렇듯이 실습 중에 감정에 압도되는 느낌이 들면 실습을 잠시 뒤로 하고 발바닥 명상이나 자신을 보살필 수 있는 다른 방법을 찾아 자신에게 연민을 주어야 한다(이 실습에 대한 오디오 안내 버전은 FierceSelf-Compassion.org에서 찾아볼 수 있다).

## ▎실습 안내▎

- 앉거나 누워 편안한 자세를 취하고 호흡을 세 번 합니다.

- 여러분의 손을 가슴이나 위로가 되는 곳에 올려 두고 자신이 지금 이 방

안에 있다는 사실 그리고 자신도 친절을 받을 가치가 있다는 사실을 떠올
립니다.

- 지금 여러분이 처해 있는 힘든 상황, 예를 들면 건강문제나 인간관계, 직
  장에서의 문제를 떠올려 봅니다. 실습이 처음이라면 너무 힘든 문제는 선
  택하지 말고 가벼운 정도에서 적당히 힘든 상황을 선택합니다. 하지만 너
  무 사소한 문제는 선택하지 않는 것이 좋습니다. 여러분이 그 문제를 생
  각했을 때 몸에서 약간의 스트레스를 느낄 수 있는 정도의 상황을 떠올려
  보세요.

- 그 문제를 마음에 생생하게 그려 봅니다. 그 상황 속에 누가 있나요? 어떤
  말이 오가나요? 무슨 일이 있었나요? 아니면, 무슨 일이 일어날 수 있을
  까요?

## 감정에 이름 붙이기

- 이 상황을 떠올릴 때, 여러분 내면에서 어떤 감정이 올라오는지 살펴봅니
  다. 만약 감정이 느껴지면 그 감정에 붙일 이름이 떠오르는지 봅니다. 예
  를 들어, 다음과 같은 감정입니다.

    ▶ 슬픔?

    ▶ 비애?

    ▶ 당혹?

    ▶ 두려움?

- 만약 여러 감정이 올라온다면 그 힘든 상황과 관련해서 가장 강하게 올라
  오는 감정에 이름을 붙일 수 있는지 봅니다.

- 이제는 그 이름을 자신에게 부드러운 공감의 목소리로 말해 줍니다. 마치
  여러분의 친구에게 그들이 느끼는 감정을 인정해 주는 듯이 말하면 됩니

다. "그건 그리움이야." "그건 슬픔이야."

## 신체에서 느껴지는 감정에 마음챙김 하기

• 이제는 여러분의 자각을 몸 전체로 확장합니다.

• 다시 한번 그 힘들었던 상황을 떠올리고, 가장 강한 감정에 이름을 붙입
  니다. 그리고 그 감정이 여러분의 신체 어느 부위에서 가장 쉽게 느껴지
  는지 마음의 눈으로 머리 끝부터 발끝까지 살펴봅니다. 약간의 긴장이나
  불편감이 느껴지는 지점에서 멈춥니다.

• 가능한 한, 그 감정이 가장 강하게 발현되는 신체의 한 부위를 선택합니
  다. 목에서 긴장이 느껴질 수도 있고 위에서 통증이 올라올 수도 있고 가
  슴에 통증을 느낄 수도 있습니다.

• 통증이 느껴지는 그 부위로 주의를 부드럽게 기울여 봅니다.

• 마치 마음에서 느끼는 것처럼 그 감각을 직접 경험할 수 있는지 살펴봅니
  다. 만약 특정 감각이 느껴지지 않는다면 전반적인 불편함을 느낄 수 있
  는지 살펴봅니다.

## 부드럽게 하기–위로하기–허용하기

• 이제, 불편감이 느껴지는 신체 부위를 따뜻한 물에 담그는 것처럼 근육
  을 이완시키면서 몸의 해당 부위를 부드럽게 풀어 줍니다. 부드럽게 하
  기…… 부드럽게 하기…… 부드럽게 하기……. 여러분의 느낌을 바꾸려
  고 애쓰지 않습니다. 단지 더 부드러운 방식으로 유지하려는 것임을 기억
  합니다. 원한다면 감각이 일어나는 가장자리 부분만 살짝 부드럽게 해 줄
  수도 있습니다.

- 이제, 힘든 경험 때문에 힘들었던 자신을 위로합니다. 불편감이 느껴지는 신체 부위에 손을 올리고 손의 따뜻한 온기와 부드러운 촉감을 느낍니다. 여러분의 손에서 몸으로 사랑과 친절이 흘러들어 가고 있다고 상상할 수 있습니다. 여러분의 몸을 마치 사랑하는 아이의 몸처럼 생각하며 위로할 수 있습니다. 위로하기…… 위로하기…… 위로하기…….

- 여러분이 듣기를 원하는 위로의 말이 있나요? 예를 들어, 같은 방식으로 어려움을 겪고 있는 친구가 있다고 상상해 봅니다. 그 친구에게 무슨 말을 할까요? ("네가 이렇게 아파하다니 나도 마음이 아파." "난 너를 정말 소중한 사람이라고 생각해.")

- 여러분 자신에게 같은 메시지를 줄 수 있나요? ("아, 이런 감정은 정말 참기 힘들어." "내가 나에게 친절과 지지를 줄 수 있기를.")

- 마지막으로, 불편함이 그곳에 있도록 허용해 봅니다. 불편한 감정을 위한 마음의 공간을 마련할 뿐, 그것을 해소하기 위한 노력을 하지 않습니다.

- 다만 자신을 이렇게, 이 순간만이라도 있는 그대로 허용합니다.

- 부드럽게 하기…… 위로하기…… 허용하기…… 부드럽게 하기…… 위로하기…… 허용하기……. 시간을 갖고 이 세 단계를 스스로 해 봅니다.

- 느낌이 바뀌거나 느낌이 올라오는 신체 부위가 바뀔 수도 있습니다. 그것도 괜찮습니다. 그저 허용하고 함께합니다. 부드럽게 하기…… 위로하기…… 허용하기…….

- 준비가 되면 실습에서 나와 여러분의 초점을 신체 전반에 두고 어떠한 느낌도 허용하면서 이 순간 여러분의 있는 그대로를 받아들입니다.

## 수용할 것인가, 아니면 안주할 것인가

음과 양의 균형이 깨지면 부드러운 자기연민은 건강에 해로운 자만심으로 변할 수 있다. 5일간 샤워를 하지 않거나, 옷을 갈아입지 않고 '자신과 함께하기'를 하며 일 없이 지내는 것은 좋은 생각이 아니다. 진정한 자기연민을 느끼기 위해서는 자신을 보호하고 필요한 것을 제공하기 위한 행동을 하면서, 필요한 변화를 모색해 나가야 한다. 이것은 자신을 있는 그대로 받아들이는 것과 더불어—받아들이는 것 '대신' 변화를 모색하는 것이 아니라—동시에 해야 하는 일이다.

특히 기분이 나아지기 위해서가 아니라 기분이 나쁘기 때문에 스스로에게 연민을 준다는 것은 도전적인 일이고, 그러므로 수용과 행동을 적절하게 취하는 것이 까다로울 수 있다. 하지만 음과 양이 통합된다면, 우리의 행동은 고통에 저항하거나 현재 순간의 경험을 왜곡시키지 않는다. 그것보다는 결과를 통제할 수 있다는 착각에 빠지지 않고, 도울 수 있는 일을 하는 열린 마음을 자발적으로 쏟아 내는 것이다. 역설적이게도, (다시 한번 강조하지만) 우리 자신을 근본적으로 받아들임으로써 우리는 삶을 변화시키는 데 필요한 안전감과 안정감을 갖게 된다.

수용하는 것과 안주하는 것의 차이는 우리 행동의 기저에 깔린 동기에 있다. 이대로는 수용할 수 없거나 경험을 받아들일 수 없기 때문이 아니라, 나에 대한 친절과 선의의 마음에서 행동하는 것이다. 업무로 인한 스트레스가 심하다면, 자애와 연결된 현존으로 이 스트레스를 견뎌 낼 수 있다. 어려움을 인정하고 비슷한 상황에 처한 다른 사람들이 많다는 것을 기억하며 따뜻하게 자신을 지지할 수 있다. 부드러운 자기연민은 삶이 지금보다 더 힘들어질 정도로 동요되는 것을 방지한다. 하지만 수용만으로는 충분치 않다. 이 직업이 나에게 적합하지 않고 변화가 필요하다는 사실도 인정해야 한다. 적극적 자기연민은 상사와 대화하여 근무 시간을 줄이거나 더 나은 근무 조건을 갖춘 새로운 직장을 찾는 등의 일을 할 수 있는 용기와 동기를 부여한다.

자기연민에 대한 일반적인 우려 중 하나는 자기 자신을 받아들이며 자신의 잘못에 대한 책임 회피가 일어날까 하는 것이다. "세상에, 내가 은행을 털었네. 그렇게 하지 말았어야 하는데. 하지만 사람은 누구나 불완전하잖아." 이런 일이 일어날 수 있을까? 내면의 음양이 조화를 이루고 있는 이상 이런 일은 일어나지 않는다. 연구에 따르면, 자기연민은 우리 행동에 대한 개인적인 책임을 지려는 동기를 약화시키기보다는 오히려 증가시키는 것으로 나타났다. 실제로 캘리포니아 버클리대학교의 줄리아나 브라인즈Julianan Breines와 세레나 첸Serena Chen의 공동 연구에서, 연구자들은 학부생들에게 시험 부정행위, 연인에 대한 거짓말, 못된 말 등 최근에 저지르고 죄책감을 느낀 일을 떠올려 보라고 요청했다. 그런 다음, 학생들은 무작위로 세 가지 실험 조건 중 하나의 조건에 배정되었다. 자기연민 조건에서는 학생들이 자신의 행동에 대해 친절하고 이해를 표현하는 문구를 썼다. 자존감 조건에서는 자신의 긍정적인 자질에 대해 썼다. 그리고 통제 조건에서는 자신이 즐기는 취미에 대한 글을 썼다. 연구 결과, 자신의 잘못에 대해 자기연민을 느끼도록 격려받은 참가자들은 그 잘못에 대해 사과할 동기가 더 강해졌으며 다시는 같은 행동을 반복하지 않겠다는 다짐을 더 많이 하는 것으로 나타났다. 자존감이 높아졌을 때는 자기방어를 위해 책임을 지지 않겠다는 태도를 보일 가능성이 있었기 때문에 큰 도움이 되지 않았다. 피츠버그대학교 연구진의 연구에 따르면 실제로 자기연민적인 개인들이 자신의 잘못을 인정하고 사과할 가능성이 높다고 했다. 그 이유 중 하나는 그들이 수치심으로 고통받지 않기 때문이었다. 그들은 자신이 행한 일에 온전히 책임질 수 있을 만큼 충분히 자신이 안전하다는 느낌을 받는다. 자기연민은 개인의 책임을 회피하는 방법이 아니라 오히려 책임의식을 더욱 강화시켜 준다.

한편, 일부에서는 마음챙김 운동의 흐름을 비판하기도 한다. 어려운 상황에 대한 대응으로서 내면의 평화를 찾고 수용하는 데 중점을 둔다는 이유로 그렇다. 로널드 퍼서<sup>Ronald Purser</sup>는 그의 책『마음챙김의 배신: 명상이 어떻게 새로운 자본주의의 영성이 되었는가(원제: McMindfulness: How Mindfulness Became the New Capitalist Spirituality)』에서 마음챙김은 스트레스를 받는 것에 대한 책임을 개인에게 돌린다는 의견을 내세운다. 마음챙김 운동이 스트레스가 개인의 병리적인 현상이라는 이데올로기(마치 몇 번의 깊은 심호흡을 배우면 모든 문제가 해결될 것처럼)를 퍼뜨리고 있다고 주장한다. 또한 이러한 메시지는 자본주의 시스템을 덜 착취적이고 더 공평하게 바꾸기 위한 험난한 여정에서 주의를 분산시키는 역할을 한다는 것이다.

자기연민 운동도 이와 같은 비판을 받을 수 있다. 단, 적극적 자기연민을 무시할 때 그렇게 될 것이다. 이와 관련된 한 가지 예가 있다. 최근 들어 의료기관과 학교에서는 번아웃을 예방하기 위한 방법으로 자기연민에 대한 관심이 더 커지고 있다. 간호사나 교사가 업무의 어려움에 대해 스스로 연민을 느끼면 지나친 부담을 덜고 더 효과적으로 대처할 수 있다(이에 관해서는 나중에 더 자세히 설명한다). 하지만 그렇다고 해서 각 기관에서 교사나 간호사에게 약간의 자기연민 강좌를 실시하면서 계속해서 과도한 업무를 요구하고 저임금을 유지할 수 있을까? 만약 기관에서 실시하는 자기연민 강좌의 숨은 목적이 이러한 것이라면, 병원과 학교는 진정한 자기연민을 증진시킨 것이 아니라 오히려 열악한 근무 환경으로부터 주의를 분산시키기 위해 자기연민을 이용한 것이다. 자기연민은 그저 현실에 안주하도록 만드는 것이 아니다.

부드러운 자기연민은 인생에서 우리의 운명을 개선하는 노력에 방해가 되지 않는다. 오히려 행동을 취하는 데 필요한 첫 단계이다. 자신을 보호하고, 필요한 것을 제공하며, 변화에 대한 동기를 부여하려는 강렬한 열망과 부드러운 수용이 결합하면 무너진 사회 시스템을 극복하는 데 필요한 안정적인 정서적 기반을 마련할 수 있다. 수용은 우리가 상황을 통제할 수 있다거나 삶이 완벽해야 한다는 환상에서 벗어나, 상황을 개선하기 위한 모든 노력을 다한다는 것을 의미한다. 고통의 진실에 대항하기 위해서가 아니라 고통을 보살핌으로써 해낼 수 있다. 수용과 변화가 조화를 이루어 나가는 그 과정이 바로 자기연민의 핵심이다.

제 6 장

# 굳건히 일어나기

*여성은 티백과 같아서 뜨거운 물에 들어가기 전까지는 얼마나 강한지 알 수 없다.*

*- 아일랜드 속담*

여성으로서 우리는 알게 모르게 성 역할에 대한 문화적 메시지를 무의식적으로 받아들여 왔다. 여성들은 연약하고 무력한 존재이기 때문에 크고 강한 남성의 도움이 필요하다는 생각이 바로 그것이다. 너무오랜 세월 동안 우리는 독립성보다 의존성에 가치를 두며 매력적이고섹시하게 보이도록 교육받아 왔다. 이는 자신을 표현하기 위한 하나의방법으로서가 아니라 보호해 줄 남성을 끌어들이기 위한 수단이었다.하지만 이제는 남성들의 보호에 의존하지 않고 여성들은 스스로를 보호할 줄 알아야 한다. 여성은 강한 존재이다. 출산의 고통을 감당하고가족 간의 결속을 다지며 대인관계의 갈등과 변화를 능숙하게 헤쳐 나갈 수 있다. 하지만 타인을 돌보는 데 나오는 그 적극적인 에너지로 자신을 지키는 방법을 배우지 않는 한, 세상의 큰 도전에 맞서는 우리의능력은 여전히 제한적일 수밖에 없다.

어떤 이들은 자기연민이 자신을 나약하게 만들지 않을까 걱정하지만, 이는 실제와는 다르다. 실제로 자기연민은 우리에게 놀라운 힘을 주는데, 자기연민은 약할 것이라는 선입견은 일차원적인 피상적 시각에서 나온 것이다. 자기연민의 보살피고 부드러운 측면만을 볼 때, 자기연민은 그저 온화하고 순종적인 삶의 태도를 말하는 것처럼 보일 수 있다. 게다가 돌봄은 여성의 공동체적 성 역할의 한 부분이고 여성은 남성보다 더 적은 권한을 부여받기 때문에 자기연민은 가끔 권력의 결여와 연결되기도 한다. 이것이 바로 여성들이 적극적 자기연민을 지지하고 실천하는 것이 중요한 이유인 것이다. 적극적 자기연민을 배우는 과정에서 우리는 잘못된 인식에서 벗어나 내면의 강한 전사를 활용할 수 있게 된다.

사실, 고통을 완화하기 위해서는 엄청난 용기가 필요할지 모른다. 화재나 홍수가 난 재난 상황에서 사람들을 돕기 위해 달려가는 응급구조대원들을 생각해 보라. 이들은 피해자의 고통을 '함께' 지켜보는 데 그치지 않고 옥상에 고립된 사람들을 구조하기 위해 신속하고 효과적인 대응을 한다. 허리케인 카트리나나 9·11 사건과 같은 초대형 규모는 아니더라도(물론 어떤 날은 그 정도의 충격도 느낄 수 있지만), 여러 가지 면에서 우리의 삶은 재난이다. 삶의 고통은 자연에 의해서, 다른 사람에 의해 또는 자신에 의해서 만들어질 수 있으며 때로는 세 가지 모두에 의해 생겨날 수도 있다! 온전한 자기연민을 발휘한다는 것은 이러한 위기 속에서 우리는 굳건하게 일어나 필요한 모든 일을 한다는 뜻이다. 이렇게 강력하게 대응할 수 있는 힘은 이미 우리의 내면에 있지만, 그 힘은 여성적이지 않다는 고정관념에 가려져 있다.

노던콜로라도대학교의 올리비아 스티븐슨Olivia Stevenson과 노스캐롤라이나대학교의 애슐리 베츠 앨런Ashley Batts Allen은 200명 이상의 여성을 대상으로 자기연민과 내면의 힘 사이의 연관성을 조사했다. 그 결과,

SCS에서 높은 점수를 받은 참가자들은 자신을 더 강하고 유능하게 느끼며, 더 적극적이며, 분노를 더 편안하게 표현하고, 문화적 차별에 대한 민감도가 높으며, 사회운동에 보다 활발하게 참여했다. 이러한 결과는 자기연민적인 여성들은 필요할 때 다른 사람에게 맞설 가능성이 더 높고, 갈등에 대한 두려움이 적다는 것을 보여 주는 또 다른 연구와도 연결된다.

자기연민의 세 가지 요소인 자기친절, 보편적 인간경험, 마음챙김은 연민이 자신을 보호하는 데 목적이 있을 때 각각 중요한 역할을 수행한다. 스스로를 지키기 위해 싸울 때 이 세 요소는 용감하고 강력한 명료함으로 드러나게 된다.

## 용기

우리가 위험으로부터 보호되어야 할 때, 친절은 강하고 용감한 성질을 띠게 된다. 위험에 맞서기 위해서는 대담함과 결단력이 필요하다. 불에 휩싸인 빌딩에서 탈출하기 위해 창문에 기어오르거나, 암 환자가 항암치료를 받을 때의 그 용기는 심리적인 위험에서도 마찬가지로 필요한 요소이다. 누군가 나를 무시하거나 사생활을 침해할 때 우리는 경계를 설정함으로써 나를 보호할 수 있어야 한다. 자기친절은 부당한 대우를 받았을 때 공정한 대우를 요구할 수 있게 해 주며, 투표운동, 의견서 작성, 집회 시위, 파업, 농성 등의 형태로 나타날 수도 있다. 적극적이며 참여적인 친절은 솜털 같은 부드러운 친절과는 정반대의 모습을 보인다.

여성에게는 친숙한 이러한 적극적인 힘은 모성 본능에서 나온다. 괴롭힘을 당하거나 낯선 사람이 아이의 안전을 위협할 때, 우리는 내면의 엄마 곰이 얼마나 강한 힘을 발휘하는지 알 수 있다. 보호하고자 하는 사랑의 힘은 폭발적이다. 실제로 부드러운 모성애와 관련된 호르몬인 옥시토신은 어미가 새끼를 보호할 때 방어적인 공격성을 촉진하기도 하는데, 심리학자들은 이를 '돌봄-방어 반응(tend and defend response)'이라고 부른다.

나는 이 본능적인 돌봄의 힘이 작동했던 때를 결코 잊지 못한다. 아들 로완과 그의 아버지인 루퍼트와 함께 야생동물 탐험을 위해 루마니아를 여행한 적이 있다. 우리는 불곰을 찾으러 갔었는데, 전혀 상상하지 못했던 일이 벌어진 것이다. 당시 로완이 아홉 살이 되었을 무렵이었다. 우리는 하룻밤을 묵기 위해 시골의 여관에 들렀고 작은 객실에서 짐을 풀려고 하던 참이었다. 우리를 안내하던 현지 가이드는 중년의 나이인 여관 주인과 대화를 하고 있었고, 잠시 후 그는 루퍼트와 개인적으로 이야기하기를 원했다. 루퍼트는 화가 난 채로 방으로 돌아왔다.

"가이드가 여기서 오늘 머물 수가 없다고 하네. 여관 주인이 로완이 자폐아라 걱정이 된다는군. 벽에 낙서를 할지도 모르고 발코니에서 뛰어다녀서 다른 손님들에게 방해가 될까 봐 말이지……."라고 그가 말했다.

나는 머리를 한 대 얻어맞은 듯했다. 로완은 분명 자폐증이 있었지만 그때는 그 어떤 식으로도 말썽을 부리지 않고 있었다. 루퍼트는 "내가 여관 주인을 한번 설득해 볼게."라며 방을 나갔고, 나는 내면에서 무언가 끓어오르는 것을 느끼기 시작했다. 심장에서 시작되어 그 기세가 점차 커지더니 내 몸 전체를 가득 채웠는데, 나보다 훨씬 큰 어떤 원초적 에너지였다. 마치 화산이 폭발하는 힘이 내 안에서 솟아나는 느낌이었다. 나는 여기가 루마니아라는 것을 떠올렸다. 과거 '정신적 결함'을 가진 아이들을 고아원에 보내 방치하고 학대해서 아이들이 아주 처참한 모습으로 발견된 적이 있었던 나라였다. 그 아이들은 걷거나 놀아 본 적도 없이 수년을 침대에서 지내야 했었고, 조금만 움직여도 뼈가 부러질 정도로 방치되어 있었다.

나는 로완이 안전한지 확인한 다음, 여관 주인에게 항의하기 위해 아래층으로 내려갔다. 어떻게 해야 할지 몰랐지만 일단 내면의 그 에너지는 압도적이었다. 여관 주인은 현지 가이드와 루퍼트와 함께 서 있었고 내가 갑자기 주방으로 뛰어들자 소스라치게 놀랐다. 나는 손가락으로 정확히 그녀를 가리키며 소리쳤다. "당신 정말 형편없이 편협한 사람이네요. 방값이나 내놓으세요. 여기서는 머물지 않을 거예요!" 그녀는 영어를 할 줄 몰랐지만 내가 뭘 말하고 있는지 이해했다. 나의 분노에 겁먹은 얼굴로 주방 구석에 움츠러들었다. 나는 부엌 문을 세게 닫고 나오며 말했다. "우리 갈게요."

엄마 곰 에너지에 완전히 장악당했던 이 경험은 내가 가장 생생히 기억하는 것 중 하나이고 그 힘은 내가 느끼기에도 경외스러웠다. 적극성과 부드러움을 좀 더 능숙하게 통합하여 로완에 대한 그녀의 반응이 부당하다는 것에 초점을 맞추었다면 더 좋았겠지만, 나는 아직 그런 경지에 이르지는 못했었다. 분노를 표현할 때 그것 또한 돌봄이 될 수 있도록 내 힘을 다스리는 것을 그때는 알지 못했다. 하지만 그 경험은 아이를 보호할 때 나오는 엄마의 폭발적인 힘에 대한 통찰을 주었고 세상에 필요한 변화를 만들어 내는 데 이 힘이 어떻게 활용될 수 있을지 인식하게 되었다. 이 적극적인 힘은 우리의 작은 자아에서 나오는 것이 아니라는 점을 기억하는 것이 중요하다. 그 목표가 고통의 완화에 있을 때 자신과 타인에 대한 연민에서 비롯된 것으로 사랑 그 자체로부터 나오는 힘이다.

## 역량 강화

보편적 인간경험에 대한 자각이 보호를 목적으로 드러나기 위해서는 역량 강화가 핵심이다. 파키스탄 출신의 여성교육 운동가이자 최연소 노벨상 수상자인 말랄라 유사프자이$^{Malala\ Yousafzi}$는 "나는 목소리를 높입니다. 내가 소리칠 수 있기 때문이 아니라, 자기 목소리를 내지 못하는 사람들에게 들려주고 싶기 때문입니다. 우리 중 절반이 나서지 못하면 결국 우리가 함께 성공할 수는 없습니다."라고 말했다. 진실은 우리가 자신을 보호할 때마다 다른 모든 사람을 보호하는 것이기도 하다는 데 있다. 우리는 혼자가 아니라는 것을 알기 때문에 형제, 자매들과 연대한다. 수가 늘면 힘도 늘어난다.

두려움과 수치심 때문에 우리가 연결되어 있다는 사실을 잊고 고립감을 느낄 때는 무력감이 든다. 당면하고 있는 이러한 문제들은 개개인의 힘으로는 대적해 낼 수 없기 때문에 아무것도 바꾸지 못한다고 생각할 수도 있다. 그렇게 혼자라는 느낌이 들 때 실제로 자신을 보호하기는 매우 어렵다. 진화론적으로 우리는 결코 개인으로는 살아남을 수 없다. 인간은 사회 집단 속에서 협력하며 살도록 진화되었고, 인류의 번성 또한 협업능력이 있기에 가능했다. 이러한 사실을 기억하고 행동할 때 우리는 힘을 얻게 되는 것이다.

여성, 유색인종, 성소수자, 장애인, 비정규직 노동자, 이민자 등 우리처럼 고통받고 있는 다른 사람들에 공감할 수 있을 때, 우리는 보편적 인간경험을 느낄 수 있다. 그리고 우리가 동일시하는 집단을 보호하기 위한 행동에 나서는 것은 적극적 자기연민을 실천하는 것이다. 전통적인 권력 개념은 돈, 토지, 식량과 같은 자원을 통제하거나 정보를 왜곡하거나 군사력을 통해 행동을 강요함으로써 다른 사람들을 지배하는 것과 관련이 있다. 그러나 오늘날 몇몇 사회심리학자들은 권력의 근간이 되는 것은 실제로 집단 정체성이라고 주장한다. 오스트레일리아대학교의 존 터너John Turner는 "집단 정체성과 영향력은 사람들에게 집단 행동과 협력적 노력의 힘, 즉 세상에 영향을 미치고 공동의 목표를 추구할 수 있는 힘을 부여하며, 이는 구성원 개개인이 고립된 상태에서 발휘하는 것보다 훨씬 더 큰 힘을 냅니다."라고 했다. 우리가 자신을 보호하기 위해 더 큰 전체와 나를 동일시할 때, 그 집단의 일원으로서 나는 더 강해질 수 있다.

보편적 인간경험의 지혜는 우리가 더 강해지는 데 도움이 될 뿐만 아니라 성별, 인종, 민족, 계급, 종교, 성적 지향, 장애 여부, 신체 유형 등에 기반한 다양한 집단과 동일시할 수 있으며, 이러한 정체성이 교차되고 공존할 수 있다는 것을 이해하도록 돕기도 한다. 공유된 정체성을 바탕으로 다른 사람들과의 연결을 존중하는 동시에 나 자신이 표현하게 되는 정체성의 고유함을 존중할 수도 있다. 이때 우리는 더 큰 그물망 속에 자신을 위치시킬 수 있을 것이다. 예를 들어, 트랜스젠더이고 무신론자인 신체 건강한 라틴계의 여성이 있다. 이 여성은 시스젠더이고 천주교도인 신체적으로 장애가 있는 라틴계 여성과는 다른 삶을 경험할 것이다. 우리가 자신보다 더 큰 무언가에 연결되어 있다는 인식과 함께 우리 자신의 고유성을 받아들일 때, 진정으로 우리의 힘을 발휘할 수 있게 된다.

인간의 보편적 경험에 대한 인지는 우리가 정의에 맞서 싸울 수 있는 힘을 갖게 한다. 이탈리아 연구자들은 자기연민의 이런 측면이 타인의 관점을 수용하는 능력을 향상시켜 외집단에 대한 긍정적인 태도를 촉진시킨다는 것을 발견했다. 예를 들어, 연구에서는 "우리 사회는 노숙자들의 복지를 좀 더 보호해야 한다."와 같은 문항에 대해 자기연민적일수록 더 긍정적으로 응답했다. 상호의존성을 이해하면 차별과 불공정한 특권의 불편한 현실을 더 쉽게 볼 수 있다. 또한 차별을 당했을 때 강인함을 유지하는 데도 도움이 된다. 누군가 나를 모욕하고 그것을 내가 사적인 것으로 받아들인다면, 나는 약해지고 두려워지게 된다. 나의 정체성이 더 큰 전체의 일부라는 사실을 잊은 채로 위협을 당한다면, 다른 사람들과의 단절감은 그 위험을 더 크게 느끼도록 한다. 하지만 나 또한 모든 인간과 마찬가지로 존중 받을 권리가 있다는 것을 떠올릴 때, 그것은 더 이상 개인적인 문제가 아니라 보편적인 원칙의 문제가 되므로 우리 공통의 권리를 더 강하게 옹호할 수 있게 된다.

로자 파크스[Rosa Parks]는 버스에서 백인 승객에게 자리를 양보하라는 운전사의 명령을 거부한 사건[1]에 대해 이렇게 말했다. "나는 내가 앉아 있던 자리에 그대로 앉을 권리가 있다고 생각했어요. 그래서 운전기사에게 일어나지 않겠다고 말한 거예요. 나는 그가 저를 구속시킬 수 있다는 걸 알고 있었어요. 그렇지만 자리에서 일어나지 않은 이유는 우리가 한 개인으로서, 한 민족으로서 부당한 대우를 받고 있다는 사실을 이 기사에게 알리고 싶었기 때문이었어요." 이러한 저항을 가능하게 하는 힘은 그녀가 그 순간에 고립감에 빠지기보다는, 공동체와 연결해서 문제를 바라보는 데서 나오는 것이었다. 말할 필요도 없이 이 믿을 수 없는 적극적 자기연민의 용기 있는 행동이 미국 흑인 인권 운동에 불을 지폈다.

---

1  1955년 12월 1일, 미국 앨라배마주 몽고메리의 한 버스 안에서 있었던 사건이다. 백인 남성에게 자리를 양보하라는 요구를 받은 로자 파크스는 거부했고, 이는 당시 미국 남부에서 엄격하게 시행되던 인종 차별 법률에 대한 공개적인 저항이었다. 이 행동은 당시 아프리카계 미국인들이 겪고 있던 차별과 불의를 상징적으로 드러냈으며, 많은 사람에게 용기를 주었다. –역자 주

## 명확성

보호를 위한 마음챙김은 진실을 외면하지 않고 상황을 명확하게 볼 수 있도록 해 준다. 때때로 우리는 피해를 입는 상황을 인지하고 싶지 않을 때가 있다. 예를 들어, 남자 직원이 대부분인 회의에서 상사가 "커피 좀 부탁해도 될까요?"라고 부드럽게 요청하면 여성들은 이를 문제 삼기보다는 웃어넘기면서 해 주는 것이 더 쉬울 수 있다. 마음 한 구석에서는 불편감을 느끼더라도 동료들로 가득 찬 회의실에서 은근히 무시당했다는 사실에 직면하지 않기 위해 별일 아니라고 스스로를 속일 수도 있는 것이다. 이것은 또한, 그 요청을 거부했을 때 일어날 수 있는 후폭풍에 대처할 필요가 없다는 뜻이기도 하다.

긁어 부스럼이라는 말이 있듯, 차라리 하지 않는 것이 더 쉽기 때문에 문제를 회피하려는 경향이 우리 사회에 만연해 있다. 기후 변화로 인해 지구는 인류의 생존뿐 아니라 전 지구의 균형을 위협하는 위기로 치닫고 있다. 하지만 앨 고어^Al Gore의 말처럼 '불편한 진실'이기 때문에 많은 사람이 이 위협을 무시하거나 관심을 기울이지 않는다. 마찬가지로, 많은 백인이 인종 불평등이라는 가혹한 현실을 인정하지 않는 것은 그것이 너무 큰 혼란을 일으킬 수 있는 문제이기 때문이다. 유색인종의 고통과 이러한 고통을 지속시키는 시스템에 내가 연루되어 있음을 인정하는 것은 너무나 고통스럽다. 우리는 마음의 평화를 유지하기 위해 고개를 돌린다. 이는 곧 조직적인 인종차별로부터 얻은 특권에 대해 의문을 제기할 필요가 없다는 뜻이기도 하다. 우리는 그 행동에 마치 아무런 대가나 영향이 없는 것처럼 계속 해 왔던 대로 한다.

보호를 목적으로 하는 마음챙김은 마음의 평화를 가져다주는 것이 아니라 오히려 그 반대의 결과를 가져온다. 마음챙김은 해를 끼치는 행동에 빛을 비추어 변화해야 할 부분을 드러내게 된다. 마음챙김은 우리 자신과 타인을 보호하기 위해 진실을 보고 말하도록 해 준다. 조화와 균형의 관점에서 문제를 과장하거나 축소하지 않고 그렇게 하는 것이다. 고통을 덜기 위한 마음챙김은 진실이 아무리 괴롭고 불편하다고 하더라도 진실을 온전히 담아낼 수 있을 만큼 명확하고 광대하다. 마음챙김은 불쾌한 사실을 무시함으로써 저항하지 않으며, 그렇다고 극적으로 과장하지도 않는다. 있는 그대로를 바라본다.

소개팅 상황을 가정해 보자. 상대가 특별한 이유 없이 45분이나 늦게 도착한 상황에서, 우리는 세 가지 대응 방법이 있다. 첫 번째는 데이트가 잘 진행되기를 바라기 때문에 그냥 무시하고 대수롭지 않게 넘어가는 것이다. 하지만 이렇게 했을 때, 잠재적 위험 사인을 놓칠 가능성이 크다. 이 상황은 어쩌면 상대방의 신뢰도에 대한 경고일지도 모르기 때문이다. 두 번째 반응은 상대에 대해 매우 실망하는 것이다. 그래서 상대를 냉정하고 배려할 줄 모르는 나르시시스트로 완전히 규정해 버린다. 이 반응 또한 상황을 명료하게 인식하는 것은 아니다. 상대방이 늦은 데는 자기중심적인 태도와 전혀 상관없는 다른 이유가 있을 수도 있기 때문이다. 마지막으로, 마음챙김적 접근 방식은 일단 일어난 일을 받아들이고 침착하게 직접적으로 물어보는 것이다. 또 그 열린 마음으로 상대의 설명이 무엇을 의미하는지 인지한다. 이런 명확성은 평정심과 안정감을 주고, 다음 단계를 위한 현명한 선택을 할 수 있게 한다.

공개적으로 자신의 의사를 분명하게 말하든 품위 있게 침묵을 지키든, 우리는 적극적 자기연민을 통해 스스로를 위험으로부터 보호하면서도 개방적인 자세로 대응할 수 있다. 선불교 지도자인 조안 핼리팩스Joan Halifax는 이 적극적인 태도를 (외유내강과 유사한) '강한 마음과 부드러운 태도(strong back and soft front)'로 표현했다. 내면은 흔들리지 않으면서도, 외면은 폐쇄적이거나 방어적이지 않도록 부드럽게 행동할 때, 가장 효과적인 방식으로 행동할 수 있다.

## 보호를 위한 자기연민 휴식

이 실습은 자기연민 휴식의 다른 버전이다. 자기보호를 위한 적극적 자기연민을 불러일으킬 수 있는 용기와 역량강화, 명확성을 목표로 한다(이 실습의 오디오 안내 버전은 FierceSelf-Compassion.org에 수록되어 있다).

## ▌실습 안내▐

여러분의 삶에서 자신을 보호하거나, 경계를 정하거나, 누군가에게 맞서야 할 필요성을 느낀 상황을 생각해 봅니다. 예를 들어, 동료에게 이용당하고 있거나, 이웃이 밤 늦게까지 음악을 크게 틀어놓았거나, 친척이 계속해서 그들의 정치적 견해를 강요하는 상황일 수도 있습니다. 다시 한번 강조하지만, 매우 위협적인 상황이 아니라 여러분이 느끼기에 압도되지 않을 정도의 상황을 선택하여 이 실습의 기술을 익히는 것이 좋습니다. 마음속으로 상황을 떠올려 봅시다. 상황을 유발한 특정 사람이나 집단에 너무 집중하지 말고 피해 그 자체에 집중합니다. 무슨 일이 일어나고 있나요? 일이 어떻게 전개되고 있나요? 경계가 침해당하고 있나요? 아니면 위협이나 부당함의 상황인가요? 올라오는 감정이 어떤 것이든 있는 그대로 느껴 봅니다. 두려움, 분노, 좌절감인가요? 이제, 일어나고 있는 상황을 뒤로하고 신체 감각으로 그 불편함을 감지할 수 있는지 살펴봅니다. 몸에서 느껴지는 감각을 그대로 허용합니다.

이제 앉거나 일어서서 어깨를 뒤로 살짝 젖혀 힘과 결단력이 발휘될 수 있는 몸의 자세를 취해 봅니다. 여러분은 적극적인 보호가 필요한 상황에 맞게 고안된 자기연민의 세 가지 요소가 포함된 문구를 (소리를 내거나 또는 마음속으로) 말할 것입니다. 제안된 문구가 있기는 하지만, 이 실습의 목표는 결국 여러분이 개인에게 알맞은 문구를 찾아내는 데 있습니다.

- 첫 번째 문구는 일어나고 있는 일에 주의를 기울이는 데 도움이 됩니다. 피해를 주는 사람보다는 피해 자체에 집중하면서 "나는 지금 일어나고 있는 일의 진실을 분명히 본다."라고 천천히, 그리고 확신에 찬 목소리로 스스로에게 말합니다. 이것이 바로 있는 그대로를 보는 마음챙김입니다. "이건 옳지 않아." "나는 이런 대우를 받아서는 안 돼." "이건 불공평해."라고 말할 수도 있습니다. 자신에게 맞는 말을 찾아 보세요.

- 두 번째 문구는 보편적 인간경험, 특히 연결의 힘을 떠올리도록 도와주는 문구입니다. 자신을 보호하면서도 다른 사람들로부터 힘을 얻을 수 있도록 돕기 위한 것입니다. 한번 말해 봅니다. "나는 혼자가 아니야. 다른 사람들도 이런 일을 겪은 적이 있어." 또 다른 대안 문구로 "나를 위해 당당히 서는 것이 모든 사람을 위해 당당히 서는 거야." 또는 "모든 인간은 정당한 대우를 받을 가치가 있어." 아니면 간단하게 "나도 마찬가지야."라고 말해 봅니다.

- 이제 힘과 용기의 제스처로 주먹을 가슴 위에 올려 봅니다. 스스로를 안전하게 지킴으로써 여러분 자신에게 친절해지겠다고 다짐합니다. 세 번

째 문구로 "나는 나를 보호할 거야."라고 자신 있게 말합니다. 다른 대안 문구로는 "나는 물러서지 않을 거야." 또는 "나는 이것에 맞설 수 있을 만큼 충분히 강해."라고 말할 수도 있습니다.

- 만약 적절한 문구를 발견하는 데 어려움이 있다면 여러분이 진정으로 보살피는 누군가가 여러분과 동일한 방식으로 괴롭힘을 당하거나 위협받는다고 상상해 봅니다. 여러분은 그 사람이 강해지고 용기를 갖고 당당히 일어설 수 있도록 어떤 말을 들려줄 수 있을까요? 이제 그 말을 자신에게 들려줄 수 있나요?

- 마지막으로, 남은 한 손으로 여러분의 가슴 위에 있는 주먹을 부드럽게 감쌉니다. 이 동작은 용감하고 역량이 강화된, 명확함을 담은 적극적인 에너지와 자애, 연결된 현존의 부드러운 에너지를 결합시키는 행동입니다. 여러분이 분노, 결단력, 진실의 힘을 느낄 수 있도록 허용하면서 이 힘이 돌봄의 에너지로 이어질 수 있도록 합니다. 다만, 기억해야 할 것은 적극적 자기연민이 향하는 방향은 피해나 부당함 그 자체이지, 해를 일으킨 사람이 아닙니다. 그들도 인간이고 여러분도 인간입니다. 자애의 마음으로 행동을 취할 수 있는 적극적인 에너지를 여러분 내면에서 불러올 수 있나요?

이 실습 후에 여러분은 스스로 매우 활성화된 느낌을 받을 수 있습니다. 이때, 자신을 돌보기 위해 할 수 있는 것을 합니다. 몇 번의 깊은 심호흡이나 가벼운 스트레칭을 할 수 있으며 48쪽에 나와 있는 발바닥 명상을 해도 좋습니다.

## 경계선 긋기

　적극적인 보호의 에너지는 우리에게 명확한 경계선을 긋고 거절할 수 있는 힘을 준다. 여성은 양보하고 수용하도록 사회화되어 왔으며, 이것이 우리를 가치 있게 만들고 "아니요."라고 할 때 사람들이 우리를 좋아하지 않을 것이라고 믿는다. 우리는 미소 짓고 친절하게 대하며 늘 "예."라고 말해야 한다고 생각한다. 이 훈련은 일찍부터 시작되었다. 부모님은 우리가 부모님의 뜻에 따를 때 사랑과 애정을 주었다. 선생님과 상사, 파트너도 마찬가지였다. 그렇게 성인이 되면 여성으로서의 가치와 상냥함에 대한 인식을 분리해서 생각하기가 어려워지는 것이다. 우리의 자기개념은 이렇듯 보살핌과 순종의 자질로 형성된다. 하지만 이러한 사회화는 우리가 자신을 보호하기 위해 일어설 수 있는 힘을 빼앗는다. 실제로 특정 개인은 그들이 원하는 것을 우리가 제공하지 않는다는 이유로 우리를 좋아하지 않을 수 있다. 하지만 우리가 자기연민과 함께할 때에는, 타인의 긍정적인 평가에 크게 의존하지 않는다. 따라서 타인을 기쁘게 하는 것보다 자신의 온전함을 선택하고 타인의 부정적인 반응이 있을 때 스스로를 지지하고 돌볼 수 있게 된다.

　가끔은 불친절하고 무례한 사람이 되고 싶지 않기 때문에 경계선을 긋는 것이 쉽지 않을 수도 있다. 서로의 관계를 유지하기 위해서 예의와 상호존중이 필요한 것은 맞지만, 그렇다고 해서 타인이 나를 쉽게 짓밟게 하고 싶지는 않다. 우리는 상황에 따라 원하고 필요한 만큼 열거나 닫을 수 있는 '문'이 되기를 원한다. 줄리 드 아제베도 행크스Julie de Azebedo Hanks는 본인의 저서인 『The Assertiveness Guide for Women』에서 무례하지 않게 거절할 수 있는 유용한 문구들을 제시하기도 했다. 그녀가 제안한 거절 응답은 다음과 같은 것들이 있다. "그건 저한테는 그렇게 효과가 없을 것 같네요." "부탁해 주셔서 감사하지만 저는 그럴 수 없어요." "지금 당장은 그렇게 할 수가 없어요." 또는 "지금은 어렵지만 상황이 바뀌면 알려 드릴게요." 우리가 모호하지 않고 명백하게 "아니요."라고 말할 때("음, 글쎄……"와 같은 답변으로 회피하는 것이 아니라), 상대방에게 우리의 입장을 들을 수 있는 공간을 마련해 줄 수 있다. 또 다른 대응 문구로는 "정말 도와드리고 싶지만 저 자신을 돌보려면 거절해야 할 것 같습니다."라고 할 수도 있다. 거절이 자기돌봄의 행위로 여겨질 때, 궁극적으로 우리는 누구나 자신의 행복에 대한 책임이 있으며 자기친절이 때로는 거절로 이어질 수 있음을 주지시킬 수 있다. 이는 결국 상대방도 필요에 따라 거절할 수 있도록 허용하는 것이기도 하다.

　자기연민은 우리가 동의하는 행위와 원치 않는 행위 사이에 명확한 선을 긋는 데 도움이 된다. 동료가 모욕적인 농담을 할 때, 친구가 우리에게 진실하지 못할 때, 시어머니가 과도하게 간섭을 할 때, 우리는 이런 행동이 용인될 수 없음을 그들에게 알릴 필요가 있다. 상대를 만족시키고, 화나지 않게 하는 데만 너무 집중하다 보면 이러한 상황을 그냥 묵인해 버리는 함정에 빠지게 된다. 침묵을 수용하고 있는 것으로 상대가 해석하지 않도록 경계해야 한다. 만약 그렇게 하지 않는다면 그것은 미래의 나쁜 행동을 암묵적으로 조장하는 것이나 마찬가지이다. 보호를 위한 적극적 자기연민은 우리가 원치 않거나 명백히 옳지 않은 것에 "아니요."라고 말할 수 있는 힘과 결단력을 준다. 적극적 자기연민은 우리가 자신에게 충실할 수 있는 원동력이다.

## 해로움으로부터 자신을 보호하기

때로는 경계선을 긋는 것 이상의 보호가 필요할 때가 있다. 누군가의 정서적 또는 신체적 학대로부터 자신을 적극적으로 보호해야 한다. 그와 같은 상황에 대처하는 법을 이 책에서 상세하게 논의하는 데는 한계가 있다. 그러므로 여기에서는 용기와 역량이 강화된 명확함이 어떻게 우리를 안전하게 지켜 줄 수 있는가에 대한 기본 원리를 간략히 설명하고자 한다. 첫째, 우리는 일어나고 있는 일에 대한 진실을 알 수 있다. 우리에게 해로운 사람이 사랑하는 사람이라면 그것은 참으로 고통스러운 일이다. 하지만 상황을 축소시키는 것은 일을 더욱 악화시키는 결과를 가져온다. 우리가 자신을 보호하고자 한다면 지금 일어나고 있는 일을 명료하게 파악할 수 있어야 한다. '괜찮지 않아. 잘못되고 있어. 이제 그만 멈추어야 해.'

또한 우리는 같은 경험을 가진 사람들과 온라인이나 지지 단체를 통해 소통할 수도 있다. 우리는 혼자가 아니다. 슬프게도 수없이 많은 사람은 우리와 같은 고통을 겪었다. 우리 자신을 탓하거나 그 문제를 개인적으로 받아들일 필요는 없다. 상황은 언제나 복합적인 요인에 의해 생겨나며, 그 요인들 중 상당 부분은 우리가 통제할 수 없는 것들이다. 우리는 스스로를 보호함으로써 모든 여성을 옹호하고 있음을 인식하고, 비슷한 상황을 함께 견뎌 낸 여성들로부터 힘을 얻을 수 있다.

피해를 멈추기 위한 용기를 갖기 위해, 내면의 엄마 곰 에너지를 이용하여 그 적극성을 자신을 보호하는 행동으로 전환시킬 수 있다(113쪽의 분노 다루기, 195쪽의 보호를 위한 자기연민 휴식, 또는 206쪽의 적극적 친구 명상 참조). 또한 해를 입힌 사람에게 직접적으로 대응할 수도, 관계를 끝낼 수도, 범죄 행위인 경우라면 당국에 신고하는 행동으로도 이어질 수 있을 것이다. 무엇보다 중요한 것은 우리 자신을 보호하기로 굳게 결심을 하는 데 있다. 단, 가장 위험한 시기가 학대적인 관계를 정리하는 시기일 수 있으므로 현명하고 신중한 계획이 필요하다. 내면의 지혜가 더 이상 두려움이나 불확실성에 의해 방해받지 않으면, 우리는 최선의 조치를 결정할 수 있게 된다.

마지막으로, 안전한 상태가 확보되면 치유 작업을 시작하는데, 이때는 부드러운 자기연민을 활용할 수 있으며, 정신 건강 전문가의 도움을 받는 것도 도움이 될 수 있다(142쪽의 연민 어린 편지 쓰기 실습도 유용하다). 음과 양이 통합되면, 자신을 향해 마음의 문을 열어 두더라도 해로움을 초래하는 사람들에 대한 경계를 늦추지 않을 수 있게 된다.

## 트라우마 극복하기

다행히도 자기연민은 신체적·정서적 피해를 극복하는 데 필요한 회복력을 제공한다. 성적 학대를 주제로 진행된 한 연구에 따르면, 자기연민 실습이 여성들로 하여금 대인 폭력으로부터의 회복에 도움을 줄 수 있다고 한다. 애슐리 배츠 앨런Ashley Batts Allen과 동료들이 실시한 연구에서 가정 폭력 쉼터에 있는 여성들을 대상으로 6주간 자기연민 지원 그룹과 만남을 갖게 한 후 그 경과를 조사했다. 자기연민 지원 그룹의 진행자들은 토론, 경험 공유, 정서적으로 어려운 상황에서 자기연민이 어떻게 발현될 수 있는지에 대한 탐색, 글쓰기 등 다양한 실습을 안내했다. 이를 통해 참가자들에게 일상에서 자기연민을 활용하는 방법을 지도한 것이다. 교육 후 여성들은 역량이 강화되었으며(특히, 다른 사람을 대하는 것이 편안해짐), 더 긍정적이고 자신감이 생겼고, 정서적·신체적 편안함을 느꼈다.

자기연민은 트라우마를 경험한 사람 누구에게든 막강한 용기를 불어넣어 준다. 개인 간의 폭력이나 성폭력, 차별, 자연재해, 심각한 사고 또는 전쟁 등 모든 유형의 트라우마에서 그렇다. 트라우마의 여파는 충격적인 사건이 지나간 후에도 오랫동안 지속될 수 있다. 일반적인 후유증은 외상 후 스트레스 장애(Post-traumatic Stress Disorder: PTSD)를 들 수 있겠다. PTSD는 심각한 심리적 충격으로 수면장애, 계속해서 생생하게 떠오르는 피해의 경험, 다른 사람이나 외부 세계에 대한 무딘 반응 등을 동반한다. 하지만 트라우마를 경험한 후 자신에 대해 연민 어린 마음을 가질 때 PTSD 발병률은 낮아지며, 보다 빠르게 안정된 상태로 돌아오게 된다.

참전용사들에 대한 연구가 이러한 점을 명확하게 설명해 준다. 나는 이전에 이라크 전쟁과 아프가니스탄 전쟁에 참여했던 미국 퇴역 군인들을 대상으로 한 연구에 참여한 적이 있다. 그 연구에서 자기연민 지수가 높을수록 PTSD 증상이 덜하고, 일상생활을 더 잘 수행하며, 알코올 남용의 가능성이 적고, 자살에 대한 생각을 덜하는 것으로 나타났다. 이러한 연구 결과가 나타난 한 이유는, 자기연민이 수치심과 타인과의 단절감을 줄여 줄 수 있기 때문이다. 미국 보훈부(The Department of Veterans Affairs)에서 실시한 연구에서는 전쟁에 노출된 강도보다 자기연민의 정도가 PTSD의 발병 여부를 예측하는 더 강력한 변수라는 사실이 밝혀졌다. 해당 연구에서, 자기연민의 정도는 군인들이 복무를 마치고 돌아온 후 자신을 가혹하게 비판하기보다는 스스로를 따뜻함과 지지의 마음으로 대하는 것을 측정했다. 즉, 군인들이 '얼마나 많은 전쟁의 참상을 보았는가'보다 더 중요한 것은 전쟁의 후유증 속에서 '자기 자신과 얼마나 연민적으로 교감했는가'였다. 그들은 스스로를 지지하고 격려하는 내면의 동료였을까? 아니면 무자비하게 자신을 베어 버리는 내면의 적이었을까? 분명한 것은 전투에 나갔을 때나 집에 돌아왔을 때 자신의 아군이 되는 것이 스스로를 더 강하게 만든다는 것이다.

자기연민은 편견과 차별의 트라우마에 대처하는 데도 도움이 된다. 최근 370명의 시스젠더 여성을 대상으로 한 연구에서는, 남성의 성차별적인 미묘한 공격(강간에 대한 농담이나 몰지각한 발언, 여성의 신체에 대한 비하적 발언 등)이 여성들에게 미치는 트라우마적 영향을 조사했다. 그결과, 자기연민적인 여성은 이러한 성차별적 행위에 맞닥뜨렸을 때 더 큰 회복 탄력성을 보여 주었고, 이후의 일상생활에 영향을 끼칠 수 있는 부정적인 감정을 덜 경험한 것으로 드러났다.

자기연민은 종종 다르다는 이유로 낙인이 찍히는 성소수자(LGBTQ+) 청소년들에게도 강력한 자원이 될 수 있다. 이들은 특정 종교 단체로부터 자신들은 사악하고 잘못되었다는 말을 노골적으로 듣고, 미디어에서 묘사하는 청소년들의 삶과 본인의 것이 다르다는 것을 인식하면서 자신이 비정상이라는 암묵적 메시지를 받게 된다. 또한 이성애자나 시스젠더 또래에 비해 훨씬 더 많은 비율로 신체적·언어적 학대를 당한다. 이러한 지속적 괴롭힘은 성소수자 청소년의 불안, 우울, 자살 충동 발생률을 높이는 원인이 된다.

위스콘신대학교의 아브라 비냐^Abra Vigna와 동료들은 미드웨스턴 고등학교의 청소년 성소수자를 대상으로 그들이 학교폭력을 당했을 때, 그 고통을 이겨 내는 데 자기연민이 어떤 도움이 되는지 연구했다. 그결과, 자기연민적인 청소년들은 학교폭력, 위협, 희롱에 더 잘 대처하고 괴롭힘으로 인해 불안해하거나 우울해할 가능성이 적었다. 두 번째 연구는 성적 지향뿐 아니라 인종으로 인해 학교폭력을 당하는 유색인종의 10대 성소수자들을 대상으로 진행되었다. 그들에게서도 자기연민이 불안과 우울, 자살 충동을 감소시켰다는 것이 밝혀져, 결국 자기연민의 힘이 자기보호의 원천임을 분명히 보여 주었다.

사실, 자기연민은 '외상 후 성장(post-traumatic growth)'—트라우마적 경험으로부터 배우고 성장하는 것—으로 이어진다는 것도 밝혀졌다. 좀 더 자기연민적인 사람은 과거의 위기로부터 얻은 긍정적인 측면, 예를 들면 타인과의 친밀감, 자신의 삶의 가치에 대한 더 큰 인식, 개인적인 능력에서의 더 높은 자신감 등을 더 잘 볼 수 있게 된다. 자기연민은 좌절이 우리를 위축시키게 만들지 않고 오히려 배움의 기회로 바꾸어 준다. 용기, 강화된 역량 그리고 명확함의 힘을 활용함으로써 삶을 주도적으로 이끌고 더 용감하게 결단력을 갖고 도전에 대처할 수 있다. 당시에는 감당할 수 없을 것만 같았던 상황을 냉정함이 아니라 따뜻함과 연민으로 헤쳐 나갈 때, 우리는 이미 우리 안에 있었지만 미처 알지 못했던 힘을 발견하게 된다.

## 어린 시절 극복하기

적극적 자기연민은 우리가 어린 시절의 트라우마를 극복하고 건강한 성인으로서 잘 기능할 수 있는 용기를 준다. 부모나 보호자에게 학대를 받은 아이들은 특히 그 상처가 깊다. 이런 경우 자기연민적인 성인이 되기가 더 어려운데, 그 이유는 어린 시기의 사랑과 돌봄의 느낌이 두려움과 고통의 느낌과 결합되어 있기 때문이다. 하지만 정신 건강 전문가의 도움을 받으면 초기 트라우마를 연민적으로 대하는 것을 배울 수 있고, 이를 통해 심각한 고통에 대처하는 능력을 기르게 된다. 우리가 자신의 부모가 되어 여러모로 어린 시절 받지 못했던 무조건적인 사랑과 돌봄, 안전을 자신에게 제공한다. 이 과정은 시간이 걸리는 일이지만 지속적으로 자기연민 수행을 실천한다면 결국 성인으로서도 안정된 애착관계를 개발해 낼 수 있다. 우리는 스스로의 따뜻함과 지지적인 태도를 원천으로 삼아 의지하는 법을 배울 수 있으며, 이는 삶의 도전에 맞설 수 있는 안정된 기반을 마련하는 것과 같다. 한 연구에서는 어린 시절 성적 또는 신체적 학대를 당한 여성들을 조사했는데, 성인이 되어 자신의 경험에 대해 자기연민적이 되도록 학습한 여성들의 회복탄력성이 더 높다는 것을 알 수 있었다. 이에 삶에서의 좌절을 더 수월하게 딛고 일어설 수 있으며, 압박감 속에서도 집중력을 잃지 않고, 의욕이 꺾이지 않는 것으로 나타났다.

연민중심치료(Compassion Focused Therapy: CFT)는 어린 시절 트라우마를 가진 사람들이 자기연민을 이용하여 그들이 느끼는 고통과 극심한 수치심에 대처할 수 있도록 고안된 일종의 심리치료이다. 연민중심치료의 고안자인 폴 길버트Paul Gilbert는 회복을 위해서는 부드러운 자기연민뿐만 아니라 적극성 또한 중요하다는 것을 오랫동안 인식해 왔다. 그는 "연민은 분노와 분노에 솔직해질 수 있는 용기를 기르는 것이지, 분노와 화를 달래서 없애는 것을 의미하는 것은 아닙니다."라고 말했다. 실제로 달래는 것은 안식처로서 유용한 부분이 있지만, 필요한 일에 용기 있게 참여하기 위한 준비 과정에서도 유용하다. 연민중심치료 상담사는 내담자가 고통스러운 감정이나 끔찍한 기억을 경험할 때 자신에게 위안을 줄 수 있고, 스스로를 위해 일어날 수 있는 용기를 발견하는 과정에서 안전한 느낌을 확보할 수 있도록 가르친다. 연구에 따르면, 이러한 접근 방법은 자신을 해치려는 사람에 대해 더 단호하고 덜 복종하는 데 도움이 된다고 한다. 한 영국 여성은 연민중심치료에 참여한 후, "치료에 참여하면서 저는 마치 하루하루를 더 잘 견뎌 낼 수 있는 연민의 갑옷을 입은 것 같아요. 제 삶의 모든 부분을 연민적으로 대할 수 있는 안전 갑옷을 얻게 되어 내가 더 강해지고 힘이 생긴 것처럼 느껴요."라고 전했다. 여러 연구에 따르면, 이 접근법은 사람들이 과거를 치유하고 미래로 담대하게 나아가는 데 필요한 자원을 제공한다는 면에서 효과성을 보인다.

## 적극적 친구 명상

이 실습은 연민중심치료에서 처음 개발되었으며, 지금은 MSC에서도 활용하고 있는 연민 어린 친구(Compassionate Friend) 명상을 실습 목적에 맞게 조정한 것이다. 자신을 보호할 필요가 있을 때마다 돌봄의 힘이 내재된 적극적인 친구의 이미지를 언제든지 불러낼 수 있도록 도와주는 실습이다(이 실습의 오디오 안내 버전은 FierceSelf-Compassion.org에서 이용할 수 있다).

## | 실습 안내 |

- 앉거나 누워 편안한 자세를 취합니다. 부드럽게 눈을 감고 몇 번의 깊은 호흡으로 여러분의 몸에 안착해 봅니다.

### 안전한 장소

- 벽난로가 있는 아늑한 방, 따뜻한 햇살과 시원한 바람이 부는 평화로운 해변, 숲속 등 안전하고 편안한 장소에 있는 자신을 상상해 봅니다. 구름 위를 둥둥 떠다니는 듯한 상상의 공간일 수도 있습니다……. 여러분이 평화롭고 안전하다고 느낄 수 있는 곳이라면 어디든 상관없습니다. 그곳에서 편안한 느낌을 만끽하며 머무르세요.

## 방문객

- 여러분은 강하고 대담하지만 부드러운 자애의 마음을 가진 적극적인 친구를 맞이할 것입니다. 이 친구는 여러분의 돌봄의 힘으로부터 나온 존재입니다.

- 어떤 이미지가 떠오르나요? 이 친구는 용감하고 여러분을 보호해 줄 수 있는 선생님이나 조부모님, 과거에 알고 지냈던 인물을 떠올리게 할 수도 있습니다. 아니면 전쟁의 여신이나 재규어처럼 생긴 상상 속의 인물일 수도 있습니다. 이 존재는 특별한 형태가 없을 수도 있는데, 그저 존재감이 느껴지거나 밝은 빛처럼 느껴질 수도 있습니다.

- 그 이미지가 여러분의 마음속으로 들어오도록 허용합니다.

## 도착

- 이제 여러분은 안전한 장소에서 나와 적극적인 친구를 만나거나 그 친구를 초대할 수 있습니다. 괜찮다면 지금 한번 해 봅니다.

- 그 친구와 본인이 적당한 위치에서 함께 서 있는 모습을 상상합니다. 어떤 느낌이든 괜찮습니다. 그런 다음, 이 친구와 함께 있는 것이 어떤 느낌인지 경험해 봅니다. 그들의 용감함과 굳은 결심 그리고 여러분이 얼마나 사랑받고 보호받고 있는지를 직접 느껴 봅니다. 지금 이 순간을 경험하는 것 외에 여러분은 아무것도 할 필요가 없습니다.

- 이 친구는 현명하고 상황을 명확하게 보며, 여러분에게 지금 무슨 일이 일어나고 있는지 정확히 이해하고 있습니다. 이 친구는 여러분이 확고해야 하는 부분, 경계선을 설정하기 위해 단호해야 할 지점을 잘 압니다. 자신을 보호하기 위해 지금 당장 들어야 할 말을 여러분에게 해 주고 싶을 수도 있습니다. 잠시 시간을 내어 이 현명한 친구가 무슨 말을 하는지 주

의 깊게 들어 봅시다.

- 친구는 돌봄의 힘을 상징하는 물건을 선물로 주고 싶어 할 수도 있습니다. 어쩌면 여러분의 손에 그 물건이 구체적으로 느껴질 수 있습니다.

- 어떤 말이나 선물이 오지 않아도 괜찮습니다. 다만 그 힘과 사랑, 보호를 계속해서 경험합니다. 그것 자체가 축복입니다.

- 이 친구와 온전히 함께하는 시간을 조금 더 갖습니다.

- 적극적인 이 친구는 사실 여러분의 한 부분임을 인식합니다. 여러분이 경험하고 있는 모든 감정, 이미지, 말들은 자신의 적극적이고 부드러운 마음에서 흘러나오는 것입니다.

## 돌아오기

- 마지막으로, 준비가 되었으면 여러분의 마음에서 그 이미지가 점차 사라지도록 합니다. 이 돌봄의 힘은 특히 여러분이 가장 필요로 할 때 늘 여러분 안에 존재한다는 것을 기억합니다. 여러분은 원할 때 언제든 이 적극적인 친구를 불러낼 수 있습니다.

## 내부 비판자에 맞서기

연민 어린 자기보호는 외적인 피해를 방지하는 것뿐만 아니라 내적 해로움을 방지하는 데도 필수적이다. 어린 시절 트라우마를 겪은 많은 사람은 안전함을 느끼기 위해서, 학대적인 양육자의 가혹하고 비판적인 메시지를 스스로 내재화시키게 된다. 아이들은 주변 어른들의 말을 믿어야만 한다. 아이가 잘못했다고 호되게 야단을 치는 아버지에게 "미안하지만 아빠, 지금 이렇게 하는 건 아빠가 완전히 틀린 거예요!"

라고 말할 수는 없다. 이런 경우 아버지를 더 화나게 할 뿐만 아니라, 자신의 의식주와 보호, 교육을 아버지에게 의존하고 있는 상황에서 아버지가 틀렸다고 말하는 것은 공포를 유발한다. 하지만 성인이 된 우리는 이러한 내면의 비판자에 맞설 수 있다. 자기비판은 더 이상 우리를 안전하게 지켜 주지 못하고 필요한 지지를 약화시켜 우리에게 해로울 뿐이다. 자기연민은 내부 비판자와 맞서고, 그것을 우리 안에 머무르지 못하도록 요구하는 데 필요한 용기와 힘, 명확함을 제공한다.

하지만 어린 시절의 트라우마가 있는 사람만이 가혹한 내부 비판자를 가지고 있는 것은 아니며, 또한 그것이 항상 과거의 목소리가 아니라는 점을 인식하는 것이 중요하다. 앞선 설명과 같이 자신을 공격하는 것은 위협에 대한 자연스러운 반응인 듯하다. 아마도 사람들은 내 아들 로완은 결코 가혹하게 자기비판을 하지 않을 것이라고 생각할지도 모르겠다. 나도 그랬으면 좋겠다. 하지만 실제로 로완은 가끔 스스로에게 혹독할 때가 있다. 아들에게 평생 동안 자기연민에 대해 이야기해 왔음에도 불구하고 말이다. 대부분의 사람과 마찬가지로 자폐증을 가진 사람들은 자신의 불완전함이 발견될 때마다 두려움을 느낀다. 자신을 완전히 통제할 수 없다는 것을 상기시키기 때문이다. 로완은 휴대폰 충전기를 잃어버리거나 중요한 학교 숙제를 놓치는 등의 실수를 할 때마다 극도로 화를 낸다. 나는 로완이 스스로에게 큰 소리로 욕설을 하는 것을 종종 들었다. "이런 멍청한 바보 같은 자식이!" 그런 말을 들을 때의 내 심정은 말로 표현할 수 없다. 로완은 살면서 그 누구에게도 그런 말을 들어 본 적이 없다. 하지만 그는 만화를 즐겨 보았고, 만화 속에 나오는 불량배들은 그런 거친 말을 쓴다. 자신을 혹독하게 몰아붙이는 것은 상황을 통제하기 위한 방식이고, 로완 내면의 한 부분도 그렇게 함으로써 자신을 통제하고 미래의 실수를 방지할 수 있을 것이라고 느낀 것이다.

또 로완은 자신의 실수에 대해 다른 사람이 화를 내고 소리치는 것이 무섭기 때문에 먼저 화를 낸다. 실제로 한번도 누군가가 로완의 실수에 대해 소리친 것을 들어 본 적이 없는데도 이런 가능성을 예상하고 그렇게 한다. 이렇듯, 자기비판은 단순하게 학습된 행동이 아니라 두려우면 누구나 그럴 수 있는 것이고 우리의 안전하고자 하는 욕망이다. 하지만 우리는 더 이상 어린 시절의 트라우마, 문화, 생물학적 유전자의 희생자일 필요는 없다. 이제 우리에게 또 다른 선택지가 있다.

우리는 내부 비판자에 당당히 맞설 수 있다. 얼마나 많은 사람이 자신을 나쁘고 역겹다고 말하는 내면의 목소리에 고통받고 있는지 알면 힘을 얻을 수 있다. 우리는 혼자가 아니다. 내부 비판자의 학대적인 목소리에 맞서는 것은 내면의 폭군에게 매일 수치심을 느끼는 전 세계 수백만 명의 사람들을 대변하는 것이기도 하다. 내가 로완에게 "내 사랑하는 아들에게 그런 식으로 말하는 것은 옳지 않아."라고 하는 것처럼, 우리 내면의 비판자에게 "당신이 나에게 그렇게 말하는 것은 옳지 않아."라고 분명하고 단호하게 말할 수 있다. 내면의 비판자를 비난하거나 부끄러워하지 않고도 우리는 그로부터의 괴롭힘을 거부할 수 있고 경계선을 명확히 그을 수 있다.

## 학대로부터의 치유

부드러운 자기연민은 자기보호에도 중요한 역할을 한다. 자신을 방어하기 위해 최대한 노력한 후에는 내면으로 눈을 돌려 연민으로 상처를 보듬고 음양의 균형을 맞추어야 한다. 욕을 하는 10대 딸, 부당한 급여를 지급하는 상사, 바람을 피우는 파트너, 학대하는 부모님 등 사람들이 우리를 부당하게 대우할 때 우리는 상처를 받게 된다. 그것도 아주 깊이 말이다. 부드러운 자기연민은 타인에게서 받지 못한 존중과 배려, 안전을 우리에게 제공할 수 있다. 우리가 학대를 받을 때, 스스로를 달래고 위로하는 것을 미루어서는 안 된다. 때때로 타인에게 화를 내거나 어떤 조치(자녀에게 외출금지를 내리거나, 고소를 하거나, 관계를 단절시킬 때)를 취할 때, 자신의 근본적인 상처나 슬픔의 감정을 직면하지 않는다. 적극적인 에너지의 행동이 요구될 때, 고통으로부터 자신을 보호하는 방법으로 부드러운 자기연민을 떠올리기는 어렵다. 왜냐하면 분노 뒤에 감추어진 슬픔이나 거부감 같은 취약한 감정을 다루는 것보다 그저 상대방에게 분노의 초점을 두는 것이 더 쉽기 때문이다. 그리고 내면 깊숙이 놓인 공평함, 사랑, 연결, 존중, 안전과 같은 욕구들은 일반적으로 충족되기가 힘들다. 또 해를 끼치는 사람들이 변화하기를 바라는 것은 비현실적인 경우가 대부분이다. 이럴 때, 부드러운 자기연민을 통해 우리는 스스로를 직접 치유하고, 타인이 무시한 우리의 많은 욕구들을 충족시켜 줄 수 있다. 우리가 상처를 받았을 때 우리는 스스로를 보호하고 치유하는 것, 두 가지 모두가 필요하다. 둘 중 하나가 빠진 상태는 온전하지 못하다.

## 해로움에 대응하기

이 실습은 MSC 프로그램 중에서 충족되지 않은 욕구 채워 주기(Meeting Unmet Needs)를 실습 목적에 맞게 조정한 것이다. 이 실습은 여러분이 어떤 식으로든 부당한 대우를 받을 때, 적극적이고 부드러운 자기연민을 통합하는 데 도움을 줄 수 있다. 분노나 분개와 같은 보호적인 감정은 '단단한' 감정에 해당한다. 아픔이나 슬픔과 같은 더 연약하고 취약한 감정을 경험하지 못하도록 하는 방패처럼 작용하기 때문이다. 우리는 상처를 받은 후 단단한 감정과 부드러운 감정을 모두 존중하고 보듬어 줄 필요가 있지만, 이 두 감정은 서로 다른 에너지를 필요로 한다. 이 실습은 위험이나 해로움이 지나가고 어느 정도 치유할 준비가 된 후에 하는 것이 이상적이다. 학대가 현재 진행 중이라면 부드러운 자기연민의 치유력을 불러오기 전에 그 부당한 행위를 멈추는 데 에너지를 집중하는 것이 좋다. 이러한 경우에는, 195쪽에 제시된 보호를 위한 자기연민 휴식 실습이나 114쪽의 분노 다루기 실습이 더 알맞을 수 있다. 실습을 하는 동안 감정에 압도되는 순간이 오면 항상 이 실습을 그만두고 다른 방법으로 자기연민을 실행할 수 있다는 것을 기억해야 한다.

## ∥ 실 습 안 내 ∥

과거에 어떤 식으로든 부당한 대우를 받은 상황을 떠올려 봅니다. 트라우마가 깊은 충격적인 상황보다는 여러분의 마음을 적당한 선에서 불쾌하게 만들었던 상황을 선택하는 것이 좋습니다. 감정에 압도되면 이 실습을 진행하기가 어려울 것입니다. 상황을 선택했다면, 이제 가능한 한 생생하게 그 상황을 구체적으로 떠올려 봅니다.

### 적극성 느끼기

- 그 상황으로부터 자신을 보호하고자 하는 분노나 억울함 같은 감정이 올라오는지 살펴봅니다.
- 이제 여러분의 몸에 집중합니다. 이 감정이 신체적으로 어떻게 나타나나

요? 속이 타들어 가는 느낌인가요, 머리가 지끈거리나요? 그 감정이 일어나는 신체 감각을 느낄 수 있는지 봅니다.

- 이 감정은 자기연민에서 비롯된 것이며, 여러분을 안전하게 지키기 위한 것임을 인식합니다.

- 여러분이 이런 식으로 대우받아서는 안 된다는 것을 인식합니다. 피해를 입었다는 사실을 인정하는 몇몇의 간단한 말들을 자신에게 해 봅니다. 예를 들어, "그건 잘못된 것이었어." 또는 "나는 공평하게 대우받지 못했어." 와 같은 말을 할 수 있습니다.

- 이제 많은 사람이 여러분과 비슷한 경험을 했다는 것을 떠올리며 보편적 인간경험을 생각합니다. 그 사람들과 여러분이 연결되어 있음을 인식하는 몇 가지 문구를 말해 봅니다. 예를 들어, "나는 혼자가 아니야." 또는 "많은 사람이 나와 같은 감정을 가지고 있어."와 같은 말을 할 수 있습니다.

- 다음으로, 여러분의 감정을 통제하거나 억누르지 않고 몸의 에너지로 자유롭게 흐르도록 내버려둡니다. 이 과정에서 발바닥이 바닥에 닿아 있는 감각을 느끼면서 여러분이 지금 여기에 안착되어 있음을 인지합니다.

- 자신을 보호하기 위해 올라오는 이 감정에 완전한 타당성을 부여합니다. 상황 속에서 누가 누구에게 무엇을 말하거나 행동했는지에 너무 얽매이지 말고, 그 대신 힘든 감정 자체에 집중합니다. "나는 나를 보호하기 위해 분노가 필요해." 또는 "나는 나를 소중히 여기기 때문에 화가 나는 거야."와 같은 말을 할 수 있습니다.

- 여러분의 감정이 지금 여러분에게 가장 필요한 것이라는 생각이 들면, 그 감정에 그대로 머뭅니다. 과거에는 분노를 억눌렀을 수도 있지만 지금은 온전히 그 감정과 함께할 필요가 있을 수 있습니다. 그렇다면 아무런 판

단 없이 그 감정이 몸에서 자유롭게 흘러 다니도록 허용하면서 발 바닥의 감각을 통해 자신을 지금 이 순간에 안착시킵니다.

- 한 손을 주먹 쥐고 가슴에 올리고(힘의 상징), 다른 한 손으로 그 주먹 을 부드럽게 감싸는 것(따뜻함의 상징)과 같은 지지의 몸동작을 해 봅니다.

## 부드러운 느낌 발견하기

- 어느 정도 자신을 치유할 준비가 되었다면, 그 보호적인 감정 아래 에 놓여 있는 것이 무엇인지 인지하는 것이 필요합니다. 아픔, 두려 움, 거부, 슬픔, 수치심과 같이 연약하고 상처받기 쉬운 감정들이 있 나요?

- 그 연한 감정이 느껴지면 마치 사랑스러운 친구에게 지지를 보내듯 부드럽고 모든 것을 이해하는 목소리로 그 감정에 이름을 붙여 봅니 다. "아, 너는 아픔이구나." 또는 "그건 슬픔이야."와 같이 해 봅니다.

- 따뜻하고 수용적인 태도로 이러한 모든 감정과 함께 머물도록 허용 합니다.

## 충족되지 못한 욕구 발견하기

- 다음 단계로 나아갈 준비가 되었다면, 잠시라도 이 아픔의 원인에 대 해 이야기를 풀어 갈 수 있는지 살펴봅니다. 그 침해에 대한 생각을 뒤로 하고 "나는 어떤 기본적인 욕구를 가지고 있지?" 또는 "그 당시 에 채워지지 않은 기본적인 정서적 욕구는 무엇이었을까?"와 같이 자신에게 물어봅니다. 인정받고 싶고, 경청받고 싶고, 안전하고, 연결 되고 싶고, 소중하고, 특별하고, 존중받고 싶고, 사랑받고 싶은 욕구 일까요?

- 충족되지 못한 감정이 발견되면, 다시 부드럽고 모든 것을 이해하는 목소리로 그 감정에 이름을 붙여 봅니다.

## 부드러운 자기연민으로 대응하기

- 몸 위에 놓여 있는 손의 따뜻함과 지지를 느껴 봅니다.

- 여러분이 다른 누군가로부터 친절함과 공정한 대우를 받기를 원했지만 그 사람은 여러 가지 이유로 그렇게 할 수 없었습니다. 하지만 여러분은 또 다른 지원군인, 자기연민이라는 자원이 있습니다. 이를 통해 더 직접적으로 여러분의 충족되지 못한 욕구를 채울 수 있습니다.

- 예를 들어, 인정받고 싶은 욕구가 있을 때 여러분 내면의 연민 어린 부분이 그 아픈 상처에 "내가 너를 보고 있어!"라고 말할 수 있습니다. 지지받거나 연결되어 있다는 느낌을 받고 싶었다면 연민 어린 부분이 "내가 너를 위해 여기 있어." 또는 "너는 소속되어 있어."라고 말할 수 있습니다. 존중받고 싶은 욕구가 있다면, "내가 너의 가치를 알아." 라고 말할 수 있습니다. 만약 사랑받고 싶은 욕구가 있으면, "내가 너를 사랑해." 또는 "너는 내게 소중한 존재야."라고 말할 수 있습니다.

- 다시 말하면, 여러분을 부당하게 대한 사람들로부터 여러분이 듣기를 원하는 말을 바로 지금 스스로에게 말해 봅니다.

- 만약 충족되지 못한 욕구를 직접적으로 충족하는 데 어려움을 겪고 있거나 혼란스러움이 느껴진다면, 그 어려움을 겪고 있는 자신에게 연민을 줄 수 있나요?

- 마지막으로, 자신이 마땅히 받아야 할 방식으로 여러분 자신을 대우하겠다고 약속하고 앞으로는 어떠한 해로움으로부터 가능한 한 자신을 보호하겠다고 다짐할 수 있는지 봅니다.

• 자, 이제 명상을 내려놓고 지금 이 순간을 있는 그대로의 경험에 머물면 서 자신을 있는 그대로 허용합니다.

## 보호인가 적대감인가

우리가 자신을 보호하고자 할 때, 음양의 균형이 맞지 않으면 자기 연민은 건강하지 못한 형태를 띤다. 해로움을 예방하는 데 집중하기보 다 해를 일으킨 사람이나 단체를 공격하는 데 집중할 수 있다. 그렇게 될 때, 우리의 적극성은 공격성을 띠고 우리에게 고통을 안겨 주며 연 민의 마음을 약화시킨다.

용감하고 역량이 강화된 명확한 인지가 사랑의 표현인지 아니면 공 격의 표현인지를 결정하는 것은 무엇일까? 그 차이는 우리 행동의 기 저에 깔린 의도에 있다. 그 행동이 고통을 덜기 위한 목적인가 아니면 보복을 위한 것인가? 그 행동이 가슴에서 우러나온 것인가 아니면 자 존심을 지키기 위한 것인가? 적극성이 자존심을 지키기 위한 것일 때, 그것은 정서적 폭력성을 띨 가능성이 크다. 우리를 무시한 사람에게 "계속 그렇게 해 봐, 그럼 언젠가는 머리가 좀 돌아가려나."와 같은 모 욕적인 말을 쏟아 내거나 텔레비전에 나오는 정치인을 향해 비난을 할 때, 그것이 자신을 옹호하는 행위라고 생각할 수 있지만 사실 우리는 그 공간에 악의를 더하고 있을 뿐이다. 하지만 우리의 대응에 사랑이 함께하고 그 의도가 도움을 주고자 하는 욕망에 뿌리를 두고 있을 때, 그것은 더 큰 선을 위한 강력하고 집중된 힘이 된다. 그 힘으로 우리는 개인적인 감정의 개입 없이 우리에게 해를 입히는 행위를 적극적으로 비판할 수 있고, 그것을 막기 위해 행동에 돌입할 수도 있다.

연민은 연결에 그 뿌리를 두고 있다. 하지만 우리가 이 사실을 잊고 위협을 가하는 상대를 단지 우리와 상관없는 '타인'으로만 생각할 때, 그것은 '우리 vs 그들'이라는 파괴적인 사고방식을 만들어 낸다. 안타깝게도 이와 같은 상황이 현재 미국에서 정치적 양극화라는 현상으로 나타나고 있고, 이로 인해 정부가 제 기능을 수행하는 것이 거의 불가능해졌다. 우리의 적극성이 연민적이기 위해서 우리는 물리적·사회적·정서적 폭력을 근절시키고 그 해를 일으킨 사람들도 여전히 인간임을 인식할 필요가 있다.

물론 보편적 인간경험에 대한 인식이 차이를 부정하는 수단으로 사용되어서는 안 된다. 몇몇 사람들은 "모든 생명은 소중하다(All Lives Matter)."라는 슬로건을 "흑인의 생명도 중요하다(Black Lives Matter)."에 대한 반박으로 사용하기도 한다. 하지만 이는 진정으로 보편적 인간경험을 존중하는 것이 아니다. 인종 탄압, 경찰의 폭력, 특히 흑인에 대한 인간성 말살이라는 역사를 무시하는 행위이다. 적극적 자기연민은 개인과 집단이 겪는 고통의 근원과 양의 중대한 차이를 인정하고, 동시에 우리 모두가 인류라는 강력한 실타래로 연결되어 있다는 사실을 인식하는 것이다.

때로는 용기와 강화된 힘 그리고 명료함이 독선에 빠질 수 있다. 부드러운 자기연민의 열린 마음과 수용을 겸비하지 못하는 경우, 자신과 자신의 능력에 대한 확신이 너무 커져 진실을 제대로 보지 못할 수 있다. 옳고 그름을 판단하는 데 집착하게 되면 오히려 명료하게 보는 능력에 방해를 받는다. 그러나 열린 마음을 유지하면 자신의 견해가 잘못 받아들여질 수 있음과, 다른 이들이 다른 관점을 가질 수 있음을 인정하는 가운데 해로운 행동을 더 잘 식별하고 진실을 말할 수 있게 된다.

해로움으로부터 자신을 보호하기 위해 부드러운 자기연민과 적극적 자기연민을 통합하면 상상을 초월할 만큼의 막강한 돌봄의 에너지가 나타난다. 마틴 루서 킹 주니어는 "사랑 없는 권력은 무모하고 폭력적이며, 권력 없는 사랑은 감상적이고 빈약하다. 최상의 권력은 정의를 요구하는 사랑이며, 최상의 정의는 사랑에 반하는 모든 것을 바로잡는 힘이다."라는 말을 남겼다.

## 자기연민과 사회정의

마틴 루서 킹 주니어 목사에게 영감을 준 사람은 마하트마 간디였다. 간디는 20세기 사회변혁을 가장 효과적으로 이끈 사람 중 한 명이다. 정의를 위해 싸우는 간디의 방식에는 적극적이면서도 부드러운 연민이 깃들어 있는데, 그는 인도를 영국의 지배에서 해방시키기 위해 사티아그라하(Satyagraha, 힌디어로 '진리의 힘' 또는 '사랑의 힘'이라는 뜻)라는 비폭력 저항운동을 지지했다. 간디는 비폭력 저항을 소극적인 저항과 구분했으며, 소극적인 저항은 두려움에서 비롯된 것이라고 주장했다. 사티아그라하는 믿을 수 없는 용맹함과 대담함을 요구하는 강인한 사람들의 무기였다.

압제자를 증오하고 공격하는 것이 더 쉬울 수 있으나 개인적인 고통을 없애기 위한 수단으로 타인에게 해를 입히는 것은 자멸적인 행위일 수 있다. 또 정의를 얻기 위한 그 과정이 부당하거나, 평화를 얻기 위해 폭력적인 방식을 택하는 것은 모순이다. 이 점이 바로 돌봄의 힘이 가해자 한 사람이나 집단을 공격하는 것이 아니라, 해로움의 예방에 직접적인 목표를 두어야 하는 이유이다. 간디는 이렇게 말했다. "죄는 미워하되 사람은 미워하지 말라는 말을 누구라도 이해할 수는 있지만, 실천되는 경우는 거의 없습니다. 그렇기 때문에 증오의 독이 세상에 퍼지게 되는 겁니다……. 체제에 저항하고 그것을 공격하는 것은 정당한 행위일 수 있지만, 그 체제를 만들어 낸 사람을 공격하고 저항하는 것은 자신을 공격하고 저항하는 것과 같습니다. 왜냐하면 우리는 …… 같은 창조주의 자녀들이기 때문입니다."

최근 일부 근본주의자들은 "죄는 미워하되 사람은 미워하지 말라."가 성경에 나오는 말이라고 믿으며(실제로는 그렇지 않음), 이를 활용해 성소수자 커뮤니티에 대한 차별을 정당화하기도 한다. 근본주의자들은 동성애자를 미워하지 않으면서도 동성애를 미워할 수 있다고 주장한다. 그러나 이 경우, 그늘이 생각하는 죄는 매우 협소하게 규정된 싱별과 성적 취향에 부합하지 않는 행동이지, 다른 사람에게 해를 끼치는 행동이 아니다. 연민은 해로움을 거부하는 것이지 일반적인 관행을 따르지 않는 것을 거부하는 것이 아니다. 이성애 중심적인 우리 사회에서 그것을 따르지 않는 것이 누군가에게 해를 끼치는 것은 아니다. 오히려 사랑과 진정성에 대한 용감한 표현이라는 측면에서 그 반대이다. 이런 식으로 간디의 사상을 왜곡하여 차별을 정당화하는 것은 그의 숭고한 의도를 모욕하는 것이다. 이것이 바로 명확한 인지가 적극적 자기연민의 핵심인 이유이다. 우리는 실제 해악과 억압을 유지하기 위한 사회적 규범을 구분할 수 있어야 한다.

연민의 마음으로 자신을 보호할 때 우리는 단호하고 고집스러울 수 있지만 마음속에는 증오보다는 사랑이 있다. 도널드 트럼프가 대통령으로 취임한 다음 날인 2017년 1월 21일 워싱턴에서 열린 여성 행진의 토대는 바로 이러한 적극적 자기연민이었다. 전 세계 사람들은 악명 높은 '액세스 할리우드' 테이프에서 트럼프가 성추행 사실을 자랑한 것에 분노했다. 그러나 행진 주최 측의 목표는 트럼프를 공격하는 것이 아니라 과거 운동의 전통에 따라 비폭력 시위를 통해 여성의 공정한 대우와 권리에 대한 지지를 표명하는 것이었다. 또한 인종, 민족, 성적 지향, 성 정체성, 이민 신분 또는 종교에 따라 차별받는 다른 그룹에 대한 지지를 표명하기 위한 것이기도 했다. 여성 행진은 미국 역사상 최대 규모의 일일 시위라는 기록을 세웠으며 미국 전역의 도시에서 약 500만 명이 참가했다. 부당함에 맞서 일어서려는 결의와 돌봄의 힘이 결합된 이 행진은 미국 전역에서 체포된 사람이 한 명도 없을 정도로 평화롭게 진행되었다.

## 적극적 자기연민과 반인종차별주의

성차별과 인종차별은 둘 다 억압의 결과물이라는 측면에서 밀접하게 연관되어 있다. 여성도 인종차별주의자가 될 수 있고 유색인종도 성차별주의자가 될 수 있다는 점에서 정확하게 동일하지는 않지만 서로 얽혀 있다. 자기연민을 개발하는 것이 고착화된 인종 불평등의 구조 그 자체를 해체시킬 수는 없겠지만, 나는 자기연민이 어떤 역할을 할 수 있다고 믿는다. 무의식적인 성 편견이 우리를 성 억압과 결탁하도록 이끌듯이, 무의식적인 인종에 대한 편견이 우리를 인종차별주의와 결탁하도록 이끈다. 만약 백인 여성이 인종차별에 눈을 뜨고 함께 맞서 싸우기를 희망한다고 해 보자. 자신도 모르는 사이에 이미 인종차별주의에 결탁되어 있다는 고통을 포용하면서, 그것을 있는 그대로 볼 수 있는 부드러운 자기연민이 필요하다. 그와 동시에 인종차별을 종식시키기 위한 행동을 취하도록 하는 적극적 자기연민 또한 요구되는 것이다.

페미니스트 운동은 인종차별주의에 대해 충분히 강력한 입장을 취하지 않는다는 비판의 목소리도 있다. 여기서 더 나아가, 심지어는 페미니스트 운동이 인종차별을 영속화하는 데 일조했다는 비판을 받기도 했다. 초창기 참정권 운동가인 엘리자베스 캐디 스탠튼<sup>Elizabeth Cady Stanton</sup>은 백인우월주의의 열렬한 지지자였다. 남부 페미니스트는 종종 「짐 크로우법」[2]을 지지했는데, 결국 린칭[3]은 백인 여성을 보호하려는 의도였던 것으로 알려졌기 때문이다. 요즘 미국에서 흔하게 사용되는 '카렌(Karen)'[4]이라는 클리셰는 현실에서 여전히 일어나고 있다. 한 사례로 이런 사건이 있었다. 에이미 쿠퍼라는 백인 여성이 뉴욕 센트럴 파크에서 한 흑인 조류 관찰자가 감히 자신의 개에 목줄을 채우고 규칙을 지켜 달라고 요청했다는 이유로 911에 전화를 해서 "흑인 남성이 나를 위협하고 있어요."라며 허위신고를 한 것이다.

인종차별은 우리가 생각하는 것보다 매우 미묘한 방식으로 행해진다. 예를 들면, 백인 여성으로서의 경험은 보편적인 것으로 생각되고, 유색인종 여성이 겪는 확연히 다른 경험들은 무시된다. 많은 페미니스트는 인종에 대한 언급 없이 백인 여성에만 주의를 기울이고 있다. 인종차별주의는 이러한 일들이 어떻게 수십 년 동안 주목 받지 못하고 언급되지 않은 채로 지속될 수 있었는지를 보여 주고 있다. 백인 여성은 유색인종 여성보다 더 많은 권력을 가지고 있기 때문에 그들의 서사가 표준이 된다. 사람의 전형은 남성이고, 여성의 전형은 백인 여성

---

2 미국에서 인종차별과 분리주의를 정당화한 법률과 관행들을 가리킨다. 주로 백인과 흑인 간의 사회적·경제적·법적 분리를 유지하는 데 초점이 있었다.−역자 주
3 법적 절차 없이 군중이 흑인 남성을 처형하는 불법적인 자경 행위를 뜻한다. 당시 백인 사회에서는 흑인 남성이 백인 여성에게 피해를 입히는 것에 대한 공포가 컸고, 백인 여성을 '보호'하기 위한 수단으로 린칭이 정당화되었다.−역자 주
4 최근 몇 년간 미국을 중심으로 널리 퍼진 인터넷 및 사회적 표현으로, 특정 유형의 특권 의식을 가진, 자기중심적이고, 불합리하게 화를 내거나 요구를 하는 사람을 가리킬 때 사용되며, 주로 백인 여성을 지칭하는 경우가 많다.−역자 주

인 것이다. 교차적 비가시성 이론(intersectual invisibility theory)[5]의 주장과 같이 유색인종의 여성은 종종 인간의 보편적 경험에 대한 조사에서 고려대상으로 여겨지지 않는다. 또다른 억압의 프레임인 인종을 고려하지 않는다면 가부장제에 맞서는 우리의 싸움은 결국 무의미할 것이다. 사회의 지속 가능한 변화를 만들기 위해서는 권력의 불평등과 억압이 어디에 숨어 있든 온 힘을 끌어내어 맞서야 한다. 억압은 억압이다. 그리고 연민은 모든 부당함으로 인한 고통을 완화하려는 동기에 그 뿌리를 둔다. 자기연민은 백인 여성들이 사실을 직면하는 과정에 도움을 줄 수 있다. 인종차별 제도 속에서 자신들에게 주어진 특권과 그 제도의 영속화에 일조했음을 인정하는 것은 힘든 작업이지만 매우 중요하다. 부드러운 자기연민은 우리가 수치심에 휩싸여 진실을 외면하지 않고, 백인으로 살면서 어떤 혜택을 누려 왔는지를 명확하게 인식하는 데 도움을 준다. 이와 더불어 적극적 자기연민은 우리가 책임을 지고 상황을 다르게 변화시키는 데 전념할 수 있도록 해 줄 것이다.

백인, 시스젠더, 이성애자 여성으로서 나는 인종차별적인 구조 안에서 나의 역할을 돌아보는 데 자기연민의 도움을 받았다. 많은 사람과 마찬가지로 나도 스스로를 도덕적인 사람이라고 생각하며 나의 특권을 검토해 보기를 요청받으면 저항감을 느낀다. 그리고 나의 자아는 이렇게 외친다. "나는 결코 인종차별주의자는 아니야!" 인종차별주의자라는 암시에 생겨나는 수치심은 우리가 진실로 그 문제의 한 부분을 차지하고 있다는 사실을 받아들이는 데 방해가 된다. 이를 해결하지 못하고 계속 덮어 둘 때, 우리 의도와는 관계없는 차별이 일어날 수 있다. 한 예로, 나는 호텔 객실이 마음에 들지 않아 히스패닉계의 여성

---

5  특정한 사회적 정체성을 가진 집단이 주류 담론에서 보이지 않거나 충분히 고려되지 않는 현상을 설명하는 이론-역자 주

에게 "매니저와 이야기할 수 있을까요?" 하고 도움을 요청한 적이 있었다. 그녀가 매니저였는데 말이다. 만약 이런 상황에서 우리가 자기 방어적인 태도를 취하면, 결국 불쾌감을 느낀 그 사람의 경험을 무효화하며 그 목소리를 잠재우게 된다. 대개 그러하듯 나 또한 의식적으로 억압하지는 않지만, 인종차별적인 사회에서 자랐다는 이유만으로 인종차별이 무의식적으로 다른 사람과의 상호작용에 영향을 미치고 있었다. 나는 스스로에게 친절하고 이해하려는 태도를 갖게 되면서 이런 사실을 알게 되었다. 내가 살고 있는 불공정한 백인 우월주의 체제는 내가 만든 것이 아니다. 노예제도와 인종차별은 내가 태어나기 훨씬 전부터 존재했던 과거의 유산이다. 자기연민은 내가 이 구조의 존속에 간접적으로 참여했다는 사실을 인식할 때 발생하는 수치심을 줄여 주며, 이 구조로부터 어떤 혜택을 받고 있는지 인정하게 해 준다(나는 백인 여성으로서 경찰의 보호를 받을 것이다, 카페에 있을 때 결코 나를 의심스럽게 보는 사람은 없다 등).

　어린 시절, 우리 집은 풍족하지 않았다. 어머니는 아버지의 부재로 두 아이를 혼자 키웠고 비서 일을 하며 집안 경제를 책임져야 했다. 내가 열한 살이 되었을 때 어머니는 우리 남매가 양질의 교육을 받을 수 있도록 학군이 좋은 부유한 동네로 이사를 했다. 우리 집은 동네 끝자락에 있는 저렴한 아파트였다. 나는 학교를 다니면서 항상 만점을 받았고 그 덕분에 UCLA에 장학생으로 입학할 수 있었다. 그리고 마침내 UC 버클리에서 박사학위를 받았다. 나는 중학교, 고등학교 시절 충분히 인정받았고 친구들과 잘 어울리며 학창시절을 보냈다. 하지만 만약 내가 흑인이고 백인들로 가득한 곳에 있었다면, 어머니는 딸을 학교에 편안한 마음으로 보낼 수 있었을까? 내가 흑인 소녀였다면 그 당시와 똑같은 친구들을 사귈 수 있었을까? 교사들은 동일한 방식으로 나를 지지해 주었을까? 단정해서 말할 수는 없지만, 나는 결코 백인이어서 갖는 사치품인 나의 피부색에 대해 단 한순간도 고민할 필요가 없었던 것은 분명하다.

우리는 부드러운 자기연민을 통해 인종차별에서 우리가 어떤 역할을 하고 있는지 명확하게 인지할 수 있다. 그리고 이 불편한 진실을 사랑과 수용으로 받아들여야만 상황을 변화시키는 데 필요한 대담하고 어려운 조치들을 취할수도 있다. 많은 변화는 사회적 차원에서 이루어져야 하며, 원하는 구조로의 개혁은 만만치 않은 일이다. 하지만 각각의 우리들이 할 수 있는 역할은 있다. 투표에 참여하는 것, 시위, 인종차별적인 말을 들을 때마다 목소리를 내는 것, 우리의 행동과 말이 인종차별적 고정관념에서 왜곡되어 나온 것은 아닌지 확인하는 것, 만약 우리가 누군가를 의도치 않게 불쾌하게 했다면 진심 어린 사과를 하는 것 등이다. 솔직히 말하면 변화를 만들어 내기 위해 무엇을 해야 하는지 정확히 아는 것은 어렵다. 그래서 우리는 겸허한 자세로 다른 사람들의 말을 경청하고 그들로부터 배워야 한다.

결론은 성차별은 우리 모두에게 해를 끼친다는 것이다. 인종차별 또한 그렇다. 어떠한 집단(성 정체성, 성적 지향, 종교, 능력 수준, 체형 등)에 대한 차별은 우리 모두에게 해를 끼친다. 우리는 별개의 인간이 아니다. 자신의 고통을 완화하는 능력은 모든 고통을 종식시키려는 노력과 복잡하게 얽혀 있다. 그리고 거기에 우리 이웃과 사회, 궁극적으로는 지구의 평화가 달려 있다. 사랑의 두 얼굴인 적극적이고 부드러운 자기연민을 개발하고 통합하는 것을 늘 기억할 수 있다면, 세상을 변화시킬 수 있는 우리의 힘은 생각보다 더 강력할 것이다.

제 7 장

# 필요 충족시키기

나는 나 자신의 뮤즈이다. 나는 내가 가장 잘 아는 주제이며, 더 잘 알고 싶은
주제이기도 하다.

- 프리다 칼로, 예술가 겸 활동가(Frida Kahlo, artist and activist)

자기연민을 위한 핵심적인 질문은 '나에게 필요한 것이 무엇인가?'
이다. 자신을 돌본다는 것은 자신의 행복을 스스로 책임진다는 것을
의미한다. 스스로의 고통을 완화하기 위해서 자신에게 무엇이 필요
한지를 진지하게 고민하고, 이를 충족시킬 수 있도록 자신을 소중히
대해야 한다. 일단 자기연민의 첫 번째 원칙 중 하나인, 자신의 욕구
가 중요하다는 인식이 생기면 본인에게 중요한 것을 희생하라는 요청
을 받았을 때 자신의 입장을 끝까지 지킬 수 있다. 여성들은 사회적으
로 배워 온 방식대로 자신의 욕구를 다른 사람의 욕구보다 낮게 평가
할 필요가 없다. 여성들이 자녀, 파트너, 친구, 가족, 동료, 즉 자신을
제외한 다른 사람을 도울 때만 자신이 소중하고 가치 있는 존재로 느
껴진다면, 이는 여성에게 불리하게 조작된 시스템을 지지하는 것이다.
물론 다른 사람에게 친절하게 대하고 베푸는 것은 좋지만, 친절은 언제

나 자기친절을 포함해야 한다. 그렇지 않다면 이러한 관대함은 가부장
제를 존속시키는 데 이바지하게 되며, 그 안에서 여성들은 완전하고 동등
한 사회구성원으로서의 권리를 존중받을 수 없게 된다. 여성의 역할을
단순히 조력자로 축소하며 여성의 진정한 자아실현은 방해를 받는다.

여성은 받기보다 베풀어야 한다는 일방적 요구는 여성들에게 상당
한 고통을 준다. 결혼한 맞벌이 부부라고 해도 여성들은 가사, 양육,
노부모를 돌보는 일의 대부분을 담당한다. 이러한 과도한 부담은 스트
레스와 일상의 긴장으로 이어진다. 연구에 따르면, 여성은 남성보다
가족, 친구, 파트너의 요구에 자신의 욕구를 지속적으로 희생하기 때
문에 삶의 압박감이 더 크다고 한다. 이러한 양상은 결국 여성들의 자
유시간을 빼앗는다. 메릴랜드대학교의 한 연구에서는, 남성과 여성이
하루 동안 다양한 활동에 소비하는 시간을 세밀하게 기록했다. 여성은
자신만을 위한 시간이 적을 뿐만 아니라 더 적은 자유시간에서조차 자
유롭지 않았다. 연구자들은 여성들이 자유시간 중에도 여전히 가족문
제를 걱정하느라 상쾌하고 만족스러운 여가시간을 보내지 못하기 때
문이라고 설명한다. 여가시간은 지루한 일상에서 벗어나 개인적인 성
장과 성찰의 기회를 제공하는 시간이어야 하며, 그 안에서 창의성과
삶의 즐거움이 증진되는 것이다. 이런 시간을 갖지 못한다면 우리는
삶의 의미와 가치의 많은 부분을 잃게 된다.

우리가 연민의 동심원 안에 자신을 포함시킬 때, 우리의 우선순위
는 바뀌기 시작한다. 자신의 필요를 최우선시하지도 최후에 두지도 않
으며, 그 대신 균형 잡힌 접근 방식을 취한다. 우리에게 에너지가 있다
면 타인의 요청을 흔쾌히 들어줄 수 있지만, 그렇다고 해서 거절하는
것을 두려워하지도 않을 것이다. 시간과 돈을 어떻게 쓰고 어디에 초
점을 둘 것인지 결정할 때 자신의 필요를 동등한 비중으로 포함시킬

수 있어야 하며, 자신을 돌볼 수 있는 충분한 권한을 스스로에게 주어야 한다. 우리는 인생에서 중요한 가치를 두어야 할 것이 무엇인지를 결정하고, 이러한 우선순위에 따라 활동을 조정한다.

우리의 목적이 자신의 욕구를 충족시킴으로써 고통을 완화하고자 하는 것일 때, 자기연민의 세 가지 요소인 자기친절, 보편적 인간경험, 마음챙김은 충족감, 균형 잡힌 진정성으로 발현된다.

## 충족

스스로에게 친절할 때, 우리는 행복해지기 위해 나에게 필요한 일을 하게 된다. 무엇이 나의 행복에 의미 있게 작용하는지 묻고, 이를 실현하기 위한 적극적인 행동에 나서는 것이다. 자연에서 보내는 시간에 가치를 둔다면, 우리는 자연에서 시간을 갖는다. 우리에게 활기를 주는 것이 감각적인 부분이라면, 파트너의 애정 어린 손길을 충분히 음미할 수 있다. 예술적 표현이 우리를 생동감 있게 만든다면, 우리는 창의성의 불꽃을 되살린다. 영성이 마음속 깊은 곳의 울림으로 다가온다면, 우리는 내면의 탐색에 더 많은 노력을 기울일 것이다.

이와 같이 나의 필요를 충족시켜줄 수 있는 적극적 행동은 고통의 완화에 필수적인 일이다. 만족스럽지 못한 삶에 갇혀 사는 것은 콘크리트 벽돌처럼 우리의 행복을 무겁게 짓누른다.

충족을 위한 행보는 삶의 의미를 찾는 것과 밀접한 연관이 있다. 자신을 이해하고, 세상을 이해하며, 그 안에서 우리의 위치를 깨닫는 것과 같은 것을 말한다. 연구에 따르면, 자기연민적인 사람들은 더 큰 의미를 경험하고 "내 삶에는 분명한 목적의식이 있다."와 같은 진술에 동의할 가능성이 더 높다고 한다. 또한 이들은 자신이 진정으로 즐기고 만족할 수 있는 활동에 참여하는 '조화로운 열정'을 더 많이 경험한다.

우리 대부분은 정서적·심리적인 충족이나 진정으로 원하는 삶에 대해 깊이 생각하도록 양육되지 못했다. 고등학교 졸업, 대학 학위 취득, 취업, 인생의 동반자 찾기, 자녀 출산 및 양육, 승진 등과 같은 통과의례들을 삶의 어떤 시기에 맞게 수행해 내기에 급급했다. 은퇴를 하고 나서야 비로소 멈추고, 우리를 충족시키고 만족시키는 것이 무엇인가에 대해 진지하게 생각하는 경우가 많다.

하지만 진정으로 자신을 돌볼 때, "나에게 무엇이 필요한가?"라는 질문은 우리 삶의 질감을 만들어 낸다. 이 질문을 나중으로 미루거나, 중요하다는 것은 알지만 답을 찾기에는 시간이 없다는 식으로 방치하는 대신에, 바로 지금 이 순간을 살아가면서 충족될 수 있는 삶의 방향을 잡는다. 우리가 하는 일의 유형과 여가를 보내는 방식은 환경, 음악, 학습, 다양성, 영성, 건강과 같이 자신이 중요하게 여기는 것과 연결되는 것이다. 이는 먼 미래에 달성해야 할 목표가 아니라 일상생활을 영위하는 한 부분이 된다.

충족된 삶을 만들어 나가는 것은 우리가 즐기는 활동에 유능해질 수 있도록 시간을 할애하는 것이고, 그럼으로써 그 일에 주인의식을 느끼는 것이다. 이것이 우리가 세상에 효과적으로 참여하고 영향을 미칠 수 있도록 만든다. 명상을 배우든, 마라톤 대회에 나가든, 전국적으로 콘퍼런스를 조직하든, 아이들을 위해 재미있는 방과 후 활동을 개발하든, 그 어떤 활동이라도! 본인의 잠재력을 개발하는 것은 일상에 의미를 부여하고 목적의식을 갖게 한다. 개인적 성장을 위해서는 에너지와 노력이 필요하며 때로는 용기가 필요하다. 특히 어떤 삶의 패턴이 이미 익숙해져 있다면 새로운 것을 시도하는 것이 두려울지도 모르겠다. 실패에 대한 두려움이 엄습할지도 모른다. 하지만 자기연민의 무조건적인 자기수용은 이 용감한 도약에 안전함을 느끼도록 해 준다. 실패해도 괜찮다는 것을 알면 우리는 행복의 잠재력을 가진 새로운 방식을 찾아 도전해 볼 수 있다. 자기수용은 우리를 안주에서 벗어나 성장과 발견이라는 미지의 영역으로 걸음을 내디딜 수 있도록 해 준다.

## 균형

자기연민의 실천은 이기적이거나 일방적인 것이 아니다. 자기중심적이거나 타인중심적일때는 결코 자기연민의 핵심인 보편적 인간경험을 이해할 수가 없다. 자기연민은 우리가 지혜를 발휘하여 더 큰 전체를 보고 무엇이 공정하고 균형적이며, 지속 가능한지 파악할 수 있도록 해 준다. 연결은 인간의 핵심적인 욕구이므로 다른 사람과의 관계를 해치는 행동을 하면 실제로는 스스로에게 해를 끼치는 것이나 마찬가지이다. 우리가 원하는 것을 하는 것과 다른 사람을 돕는 것 사이에서 건강하게 균형을 맞추는 것은 자기연민의 필수적인 부분이다.

나는 한동안 사람들이 자신의 욕구와 타인의 욕구 사이에서 어떻게 조화로운 균형을 맞추는지에 대해 관심을 가진 적이 있었다. 연구활동 초기에 대학원생 한 명과 함께 대학생들이 자신의 개인적 필요와 자신에게 중요한 사람의 필요가 충돌할 때 어떻게 갈등을 해결하는지에 대한 연구를 수행했다. 예를 들어, 한 대학생이 1년간 해외에서 공부하기를 원하지만 남자친구를 두고 떠나야 하는 상황이 있을 수 있다. 또는 추수감사절 방학 동안 캠퍼스에 남아 친구들과 시간을 보내고 싶지만, 어머니가 연휴 동안 집에 오기를 원할 수도 있을 것이다. 연구의 목적은 자신의 필요와 주변 친한 사람들의 필요가 서로 부딪힐 때 균형을 맞추는 능력에 자기연민이 미치는 영향 그리고 이것이 그들의 정서적 웰빙에 어떤 영향을 주는지 알아보는 것이었다. 우리는 먼저 젊은이들이 갈등을 어떻게 해결하는지 알아보기 위해 다음과 같은 질문을 설정했다. 그들은 자신의 필요보다는 다른 사람의 필요를 우선시했는가? 다른 사람의 필요를 희생시키면서 자신의 필요를 우선시했는가? 아니면 타협을 통해 모든 사람의 요구를 충족할 수 있는 창의적인 해결책을 제시할 수 있었는가? 그리고 나서, 참가자들에게 갈등을 해결할 때 어느 정도의 스트레스를 받았는지, 그리고 그 해결책이 얼마나 진정성이 있었는지 물어보았다. 마지막으로, 그들과 그들의 어머니, 아버지, 친한 친구, 애인과의 관계에서 심리적 웰빙을 평가했다. 그 특정 관계 안에서 좋은 기분을 느꼈는지, 아니면 고통과 불행감을 느꼈는지 였다.

이 연구에서, 자기연민을 더 많이 느끼는 젊은이들은 쌍방의 필요를 고려한 타협을 선택할 가능성이 확실히 높다는 것을 발견할 수 있었다. 그들은 개인적으로 자신에게 중요한 것을 포기하지도 않았고, 그렇다고 해서 자신의 필요를 가장 우선에 두지도 않았다. 또한 자기연민적인 참가자들이 관계 안에서의 갈등을 해결할 때, 감정적 혼란을 덜 느끼고 관계에서 더 많은 존중감을 느끼며 우울감이 덜하다는 것을 알 수 있었다. 사실, 연구 결과는 자기연민을 가진 사람들이 보여 준 갈등 상황에서 절충하는 모습을 통해 그들이 왜 더 행복한지를 설명해 준다. 즉, 균형과 조화가 웰빙의 핵심임을 시사하는 것이다. 그리고 또 한 가지 중요한 발견은, 관계 간 갈등을 해결할 때 자기연민적인 사람들은 그 해결책이 진정성 있다고 보고할 가능성이 더 높았다는 것이다. 이는 자기연민의 가장 큰 혜택이 바로 우리가 진정한 자신이 될 수 있도록 한다는 것을 의미한다.

## 진정성

마음챙김은 내면의 신념, 가치, 감정을 명확하게 함으로써 진정성을 갖도록 돕는다. 마음챙김은 우리를 내면으로 향하게 하여 진정성에 필요한 성찰을 가능하게 한다. 성찰하지 않는 삶을 살면 더 많은 돈, 더 많은 물건, 더 많은 칭찬을 얻기 위한 끝없는 추구로 진정한 행복은 점점 더 멀어져 간다. 많은 이가 중년의 위기를 겪는다. 이는 우리가 맞지 않는 사람들과 맞지 않는 일을 하며, 맞지 않는 곳에 있었다는 자각과 함께 찾아오게 된다. 토킹 헤즈Talking Heads의 가사처럼 "그리고 너는 자신에게 말할지도 몰라, 이건 내 멋진 집이 아니야! 이 사람은 내 아름다운 아내가 아니야!"라는 생각에 흔들릴지도 모른다. 그냥 주어진 흐름에 따라 그렇게 살아가다 보면, 어느 날 갑자기 좌절과 지루함을 느낄 수 있다. 그러면 누군가는 행복을 찾기 위해 배우자를 떠나고, 새 차를 구입하거나, 성형 수술을 받을 수도 있다. 하지만 자신의 내면을 성찰하며 "나에게 진정으로 맞는 것이 무엇일까?"라는 질문을 던지지 않는 한 그 어떤 것도 도움이 될 수 없다.

마음챙김은 우리의 행동을 되돌아볼 수 있는 균형 잡힌 관점을 제공하기 때문에 무심코 얕은 삶으로 빠져들지 않도록 돕는다. 마음챙김은 우리가 하는 일뿐만 아니라 그 일을 하는 이유에 주의를 기울여 정직하게 행동할 수 있도록 해 준다. 버클리캘리포니아대학교의 쟈 웨이 장Jia Wei Zhang은 자기연민으로 길러진 진정성의 경험을 조사하는 연구를 주도했다. 첫 번째 연구에서 참가자들은 일주일간 매일 짧은 설문조사를 작성했고, 그날그날 본인이 얼마나 자기연민적이었는지, 타인과의 교류에서 얼마나 진실했는지를 평가하도록 했다. 연구자들은 매일의 자기연민 수준의 변화가 진정성의 변화와 밀접하게 연관된다는 것을 발견했다.

두 번째 연구에서는 자기연민의 진정성이 우리의 약점을 인정하는 데 도움이 되는 것으로 나타났다. 진정성이란 자신의 부분을 취사선택 하는 것이 아니라 좋은 점, 형편없는 점, 추한 것 모두를 포함하는 우리 전체를 온전히 끌어안는 것이다. 흔히 우리는 나의 장점은 사실이고, 단점은 사실이 아니라고 여기기 쉽다. 연구자들은 참가자들에게 자신이 싫어하는 개인적인 약점을 생각해 보기를 요청했다. 그 후 그들은 무작위로 자기연민 조건, 자존감 조건 또는 중립적인 조건에 배정되어 실험을 진행했다. 자기연민 조건의 참가자들은 "자신에게 연민 어린 마음과 이해의 관점에서 약점에 대해 이야기한다고 상상해 보세요."라는 요청을 받았고, 자존감 조건에 배정된 경우 "약점에 대해 자신에게 이야기한다고 상상해 보세요. 하지만 부정적인 면보다는 긍정적인 면을 인정하는 관점에서요."라는 요청사항이 있었다. 그리고 중립적인 조건의 참가자들에게는 어떠한 요청도 주어지지 않았다(이 경우는, 자신의 약점에 대해 자책할 가능성이 있음). 그 후, 참가자들은 자신의 약점을 인정하는 것이 얼마나 진정성 있게 느껴졌는지 표시했다. 조사 결과, 자기연민 조건의 참가자들은 다른 두 조건에 비해 훨씬 더 강한 진정성을 느꼈다. 자기연민은 자존감과는 달리 비현실적이고 완벽한 기준을 충족시키려고 하기보다 자신에게 진실할 수 있는 자유를 준다.

많은 여성은 태어날 때부터 자신의 행복이 타인을 보살피는 데서 생겨난다고 들어 왔다. 그래서 자신의 필요를 충족시키기 위한 행동을 할 때, 일종의 경험해 보지 못한 만족감을 발견하는 경우가 있다. 이것이 바로 우리가 의도적으로라도 우리 삶에 무엇이 진실로 필요하고 중요한지에 대해 고찰해야 하며, 그 필요를 충족시키는 데 온 힘을 기울여야 하는 이유이다.

## 나를 위한 자기연민 휴식

이번 자기연민 휴식 실습은 충족되고, 균형 잡힌 진정성을 통해 스스로에게 필요한 것을 제공하여 적극적 자기연민을 배양한다(이 실습의 오디오 안내 버전은 Self Fierce-Compassion.org에서 만나 볼 수 있다).

## | 실습 안내 |

여러분의 삶에서 자신의 필요가 충족되지 못한 상황을 생각해 봅니다. 예를 들어, 여러분은 자신을 위한 시간을 충분히 갖지 못할 수 있습니다. 또는 좋아하지 않는 일을 할 수도 있고, 여러분의 자유시간을 행복하지 않은 일을 하는 데 쓰고 있을지도 모릅니다. 마음속으로 상황을 떠올려 보세요. 무슨 일이 일어나고 있나요? 마음에서 올라오는 감정이 무엇이든 있는 그대로 느껴 보세요. 피로감, 권태로움, 분노, 절망의 느낌인가요? 신체 감각으로 불편함이 느껴지는지 살펴봅니다. 이제는 충족되지 못한 필요에 초점을 둡니다. 예를 들어, 휴식이나 평화, 학습, 재미, 흥분 등 어떤 욕구라도 상관없습니다. 구체적인 상황은 잊어버리고 여러분의 충족되지 못한 필요에만 집중해 보세요.

이제 자세를 똑바로 하고 자리에 앉아 주의를 환기시킵니다. 지금부터 여러분은 자신의 필요를 충족시키고 역량을 키울 수 있는 행동을 하기 위해 자기연민의 세 가지 요소가 담긴 문구를 말할 것입니다. 큰 소리로 또는 자신에게만 조용히 말합니다. 제안되는 문구가 있지만 실습의 목표는 여러분에게 알맞고 자연스러운 느낌의 언어를 찾는 것입니다.

- 첫 번째 문구는 마음챙김에 관한 것입니다. 자신의 깊은 욕구를 자각하고 인정할 수 있도록 합니다. 자신에게 "이것이 진실되고 온전한 내가 되기 위해 필요한 거야."라고 말합니다. 또 다른 문구로는 "이것이 정말 나에게 중요한 거야." "나의 욕구도 중요해." 또는 " 내가 진정으로 행복해지려면 이것이 필요해."가 있습니다.

- 두 번째 문구는 보편적 인간경험을 기억할 수 있도록 고안된 것입니다. 여러분은 타인의 필요와 여러분의 필요 사이에서 조화롭게 균형을 이룰 수 있습니다. 모든 사람의 욕구에 대해 인정하는 것이 균형을 맞추는 데 도움이 됩니다. 자신에게 말해 봅니다. "나는 나의 필요만이 아니라 타인의 필요도 존중할 거야.", 다른 문구로는 "모든 인간은 자신에게 중요한 필요사항이 있어." 또는 "우리 삶은 주기만 하는 것이 아니라 받는 것도 필요해."

- 이제 양손을 배 중앙에 올려놓고 여러분의 중심을 느껴 보세요. 자기친절의 행위로서 우리는 자신에게 필요한 것을 제공하는 구체적인 행동을 할 수 있습니다. 자신에게 말해 봅니다. "나는 최선을 다해 나의 필요를 충족시키기 위해 노력할 거야." 또 다른 문구로는 "나는 행복할 자격이 있어." "나는 나를 즐겁게 돌볼 거야." 또는 "나는 내가 건강하고 잘 살아가는 데 필요한 일을 할 거야." 등이 있습니다.

- 적절한 문구를 찾는 데 어려움이 있다면, 정말 소중한 사람이 성취감을 느끼지 못하고 있다고 상상해 봅니다. 그 사람이 자신의 욕구를 존중하고 행복을 위해 필요한 시간과 노력을 기울일 수 있도록 돕기 위해 어떤 말을 해 주고 싶은가요? 이제 여러분 자신에게도 같은 메시지를 전할 수 있을까요?

- 마지막으로, 한 손은 가슴 위에 얹고 나머지 한 손은 그대로 배 위에 둡니

다. 이 동작은 여러분의 필요를 충족시키고자 하는 적극적인 에너지와 자애롭고 연결된 현존을 느끼는 부드러운 에너지의 결합을 의미합니다. 이제 여러분 자신이 이미 있는 그대로 온전하고 완전한 존재임을 깨닫는 동시에, 필요를 충족시키기 위한 행동을 취할 수도 있는지 살펴봅니다. 여러분의 필요를 충족시키고자 하는 욕망은 결핍의 마음이 아닌, 여러분의 풍요로운 마음에서부터 나온 것입니다.

## 잠재력 개발하기

인간의 욕구 충족의 중요성은 인간 잠재력 회복운동(the Human Potential Movement)에서 강조된다. 이 운동은 인간의 병리적인 측면에 초점을 맞추는 전통적 심리학의 한계를 넘어, 사람들에게는 미개발된 잠재력이 있음을 말한다. 이 잠재력이 발현되면 창의성, 의미, 우리는 누구나 기쁨으로 가득 찬 특별한 삶을 살 수 있다는 것이다. 이 운동의 창시자인 에이브러햄 매슬로Abraham Maslow는 이를 자아실현 과정이라고 설명했다. 우리의 타고난 재능과 성향이 어떠한 방해 없이 펼쳐질 수 있을 때, 잠재력이 드러난다. 또한 우리의 내적·외적 세계를 적극적으로 탐험하면서 내가 무엇을 할 수 있는지 알게 되면 자신과 인간의 불완전함을 수용할 수 있게 된다. 매슬로는 성장에 대한 욕구 충족을 진지하게 받아들이지 않는다면 정체될 수밖에 없다고 말한다.

자기결정성 이론(Self-Determination Theory)의 창시자인 심리학자 에드워드 데시Ed Deci와 리처드 라이언Richard Ryan은 유능감, 관계성, 자율성이 인간의 핵심 욕구이며, 건강한 발달은 이러한 욕구를 얼마나 잘 충족시키는지에 따라 정의될 수 있다고 한다. 유능감은 만족스럽고 유익하게, 효과적으로 행동하는 기능이다. 관계성은 우리가 타인과 호혜적이고 균형 잡힌 관계 속에 있다는 것을 의미한다. 자율성은 내면의 가치와 욕구를 조화롭게 행동하는 것을 말한다. 이러한 핵심 욕구가 충족될 때 최적의 웰빙으로 이어질 수 있다는 연구 결과가 수천 건이나된다. 또 자기연민은 이러한 욕구를 충족하는 데 도움이 된다는 연구도 있다. 예를 들어, 한 연구에서 대학교 1학년 학부생 그룹을 대상으로 조사한 결과 자기연민을 더 많이 느끼는 학생들은 자율성, 유능감, 관계성을 더 많이 경험했다. 즉, 이러한 욕구가 충분히 채워지면 정신건강이 향상되며, 생기 있고 활력 있는 학교생활을 할 수 있었다.

나는 이와 같은 연구의 결과를 실제로 한 학생에게서 본 적이 있다. 타니아는 텍사스대학교 오스틴의 자기연민 학부 강좌를 수강한 60대흑인 여성으로 재미있고 지혜로운 학생이다. 그녀는 가끔 내 사무실에들러 수업시간에 다른 자료에 대해 이야기를 나누기도 하고, 어떻게 본인이 65세의 나이에 자랑스러운 텍사스대학교의 3학년 학생이 되었는지에 대해 이야기해 주기도 했다. 타니아는 휴스턴에서 자랐고 고등학교를 졸업하자마자 가족을 부양하기 위해 직장을 얻었다. 세탁소에서 안정적인 일자리를 찾아 몇 년간 일을 할 수 있었고, 그 후에는 결국 매니저의 위치까지 올라갔다. 오래전에 이혼한 남편의 도움을 거의받지 않고 세 딸을 키워 내어, 지금 그 딸들은 모두 결혼을 해서 6명의손주가 생겼다. 딸들은 타니아의 집 근처에 살았고 주말이나 방과 후에 어린아이들을 돌보는 일은 타니아의 몫이었다. 하지만 타니아에게는 놀라운 비밀이 하나 있었는데, 그녀는 사실 아기나 어린이를 좋아하지 않는다는 것이었다. 아이들은 너무 많이 울었고 대화도 잘 통하지 않았다. 특히 타니아는 기저귀 갈아 주는 것을 너무 싫어했다. 이미예전에 다 한 일인데 다시 또 하고 싶지 않았지만, 딸들은 그녀에게 의존하고 있었다. 타니아는 "난 똥 기저귀 의무를 다했죠, 근데 내 삶은 정말 말 그대로 똥이었어요."라고 농담 섞인 말을 하기도 했다. 이렇게 쾌활한 성격의 타니아였지만 결국 어린 손주들을 돌보는 것은 고통으로 다가왔고, 이제는 약간 힘이 없어 보이기까지 했다.

이런 변화를 눈치챈 타니아의 오랜 친구는 그녀에게 행복해지기 위해 무엇이 필요한지 물었다. 이 질문은 그녀의 발걸음을 멈추게 했다고 말했다. 이전에는 한번도 자신의 행복에 대해 진지하게 생각해 본 적이 없었다. 직장에 다니면서 자신 외의 모든 사람을 돌보느라 너무 바빴기 때문이다. 고민 끝에 그녀는 자신이 대학에 가서 문학을 공부하고 싶어 한다는 것을 알게 되었다. 어렸을 때부터 항상 책을 읽으며 위안과 안식처를 찾았음에도, 자신의 지적 욕구에 대한 불꽃은 한번도 제대로 타오른 적이 없다는 것을 알게 된 것이다. 타니아는 저녁과 주말에 커뮤니티 칼리지(2년제 전문대학)에 다니면서 준학사 학위를 취득하고 이후에 대학에 편입하여 학사 학위를 받는 꿈을 키웠다. 하지만 이 계획은 손주들을 더 이상 돌볼 시간이 없다는 것을 의미했다. 이런 상황에서 그녀가 하고 싶은 일을 우선순위에 두는 것이 이기적인 일일까?

이는 그녀가 한번도 완전히 경험해 보지 못했던 방식으로 배우고 성장할 수 있는 기회였고, 타니아는 그 꿈을 향해 가기로 결심했다. 딸들에게 아이들을 돌볼 보육원을 알아보라고 하자, 처음에는 속상해했지만 금세 마음을 바꾸어 엄마를 전폭적으로 지지했다. 딸들은 엄마를 깊이 사랑했고, 그녀가 해 준 모든 것에 감사했다.

타니아는 커뮤니티 칼리지 수업을 수월하게 이수했다. 물 만난 물고기 같았다. 세탁소를 운영하면서도 전 과목 A를 받았고 텍사스대학교에 편입생으로 지원했다. 결과는 합격이었다. 곧 65세를 앞두고 있는 그녀는 은퇴를 결심하고 사회보장 연금으로 오스틴에 작은 아파트를 임대했고 전일제 학생이 되었다. 타니아는 내 수업을 재미있게 듣고 있다고 했지만, 확실한 것은 그녀는 자신의 필요를 충족시키는 것이 얼마나 중요한지를 이미 자신의 삶 속에서 인식하고 있었다는 것이다. 깊은 감사의 마음으로 자기연민을 깊이 경험하고 있는 그녀의 모습은 아름다움 그 자체였다. 내가 그녀에게 앞으로 무엇을 하고 싶은지 졸업 후 계획에 대해 물었을 때, "나는 내일은 생각하지 않아요. 저는 오늘을 위해 살고 있어요."라고 활짝 웃으며 대답했다.

## 가부장적인 세상에서 여성들에게 필요한 것

자기연민을 기르는 것이 특히 여성들에게 매우 중요한 이유는 가부장제의 규범과 기대가 여성들이 본인의 욕구를 충족시키기 위해 행동에 나서는 것을 강하게 막고 있기 때문이다. 온정주의적 성차별주의 이데올로기를 고수하는 사람들은 여성을 타고난 양육자로 여긴다. 즉, 타인을 위해 기꺼이 자신의 이익을 희생하는 사람들인 것이다. 이런 관점에서 보면 베푸는 것은 여성들의 삶이자 소명이다. 이것이 진실이라면 여성들은 자기희생을 통해 진정한 성취감을 느끼게 될 것이다. 하지만, 사실 베푸는 행위가 자발적인 것이 아니라 사회적으로 기대되기 때문에 일어나는 것이라면 진정한 충족과는 거리가 멀어진다.

나는 인도의 마이솔에서 논문 연구를 진행한 적이 있다. 문화가 사람들의 젠더에 대한 관점을 어떻게 형성하고, 개인의 욕구 충족 문제에 어떠한 영향을 주는지 궁금했기 때문이다. 학자들은 때때로 인도와 같은 비서구 사회의 문화를 '의무에 기반한 도덕성'이 강조되는 것으로 묘사한다. 서구 사회의 관심사인 권리나 개인적 자율성보다는 타인의 필요를 충족시키는 데 중점을 두고 있다고 인식하는 것이다. 동양과 서양의 차이를 이렇게 대략적으로 구분하는 것은, 여성은 돌봄 위주의 도덕성을, 남성은 권리와 정의에 더 초점을 둔다는 주장과도 유사해 보인다. 나의 논문 지도교수인 엘리엇 투리엘은 극도로 단순하게 묘사된 동서양의 특징은 적절치 않으며 자율성, 정의, 타인에 대한 돌봄은 동서양의 문제가 아니라 보편적인 관심사라고 주장했다. 하지만 그 표현에 있어서는 권력관계에 따라 일정 부분 달라질 수 있다.

의무를 강조하는 문화는 위계적인 경우가 많다. 부하직원에게는 타인을 위한 돌봄이 요구되는 반면, 권력을 쥐고 있는 자에게는 권리와 개인적 특권이 넘쳐 난다. 예를 들어, 인도의 힌두교 여성들은 어린 시절부터 남성에게 먼저 음식을 대접하고 여성은 남성이 다 먹은 후에야 남은 음식을 먹는 등의 관습을 통해 남성에 대한 자기희생(힌두어로는 세와-sewa)을 훈련받는다. 또한 전통적으로 신부가 시댁에 지불해야 하는 지참금 제도는 남성과 달리 여성은 가족들의 짐이라는 인식을 강화시켰다. 결혼한 여성은 남편과 아이들을 돌봐야 하지만 남성보다 의식주, 의료 복지, 교육에 대한 지원이 훨씬 적다. 나는 인도 문화의 부부 갈등에 대한 문제를 다룰 때, 남성은 아내가 그들의 의무를 다해야 하고 남편은 그들이 원하는 것을 할 권리가 있다고 판단할 것이라는 가설을 세웠다. 하지만 '동시에 인도 여성들이 상황을 어느 정도는 다르게 볼 수도 있지 않을까?' 하는 생각도 했었다.

나는 연구를 위해 그 지역 대학에 다니는 훌륭한 두 명의 대학원생인 수스미타 데바라즈Susmitha Devaraj와 마니말라 드와르카프라사드Manimala Dwarkaprasad를 대상으로 인터뷰를 진행했다. 그들은 놀랍도록 복잡한 인도의 성 역할을 이해하는 데 도움을 주었고, 여성이 억압받는 것에 만족하지 않는다는 것의 본보기가 되는 강인한 젊은 여성들이었다. 그들은 인도에서 전통의 무게와 흐름을 거슬러 헤엄치는 것이 얼마나 힘든지에 대해 이야기하며, 다른 선택의 여지가 없는 상황에서 인도 여성들은 자신의 역할을 단순히 삶의 일부로 받아들이는 경우가 대부분이라고 지적했다. 그러니까 인도 여성들이 그 모든 것을 공평하다고 생각하기 때문에 그렇게 하는 것은 아니라는 것이다. 인도에는 인디라 간디<sup>Indira Gandhi</sup>와 같은 여성 지도자도 있었다. 그녀는 1966년부터 1988년까지 세계에서 최장 기간 수상직에 있으며 철의 주먹으로 인도를 이끈 인물이다. 여성의 성 역할에 대한 이렇게 다양하고 모순적으로 보이는 견해가 사람들의 도덕적 추론에서도 드러날까?

나는 연구를 위해 72명의 힌두교 청년층(어린이, 청소년, 젊은 성인)을 모집했고 남녀의 비율을 동일하게 했다. 참가자들에게 부부가 나오는 짧은 상황극을 보여 주었고, 그 내용은 배우자들의 필요와 욕구가 상충하는 상황이었다. 연구에서는 각 상황의 중심인물이 남편 또는 부인 중 하나인 것으로 그려졌다. 예를 들어, 한 질문은 중심인물인 남편 비제이가 비나(인도 현악기) 수업을 받길 원하는 것에 초점이 맞추어졌다. 그리고 그의 부인은 남편이 수업을 받는 대신 집안일을 해 주기를 원하는 상황이었다. 또 다른 한 질문에서는 부인 수마가 중심인물이었는데, 그녀는 고전무용 수업을 듣기를 원했다. 하지만 남편은 그녀가 집에 머물면서 집안일을 하기를 원한다. 참가자들은 각 상황의 중심인물이 어떻게 해야 하며, 왜 그렇게 해야 하는지에 대해 답변해야 했다.

그리 놀랍지는 않지만, 나는 참가자들의 답변에서 부인보다는 남편의 개인적인 욕구 충족이 더 중요시되는 경향이 있다는 것을 발견했다. 하지만 인도 여성들은 문화적으로 허용되지 않는다고 해도 자신의 필요를 충족시킬 수 있어야 한다고 확신하는 경우가 있었다. 예를 들어, 고전무용 이야기에서 인도 여성들은 보통 수마 자신이 원하는 것을 해야 한다고 말했다. 한 10대 소녀는 "수마는 무용 수업을 들으러

가야죠. 그게 그녀의 흥미를 충족시킬 수 있는 유일한 길이니까요. 그녀도 본인이 관심 있는 것을 하면서 살아야 해요. 그렇지 않으면 불행하고 무미건조한 삶이 되겠죠……. 전통이 요구하는 모든 것이 항상 옳은 것은 아니에요. 터무니 없는 전통들도 많고요. 저는 저에게 이익이 되는 방향을 막는 그런 전통은 존중하지 않아요. 전통이 역동성을 가로막는 장벽이 된다면 개인은 어떻게 성장할 수 있을까요? 저는 수마가 꼭 무용 수업에 갔으면 해요."라는 답변을 했다. 나는 이 경험을 통해 전통적이고 가부장적인 사회에서도 소녀들과 여성들은 자아실현에 큰 의지가 있다는 것을 알게 되었다. 거대한 사회 구조가 자신의 욕구를 충족시키는 능력에 제약을 가하더라도, 우리는 여전히 행복하기 위한 동등한 기회를 원한다.

동양에 비해서 서양 여성들은 자아실현을 가로막는 장벽을 덜 느낄지도 모르지만, 여전히 존재한다. 타인을 우선시하는 것이 더 이상 여성의 의무로 설명되지는 않지만, 여성은 착해야 한다는 무언의 기대가 있다. 우리는 '친절하기' 위해서 다른 사람의 요청을 수락해야 한다. "근무일을 좀 바꿔 줄 수 있을까요?" "내가 휴가를 가는 동안 강아지 산책을 좀 부탁해도 될까요?" 또는 "여행 준비를 좀 해 줄 수 있을까요?" 등의 요청 같은 것들이다. 만약 우리가 이런 일들을 하는데 전혀 거슬리지 않는다면 기분 좋게 수락할 수도 있지만, 그렇지 못한 경우에는 불편감이 생겨난다. 우리가 친구나 파트너, 자녀, 동료의 부탁에 무심코 "예."라고 대답할 때마다, 이것이 진심으로 내가 원하는 것인지 스스로 확인하지 않고, 우리는 자기희생의 성 규범을 강화하고 있는 것이다. 그러니까 자신의 필요만을 중요시하고 타인의 필요를 충족시키는 선택은 하지 말라는 뜻이 아니다. 즉, '좋은 사람'이 되기 위해 그 일을 해야만 하는 것이 아니라, 모든 선택지를 고려한 후 신중하게 선택해야 한다는 의미이다. 그리고 어떤 선택이 자신에게 옳지 않다는 것을 인식할 때, 자기연민은 자신의 필요를 존중하고 가능한 한 다른 선택을 할 수 있도록 이끈다.

## 우리를 행복하게 해 주는 것 발견하기

내가 처음으로 텍사스대학교 오스틴에서 교수직에 올랐을 때, 당시 남편이었던 루퍼트와 나는 시골에 7에이커에 달하는 집을 샀다. 그집은 오스틴 시내와 텍사스대학교 캠퍼스에서 45분 거리에 있는 '엘진'이라는 작은 마을에 있었다. 승마 애호가인 루퍼트가 말을 키우고 싶어 했기 때문에 우리는 그곳으로 이사를 한 것이었다. 이후에 아들 로완은 루퍼트가 우리 땅에 설립한 '뉴 트레일스 학습 센터(New Trails Learning Center)'에서 홈스쿨링을 받았다. 이 센터는 말을 이용해 심리 치료를 하는 곳이었다.

나는 루퍼트와 헤어진 후에도(우리는 여전히 친구 사이로 지낸다.) 4년 동안 엘진에 머물렀는데, 그 이유는 로완이 이곳에서 행복해 보였기 때문이다. 하지만 솔직히 말해서 나는 말을 좋아하지 않는다. 나는 시골이 아닌 도시에서 태어나고 자란 여성이다. 엘진에서는 마땅히 갈 만한 카페도 없고 음식 선택의 폭도 아주 제한적이다. 그 마을은 주로 소시지로 유명한데, 글루텐과 유제품을 못 먹는 나 같은 페스카테리언(해산물 채식주의자)이 음식을 즐길 수 있는 곳은 확실히 아니었다. 또 진보적인 도시인 오스틴과는 달리 문화적으로도 정반대였는데, 그 마을은 트럼프를 지지하는 매우 보수적인 마을이었다. 코로나19 팬데믹 기간 동안 엘진의 한 바에서는 손님에게 마스크 착용을 금지하여 전국적 뉴스가 되기도 했다. 하지만 나는 다른 사람들의 필요를 충족시키기 위해서 거의 20년 동안 나의 안전지대를 벗어난 이 낯선 곳에서 살았다.

나는 마침내 2년 전쯤 오스틴 시내 중심부로 이사를 했다. 물론 로완에게 더 나은 교육 환경을 제공하기 위한 이유도 있었지만, 나 또한 엘진에서 사는 것이 더 이상 견딜 수 없었기 때문이다. 지금에 와서야 나는 비로소 깨닫고 있다. 내가 그동안 전혀 맞지 않는 문화적 환경에서 살기 위해 얼마나 많은 것을 포기했는지 알게 되었으니 말이다. 나는 이제 내가 원하는 것을 가까이에서 얻을 수 있는 환경을 즐긴다. 차로 5분 거리에서 코코넛 밀크 말차라떼를 사 먹을 수 있고 차로 10분이면 대학 캠퍼스에 도착한다. 이 모든 것이 나를 행복하게 만든다. 내가 원했던 것보다 엘진에 더 오래 머물기로 한 결정을 후회하지는 않지만, 진정으로 우리의 필요를 충족시키는 삶을 사는 것이 얼마나 중요한가를 느끼며 감사한 마음을 가진다. 다시는 타협해서 나에게 맞지 않는 곳에 살게 되는 일은 없을 것이다.

우리가 진실로 자신을 돌볼 때, 우리의 필요는 중요하다. 그것은 중요해야만 한다. 사랑하고 돌보고 베푸는 여성이 되고자 하는 이상, 그 안에는 반드시 우리 자신이 포함되어야 하며, 그렇지 않다면 그것은 진정한 사랑은 아니다. 우리 자신의 진정성과 성취를 충족시키는 것이 무시된다면, 결국 자신만의 고유하고 아름다운 이야기가 자연스럽게 흘러나오지 못하게 될 것이다. 그리고 정치적 차원에서는 부지불식간에 가부장제를 존속시키게 된다. 다행히도 우리가 이러한 규범에 의문을 제기하고 다르게 행동할 용기를 낸다면 이러한 상황을 뒤집을 수 있는 기회가 있다. 자기연민은 여성이 스스로를 소중히 여길 수 있는 방법을 제공하며, 이것이 편향된 시스템을 바꾸는 첫걸음이다. 이는 집회와 투표장에서 이루어지기도 하지만, "지금 이 순간 나에게 필요한 것이 무엇인가?"라고 스스로에게 질문하면서 우리 자신의 마음속에서도 일어나야 한다.

목표와 가치를 구분하는 것이 중요한 것처럼, 원하는 것과 필요한 것을 구분하는 것도 중요하다. 원하는 것은 재정적인 성공, 좋은 집이나 차, 신체적 매력, 근사한 식사와 같이 즐겁거나 원하는 것을 간절히 바라는 것이다. 한편, 필요한 것은 안전, 건강, 타인과의 연결, 삶의 의미와 같이 정서적 또는 신체적 생존에 필수적인 것들을 말한다. 필요한 것은 구체적이기보다는 보편적인 경향이 있다(예를 들어, 평화로운 가정은 필요로 하는 것이고, 다툼이 잦은 룸메이트가 이사 나가기를 바라는 것은 원하는 것이다).

목표는 우리가 달성하고자 하는 구체적인 관심의 대상으로 박사 학위 취득, 결혼, 20파운드 체중 감량, 아프리카 여행과 같은 것이다. 가치는 중요한 것에 대한 신념으로, 목표를 향해 나아가게 하며 목표를 달성한 후에도 계속 우리를 나아가게 할 수 있는 소중한 것에 대한 믿음이다. 가치는 우리의 삶에 의미와 목적을 제공한다. 그 예로는 관대함, 정직, 배움, 우정, 충성심, 근면, 평화, 호기심, 모험, 건강, 자연과의 조화 등이 있다. 요약하자면, 목표는 우리의 행위를 통해 이루어지고, 가치는 우리 삶과 함께하는 것이다. 토마스 머튼<sup>Thomas Merton</sup>은 "나를 알고 싶다면 내가 어디에 사는지, 무엇을 먹는지, 어떻게 머리를 빗는지 물을 것이 아니라, 내가 무엇을 위해 살고 있는지 물어보라. 좀 더 구체적으로 말하자면, 그런 삶을 온전히 살아가는 데 방해가 되는 것이 무엇이라고 생각하는지 물어보는 것이다."라고 했다.

그렇다면 우리의 행동이 자신의 진실된 욕구와 가치에 부합하는 것인지 아니면, 단지 타인을 기쁘게 하거나 사회적 이상을 충족시키기 위해 행동하는 것인지 어떻게 알 수 있을까? 한 가지 방법은 행동 뒤에 따라오는 감정의 반응을 자각하는 것이다. 예를 들어, 여러분이 타인을 위해 봉사하는 것에 가치를 두도록 양육되었고, 매주 일요일마다 교회 예배가 끝난 후에 지역 노숙자들을 위해 샌드위치를 만든다고 가정해 보자. 만약 이것이 자신에게 진실되고 충만감을 주는 행위라면, 여러분은 햄 치즈 샌드위치를 만들어 그들에게 나누어 주며 하루를 보낸 후에 기쁨과 활력을 느낄 수 있을 것이다. 하지만 만약 이것이 진실성이 없고 '착한 사람은 해야 하는 일'이라는 생각에서 하는 일이라면 하루를 마무리할 때 지치고 짜증이 날지도 모른다. 삶에서 진정으로 필요하고 가치 있는 것이 무엇인지 파악하고, 그 중요한 일에 집중하며 살아가는 데 필요한 행동을 취하는 것이 자아실현의 핵심이다.

## 충만한 삶

이 실습은 MSC 프로그램 중 핵심가치 발견하기를 각색한 것으로, 스티븐 헤이즈Steven Hayes와 그의 동료들에 의해 개발된 수용−전념 치료(Acceptance and Commitment Therapy)를 기반으로 한다. 수용−전념 치료는 충만하고 진실된 삶의 초석으로 우리가 가장 중요하게 생각하는 가치에 전념하는 행위를 중요하게 여긴다. 이 실습에서는 성찰을 통한 쓰기 활동이 진행되므로 종이와 필기구가 필요하다.

## | 실습 안내 |

### 되돌아보기

• 여러분이 미래의 어느 시점에 있다고 상상합니다. 여러분은 자신의 삶을 회고하며 아름다운 정원에 앉아 있습니다. 지금까지의 시간을 되돌아보

면서, 깊은 감사와 충만, 만족을 느낍니다. 인생의 여정이 항상 평탄한 것만은 아니었지만 여러분은 자신의 삶에 충실했고 자신에게 기쁨을 주는 일을 하는 데 가능한 한 많은 시간을 보냈습니다.

- 여러분이 만족감을 느꼈던 깊은 욕구 충족의 경험, 큰 충만감을 주었던 소중하게 생각했던 가치는 어떤 것들이었나요? 예를 들어, 모험, 창의력, 학습, 영성, 가족, 공동체, 자연과 함께하기와 같은 가치들일 수 있습니다. 당신에게 충만감을 가져다준 가치들을 적어 봅니다.

## 현재 살펴보기

- 현재 여러분은 자신의 행복을 위해 여러분의 필요를 어느 정도로 충족시키고 있나요? 여러분의 삶에 균형이 깨져 있지는 않나요? 타인의 필요를 충족시키기 위해 많은 시간을 보내고 있나요? 아니면 너무 바빠서 자신을 돌볼 시간이 없나요? 여러분의 필요가 충족되고 있지 않는 부분이 있다면 적어 보세요.

## 장애물

- 우리는 자신의 필요를 충족시키지 못하도록 하는 장애물을 갖고 있습니다. 이 중 어떤 것은 돈이나 시간 부족과 같은 외부적인 장애물일 수 있습니다. 또 우리가 행해야만 하는 어떤 의무들이 장애물로 다가올 수도 있습니다. 예를 들어, 가족을 부양해야 하거나, 아픈 사람을 돌봐야 할 수도 있지요. 여러분에게 해당하는 외적 장애물을 잠시 생각하고, 그것을 적어 봅니다.

- 여러분의 필요를 충족시키는 데 방해가 되는 장애물은 내적 요인일 수도 있습니다. 예를 들어, 여러분은 아주 조심스러운 성격일 수도 있고, 타인

을 기쁘게 해 주기를 원할 수 있으며, 이기적인 사람이 되는 것이 두려울 수 있고, 행복할 자격이 없다고 느낄 수도 있습니다. 자신의 내면으로 들어가 여러분의 내적 장애물을 적어 봅니다.

- 여러분 내면에 행복해지고 싶은 깊은 갈망과 욕구가 있는지, 욕구가 충족되지 않을 때 슬픔이나 좌절감을 느끼지는 않는지 살펴보세요.

## 적극적 자기연민 불러오기

- 여러분의 필요를 충족시키는 데 방해가 되는 장애물을 극복하는 데 적극적 자기연민이 어떤 도움을 줄 수 있는지 적어 봅니다. 확실하게 거절할 수 있는 용기를 줄 수 있을까요? 새로운 조치를 취하거나 비난을 감수하거나, 여러분에게 도움이 되지 않는 일들을 놓아 버릴 수 있을 만큼 자신감과 안전한 느낌이 생기나요? 자신이 더 행복하고 충만감이 들도록 하기 위해 여러분이 할 수 있는 일은 무엇인가요?
- 약간의 망설임이 느껴진다면, 자신의 필요를 충족시키면 시킬수록 여러분이 타인에게 베풀 수 있는 에너지가 더 많아진다는 사실을 기억하세요. 자신을 돌보기 위한 행동에 전념할 수 있나요?

## 부드러운 자기연민 불러오기

- 물론 온전한 충만감을 갖는 데 우리가 극복하기 어려운 장애물이 있을 수 있습니다. 우리가 원하는 것 모두를 가질 수 없는 것은 자연스러운 인간 삶의 일부이기도 합니다.
- 그렇기 때문에 잠시 눈을 감고 손을 가슴에 올려놓거나 다른 위로가 되는 위치에 둡니다. 우리가 원하는 방식으로 필요를 항상 충족시킬 수 없고 충만감을 늘 느낄 수는 없다는 현실에 대해 마음의 공간을 만들 수 있나요?

- 이러한 인간 삶의 한계에 대해 친절하고 수용하는 말을 적어 봅니다.

## 음과 양의 균형 맞추기

- 마지막으로, 적극적 자기연민의 에너지와 부드러운 자기연민의 에너지가 합쳐질 수 있도록 해 봅니다. 현재 이 순간의 경험을 있는 그대로 수용함과 동시에 우리는 우리의 환경을 바꿀 수 있는 선한 의도의 노력을 기울일 수 있습니다. 여러분의 필요를 충족시키기 위해, 불완전하더라도 이전에는 생각해 보지 못했던 창의적인 방법은 없을까요? 예를 들어, 여러분이 자연을 사랑하지만 하루 종일 사무실에서만 일을 한다면, 사무실까지 차를 몰고 다니는 대신에 걸어가거나 아니면 사무실 환경을 좀 더 친환경적으로 꾸미기 위해 식물을 가져다 놓을 수 있을까요? 여러분 자신을 충족시키기 위해 여러분이 할 수 있는 작은 실천들이 있나요? 그렇다면 그것에 대해 적어 보세요.

## 자기연민인가 자기방종인가

어떤 사람들은 자신의 필요를 충족시키기 위해 자기연민적인 사람이 되는 것이 자기방종을 숨기는 행위로 작용할 수 있다고 우려한다. 만약 어느 날 아침, 밀린 잠을 자고 싶어 직장에 전화해서 늦는다고 알린다면, 그것은 자기연민적일 수 있다. 하지만 이런 일이 일주일에 몇 번씩이나 생긴다면? 사람이 과도하게 자기연민적일 수 있을까? 우리가 자신을 진실로 보살핀다면 우리는 결국 기분이 좋아지는 행위라고 해도 자신에게 해가 되는 것은 하지 않을 것이다. 자기방종은 단기적인 즐거움을 선택함으로써 장기적인 해로움의 대가를 받는 것인 반면,

자기연민은 항상 고통의 완화에 초점을 두는 것이다.

첫째, 마음챙김은 우리에게 단지 원하는 것이 아니라 진실로 필요한 것이 무엇인지 명확하게 인지하도록 해 준다. 알람을 끄고 다시 자는 것이 정말 나에게 필요한가? 아니면 한번 더 잠에 스르르 빠지는 그 일시적인 즐거움을 원하고 있는가? 둘째, 우리는 우리의 행동이 진정으로 나에게 최선의 이익이 되는지 확인하기 위해 친절을 활용할 수 있다. 부정적인 영향을 미칠 것이 분명한데 늦게 퇴근하는 것이 정말 도움이 될까? 아니면 충분한 휴식을 취하기 위해 일찍 잠자리에 드는 것이 더 나을까? 마지막으로, 보편적 인간경험의 지혜(더 큰 그림을 보고 모든 것이 상호연결되어 있음을 볼 수 있는 능력)는 우리의 행동이 더 균형 잡히고 지속 가능하도록 해 준다. 내 행동이 나의 업무나 동료의 효과적인 업무 수행능력에 어떤 영향을 미치게 될까? 자기연민은 이러한 질문에 대한 답을 구하면서, 자기방종적인 행위를 최대한 하지 않는 방향으로 우리를 인도한다.

연구에 따르면, 자기연민적인 사람들이 자신을 돌보는 행위를 할 때, 탐닉적이기보다는 건강한 방식으로 행한다. 예를 들어, 자기연민적인 사람들은 더 건강한 선택을 위해 포장식품의 영양성분표를 읽고, 규칙적으로 운동을 하며, 충분한 수면을 취할 가능성이 높다. 섬유근육통이나 만성피로 증후군, 암과 같은 질병에 걸려 투병 중인 사람들에게 자기연민은 의사의 처방과 치료계획을 더 확실하게 따르도록 하여, 환자들이 처방된 약을 성실하게 복용하고 식단을 바꾸며 좀 더 자주 운동을 하는 데 도움을 주었다. 자기연민적인 노인들은 더 정기적으로 의사를 방문하며 보행기와 같은 보조장치를 기꺼이 사용한다. 에이즈에 걸린 개인에 관한 다국가 연구에서 자기연민지수가 높은 개인들은 성관계 시 콘돔을 사용하여 자신과 타인을 더 보호하는 경향이 높다는 것도 밝혀졌다.

연구자들이 '왜 자기연민적인 사람들은 자신을 돌보는 행위에 더 기꺼이 참여하는가'를 조사했을 때, 그 이유는 바로 '자애로운 자기와의 대화'에 있었다. 자기연민적인 사람들은 자신을 친절하게 대하는 것에 중점을 두면서 격려와 지지의 방식으로 자신에게 이야기해 준다.

## 스스로에게 베푸는 것이 이기적인 걸까

또 다른 일반적인 오해는 자기연민이 이기적이라는 생각이다. 이 생각은 특히 여성들에게 강한 장벽을 만드는데, 태어날 때부터 타인의 필요를 보살피고, 돌보고 충족시키도록 양육되었기 때문이다. 물론 우리 안에 자기연민의 적극성과 부드러움의 요소가 함께 자리 잡고 있지 않으면, 자신의 필요를 충족시키는 것이 이기주의를 감추기 위한 방편이 될 위험도 있다. 연결성과 상호의존성에 대한 명확한 이해가 없다면 우리는 상황을 제로섬 게임으로 변질시킬 수 있다. 내 필요가 충족되면 상대방의 필요는 충족되지 못하는 것이다. 이러한 상황에서 우리는 결코 행복해질 수 없다. 만약 내 친구가 극심한 불화를 겪어 나에게 시간과 관심을 요구하지만, 나는 내가 하는 일이 바빠 그녀의 요구를 못 본 체한다면 나 또한 괴로울 것이다. 또 그녀가 나의 무관심에 화를 낸다면 나는 기분이 안 좋아지고 우정에도 금이 간다. 만약 내가 미래에 그녀와 같은 처지에 놓였을 때 그 친구의 도움을 받을 수도 없을 것이다. 하지만 음과 양의 조화가 이루어진다면 상황은 이렇게 흘러가지 않는다. 사랑은 우리의 가장 깊은 욕구이고, 나 자신에게 베푸는 것은 자동적으로 타인에 대한 사랑을 포함하게 된다. 사실, 충만하고 균형 잡힌 진정성이야말로 우리가 관대한 마음을 유지할 수 있는 원천이다.

자신을 고갈시켜 더 이상 베풀 수 있는 것이 남지 않는 수준으로 자신을 몰아붙이지는 않게 된다.·그 대신, 연결감을 바탕으로 자신의 필요 또한 충족시켜 줄 수 있을 것이다.

자기연민은 이기적이지 않다는 생각을 뒷받침하는 많은 연구 결과가 있다. 예를 들어, 자기연민적인 사람들은 친밀한 관계에서 더 연민적인 목표를 세우는 경향이 있다. 이는 그들과 가까운 사람들에게 많은 정서적인 도움을 제공한다는 것을 뜻한다. 또 자기연민적인 사람들은 연인 관계에 있는 파트너에게 더 배려하고 베풀 줄 아는 사람들이기도 하다. 그들은 타인의 결점과 단점에 대해 더 수용적이며 외부의 관점을 더 잘 받아들이고 고려할 줄 안다.

한 가지 놀라운 사실은 자기연민과 타인에 대한 연민 사이의 관련성이 그렇게 크지 않다는 것이다. 즉, 자기연민 지수가 높은 사람들은 지수가 낮은 사람들에 비해 타인에 대한 연민을 약간 더 느끼는 경향이 있기는 하지만 그 차이가 크지는 않다. 그 이유는 대다수의 사람이 자신보다 타인에 대해 훨씬 더 연민을 느끼기 때문이다. 특히 여성 중에는 다른 사람들에게는 연민적이고 관대하고 친절한 반면, 자신에게는 함부로 대하는 사람들이 많다. 만약 자기연민과 타인에 대한 연민 사이에 연관성이 높다면 자기연민이 부족한 사람은 타인에 대한 연민 또한 부족해야 할 것이다. 하지만 실제로 그렇지는 않다.

그럼에도 불구하고, 자기연민을 배우는 것은 타인에 대한 연민심을 키우는 데 도움이 된다. 한 연구에 따르면, MSC에 참여한 후 타인에 대한 연민심이 10% 증가한다는 사실이 밝혀졌다. 대부분의 사람은 처음부터 타인에 대한 연민심이 높았기 때문에(프로그램 시작 시점에 연민지수 5점 만점에 평균 4.17이었고, 끝날 시점에 4.46이었다.) 향상될 수 있는 여지가 크지는 않았다. 그에 반해 자기연민은 43%가 증가했다. 프로그램 시작 시점에 참가자들의 자기연민지수는 5점 만점에 평균 2.65였고 마칠 때 평균 3.78이 되었다. 이 연구 결과는 더 자기연민적인 사람이 된다고 해서 타인에 대한 배려심이 줄어드는 것이 아님을 보여 준다. 실제로는 그 정반대이다. 이보다 더 중요한 사실은 자기연민은 우리가 지치거나 소진되지 않고 더 지속적으로 타인에 대한 배려를 지속하는 데 도움을 준다는 것이다(이와 관련해서는 제10장에서 더 자세히 논의할 것이다).

자기연민이 이기적이지 않은 또 다른 이유가 있다. 자기연민은 다른 사람들에게도 자신을 연민적으로 대하도록 독려하기 때문이다. "자기연민은 전염성이 있는가?"라는 주제의 논문에서, 워털루대학교의 연구자들은 자기연민의 표현이 다른 사람에게 어떤 영향을 미치는지 조사했다. 학생들에게 개인적인 학업 실패를 떠올리게 한 다음, 다른 학생이 실패에 대해 자기연민적 방식("네가 실망한 것은 이해해, 이런 경험은 너무 당연한 거지⋯⋯.") 또는 중립적인 방식으로("큰 차이로는 아니지만 그래도 간신히 통과했구나⋯⋯.") 자신에게 말하는 오디오 클립을 무작위로 듣도록 했다. 자기연민적인 사람이 말하는 오디오를 들은 참가자들은 자신의 학업 실패에 대한 글을 더욱 연민적으로 쓴 것으로 나타났다. 연구자들은 이러한 결과가 다른 사람을 관찰함으로써 행동을 배우는 사회적 모델링 과정 때문이라고 해석했다. 따라서 우리가 자신에게 연민적인 태도를 취할 때, 특히 다른 사람들이 보기에도 명백하게 그러할 때, 우리는 다른 사람들도 연민적이 될 수 있도록 돕는 셈이다.

우리는 이렇게 서로 연결되어 있기 때문에 삶의 고통을 다룰 때 자신과 타인을 구분하는 것은 본질적으로 무의미한 일이다. 알베르트 아인슈타인Albert Einstein은 "우리의 임무는 모든 생명체와 자연과 그 아름다움 전체를 포용할 수 있도록 연민의 범위를 넓혀 궁극적으로 우리 자신을 자유롭게 하는 것이다."라고 했다. 우리는 그 원의 중심에 있다.

연민의 범위를 우리 자신으로 제한하고 싶지 않지만, 그렇다고 자신을 그 원 밖으로 제외시키는 것도 원치 않는다. 그렇게 하는 것은 인류의 한 존재인 자신을 저버리는 것과 같다.

매슬로는 자아실현을 설명할 때, 자아에 대한 생각을 버리는 것이 그 과정의 핵심이라고 강조한다. 그는 우리의 진정한 본성을 실현하기 위해 작은 자아(self)보다 더 큰 소명 또는 목적을 발견해야 한다고 주장한다. 사실, 자기연민(self-compassion)이나 자아실현(self-actualization)에서의 '자아'는 오해의 소지가 있다. 왜냐하면 자기연민이나 자아실현의 상태는 실제로 개별적인 자아에 초점을 두고 있는 것은 아니기 때문이다.

아름다운 진실은 우리가 스스로의 잠재력을 최대한 개발함으로써 타인을 더 잘 도울 수 있다는 것이다. 우리가 가지고 있는 교육자로서의 기량이 발휘될 때, 우리는 주변 사람들의 가능성을 확장시킬 수 있다. 내가 갖고 있는 재능을 키우면 일류 요리사, 오페라 가수, 응급 헬리콥터 조종사 등 그 무엇이 되든 간에 타인들의 삶의 경험의 질을 향상시키는 데 기여할 수 있다는 것은 분명하다. 내가 조금 더 적극적으로 참여하고 생동감 있게 살 수 있도록 나의 내면세계를 개발할 때, 내가 만나는 모든 사람에게 그 활기가 전해질 것이다. 우리 자신의 필요를 충족시키는 것은 세상 사람들에게 주는 선물이다.

제 8 장

# 최고의 자신으로 성장하기

우리가 진정으로 무언가를 돌보기로 마음 먹으면, 변화는 언제나 일어난다.

- 메건 라피노, 미국 여자 축구 대표팀 주장(Megan Rapinoe, captain
of the USA Women's Soccer Team)

우리가 자신을 돌보고 고통받고 싶어 하지 않는다면 저절로 꿈을 이루기 위해 적극적인 자세를 취하게 되고, 더 이상 도움이 되지 않는 행위는 하지 않게 된다. 자기연민을 실행하는 데 있어 가장 큰 장애물은 스스로를 엄청나게 밀어붙이지 않으면 게으르고 의욕이 없어질 것이라는 두려움이다. 이러한 두려움은 자기연민의 음과 양을 잘못 이해한 데서 비롯된다. 자기연민의 부드러운 면은 우리의 불완전함을 수용할 수 있도록 도와준다. 부드러운 자기연민은 우리가 사랑받기 위해 완벽할 필요가 없다는 것을 상기시켜 준다. 또 우리 신에 대해 아무것도 고칠 필요 없이, 지금 이대로도 충분히 보살핌과 친절을 받을 자격이 있다고 말한다.

하지만 그렇다고 해서 건강에 해로운 습관을 바꾸거나 목표를 달성하고 꿈을 이루기 위해 노력하지 않아도 된다는 뜻은 아니다. 절대 그렇지 않다. 고통을 완화시키려는 열망은 부족함이나 부적절함에서가 아니라 사랑에서 비롯된 것이기 때문에 우리가 인생에서 원하는 것을 성취하기 위해 앞으로 나아가도록 해 준다. 실수하거나 중요한 일에서 실패를 했을 때마다 자신을 혹독하게 비판하는 대신, 그 상황으로부터 배울 수 있는 것에 집중하게 해 준다. 적극적 자기연민을 통해 스스로에게 동기를 부여함으로써, 우리는 격려와 지혜로운 비전을 경험하게 된다.

## 격려

'격려하다(Encourage)'라는 말은 고대 프랑스어의 '용기를 얻다'라는 뜻에서 유래한 것이다. 자기연민을 바탕으로 성장과 변화의 길로 나아갈 때 우리는 용기를 얻을 수 있다. 목표에 도달하지 못해도 스스로에게 벌을 주겠다고 위협하기보다는 친절하고 지지적인 태도로 우리 안에 내재된 잠재력을 긍정한다. 격려란 스스로를 속이거나 "나는 매일 모든 면에서 점점 더 강해지고 있어."와 같이 무조건적으로 긍정적인 말만 하는 것을 뜻하지는 않는다. 왜냐하면 그건 실제로 일어나고 있는 일과 다르기 때문이다. 특정 나이가 지나면 우리는 (적어도 육체적으로는) 점점 더 강해지지 않는다. 이와 관련하여 자신을 의심하면서 말하는 긍정적인 확언은 도움이 되지 않는다는 연구도 있다. 오히려 공허해지며 역효과가 나서 기분이 더 나빠진다는 것이다. 그러나 격려는 다르다. 우리가 원하는 만큼 도달하지 못한다 해도 우리의 능력만큼의 여정을 계속할 수 있도록 해 준다. 실수를 하더라도 잔인하게 몰아세우지 않고 스스로를 지지해 줄 수 있을 때, 우리는 위험을 기꺼이 감수할 수 있는 안전감을 구축하게 된다. 나는 내 자신이 가진 사랑의 마음에서 영감과 에너지를 얻고 더 열심히 노력하려고 한다. 누군가로부터 인정받아야 하기 때문이 아니라 내가 그것을 원하기 때문이다.

영국에서 행복을 위한 행동 단체(the Action for Happiness Organization)를 이끌고 있는 마크 윌리엄슨[Mark Williamson]은 자기연민과 동기부여에 대한 내 강의를 들은 후, 자신이 근본적으로 바뀌었다고 말했다. 그는 실수할 때마다 늘 자책하고 있었다는 사실을 깨달았다. 마치 자신을 욕하면 다음에 더 열심히 할 수 있을 것처럼 "이 멍청한 자식아!(You f***ing idiot)"라는 말을 습관적으로 내뱉었다. 이런 불평의 목소리는 의식하지 못하는 사이에 나왔고, 그에게 부정적인 영향을 미치며 자신감을 떨어뜨렸다. 그래서 실패했을 때, 또 그렇게 자책하고 있다는 것을 발견할 때마다 의도적으로 자신을 변화시키기 위해 노력했다. F로 시작하는 욕의 앞 글자를 따서 친근하고, 유용하고, 차분하며, 친절한(Friendly, Useful, Calm, Kind) 말로 바꾼 것이다. 이것은 스스로에게 언어폭력을 가하는 것보다 훨씬 더 자신을 건설적이고 의욕적으로 만들었다!

물론 친절이 모든 것을 용납한다는 것은 아니다. 때로는 우리가 건강에 해로운 행동을 멈추기 위해 자신과 치열하게 싸워야 할 때도 있다. 술이나 약물에 중독되어 있거나 해로운 관계에 갇혀 있는 등 정말 스스로에게 해를 주고 있다면 단호하게 거절할 줄도 알아야 한다. 이렇듯 엄격한 사랑은 강해 보이지만 궁극적으로는 친절한 행동이다. 엄격한 사랑은 "네가 만약 여기에 계속 머물게 되면 점점 더 우울해질 테니 넌 떠나야 해."와 같은 명확한 메시지를 전달해 준다. 격려는 변화에 대한 열망이 비난이나 판단이 아니라, 돌봄과 헌신에서부터 나온다는 것을 분명하게 보여 준다. 따라서 궁극적으로는 훨씬 효과적으로 변화를 이끌어 낸다.

## 지혜

보편적 인간경험에 대한 지혜는 우리가 성공이나 실패로 이어지는 복잡한 상황을 파악할 수 있게 하여 실수로부터 배울 수 있게 한다. 우리 모두는 실패가 최고의 스승이라는 것을 알고 있다. 토머스 에디슨 Thomas Edison은 "나는 실패한 적이 없습니다. 단지 실패할 수 있는 수만 가지 조건을 찾아냈을 뿐이에요."라는 말을 남겼다. 우리는 성공할 때보다 실패할 때 더 많은 정보를 얻게 된다는 것을 머리로는 이해할 수 있다.

그런데 우리는 틀렸을 때 왜 그렇게 속상한 기분이 들까? 그것은 우리가 무의식적으로 실패해서는 안 된다고 믿고, 실패를 했을 때 무언가 잘못되었다고 생각하기 때문이다. 실패에 따른 수치심과 자책감에 압도되어 앞을 제대로 볼 수 없게 되고, 이는 우리의 성장 능력을 저해한다.

한 연구는 자기연민적인 사람이 더 현명하게 자신이 처한 상황으로부터 배울 수 있다는 사실을 발견했다. 문제에 봉착했을 때, 그들은 모든 관련된 정보를 고려할 가능성이 높고, 화가 나서 해결책을 찾지 못할 지경까지는 가지 않는다. 또한 자기연민적인 사람들은 실패를 막다른 골목이 아닌 배움의 기회로 여길 가능성이 높다. 실패에 대한 두려움이 적고, 실패하더라도 그 경험으로 인한 타격이 적으며, 또 다시 시도하는 경향이 있다. 자기연민은 우리가 실패로부터 얻을 수 있는 것에 초점을 두도록 도와주며, 실패가 그 사람의 가치를 재단하도록 하지 않는다. 스스로를 실패로서 규정짓지 않고, 그 대신 성공에 필요한 정보를 제공할 수 있는 자신의 잠재력을 발견한다.

물론 최선을 다했지만 원하는 결과가 나오지 않을 수도 있다. 어쩌면 그런 경우에는 그 특정 목표를 포기하는 것이 가장 현명한 방법일 때도 있다. 예를 들어, 수년 동안 스탠드업 코미디언으로 생계를 유지하기 위해 노력했으나, 여전히 내 유머에 청중들이 싸늘한 침묵으로 답한다면 아마도 다른 시도를 해야 할 때가 온 것일지도 모른다. 일본에서 진행된 한 연구에서는, 사람들에게 지난 5년간 중요하지만 달성하지 못한 목표에 대해 생각해 보라고 요청했다. 그 결과, 자기연민이 큰 사람들은 실망스러운 결과에 대해 덜 분노하고 자신이 정한 목표를 포기하고 다른 목표를 설정할 가능성이 더 높은 것으로 밝혀졌다. 자기연민은 우리에게 더 큰 관점을 제공하여 우리가 시간과 노력을 가장 잘 활용할 수 있도록 한다.

여기서 가혹한 '판단'과 분별 있는 '지혜'를 구분하는 것이 도움이 된다. 가혹한 판단은 우리 자신에게 "좋다." 또는 "나쁘다."라는 편협하고 엄격한 잣대를 들이대는 것을 말한다. 분별 있는 지혜는 무엇이 효과가 있고 무엇이 그렇지 않은지, 무엇이 건강하고 무엇이 해로운지를 식별해 낸다. 하지만 안목 있는 지혜는 해당 상황에 영향을 주는 복합적이고 역동적인 요소들에 대한 전체적인 조망을 제공한다. 지혜는 우리가 성과를 개인적인 것으로 받아들이지 않고도 좋거나 나쁘다고 판단할 수 있게 해 준다. 지난번 시험에서 실패했다고 해서 또다시 실패할 운명이라거나 내가 '실패자'라는 뜻은 아니다. 인간이라는 한 존재의 관점에서, 더 큰 맥락으로 우리의 경험을 구성함으로써 배우고 성장하는 데 필요한 통찰력을 얻을 수 있다.

## 비전

마음챙김은 우리가 변화를 모색할 때 우리의 비전에 집중하고 충실할 수 있도록 해 준다. 우리가 자신을 아끼고 내가 행복해지기를 원한다면 정말 중요한 것으로부터 주의가 분산되어서는 안 된다. 목표를 놓치게 되면, 종종 실패의 감정에 사로잡히게 되고, 앞으로 나아가기 위해 취해야 할 조치를 생각하기보다 수치심이라는 강도에 의해 의식을 빼앗기게 되기 때문이다.

예를 들어, 우리가 새로운 모험적인 일(저임금 직장 여성을 위한 보육 자선단체 설립)을 추진한다고 해 보자. 자금 조성을 위해 여러 재단에 신청서를 제출하지만 거절당한다. 그러고는 부유한 기부자와 연결될 수 있는 주변 지인들을 수소문해 보지만 이마저도 뜻대로 되지 않는다. 만약 초반의 시도에 좌절을 하고 중심을 잡지 못해서, 야심 찬 프로젝트를 성공시키지 못하는 자신의 능력과 자기 자신에 대해 실망한다면 결코 성공하기는 어렵다. 하지만 우리의 비전을 계속해서 가지면서 각각의 난제들을 과정상의 일시적인 걸림돌로 본다면 기회가 생길 것이다. 어려운 상황에서도 냉철함과 굳은 의지를 유지한다면, 창의적인 새로운 기금 조성 방법을 떠올릴 수도 있겠다. 예를 들면, GoFundMe[1] 캠페인과 같은 것 말이다.

실패 후에도 계속해서 전진하고, 스스로를 일으켜 세워 다시 시도하며 목표에 집중할 수 있는 능력을 그릿(grit, 투지)이라고 한다. 그릿의 정의와 그 작용에 대해 과학적 관심을 불러일으킨 유명한 학자인 안젤라 리 덕워스Angela Lee Duckworth는 자기연민이 그릿을 개발하는 데 가장 중요한 요소 중 하나라고 말한 적이 있다. 자기연민이 제공하는 안전, 지지, 격려 덕분에 우리는 앞길이 장애물로 가득 차 있더라도 꿋꿋하게 버텨 낼 수 있다. 연구에 따르면 자기연민을 가진 사람들은 장애

---

1 크라우드 펀딩 플랫폼. 사람들이 자신이 필요한 자금을 모으기 위해 스토리를 공유하고, 기부자들은 이를 보고 공감하거나 지지하면 기부를 할 수 있다.-역자 주

물이 있더라도 포기하지 않는 근성과 결단력이 더 강한 것으로 나타났다. 동시에 자기연민은 목적지에 도달하기 위해서 언제 방향을 전환해야 할지에 대한 명확한 비전을 제공한다.

## 동기를 부여하는 자기연민 휴식

이 버전의 자기연민 휴식은 우리에게 적극적 자기연민의 에너지를 활용하여 격려와 지혜로운 비전을 갖도록 하기 위해 고안되었다(이 실습의 오디오 안내 버전은 FierceSelf-Compassion.org에 수록되어 있다).

### ┃ 실습 안내 ┃

생활에서 여러분이 변화시키고 싶은 상황을 생각해 보세요. 운동을 더 하고 싶지만 엄두가 나지 않는 상황일 수 있습니다. 아니면 지루한 직장에 갇혀 떠나고 싶지만 그럴 만한 에너지나 의지를 끌어낼 수 없을 수도 있습니다. 이제 여러분에게 더 나은 상황을 제공할 수 있는 대안적인 현실을 상상해 봅니다. 매일 아침 요가를 하거나 프리랜서 작가로 일하는 것 등 자신에게 더 나은 현실을 떠올립니다. 이런 변화를 생각하면 어떤 감정이 올라오나요? 좌절, 실망, 두려움, 흥분인가요? 그 감정을 여러분의 신체에서 느껴지는 감각으로 알아차려 봅니다.

앉거나 일어서서 편안한 자세를 찾습니다. 여러분에게 에너지를 줄 수 있는 확실한 자세를 취하고 몸이 구부정해지지 않도록 합니다. 여러분은 지금부터 격려와 지지의 말로 자신에게 변화를 만들어 낼 수 있는 동기를 부여하기 위해, 자기연민의 세 가지 요소를 불러일으키는 일련의 문구를 말할 것입니다. 큰 소리로 말해 주어도 되고, 혼자 조용히 말해도 됩니다. 항상 그렇듯, 실습의 목표는 여러분에게 의미가 있고 자연스러운 느낌이 드는 말을 찾아내는 것입니다.

- 첫 번째 문구는 마음챙김에 관한 것입니다. 여러분이 변화하기 위해서 무엇이 필요한지 명확한 비전을 갖도록 합니다. 자신의 삶에 가져다주고 싶은 새로운 현실을 상기시켜 봅니다. 스스로에게 확신을 가지고 천천히 말합니다. "이것이 내가 원하는 나를 위한 현실이야." 또 다른 문구로 "이것이 내가 세상에서 실현하고 싶은 거야." 또는 "나는 이걸 해낼 수 있어."라고 말할 수도 있습니다.

- 두 번째 문구는 보편적 인간경험에 대한 지혜를 불러오는 것입니다. 누구든 인생에서 어려움에 부딪혀 나아가지 못할 수 있고, 일을 망칠 수도 있습니다. 하지만 이러한 경험을 통해 배울 수 있다는 사실을 기억하세요. "이건 인생에서 배움의 기회야." 다른 대안으로는 "인간이라면 누구나 성장을 위한 진통을 겪어." "우리는 보통 일이 잘되기 전에 여러 번 그르치기도 해." "나만 이렇게 힘든 일에 부딪히는 건 아니야." 등이 있습니다.

- 이제 한 손을 반대편 어깨에 얹거나 주먹을 쥐고 파이팅하는 제스처를 취하면서 스스로를 격려하는 표시로 응원의 신호를 보내 봅니다. 우리는 필요한 변화를 만들어 내기 위해 자기친절을 이용하여 격려의 힘을 제공하려고 합니다. 있는 그대로의 모습으로는 불충분하기 때문이 아니라 고통이 완화되기를 원하기 때문입니다. 따뜻하고 확신에 찬 목소리로 자신에게 말해 봅니다. "내가 내 목표를 달성할 수 있도록 스스로를 돕고 싶어." 대안이 될 수 있는 다른 문구로는 "나는 네 편이야. 내가 너를 도와줄게."

"그래, 할 수 있어." "그냥 최선을 다해 보고 어떤 결과가 일어나는지 지켜 봐." "나는 너를 믿어." 등이 있습니다.

- 만약 적절한 문구를 찾는 데 어려움이 있다면, 여러분이 정말 소중하게 여기는 누군가가 여러분과 같은 곤경 속에서 어려움을 겪고 있고, 여러분이 그가 변화할 수 있도록 격려하고 응원하고 싶다고 상상해 봅니다. 그 사람에게 어떤 말을 해 줄 수 있을까요? 여러분의 목소리 톤은 어떤가요? 여러분이 제공할 수 있는 어떤 건설적인 조언이 있나요? 이제 자신에게도 같은 메시지를 전할 수 있을까요?

- 마지막으로, 격려와 지혜로운 비전을 담은 적극적인 에너지와 무조건적인 자기수용의 부드러운 에너지를 결합하도록 허용합니다. 우리는 필요한 변화를 만들어 내기 위해 최선을 다할 수 있지만, 잊지 말아야 할 것은 지금 있는 그대로의 우리 모습 또한 괜찮다는 것입니다. 불완전해도 괜찮습니다. 우리는 행복해지기 위해 최선을 다하고, 자신의 고통을 덜어 주기 위해 노력하지만, 완벽해져야 한다는 욕구 또한 내려놓을 수 있습니다.

## 우리는 왜 스스로에게 그렇게 엄격할까

연구에서는 사람들이 자신을 혹독하게 대하는 가장 큰 이유가 자기연민이 동기를 약화시킨다고 믿기 때문이라고 한다. 자기비판은 효과적인 동기부여 요소이며, 스스로를 잔인하고 경멸적으로 부르면 다음에 더 열심히 하게 될 것으로 생각한다. 자신을 계속 공격하는 또 다른 이유는 그렇게 하는 것이 자신을 통제한다는 착각을 일으키기 때문이다. 우리는 스스로를 비판하면서 우리가 모든 일을 제대로 하는 한 실패는 없을 것이라는 생각을 강화시킨다. 세 번째 이유는 우리의 자아를 보호하고자 하는 열망 때문이다. 우리가 설정한 목표에 도달하지는 못했지만 적어도 높은 기준을 가지고 있다는 생각으로 스스로를 위로한다. 우리가 아직 거기에 도달하지는 못했지만, 내가 어떻게 되어야 하는지 알고 있는 자신을 나의 일부로 동일시하게 되는 것이다. 앞서 설명한 것처럼 자기비판은 자신을 안전하게 느끼기 위해 하는 행위이다.

자신이 중요한 업무를 미루었다는 이유로 스스로를 게으름뱅이라고 지칭하며 비난하는 행위가 어떻게 안전한 느낌을 주는지 궁금할지도 모르겠다. 그 이유는 내 안의 어떤 부분이 '이런 자책이 나를 각성시켜서 내가 실패하거나 직장을 잃거나 집을 잃지 않도록 하겠지.'라고 믿기 때문이다. 아이들에게 신경질적으로 잔소리한 것에 대해 자책하는 것이 어떻게 나를 안전하게 만들어 줄까? 그렇게 함으로써 앞으로 더 좋은 엄마가 될 수 있을 것이고, 그러면 내 아이들은 나를 미워하지 않고 노년에 나를 방치하지 않을 것으로 생각한다. 거울을 보면서 늙고 매력적이지 않다는 생각이 들었을 때, 나를 향해 모욕적인 언사를 퍼붓는 것이 어떻게 나를 안전한 느낌이 들도록 하는 걸까? 내가 한 발짝 선수 쳐서 스스로를 비난하는 것이 이후 다른 사람들의 실제 또는 상상 속에서 타인의 날카로운 비판을 좀 더 무디게 느끼도록 만들기 때문이다. 어떤 측면에서, 우리 내면의 비판자는 우리에게 해로움을 줄 수 있는 위험을 막기 위해 끊임없이 노력 중이다.

먼저, 이 전략이 어느 정도는 효과가 있다는 점을 인정해야 한다. 많은 사람은 끊임없는 자기비판을 통해 의대나 로스쿨에 합격하거나 다른 중요한 성취들을 이루어 냈다. 하지만 이 전략은 석탄으로 움직이는 낡은 증기기관이 하는 방식이다. 증기기관차가 여러분을 언덕 위로 데려다줄 수 있지만, 다량의 매연이 발생되는 것과 같은 원리이다. 자기비판에 대한 두려움이 때로는 동기를 부여할 수 있지만, 이러한 공포 전략은 사회 적응에 많은 부정적 영향을 초래한다. 실패에 대한 두려움이 생기거나, 일을 미루는 버릇이 생길 수 있고, 자신감이 약화되며, 성과에 대한 불안을 유발하는 등 이러한 결과는 우리의 성공에 커다란 방해 요소로 작용하게 된다. 현실을 직시하자면, 수치심은 절대로 우리에게 열정과 패기의 마음을 길러 주지 못한다.

비록 우리 내면의 비판자가 가끔 우리를 깎아내리기는 하지만, 이또한 안전하고자 하는 자연스럽고 건전한 욕구를 반영하는 것이므로 고통이 있더라도 이를 존중해야 한다. 자책하는 내 모습을 또다시 자책해서는 안 된다! 자기비판이 잘못된 방향으로 행해지더라도 원래의 의도는 돌봄에 있다는 것을 기억할 필요가 있다. 앞서 설명한 것처럼 때때로 내면의 비판자는 어린 시절의 우리를 안전하게 보살펴 주지 못한, 해롭거나 학대적이었던 양육자의 목소리를 내재화한다. 생존하기 위해 아이가 할 수 있는 일은 자신에 대한 비난을 받아들이는 것뿐이었다. 비록 그 비판이 어린 시절의 양육자로부터 비롯된 것이 아니라, 단지 더 성장하고 발전하고 싶은(나의 아들 로완의 거친 내면 대화처럼) 우리의 두려움에서 비롯된 것이라도, 결국 그것들은 모두 안전하고자 하는 순수한 욕구에서 비롯된 것이다. 가끔 우리는 내면의 비판자에게 적극적 자기연민으로 단호하지만 친절하게 그 위협적인 전략을 그만 사용하라고 말할 필요가 있다. 그리고 부드러운 자기연민으로는 내부 비판자 또한 우리 자신의 일부이고 우리를 위험으로부터 보호하기 위해 최선을 다하고 있다는 것을 인정해 주어야 한다. 그래야만 우리는 진정으로 안전한 느낌을 받기 시작할 수 있을 것이다.

비판보다 연민을 통해 동기부여를 할 때, 우리는 포유류의 위협−방어 체계가 아닌 돌봄 체계를 통해 안전한 느낌을 갖게 된다. 이는 우리의 정신적·정서적 웰빙뿐만 아니라 신체적 웰빙에도 중요한 의미를 갖는다. 자기비판을 통한 잦은 교감신경계의 활성화가 코르티솔 수치를 높이고 고혈압, 심혈관질환, 뇌졸중(미국의 3대 주요 사망원인으로 추정되는 질병)으로 이어진다. 자기비판은 우울증의 주요 원인이기도 하다. 반대로, 자기연민은 부교감신경계를 활성화시켜 코르티솔 수치를 낮추고 심박변이도를 높여 준다. 또 자기연민은 면역기능을 강화하며 스트레스를 줄이고, 지속적으로 우울증을 완화시키는 데 도움이 되는 것으로 밝혀졌다. 우리의 건강과 행복을 위해 할 수 있는 최선의 방법 중 하나는 비판이 아닌 연민을 통해 스스로에게 동기를 부여하는 방법을 배우는 것이다.

## 두려움이 아닌 사랑으로

실수를 하거나 원하던 목표에 도달하지 못했을 때, 스스로를 연민적으로 대하면 우리는 보살핌과 지지를 받는다고 느낄 수 있다. 이러한 안전한 느낌과 자존감은 새롭게 다시 시작할 수 있는 안정적인 기반이 된다. 자기연민은 두려움이 아닌 사랑으로 동기를 부여할 수 있도록 해 주며, 훨씬 더 큰 효과를 가져온다. 우리가 어떻게 아이들에게 동기부여하는지 생각해 보자. 얼마 전까지만 해도, 사람들은 아이들에게 동기부여하는 최고의 방법이 겁을 주어 목표를 달성하게 만드는 것이라고 생각했다. "매를 들지 않으면 아이를 망친다."라는 말이 있을 정도로 가혹한 체벌만이 아이들이 나태해지지 않도록 하는 유일한 방법이라는 생각이 지배적이었다. 겁을 주면서 혼내는 것은 단기적으로는 순응을 이끌어 낼 수 있지만, 장기적으로는 자신감과 성취감을 떨어뜨리는 비생산적인 방법이다. 그럼에도 불구하고 우리는 여전히 스스로에게도 채찍을 사용한다. 동기부여에 대한 부분은 양육의 맥락에서 생각해 보는 것이 도움이 되는데, 자기연민은 여러 가지 측면에서 자신을 다시 양육하는 방법이기 때문이다.

아이들에게 효과적인 동기부여를 하려면 지나치게 수용적인 태도와 과하게 요구적인 태도 사이에 적절한 균형을 찾아야 한다. 나는 어머니로서의 내 경험에서 이 점을 잘 알고 있다. 로완의 학업 과정을 홈스쿨링하기로 결정한 까닭은 소도시인 엘진의 공립학교가 로완에게 필요한 것을 제공해 주지 못했기 때문이다. 공립학교에 보낸 후의 어느 날 유치원에 로완을 보러 갔을 때, 다른 특수 아동들은 아무것도 하지 않고 앉아 있었고 보조 교사들은 TV를 보거나 탄산음료를 마시고 있었다. 그 후 우리는 로완을 공립학교에 보내지 않았고 로완의 아버지는 말과 자연을 교실로 사용하는 뉴 트레일스 학습 센터를 차렸다. 직원들은 주로 다른 자폐아들에게 말 치료를 제공하는 데 집중했지만, 한 직원은 텍사스주 교육과정에 따라 로완을 홈스쿨링할 수 있도록 교육을 받았다. 야외 활동, 말 타기, 여행, 프로젝트 기반 학습(루마니아 야생동물 탐방 등)과 같이 로완의 홈스쿨링에는 다양한 멋진 활동이 많았다.

하지만 로완이 자라면서 나는 그가 충분히 도전하고 있지 않다는 것을 깨달았다. 센터에서는 "그래, 좋아(Yes)."라고 하는 환경을 조성하자는 방침이 있었는데, 이는 자폐아동들이 "안 돼(No)."라는 말을 듣고 압박을 느껴 학습을 중단하는 일이 없도록 하기 위해서였다. 즉, 자폐아동들의 불안에 취약한 뇌를 자극시키지 않는 환경을 조성해 주는 데 목적이 있었다. 예를 들어, 로완은 배운 내용에 대해 시험을 치르는 대신, 보물찾기에 참여했다. 이 놀이를 하면서 로완은 교사가 제시하는 단서에 답하는 방법으로 학습 내용을 알고 있는지의 여부를 평가받았다(예를 들어, 헨리 8세가 중세시대에 살았다면 왼쪽으로, 르네상스 시대에 살았다면 오른쪽으로 가세요). 로완은 명시적으로 평가를 받거나 성적을 받은 경험이 없었다.

이러한 접근법은 로완의 불안을 줄여 주었기 때문에 어렸을 때는 아주 효과적이었다. 하지만 로완이 청소년이 되면서 그 방법은 더 이상 도움이 되지 않았다. 실패와 압박에 대처하는 방법을 배울 필요가 있었다. 나는 로완이 이 환경에서는 더 이상의 학문적인 진전을 이루지 못할 수도 있겠다는 걱정이 들었다.

그래서 16세가 되던 해, 오스틴으로 이사를 갔고 자폐아동 프로그램으로 유명한 우수한 공립학교에 로완을 등록시켰다. 로완은 자폐 프로그램을 처음부터 이수하지 않았기 때문에 1학년으로 입학해야 했지만 그래도 잘 적응했다. 매 수업마다 다른 교사들에게 새로운 수업을 들으며 이전과는 다른 환경으로부터 오는 자극을 잘 헤쳐 나갔다. 홈스쿨링을 하며 로완이 얻은 이점은 로완의 영혼이 한번도 눌린 적이 없었다는 것이다. 행복하고 자신감이 넘쳤으며 자신의 자폐에 대해 불편함이 전혀 없었다. 이런 측면이 공립학교에 적응하는 데 많은 도움을 주었다. 하지만 홈스쿨링 경험의 불리한 점은 그가 첫 시험을 볼 때 나타났다. 로완은 혼란스러워했고 시험 공부하는 법을 알지 못했다. 그러다보니 처음으로 본 중요한 시험인 세계지리를 완전히 망쳤고 F를 받게 된 것은 당연한 일이었다.

로완이 집에 와서 이 소식을 말했을 때, 나는 로완에게 동기부여를 하기 위해 다그칠 수도 있었다. 우리 중 많은 사람이 스스로에게 사용하는 것과 같은 방식 말이다. "넌 아무짝에도 쓸모 없는 실패자야. 네가 부끄럽구나. 다음 시험에서는 무조건 더 잘해야 된다." 물론 나는 이렇게 하지 않았다. 잔인할 뿐만 아니라 완전히 역효과를 낳을 수 있기 때문이다. 이러한 가혹한 반응은 아이에게 실패에 대한 기분을 더욱 악화시키고 다음 시험에 대한 과도한 불안을 야기하게 된다. 무능함에 낙인을 찍는 것은 로완의 성공 가능성을 약화시켜 결국 세계지리를 포기하게 만들 수도 있다.

그 대신, 나는 아들을 두 팔 벌려 안아 주고 사랑한다고 안심시켰다. 나는 그가 겪었을 고통에 대해 연민을 느끼고, 새로운 것을 시도할 때 실패하는 것은 정상적이고 자연스러운 일이라는 것을 알려 주었다. 실패가 그의 지적 능력이나 인간으로서의 가치에 대해 그 어떤 것도 말해 주지 않는다는 것을 확실히 이해하도록 했다. 그러고는 어떻게 되었을까? 시험을 포기하고 보물찾기 방식의 평가로 돌아갔을까? 당연히 그렇지 않다! 거기에서 멈추어 실패를 극복하도록 도와주지 않고 단지 수용만 했다면, 그건 더 고통스러울 수도 있었다.

나는 로완의 수업을 하는 모든 선생님을 만나 로완이 어떻게 학습을 하고 있는지 주의 깊게 살펴보았다. 그리고 맞춤형 학습 자료를 만들어 로완을 도울 방법을 찾았다. 나는 아들을 믿고 그가 할 수 있다는 것을 알았기 때문에 계속 노력하도록 격려했다. 학기가 끝날 무렵, 로완은 시험에서 좋은 성적을 받았을 뿐만 아니라 공부하는 과정과 성공에서 얻는 성취감을 실제로 즐기고 있었다.

우리도 비슷한 방식으로 스스로에게 동기를 부여할 수 있다. 그저 현상을 유지하는 수준에서는 배우거나 성장하기 어렵기 때문이다. 성장하기 위해 우리는 위험을 감수하고자 하는데, 그것이 결국 실패하게 된다는 것을 의미하지는 않는다. 중요한 것은 불가피한 그 실패의 순간에 어떤 대응을 하는가가 다음 상황을 결정하는 데 중추적인 역할을 한다는 말이다. 자책은 우리를 움직이게 하는 것이 아니라 도전을 멈추고 싶게 만들 뿐이다. 끊임없이 진화하는 현재진행형인 자신을 있는 그대로 받아들인다면 좌절을 더 쉽게 극복할 수 있다. 부드러운 자기 연민은 성공하지 못한 경우 스스로를 위로하고 안심할 수 있게 해 주며, 적극적 자기연민은 다시 시도할 수 있는 동기를 부여해 준다.

## 연민으로 변화에 동기부여하기

이 실습은 해로운 습관을 바꾸고 스스로를 격려하며 지혜로운 비전을 갖도록 도와준다. 이는 MSC 프로그램에서의 '당신의 연민 어린 목소리 찾기' 실습을 수년에 걸쳐 목적에 맞게 보완하고 조정한 것이다. 우리는 사람들에게, 먼저 내면의 비판자가 일반적으로 어떻게 변화에 동기를 부여하는지 살펴본 다음, 보다 연민적인 접근 방식으로 바꿀 것을 요청했다. 하지만 대부분의 사람은 전환하는 데 어려움을 겪었다. 내면가족체계 치료(Internal Family Systems Therapy)를 이해한 후로, 우리를 안전하게 지키려는 내부 비판자의 노력에 감사하는 단계를 추가하게 되었다. 그러자 모든 조각은 하나의 완전체로 제자리를 잡았고, 지금은 가장 강력한 실습 중 하나가 되었다. 이 단계는 내면의 비판자를 직접 바라보는 것이므로, 과거에 학대당한 사람으로부터의 비판적 목소리가 내면화되었다면 신중하게 진행하는 것이 좋다. 이러한 경우에는 전문 치료사의 안내에 따라 실습을 하는 것이 좋다. 항상 기억해야 할 점은 필요할 때 언제든 실습을 멈출 수 있다는 것이다. 쓰기 실습이기 때문에 필기도구를 준비해야 한다.

## ┃ 실습 안내 ┃

- 여러분이 바꾸고 싶은 행동에 대해 생각합니다. 삶에 문제를 일으키고 종종 그것에 대해 자책하는 문제를 떠올리면 됩니다. 해를 주는 정도가 극심한 것보다는 가볍거나 적당한 정도의 문제를 선택합니다.

- 예를 들면, "나는 건강하지 못한 음식을 먹는다." "나는 운동을 충분히 하지 않는다." "나는 일을 미루는 경향이 있다." "나는 참을성이 부족하다." 등이 있습니다.

- '발이 크다'는 특성처럼 스스로를 비판해도 바뀔 수 없는 성질의 것은 선택하지 않습니다. 여러분이 바꾸고 싶어 하는 행동에 초점을 둡니다.

- 행동을 적어 보고 그 행동으로 인해 발생하는 문제점도 적습니다.

## 내부 비판자 찾기

- 이제는 이 행동이 일어날 때, 여러분의 내면의 비판자가 어떻게 하는지 생각해 봅니다. 거친 말을 사용하나요? 그렇다면 그 말을 한 글자, 한 글자 가능한 한 상세하게 적어 봅니다. 그리고 내부 비판자의 목소리 톤도 적습니다.

- 어떤 사람에게는 내부 비판자가 냉혹한 말을 하지 않습니다. 대신, 실망이나 냉정함 또는 감정의 무감각함으로 대응합니다. 각각의 사람마다 다를 것입니다. 여러분의 내면의 비판자는 어떤 모습을 취하고 있나요?

## 자책을 연민으로 대하기

- 관점을 바꿔서 이 비판을 받는 자신의 일부와 접촉할 수 있도록 합니다. 비판의 메시지를 받는 기분이 어떤가요? 여러분에게 어떤 영향을 미치나요? 어떤 결과가 발생하나요? 이것에 대해 적어 봅니다.

- 여러분은 자기연민을 불러일으켜 이러한 가혹한 대우를 받는 것이 힘들다는 사실에 대해 스스로를 위로하고 싶을 수도 있습니다. 비판을 받는 여러분 자신의 한 부분에게 따뜻하고 지지적인 말을 적어 봅니다. 예를 들면, "이건 정말 나를 아프게 해." "내가 너를 위해 여기 있어." "너만 이런

경험을 하는 건 아니야." 등의 말을 쓸 수 있습니다.

## 내부 비판자 이해하기

- 이제는 내부 비판자를 향해 관심과 호기심을 가질 수 있는지 살펴봅니다. 내면의 비판자가 활성화된 순간을 되돌아 생각해 봅니다. 내부 비판자가 나서는 것이 결과적으로는 생산적이지 않았더라도, 어떤 점에서는 여러분을 위험으로부터 안전하게 지키거나 도우려고 했나요? 자신의 일부인 이 내부 비판자는 의도는 좋았으나, 아직 어리고 미성숙해 어떻게 도와야 할지에 대한 이해가 부족할지도 모릅니다.

- 무엇이 내면의 비판자를 움직이게 하는지 여러분의 생각을 적어 보세요. 확실하지 않아도 괜찮습니다. 단지 몇 가지의 가능성들을 떠올려 보세요.

## 내부 비판자에게 감사하기

- 만약 내부 비판자가 여러분을 보호하거나 도우려는 의도를 발견할 수 있었다면, 그리고 여러분이 안전하다고 느껴진다면, 내부 비판자의 노력에 감사할 수 있는지 봅니다. 노력을 인정하고 감사의 말을 몇 마디 적는 것도 좋습니다(내부 비판자의 도우려는 의도를 발견하지 못했거나, 과거에 자신을 학대했던 사람의 내면화된 목소리라고 느껴진다면 이 단계를 건너뛰세요. 자신에게 상처를 준 사람에게 감사하고 싶지는 않을 수 있습니다. 이 단계를 건너뛰는 대신, 다시 처음으로 돌아가 과거의 자기비판에서 느낀 고통에 연민을 주고 다음 단계로 넘어갑니다).

- 내부 비판자에게 비록 지금 그다지 도움이 되지는 않았지만, 여러분을 안전하게 지키려고 했던 노력에 감사하고 있음을 알립니다. 여러분 내부의 비판자는 최선을 다한 것입니다.

## 지혜 활용하기

- 지금 우리는 내부 비판자의 목소리를 들었고, 이제 그것을 한편에 둡니다. 그리고 또 다른 목소리인 '자기연민의 지혜로운 돌봄의 목소리'를 위한 공간을 마련합니다.

- 내부의 비판자가 우리의 행동을 나쁘거나 부적절한 것으로 판단하는 것과 달리, 우리 내면의 연민적인 자아는 우리의 행동이 그렇게밖에 나올 수 없었던 복잡한 상황을 이해합니다. 연민적인 자아는 더 큰 그림을 볼 수 있고 실수로부터 우리가 배울 수 있도록 도와줍니다.

- 여러분이 그 일에 붙잡혀 있거나, 자신에게 도움이 되지 않는 행동을 하는 원인이 무엇인지 파악할 수 있나요? 아마도 너무 바쁘거나 극심한 스트레스 상황일 수도 있고, 그렇게 하는 것이 여러분에게 편안함을 주기 때문일 수도 있습니다. 상황을 변화시키기 위해 과거의 실패로부터 여러분이 배울 수 있는 교훈이 있나요? 깨달은 점이 있다면 적어 보세요.

## 연민 어린 목소리 발견하기

- 변화를 만들어 낼 수 있도록 용기를 주고 싶어 하는 자신의 한 부분과 접촉할 수 있는지 살펴봅니다. 그 부분은 여러분을 있는 그대로 수용하지 못하는 것이 아니라, 여러분을 위해 최선을 다하고 싶어 합니다. 이러한 행동은 분명 여러분에게 해롭기 때문에, 여러분의 연민 어린 자아는 그 고통을 덜어 줄 수 있기를 원합니다.

- 연민 어린 목소리의 본질을 담아낸 문구를 반복해서 말해 봅니다. 예를 들어, "나는 너를 깊이 걱정하고 있고, 그래서 네가 변화할 수 있도록 돕고 싶어." 또는 "네가 스스로에게 계속 해를 주는 것을 원하지 않아. 내가 도와줄게."라는 문구가 있습니다.

- 이제 여러분이 바꾸고 싶은 행동에 대해 마음에서 우러나오는 자유롭고 연민 어린 목소리로 자신에게 간단한 편지를 써 봅니다. 격려와 지혜로운 목소리를 사용할 때 어떤 동기부여의 말이 떠오르나요?
- 아마도 보호적인 자기연민의 말에는 여러분이 내부 비판자에 대해 선을 분명히 긋거나, 대항할 수 있는 것과 관련된 것일 수 있습니다.
- 어떤 말을 써야 할지 모르겠다면 여러분과 유사한 문제로 어려움을 겪고 있는 소중한 친구에게 여러분의 친절한 마음에서 흘러나오는 말들을 적을 수 있습니다.
- 적극적 자기연민과 부드러운 자기연민을 통합합니다.
- 마지막으로, 변화를 위한 격려의 힘과, 지금 있는 그대로의 상태로도 충분하다는 사실을 함께 떠올려 봅니다. 우리는 완벽할 필요가 없고 상황을 정확하게 내 뜻대로 통제할 수도 없습니다. 부드러운 자기수용이 자기발전을 위한 적극적인 추진력과 공존할 수 있는지 살펴 봅니다.
- 변화에 성공하든 실패하든, 여러분은 여전히 있는 그대로 가치 있다는 사실을 스스로에게 상기시킬 수 있는, 확언의 말들을 적어 봅니다. 우리는 최선을 다하기 위해 노력할 수 있지만 미래에 일어나는 일들을 완전히 통제할 수는 없습니다.

내가 지도했던 MSC 워크숍의 한 참가자는 자신의 내부 비판자와 연민 어린 자아가 표현 방식은 매우 다르지만 실제로는 그녀를 위해 같은 것을 하길 원했다는 사실을 알게 되어 놀랐다고 말했다. 그녀는 직장에서 즉각적이고 반응적인 그녀의 분노(내 내면의 불도그와 비슷한)로 어려움을 겪고 있었고, 동료와의 상호작용을 개선하고 싶어 했다. 그녀는 수업에서 "제 내부의 비판자가 저에게 끊임없이 '이 나쁜 것'이라고 말했어요. 하지만 방금 실습 중에 제 내면의 연민 어린 자아는 "진정해, 호랑이야."라고 했거든요." 이 이야기를 듣고 우리는 모두 웃었고 나도 확실히 공감이 갔다. 이는 우리가 적극적이고 부드러운 자기연민을 통합하는 방법을 배우는 도전적인 작업 중에, 스스로를 어떻게 격려하고 지지해야 하는지를 보여 주는 아름다운 예시이기도 하다.

## 올바른 이유를 위한 동기부여

심리학에서는 학습 목표와 성과 목표를 구분하는 경우가 많다. 학습 목표 지향적인 사람들은 새로운 기술을 개발하고 과제를 숙달하려는 욕구에 의해 동기가 부여된다. 이들은 실수를 학습 과정의 일부로 간주하는 경향이 있다. 한편, 성과 목표 지향적인 사람들은 주로 자존심을 지키거나 향상시키기 위해 성공의 동기를 부여받는다. 이들은 성공을 자신의 가치를 나타내는 지표로 여기며, 자신에 대해 좋은 감정을 느끼기 위해서는 다른 사람보다 더 잘해야 한다고 생각한다. 개인적으로 최고를 달성하는 것만으로는 충분치 않고 다른 사람들보다 더 잘해야 한다. 바로 자존감이 거만함으로 드러나는 순간이다. 연구는 자기연민적인 사람들의 자기가치는 타인과의 사회적 비교에 기반하고 있지 않기 때문에, 성공을 위한 성과 목표 지향형이 되기가 어렵다는 것을 보여 준다. 그 대신, 그들은 학습 목표를 설정하는 경향이 있으며, 실패를 부정적("내가 아닌 조안이 계약을 성사시켰다니 믿을 수 없군. 난 실패자야.")으로 보지 않고 성장의 기회("조안이 어떻게 그 계약을 성사시켰는지 궁금하네. 한번 티타임을 가지면서 물어 봐야겠어.")로 본다.

캐나다 몬트리올의 맥길대학교에서 실시한 한 연구는 대학 신입생들이 입학한 해에 불가피하게 겪을 수밖에 없는 실패를 경험할 때, 자기연민이 웰빙에 어떠한 영향을 미치는지 조사했다. 조사 결과에서 자기연민적인 학생들은 학습 목표를 좀 더 많이 세우고 성과 목표는 더 적게 세웠다. 이들은 목표를 달성하지 못한 날에 화를 덜 냈고, 목표의 성공 여부보다 목표가 개인적으로 의미 있는 것인지에 더 신경을 썼다고 보고했다. 자기연민은 우리가 무언가를 성취하려는 이유에 집중하는 데 도움이 된다. 인간으로서 발전하고 싶어서 무언가를 할 때는 성공 여부나 다른 사람의 평가는 중요치 않다. 정말 중요한 것은 애벌레가 나비가 되기 위해 고치를 계속 돌리고 있는 것처럼, 우리의 강점과 재능이 활짝 꽃피울 때까지 우리의 잠재력을 계속해서 개발하고 실현시켜 나가는 것이다.

연구는 자기연민의 또 다른 장점으로 성장형 사고방식(growth mindset)을 촉진시킨다는 것을 밝혀냈다. 성장형 사고방식과 상반되는 개념은 고정형 사고방식(fixed mindset)인데, 이 용어들은 스탠퍼드대학교의 심리학 교수인 캐롤 드웩Carol Dweck이 만든 것이다. 성장형 사고방식을 가진 사람들은 그들의 능력이 향상될 수 있고, 자질 또한 바뀔 수 있다고 믿는다. 고정형 사고방식을 가진 사람들은 그들에게 주어진 유전인자와 양육 방식에 따라 능력이 고정되고 따라서 물려받은 운명이 바뀔 기회는 거의 없다고 믿는다. 성장형 사고방식을 가진 사람들은 변화를 모색하기 위해 개선하고, 실행하고, 노력하며, 도전에 직면했을 때 긍정적이고 낙관적인 태도를 가진다.

우리는 싫어하는 자신의 모습에 대해 연민적 태도를 가질 때, 성장형 사고방식을 채택하고 변화할 수 있다고 믿을 가능성이 더 커진다. UC 버클리의 줄리아나 브라인즈Juliana Breines와 세레나 첸Serena Chen의 연구는 이러한 점을 잘 보여 준다. 연구자들은 학생들에게 자신의 가장 큰 약점(불안정, 사회적 불안, 자신감 부족과 같은 어려움들)을 생각해 보라고 요청했다. 그리고 학생들을 무작위로 세 가지 조건 중 하나에 배정했다. 한 조건에서 학생들은 자신의 약점을 자기연민적으로 서술했고, 또 다른 조건에서는 자존감을 강화하는 방식으로 썼다. 그리고 마지막 조건에서는 약점에 대해 적지 않았다. 다음으로, 학생들은 자신의 약점이 고정된 것인지 아니면 변화 가능한 것인지에 대한 생각을 서술하였다. 자기연민적 조건으로 자신의 약점을 서술한 학생들은 다른 두 조건에 비해, 고정형 사고방식("그건 그냥 타고난 거예요. 내가 할 수 있는 건 없어요.")보다는 성장형 사고방식("열심히 하면 나는 변화할 수 있다는 걸 알아요.")을 가질 확률이 더 높았다. 역설적이게도 우리의 약점에 대해 열광적인 자존감의 응원보다는 연민적 태도를 갖는 것이 능력을 개선시킬 수 있는 자신감을 더 생겨나게 한다.

## 내가 추진력을 잃어버리게 될까

자기연민은 성장이 가능하다는 믿음을 키울 뿐만 아니라 그 믿음을 실현할 수 있는 우리의 능력도 키워 준다. 사람들은 자기연민으로 인해 자신의 강점이 약해지지 않을까 우려하지만 사실은 정반대이다. 사람들이 더 자기연민적이 되는 것을 배울 때 그들의 개인적인 추진력, 즉 인생에서 주도권을 갖고 꿈을 이루고자 하는 욕구가 크게 증가한다. 자기연민은 그저 안락한 흔들의자에 몸을 맡기는 것처럼 수동적인 수용에 빠져드는 것을 의미하는 것이 아니다. 우리로 하여금 약점이 있다는 사실을 받아들이면서도(약점이 없는 사람이 어디 있겠는가?) 이를 극복하기 위해 노력하도록 돕는다.

브레인과 첸의 또 다른 연구에서, 버클리대학교 학생들은 어려운 어휘 시험을 치렀고 모두 낙제점을 받았다. 첫 번째 그룹의 학생들에게는 실패에 대해 자기연민적으로 접근하도록 요청받았고("네가 방금 치른 시험이 어려웠다면 너만 그런 건 아니야. 학생들이 이런 시험을 어려워하는 건 흔한 일이야."), 두 번째 그룹의 학생들에게는 자존감을 높이는 방향으로 접근하도록 했다("걱정 마. 네가 이 대학에 입학했다는 것만으로도 너는 똑똑하다는 걸 입증받은 거야."). 그리고 마지막 그룹 학생들에게는 아무런 말도 하지 않았다. 그다음 이 학생들에게 곧 두 번째 어휘력 시험을 치르게 될 것이라는 사실을 알려 주었고, 원한다면 공부할 수 있는 단어 리스트를 제공받을 수 있다고 공지했다. 연구자들은 학생들이 그 후에 얼마 동안 학습하는지 기록했다. 시험에 실패한 후 자기연민적으로 고무된 학생들은 다른 두 조건의 학생들보다 더 많은 시간을 학습에 투자했고 학습 시간과 테스트 성적도 비례하는 것으로 나타났다.

우리가 최선을 다하지 않는 일반적인 이유는 일을 미루기 때문이다. 잠을 더 자기 위해 스누즈 버튼을 일곱 번 누르거나, 업무를 제대로 처리하지 않는 직원과 어렵지만 꼭 해야 하는 대화를 미루거나, 치과 검진 예약시간을 미루는 등의 습관은 일을 훨씬 더 어렵게 만든다. 사람들은 하기 싫은 일을 하는 데 따른 스트레스와 불편함을 피하고 싶어서 일을 미루지만, 아이러니하게도 미루는 것 자체가 스트레스와 불안의 주요 원인이다. 미루는 사람들은 종종 스스로를 판단하고 목표를 달성할 수 없다고 느끼는데, 이는 더 많은 걱정과 지연으로 이어질 뿐이다. 이 무한반복의 고리는 매우 피하기 어렵다. 연구에 따르면, 자기연민은 이러한 악순환의 고리를 끊는 데 도움이 되며, 일의 지체 및 이와 관련된 스트레스도 감소시키는 것으로 나타났다. 부드러운 자기연민은 원치 않는 일의 불편함을 받아들이고, 미루고 싶은 욕구에 대해 판단하지 않도록 해 준다. 또한 적극적 자기연민은 우리가 해야만 하는 일을 할 수 있도록, 우리에게 행동에 나설 수 있는 힘을 준다.

자기연민적인 마음은 일을 해내기 위한 로켓의 연료와 같다.

## JUST DO IT

자기연민은 현재 체육계에서도 인기를 얻고 있다. 그 이유는 자기연민이 선수들의 동기부여를 증가시키고 실패에 생산적으로 대응하도록 돕기 때문이다. 운동선수들의 실수는 치뤄야 할 대가가 엄청나다. 농구에서 필드 골이나 자유투를 놓치면 팀의 승리에 타격이 가며, 수천 명의 팬들은 실망한다. 하지만 그때 선수들이 스스로 자책하면 다시 일어설 수 없게 된다. 실패는 스포츠 경기의 한 부분이고, 어떻게 실수에 대응하는지가 경쟁력을 유지하는 열쇠인 것이다.

자기연민이 동기부여를 약화시킨다는 잘못된 통념은 널리 퍼져 있다. 특히 최고의 성적이 생계를 좌우할 수 있는 운동선수들 사이에서 이러한 믿음은 두드러지게 나타난다. 운동선수들의 자기연민에 관한 믿음을 조사한 양적 연구에서, 한 젊은 여성 농구선수는 "자기연민이 지나치게 되면 항상 만족스러울 거예요. 그러면 더 잘하려는 노력을 결코 기울이지 않게 되고, 이건 엘리트 운동선수들에게는 정말 적합하지 않죠. 스스로에게 엄격해져야 해요. 그렇게 하지 않으면 나는 단지 그저 그런 보통의 선수가 되는 데 그치기 때문이에요."라고 말했다. 운동선수의 이 말을 듣고 나는 가슴이 아팠다. 자신을 가혹하게 대하는 것은 평범함을 뛰어넘는 데 도움이 되기보다는 스트레스와 불안에 휩싸이게 할 뿐이다. 자신이라는 사람 그 자체에 혹독한 판단의 잣대를 대지 않고도, 실력이 충분치 않다고 판단해서 더 잘하기 위해 노력할 수 있다. 실제로 실적이 좋지 않더라도, 경기의 성과 여부를 자신과 동일시하지 않을 수 있는 안전망이 있으면 경기에 집중하는 데 도움이 된다.

사실 점점 더 많은 연구에서, 자기연민적인 운동선수가 정서적으로 힘든 스포츠계에서 실패에 대해 더 건설적인 반응을 보이는 것으로 발표되고 있다. 캐나다 서스캐처원대학교의 한 연구에 따르면, 자기연민적인 선수들은 경기 중에 실수를 하거나 시합에서 패배하더라도 "내 인생은 완전 끝났어."와 같은 최악의 상황을 덜 상상했다. 그리고 "왜 이런 일은 나에게만 항상 일어나지?"라는 식으로 개인의 문제로 받아들이기보다는, "누구나 때로는 안 좋은 날이 있지."와 같이 평정심을 더 잘 유지한다는 것을 발견할 수 있었다. 이 연구팀에서 실시한 또 다른 연구에서는 자기연민적인 운동선수들은 경기 중에 더 많은 활력을 느끼고, 프로 선수로 성장하고 발전하려는 동기가 더 강한 것으로 조사되었다. 선수들에게 자신의 실수가 팀의 패배로 이어진 상황에서 그들이 어떻게 대응했는지에 관한 질문을 했을 때, 그들은 더 적극적으로 대응하고 자신의 기술을 향상시키기 위해 더 몰두하는 경향을 보였다.

자기연민적인 선수들은 경기 도중에도 불안감을 덜 느끼고 집중력이 높으며, 몸의 긴장이 줄어든다고 한다. 이는 부분적으로 자기연민이 신경계에 미치는 영향 때문이기도 하다. 캐나다 매니토바대학교의 연구자들은 대학생 선수나 국가대표급 운동선수 100여 명을 대상으로 연구를 실시했다. 연구자들은 운동선수들에게 바이오 피드백 시스템을 연결했고, 과거의 실패한 경기를 떠올리도록 해서 그 반응을 측정했다. 자기연민적인 선수들은 생리적으로 더 안정되어 있었고 심박변이도가 더 높게 측정되었는데, 이는 순발력이 필요한 스포츠 환경에서 갑작스러운 변화에 더 유연하게 대응하도록 했다. 건강한 마음은 건강한 신체를 만드는데, 이것이 바로 운동선수들이 최고의 기량을 발휘하는 데 자기연민이 도움이 되는 이유 중 하나이다.

다행히 몇몇 운동 코치들은 자기연민에 관해 관심을 보이기 시작했다. 몇 년 전에 텍사스대학교 오스틴의 남자 농구팀 감독인 샤카 스마트Shaka Smart는 내 책을 읽은 후 자기연민에 관심을 갖게 되었다. 그는 나를 초대해 선수들이 실패를 더 생산적으로 대처할 수 있도록 팀을 위한 짧은 워크숍을 요청했다. 농구는 워낙 치열한 스포츠인 데다, 선수들은 끊임없이 슛을 날리고 득점으로 이어지지 않는 경우가 많기 때문에, 실패 후에 스스로가 위축되는 것은 곧 패배를 의미한다. 샤카는 자기연민이 도움이 될 수 있다고 생각했다.

나는 농구팀 선수들이 '자기연민'이라는 용어에 부정적인 반응을 보일 것 같아서 이 단어를 사용하지 않았다. 대신, 내면의 힘을 키우는 훈련의 중요성에 대해 이야기했는데, 이것이 바로 적극적 자기연민이 하는 역할이기 때문이다. 나는 선수들에게 신체적 건강도 중요하지만 실책을 더 생산적으로 다루기 위해서는 정신적으로도 건강해야 한다는 것을 상기시켰다. 자기연민이 현실에 안주하게 만든다는 근거 없는 믿음을 바로잡기 위해, 나는 실수 후에 자신을 지지와 격려로 대할 때 자발성과 끈기가 더욱 향상된다는 연구 결과에 대해 설명했다. 그런 다음, "여러분은 어떤 내면의 코치를 원하시나요?" "소리를 지르고 위축시키고 긴장하게 만드는 코치인가요, 아니면 격려하고 여러분의 기량을 향상시키기 위해 다른 방식을 시도할 수 있도록 도와주는 현명한 코치인가요? 어떤 내면의 코치가 더 효과적일까요?"라고 불렀다. 선수들의 상황에 맞게 자기연민을 설명하자, 선수들은 자기연민을 긍정적으로 받아들이기 시작했다.

나는 선수들에게 그들의 경기를 최상으로 이끌어 줄 수 있는 격려와 지혜의 비전을 갖춘 이상적인 코치(다행히 샤카는 훌륭한 롤모델이었다)의 이미지를 마음속에 그려 보는 것과 같은 실습을 지도했다. 또 선수들이

기운이 필요할 때 '동기부여를 위한 자기연민 휴식'을 활용하는 방법을 알려 주었고, 코트 안팎에서 감정적으로 자신을 안정시킬 수 있도록 지지적인 손길을 보여 주기도 했다. 이 농구팀은 지금도 여전히 자기연민의 기본적인 원리를 실천하고 있다(롱혼스 농구팀 파이팅!).

## 동기부여인가, 아니면 완벽주의인가

적극적 자기연민은 우리가 성장하도록 동기를 부여해 주지만, 이것이 자기수용과 균형을 이루지 않는다면 불건강한 완벽주의로 변질되기 쉽다. 사회는 우리에게 일을 제대로 하도록 많은 압박을 가한다. 우리가 자애로운, 연결된 현존의 자기수용 없이 변화만을 이끌어 내기 위해 자신을 몰아붙인다면 끊임없는 자기성장을 추구하는 악순환에서 헤어나오지 못할 수도 있다. 잘못된 것을 개선하기 위한 마음가짐과 함께 훨씬 더 자기연민적이고 현명하며 건강한 방식으로, 성공하기 위해 노력해야 할 것이다.

완벽주의에는 두 가지 유형이 있다. 적응적 완벽주의(adaptive perfectionism)와 부적응적 완벽주의(maladaptive perfectionism)이다. 적응적 완벽주의는 스스로에게 높은 기준을 적용하는 것을 말하며, 이러한 방식은 성취도와 지속성을 향상시키게 된다. 부적응적 완벽주의는 자신이 설정한 높은 기준을 충족시키지 못했을 때, 스스로를 비판하면서 결국에는 진심으로 최선을 다하지 않았다는 자책감에 빠져드는 것을 말한다. 이로 인해 우리는 우울해지며, 모순적이게도 성취 능력이 더 약화될 수 있다.

자기비판적인 사람들과 비교해서, 자기연민적인 사람들은 성과에 대한 기준이 그만큼 높기도 하다. 이들은 큰 꿈을 꾸고 다른 사람들이 성취하는 만큼 자신도 성공하기를 원한다. 하지만 차이점이 있다. 바로 목표에 도달하지 못했을 때 자신을 대하는 태도이다. 자기연민적인 사람들은 실패를 경험하더라도 자신을 망가뜨리지 않고 부적응적인 완벽주의 성향을 거의 보이지 않는다. 자기연민의 음과 양의 조화는 사람들이 좌절에 직면해서도 계속 꿈을 향해 나아갈 수 있는 힘을 제공하기 때문이다. 예를 들어, 목표를 아주 높게 설정하는 경향이 있는 병원 수련의를 대상으로 한 연구에 따르면, 자기연민적인 인턴은 실패에 부적응적으로 반응할 가능성이 적고 학업을 마칠 가능성이 더 높은 것으로 나타났다.

나는 텍사스대학교 오스틴과 같은 명문대에 다니는 학생들은 완벽주의적 성향이 더 많다는 것을 알게 되었다. 학부 과정에서 추가 학점을 받는 방법을 상의하기 위해 내 연구실로 찾아와 장시간 이야기를 나눈 학생들 대부분은 A 마이너스를 받았다. 대학원 학생들 중에서도 완벽주의적 성향을 보이는 이들이 많다. 사실, 높은 기준은 그들의 학업적 성공의 원인이 되기도 한다. 하지만 완벽주의는 석박사 과정에서 학위 논문을 작성하는 것과 같은 고차원적 과제를 수행할 때 오히려 역효과를 가져온다. 혁신과 창의성은 실수를 하고 잘못을 했지만 그래도 괜찮다고 생각할 만큼 충분히 안전하다고 느끼는 상황에서 비롯되는 것이다.

이전에 내 연구실에는 몰리라는 대학원생이 있었다. 그녀는 자기연민 연구에 매우 열정적이었다. 이미 학부 때 텍사스 A&M대학교에서 자기연민에 관한 내 강의를 들어 익숙했고, 그 수업이 자신을 근본적으로 변화시켰다고 말했다. 그녀는 상당히 보수적인 가정에서 자란 레즈비언이었는데, 그런 그녀가 스무 살이 되던 해에 커밍아웃을 할 수 있도록 용기를 준 것이 바로 자기연민 실습 덕분이었다. 몰리는 부드러운 자기연민으로 자신을 있는 그대로 인정하면서 완전히 받아들였고, 적극적 자기연민으로는 부모님이 어떻게 판단하든 간에 어쨌든 자신이 성소수자라는 사실을 그들에게 말할 수 있었다. 몰리의 부모님은 예상했던 것보다 훨씬 수용적인 태도를 보여 주었다. 물론 그 지점에 도달하기까지 힘든 대화의 시간이 있었기는 하지만 말이다.

몰리는 아주 매력적인 학생이었다. 그녀는 밝고, 재미있고, 똑똑하며, 무엇이든 잘 해내는 사람이었다. 패러글라이딩을 취미로 삼기도 하고 유창한 일본어 실력을 갖고 있었으며, 사회정의를 위해(A&M에서 LGBTQ+ 학생 그룹과 함께 게이 프라이드 퍼레이드를 조직하기도 했다.) 싸울 줄도 아는 등 모든 방면에서 뛰어났다. 그녀는 처음에 자기연민이 자신의 추진력을 약화시킬 수 있다는 생각에 회의적이었지만, 곧 익숙해지면서는 자기연민이 일을 성취하는 데 오히려 많은 도움을 준다는 것을 발견했다. 그리고 몰리는 아주 똑똑했기 때문에 대학원에 입학하기 전까지는 학문적으로 심각한 어려움에 처한 적이 없었다. 학부에서는 특별히 우수한 학생이었지만 대학원에 와서는 평균적인 대학원생이 되었는데, 그래도 여전히 대부분의 수업에서 A를 받았다. 문제는 고급 통계학이었다. 그녀는 자신의 논문(동성애자 커플들이 차별에 대처하는 데 자기연민이 어떤 도움을 주었는지에 관한 고찰) 연구를 위해서 전문적인 통계 능력이 필요했다. 고급 통계에 대한 개인교습까지 받으면서 밤늦도록 공부를 했고 더 열심히 잘할 수 있도록 스스로를 격려했다. 하지만 그 과목의 학점은 여전히 C였다. 대학원에서 C마이너스는 낙제점으로 간주된다.

"점수가 왜 이렇게 안 오르는지 모르겠어요." 그녀가 나에게 말했다. "저는 전혀 스스로를 몰아세우지 않았거든요. 부드럽고 친절하게 격려하며 더 열심히 하도록 했어요." 나는 그녀가 의식적으로는 스스로에게 가혹하게 대하지 않았지만, 무의식에서는 여전히 자신이 뛰어나지 않은 부분이 있다는 것을 인정하지 못하는 것처럼 보였다. 그녀는 여전히 완벽해야 한다는 무언의 신념을 갖고 있었다. 항상 A를 받았던 몰리에게 C는 거의 죽음과도 같다는 강력한 생각이 정체성의 한 부분을 차지하게 된 것이다. 나는 자기연민의 동기부여가 항상 더 잘해야 한다는 것을 의미하지는 않는다는 사실을 이해할 수 있도록 그녀를 도왔다. 자기연민의 적극성이 최선을 다해 발전하도록 용기를 북돋아 주는 것은 사실이나, 그와 함께 우리의 한계를 인정할 수 있는 부드러운 자기연민의 측면이 필요하다. 그녀가 고급 통계를 특별히 잘하지 못한다고 해서 세상이 끝나는 걸까? 논문을 쓸 때 필요하다면 언제든 통계 컨설턴트의 도움을 받을 수 있다. 몰리는 결국 통계가 그녀의 강점 분야가 아니라는 사실을 받아들이면서 평화를 찾았고, 다행히도 이 부분이 그녀의 연구를 진전시키는 데 전혀 방해 요소가 되지 않았다.

자기연민의 부드러움과 적극성이 조화를 이룰 때, 우리는 자신을 개선하기 위한 행동을 취할 뿐만 아니라 인간의 불완전함도 받아들일 수 있다. 그리고 무조건적인 자기수용에 대한 안정감을 느낄수록 더 열심히 일하고, 도전하며, 더 잘할 수 있는 정서적 자원을 더 많이 확보하게 된다. 1940년대 인본주의 심리학의 창시자 중 한 명인 칼 로저스Carl Rogers는 "신기한 역설 중 하나는, 내가 나 자신을 있는 그대로 받아들일 때 변화할 수 있다."라는 말로 압축해서 표현했다. 자기연민으로 스스로를 동기부여할 때의 훌륭한 점 중에 하나는 성취하려고 노력하는 과정에서 불안감과 스트레스가 사라진다는 것이다. 완벽해지거나 군중 속에서 자신을 돋보이려는 욕구로 자신을 지치게 만들지 않아도 된다. 성공의 척도가 다른 사람들을 능가하는 데 있지 않기 때문이다. '세상과 맞서는 나'는 '세상 속의 한 부분인 나'가 될 수 있다. 개인적인 성취는 더 이상 개인적인 것이 아니게 되며, 이는 우리가 스스로에게 최선을 다할 수 있도록 용기를 불어넣으면서도, 항상 일이 잘되어야 한다는 압박감을 주지 않는다는 것을 의미한다.

## 여성들에게 주어진 도전과제

우리 여성들이 자신의 삶과 세상을 생산적으로 변화시키기 위해 노력할 때, 음과 양의 균형을 맞추는 것은 특히 중요하다. 무조건적인 자기수용의 안전망 없이 완벽주의가 되거나, 성공하기 위해 너무 열심히 노력하는 것은 우리에게 추가적인 부담을 더할 뿐이다. 반면, 우리가 실패한다고 해도 자신을 돌보고 지지할 것이라는 마음가짐과 함께 친절을 활용해 장벽을 극복할 때, 훨씬 더 좋은 기회가 찾아올 것이다.

여성으로서, 우리는 엄청난 과업에 마주하고 있다. 지구는 뜨거워지고 있고, 정치 시스템은 망가졌다. 세계의 한 곳에서는 배고픔으로 죽어 가고 있고, 또 다른 곳에서는 비만으로 고통스러워하고 있다. 뿌리 깊은 성차별주의와 인종차별주의, 부의 불평등이 결코 종식될 것처럼 보이지 않는다. 1851년 여성권리 집회에서 소저너 트루스Sojourner Truth는 그곳에 모인 참석자들을 향해 이렇게 말했다. "만약 신이 만든 최초의 여성이 혼자서 세상을 이렇게 엉망으로 뒤집어 놓을 만큼 강했다면, 이 여자들이 함께 힘을 합치면 세상을 다시 뒤집어 바로잡을 수 있어야겠죠! 그리고 이제 그들이 그것을 하겠다고 말하고 있으니, 남자들은 그들을 막지 말아야 합니다!" 가부장제의 낡은 방식은 더 이상 통하지 않으며, 세상이 뒤집어지는 것을 막는 것은 여성들의 몫이 될 가능성이 크다. 우리가 이와 같은 도전적인 일을 떠맡을 때, 자기연민의 모든 도구를 사용하는 것은 필수적이다. 자기연민의 자애로운, 연결된 현존은 이 모든 고통으로부터 압도되지 않고 견뎌 내는 데 도움이 될 것이다. 그리고 용기와 강화된 역량, 명확한 인지는 우리 자신과 인간 동료들을 해로움으로부터 보호하도록 분발하게 해 준다. 또한 충만하고 균형 잡힌 진정성은 우리가 세상에서 지속 가능한 새로운 삶의 방식을 개척할 수 있도록 해 줄 것이다. 그리고 격려와 현명한 비전은 필요한 변화를 위해 일할 수 있도록 영감을 제공할 것이다. 우리가 내면의 고통뿐만 아니라 외적인 고통을 완화하기 위해 적극적이고 부드러운 자기연민의 힘을 온전히 활용할 수 있다면, 우리가 이루어 내지 못할 것이 어디 있을까?

_part_ 3

세상 속의 적극적 자기연민

제 9 장

# 직장에서의 균형과 평등

우리에게도 기회가 주어진다면 할 수 있어요. 결국 진저 로저스[1]는 프레드 아스테어가 한 모든 일을 해냈지요. 단지 그녀는 하이힐을 신고 춤을 반대로 추었을 뿐이죠.

– 앤 리처즈, 전 텍사스 주지사(Ann Richards, former governor of Texas)

　　우리의 증조할머니들은 여성이 투표할 수 없었던 시대에서 성장했다. 남성들이 직업을 갖고 돈을 버는 동안, 여성들은 집에 머물며 집안일을 하고 아이들을 돌봐야 했다. 이후 성평등에 있어 엄청난 진전이 있었다. 미국에서는 여성들이 남성보다 모든 수준에서 더 많은 학위를 취득하고 있으며—학사(57%), 석사(59%), 박사(53%)—성적도 더 높다. 또한 여성이 노동인구의 47%를 차지하고 있다. 모든 관리직과 전문직의 50% 정도가 여성이며 교육, 보건, 부동산, 금융, 인사, 사회복지, 지역사회 봉사 분야에서는 여성 관리자가 수적으로 우세하기까지 하다. 하지만 우리는 여전히 갈 길이 멀다. 2018년 미국의 평균 직장 여성은 평균 직장 남성이 1달러를 버는 동안 82센트를 벌었다. 이 수

---

1　진저 로저스(Ginger Rogers)는 유명한 댄서이자 배우로 프레드 아스테어(Fred Astaire)와 함께 춤을 춘 파트너였고, 그녀가 프레드 아스테어와 같은 춤을 추었지만, '뒤로 춤을 추고' '하이힐을 신고' 춘 것처럼 더 어려운 조건에서 성과를 낸다는 점을 강조하는 말이다.–역자 주

치 안에는 그룹별 차이가 존재하는데, 남성 평균 1달러당 아시아 여성은 90센트, 백인 여성은 79센트, 흑인 여성은 62센트, 히스패닉 여성은 54센트를 벌었다. 이러한 임금격차가 나타나는 요인 중 어떤 부분은 성별과 인종에 따른 오랜 차별 때문이기도 하다. 하지만 또 다른 원인은 여성의 직종이 남성들과는 다른 직종에 집중되어 있다는 사실이다. 남성들은 일반적으로 공학이나 컴퓨터 과학 같은 고임금 직종에서 일하는 반면, 여성들은 간호나 교육과 같은 저임금 직종에서 일한다. 흑인과 히스패닉 여성들은 임금이 낮은 서비스직에 종사할 가능성이 가장 높다.

또한 가정과 가족을 돌보는 일은 여전히 여성의 책임으로 여겨지고 있다. 여성은 남성보다 5배 더 집에 머물며 육아를 책임지고 있다. 여성의 직장 내의 지위와 상관없이 남성보다 육아, 노인 돌봄, 가사노동과 같은 집안일에 더 많은 시간을 소비한다. 비취업 여성이 가사노동에 가장 많은 시간(주당 약 33시간)을 소비하며 그다음으로는 취업 여성(24시간), 무직 남성(23시간), 직장 남성(16시간) 순이다. 이는 직장 여성이 무직 남성보다 집 안에서 더 많은 일을 한다는 뜻이다! 그리고 이러한 불평등한 패턴은 인종과 민족에 관계없이 일관되게 나타나고 있다. 일하는 여성도 가정을 돌봐야 한다는 사실은 시간제 고용, 육아휴직, 유연근무제를 선택할 가능성이 높다는 것을 의미한다. 이것은 곧 임금이나 승진에 있어 여성은 불리한 위치에 놓일 수 있다는 것을 뜻한다.

『포춘』이 선정한 500대 기업 이사회에서 여성이 차지하는 비율은 단지 23%에 불과하고, 유색인종 여성의 수는 5%이다. 500대 기업의 CEO 중 인종과 관계없이 단 5%만이 여성이다. 최근 한 조사에 따르면, '제임스'라는 이름을 가진 남성 CEO보다 여성 CEO의 수가 적다는 것이 밝혀졌다. 여성들이 직면하고 있는 이 방탄유리천장은 그 어느 때보다 단단해 보인다.

직장 내 성평등 문제는 남성을 주체적인 존재로, 여성을 공동체 지향적인 존재로 묘사하는 큰 맥락에서 이해되어야 한다. 주도성은 성취, 기술, 야망, 노력, 집중, 자립과 관련되어 있다. 주체성은 합리성과 논리를 사용하여 문제를 분석하고 해결하는 능력으로, 책임감을 갖고 자신을 강력하게 주장하는 역량이다. 이러한 자질은 최고 위치에 있는 지도자들이 갖추어야 할 자질에 속한다.

반면, 공동체적 성향은 따뜻하고 친근하며 협력적인 것과 관련이 있다. 그것은 교감, 정서적 민감성, 논리뿐만 아니라 직관에 의존하는 것이 특징이다. 또한 타인을 존중하고 자신을 드러내지 않으며 타인을 배려하는 태도도 요구된다. 이러한 자질은 중간 관리자, 비서, 서비스 직군에서 더 중요시되는 부분이다.

지난 30년 동안 주도성과 공동체 지향성이라는 성 고정관념에 변화가 거의 없었다는 사실은 우리가 고질적인 곤경에 처해 있음을 말하고 있다. 평등을 실현하고자 한다면, 성에 대한 관점을 다시 생각하고 기능적인 직장은 어떤 모습인지에 대한 우리의 생각을 확장할 필요가 있다.

## 직장 내 불균형

전통적으로 남성적인 비즈니스 세계는 적극적인 기세의 행동이 강조된다. 그 세계는 수익이 보장되고 경쟁자가 우위를 차지하지 못하도록 자기보호가 필요하다. 끊임없이 수익을 창출하고 보수를 늘려 자신의 필요를 충족시키는 것이 건전한 비즈니스 관행으로 여겨진다. 최고의 성과를 내고 최상의 위치까지 도달하려는 동기는 기업 문화의 근간을 이루고 있다. 친절, 수용, 이해와 같은 자질은 큰 비중을 차지하지 않기 때문에 음양의 불균형을 초래하게 된다. 1984년부터 2000년까지 『월스트리트 저널』의 용어 사용량을 분석한 결과, '승리' '우위' '이기다'와 같은 용어가 수천 건의 기사에 등장했다. 이러한 용어는 17년 동안 400% 이상 증가한 반면 '돌봄' '연민'과 같은 용어는 거의 사용되지 않았다. 타인의 행복에 대한 관심은 종종 수익창출에 해가 된다면서 무시하고, 세상을 바라보는 왜곡된 렌즈를 만들어 낸다.

이러한 불균형적 기업 문화가 가져오는 부정적인 결과의 하나가 직장 내 괴롭힘이다. 권력에 대한 일차원적인 시각을 가진 사람들은 자신의 권력을 타인을 비판하고 조롱하며 무시하고 괴롭히는 데 행사하려고 한다. 직장 내 괴롭힘은 개인적인 성과를 강조하는 매우 경쟁적인 기업 문화에서 일반적으로 더 많이 발생한다. 상사는 부하직원을 괴롭히는 경향이 있으며, 여성보다는 남성에 의해 더 많은 괴롭힘이 발생한다. 즉, 적극성이 부드러움과 함께하지 못하면 미친 듯이 날뛰는 상황으로 치달을 수 있다. 연구는 미국 내 대부분의 직장인은 언젠가 한번은 괴롭힘을 경험했으며, 이로 인해 이직률과 결근률이 높아지고 업무에 대한 몰입도가 떨어지며 업무 만족도가 낮아지고 정신 건강 문제가 발생하는 것으로 나타났다. 도널드 트럼프와 조 바이든의 첫 대선 토론을 지켜본 사람이라면 협박과 괴롭힘이 얼마나 사람을 지치게 하는 것인지 알 것이다. 그것은 어떤 것도 하기 어렵게 만들어 버린다.

불균형적인 기업 문화가 야기하는 또 다른 부정적인 결과는 탐욕의 만연이다. 제약 산업을 한 예로 들어 보자. 의학 분야는 연민과 치료에 초점을 맞추어야 하지만 거대 제약회사들은 환자는 거의 안중에도 없고 주주를 위한 돈벌이에만 몰두하는 경우가 많다. 나와 내 동생이 윌슨병으로 복용해야 하는 약은 거대 제약회사의 폭리 관행을 보여주는 전형적인 사례이다. 윌슨병은 매우 드물기 때문에(미국에서는 3만

명 중 1명 미만에게 발병) 이 질환을 치료할 수 있는 약품 시장이 거의 존재하지 않는다. 2015년에 발란트 제약이 이 약의 특허를 인수한 후 몇 년 동안 가격을 3,500% 올렸는데, 한 달 치 약값이 600달러였다면 지금은 21,000달러에 달하게 되었다. 테바 제약이 2018년에 사이프린에 해당하는 일반 약품을 개발해 한 달 치 약값을 18,000달러에 판매하기로 결정했다(엄청나게 할인된 가격이다!). 다행히 우리 남매는 좋은 보험에 가입되어 있어 본인 부담금이 그렇게 높지는 않지만, 보험사는 매년 제약회사에서 요구하는 500만 달러에 달하는 몸값을 마련해야 했고, 그 비용은 고스란히 다른 보험 계약자들에게 전가된다.

다행히도 기업 문화에 친절과 연결의 가치를 주장하는 운동이 시작되고 있다. 미시간 앤아버 경영대학원 연민 연구소의 제인 더튼Jane Dutton과 그의 동료들은 선구적으로 연민이 직장 문화에 미치는 영향에 관해 연구하고 있다. 이들은 이기적이고 수익창출만이 목적인 비즈니스 모델은 지속 불가능하다고 주장한다. 직원의 복지를 우선시하지 않는 직장은 이기적인 상사, 소모적인 사내 정치, 성희롱, 정신적 괴롭힘, 심지어 직장 내 폭력과 같은 적대적인 분위기가 만들어지기 쉽다는 것이다. 이러한 가혹한 노동 환경 속에서 직원들의 사기는 저하되고 스트레스는 높아지며 우울감을 유발하게 된다. 이 스트레스에서 오는 경제적 손실과 생산성의 저하는 결근과 이직률, 의료, 보험 비용 등의 손실을 발생시키는데, 이 금액이 매년 수십억 달러에 달하기도 한다.

반면, 연민적인 문화를 정착시킨 조직은 실질적인 성과를 거둘 수 있다. 예를 들어, 도움이 필요한 직원을 돕기 위해 기부 캠페인을 시작하고, 선행에 대한 보상을 제공하며, 직장 내 감정 표현을 장려하고, 괴롭힘에 대한 무관용 정책을 시행하는 기업은 직원들의 헌신도와 팀 효율성을 높여 이직률이 감소한다. 이러한 프로그램은 실적을 높이고 수익을 향상시킨다. 이와 같은 움직임은 미래에 대한 희망을 안겨 주지만, 현재의 비즈니스 문화는 적극성을 찬양하고 부드러움이 하찮게 여겨지기 때문에 중대한 개혁이 일어나기까지는 시간이 필요할 것 같다.

기업 문화에서의 음양의 불균형은 여성들이 교사, 간호사, 사회복지사 등 저임금 직종에 종사할 가능성이 높은 이유를 설명하는 데 도움이 된다. 첫째, 타인에 대한 배려보다는 탐욕을 우선시하는 남성 위주의 직업은 종종 여성들에게 매력적으로 다가오지 않는다. 둘째, 여성은 숙련된 양육자로 자라 왔기 때문에 돌봄을 전문으로 하는 직종에 더 많은 관심을 갖고 자격이 있다고 느끼는 경향이 있다. 다른 사람들 역시 이에 동의하며 여성들을 선뜻 고용하기 때문에 여성들이 이 분야에서 성공하는 데 장벽이 높지 않다. 하지만 안타깝게도 돌봄을 위주로 하는 이 직업들이 여성적이라고 여겨진다는 사실은 이 분야에 있는 직원들 역시 사회적 지위나 가치 그리고 임금 부분에서 낮은 평가를 받는다는 것을 뜻한다.

## 일과 가정 사이에서의 저글링

여성의 업무는 일과 육아 사이의 균형에 의해 정해진다. 아이가 있는 이성애자 부부 사이에서 남성은 전일제로 근무하고 여성은 시간제로 일하는 경우가 일반적인데, 그 이유는 남성이 여성보다 급여가 더 많기 때문이다. 2018년 미국 진보 센터(Center for American Progress)에서 인구통계학적으로 다양한 500여 명의 부모를 표본으로 조사한 결과, 육아 문제로 인해 직장과 관련된 어려움이 있다고 답한 여성이 남성보다 40%나 더 많았다. 게다가 여성들이 어떻게든 육아 문제를 해결했을 때조차도 전일제 근무를 한다는 것에 대해 남성보다 더 죄책감을 느끼는 것으로 나타났다. 여성들은 자신의 필요를 타인의 필요보다 하위에 놓도록 사회화되었기 때문에, 남성들과는 달리 자신의 직업을 우선시하는 것은 이기적인 일이라고 생각한다.

이 문제에서의 해답은 여성들이 좀 더 남성화되고 가정을 희생해가면서까지 직장을 우선시하는 데 있지 않다. 일의 기회와 가정의 책임이 좀 더 공평하게 분담되는 것이 근본적 해결책이 될 것이다. 이상적인 이야기가 아니라 충분히 실현 가능한 일이다. 물론 더 많은 자원을 갖고, 가족들의 도움을 다방면에서 받을 수 있는 여성들은 일과 가정을 보다 쉽게 병행할 수 있는 것이 사실이지만 말이다. 보편적 육아복지와 아버지를 위한 유급 가족 휴가와 같은 정부의 정책 또한 큰 변화를 가져올 수 있겠다.

내 친구 린은 일과 가정의 균형을 맞추는 데 성공한 사람이다. 린을 알게 된 건 내가 오스틴으로 이사온 직후였다. 요가 수업에서 그녀를 만나게 되었고, 우리는 종종 요가를 한 후에 티타임을 가졌다. 당시 린은 오스틴의 바쁜 광고 회사에서 그래픽 디자이너로 일하고 있었고, 이 분야에서 유명세를 타고 있었다. 하지만 전통적인 아시아계 미국인 가정에서 자랐기 때문에 부모님은 그녀가 서른이 되자 아이를 가질 것을 강력하게 권했다. 린도 아이를 갖고 싶었지만 아직 준비가 되지 않았다고 생각했다. 자신의 일을 매우 즐기고 있었고, 일에 방해받고 싶지가 않았기 때문이다. 하지만 남편 데이비드는 노산에 따른 임신 합병증을 우려하기 시작했다. 그는 임신을 더 이상 기다리고 싶어 하지 않았고, 결국엔 린도 임신에 동의하게 되었다. 그녀의 회사는 훌륭한 가족 휴가 정책을 제공하는 곳이었고 8주간의 유급 육아휴직을 쓸 수 있었는데, 그 후에도 4개월 가량 더 휴직이 가능했다. 사실, 임신 중에도 그녀는 남모를 내적 갈등을 겪고 있었지만, 곧 괜찮아질거라 생각했다.

린은 에이미라는 건강한 딸을 낳았고 데이비드는 훌륭한 아버지의 모습을 보여 주었다. 에이미의 기저귀를 갈고, 울면 달래 주고, 거의 매일 밤 보행기를 태워 주며 육아에 최선을 다해 적극적으로 지지하고 참여했다. 린은 자신이 엄마가 된 것을 좋아했지만, 반년간의 전업주부 생활을 끝내고, 다시 원래의 직장으로 복귀할 준비를 하고 있었다.

이때는 코로나19가 터지기 전이었고 사무실에 출근하는 것이 당연한 일이었기 때문에 육아 문제를 해결해야 했다. 양쪽 조부모가 같은 마을에 살지 않았기 때문에 그녀는 마을의 탁아시설을 알아보았고, 다행히 마음에 드는 곳이 있었다. 하지만 린의 부모님은 그녀가 직장으로 돌아가는 것을 단호하게 반대했고, 죄책감을 불러일으키는 말을 했다. "네가 지금 다른 데 정신이 나가서 아이한테는 소홀히 하는 그런 부모가 되고 싶은 건 아닌 거 맞지? 에이미에게는 네가 집에 있는 게 필요한 거야." 데이비드 또한 그녀의 복직에 반대했고, 에이미가 그런 어린 나이에 낯선 사람들과 하루 종일 같이 있어야만 하는 것을 달가워하지 않았다. 린은 갈등 끝에 결국 물러났고 유연근무제가 있는 텔레마케팅 회사에서 재택근무를 하기로 결정했다. 그러면서도 딸이 유치원에 들어가면 다시 그래픽 디자인 일을 할 수 있을 거라 생각했다.

린은 텔레마케터 일을 좋아하지 않았다. 수입도 괜찮았고 통화 중간 중간에는 에이미를 돌볼 수도 있었지만, 린은 얼마 지나지 않아 불만족을 느꼈다. 그녀는 데이비드가 건축회사 일을 마치고 돌아오면 종종 노려보기까지 했다. '그는 그가 즐기는 일을 계속하는데 왜 자신은 그렇지 못할까?'라는 생각에 화가 나곤 했다. 그렇지만 린은 이러한 감정을 잠재우고 자신을 지지해 주는 남편과 건강한 아이 등 감사해야 할 모든 것에 초점을 맞추기 위해 노력했다. 사실, 많은 워킹맘은 아이와 함께 집에서 시간을 보내고 싶어도 그럴 여유가 없는 경우가 대부분이었다. 그녀는 자신의 필요를 우선시하는 것은 이기적인 행동이라고 스스로에게 인식시켰다.

그럼에도 불구하고 에이미가 18개월이 되었을 무렵, 또다시 린은 우울해졌다. 데이비드는 아내의 상태를 호르몬 변화로 인한 산후우울증 정도로 여겼다. 하지만 린은 자신의 상태가 그 이상으로 심각하다고 느꼈다. 나는 그녀와 대화를 나누면서 그 불만이 무엇을 의미하는지 곰곰이 생각해 보도록 했다. 그녀는 즉각적으로 자신의 인생이 싫고 그것을 싫어하는 자신이 싫다고 말했다. 그래서 나는 그녀에게 곤경에 처한 자신을 친절과 수용적인 자세로 대하는, 부드러운 자기연민에 초점을 둘 것을 권유했다. 린은 쓰기를 좋아해서 매일 일기를 썼다. 일단 그녀는 감사해야 할 것들이 많이 있지만, 본인이 느끼고 있는 불만 또한 사실임을 인정했다. 이러한 상황에서 기분이 안 좋은 것은 당연하고 자연스러운 일이라고 자신을 안심시켰다. 사실, 린과 비슷한 상황에 있는 많은 다른 여성도 그녀와 같은 감정을 느낀다. 그녀는 자신을 따뜻하고 지지적으로 대하기 시작했으며, 자신의 필요 또한 중요하다는 것을 깨달았다.

부드러운 자기연민으로 좀 더 안정적인 기반을 다진 후에 나는 린에게 변화를 만들기 위한 적극적 자기연민과 그녀가 할 수 있는 행동에 집중할 것을 제안했다. 그녀는 그래픽 디자이너라는 직업이 자신에게 얼마나 중요한지 깨달았다. 그녀는 좌우 뇌를 모두 활용하는 창의성과 실용성을 통합하는 일을 좋아했다. 만족스러운 일을 하는 것은 그녀 본인의 행복에 필수적인 요소였다. 그녀는 다시 그래픽 디자이너 일을 하기 위한 방법을 찾기를 원했지만 엄마로서의 책임감 때문에 갈등이 심했고, 게다가 오랜 기간 경력 단절이 있었던 터라 재취업도 걱정이었다. 나는 그녀에게 친한 친구에게 하는 것처럼 일기에 자신을 격려하는 말을 써 볼 것을 제안했다.

몇 달 후, 린은 예전의 그래픽 디자이너 일을 알아보기로 결심했다. 그녀는 적극적 자기연민으로 과거의 상사를 찾아갔고, 남편에게 자신의 입장을 설명했으며, 부모님에게 맞섰다. 상사를 찾아간 일은 잘 풀렸는데, 그녀의 상사는 린의 재능을 인정하며 언제든 돌아와도 좋다고 말했다. 하지만 가족들과의 대화는 더 어려웠다. 린은 남편에게 처음의 그 합의가 자신을 불행하게 만들었다는 솔직한 심정을 털어놓았다. 그러자 데이비드는 린이 생각을 바꾸기를 원하면서 설득했지만, 그녀는 확고하게 의견을 밀고 나갔다. 린과 데이비드 각자가 직업에 동등한 우선순위를 두고 육아를 분담해야 한다고 주장한 것이다. 린은 각자가 사무실과 집에서 일하는 시간을 나누어 일하는 형태로 근무 방식을 다시 생각해 볼 것을 제안했다. 어느 정도의 협상이 오갔고, 결국 데이비드도 동의했다. 두 사람의 결혼 생활이 힘들었던 만큼 데이비드도 린이 다시 행복해지는 모습을 보고 싶었다. 또 그렇게 하는 것이 공평한 일이라는 것을 인정했는데, 남편의 이 말이 린에게는 감동이었다.

하지만 린의 부모님은 여전히 완고했다. 그녀의 어머니는 에이미가 린과 계속해서 같이 있지 않으면 정신적으로 상처를 받을 것이라고 계속해서 이야기했다. 린은 "나는 그렇게 생각하지 않아요, 엄마."라고 대답했다. "에이미는 자라면서 자신의 엄마를 강력한 롤모델로 삼을 거예요. 자신을 소중히 생각하고 자신의 필요를 충족시켜 주는 엄마 말이죠." 린의 어머니는 끝까지 동의하지 않았지만 린은 어머니의 승인이 필요하지는 않았다. 스스로를 인정했기 때문이다! 린은 자신이 좋아하는 일로 직장에 복귀하자, 에이미와 데이비드와 함께하는 시간을 더 즐길 수 있었고, 아내, 엄마, 딸로서 더 많은 것을 해 줄 수 있었다. 비록 여전히 그녀는 대부분의 여성이 그러하듯 일과 엄마의 역할 사이에 균형을 맞추기 위해 계속 노력 중이라고 말하지만, 노력할 만 한 가치가 있는 것이라고 했다.

## 능력에 대한 인식

직장 여성에게 장벽이 되는 것이 엄마로서의 역할만은 아니다. 여 성이 업무 영역에서 남성보다 능력이 떨어진다는 치명적인 관점 또한 존재한다. 이런 편견이 의식적인 차원에서 일어나는 것은 아니다. 사 람들에게 남성과 여성 중 '누가 더 전문직 종사자로서 역량이 있는가' 라는 질문을 했을 때, 대부분의 사람은 남성, 여성 모두 동일하게 능력 이 있다고 답하거나 여성이 훨씬 더 유능하다고 답한다. 하지만 무의 식적인 수준에서는 편견이 강하게 작용한다. 최근 한 연구에서는, 남 성 목소리를 가진 가상의 비서가 여성의 목소리를 가진 비서보다 더 효과적이라는 평가를 받았다고 한다. 인간이 아닌 컴퓨터인데도 말이 다! 뉴욕대학교의 매들린 하일먼Madeline Heilman은 암묵적 편견이 직장에 서 성별 인식을 어떻게 형성하는지를 연구한 가장 뛰어난 연구자 중 하나이다. 유능한 리더가 되기 위해서는 어느 정도의 적극성과 정서적 강인함을 갖추어야 한다. 하지만 역량에 대한 정보는 다소 모호한 경 우가 많아서, 우리는 무의식적으로 성별 고정관념을 정보처리를 위한 지침으로 사용한다. 여성은 적극적이고 주도적인 성향보다는 부드럽 고 교감적인 특성을 갖고 있기 때문에 책임자가 되기에 필요한 자질을 갖추지 못했다고 가정하는 것이다.

성 편견은 직장 여성에게 매우 불리하게 작용하는데, 우리의 행동이 계속 잘못 해석되고 왜곡되어 받아들여지기 때문이다. 예를 들어, 동료의 비판에 대해 열정적으로 자신을 방어하는 것이 남성에게는 강인함으로 보이지만, 여성의 경우에는 평정성을 잃은 것처럼 보인다. 결정을 번복하는 것은 남성에게는 유연성으로 여성에게는 변덕스러움과 우유부단함으로 비춰질 수 있다. 결정을 미루는 것도 남성의 경우 신중함으로 여겨지지만 여성은 소심함이나 두려움으로 받아들여지기 쉽다.

실험연구에 따르면, 참가자들에게 가상의 입사 지원자의 역량을 평가하도록 요청했을 때, 이력서와 지원서 내용이 동일하더라도 '제니퍼(여자 이름)'보다는 '존(남자 이름)'이라는 이름의 지원자가 더 높이 평가받고 더 많은 채용 제안을 받는 것으로 나타났다. 이러한 무의식적인 편견은 사람들의 차별적인 고용과 승진 결정으로 이어질 수 있는데, 심지어 그런 일이 생기더라도 사람들은 객관적인 평가에 근거하여 결정을 내린 것으로 믿게 된다. 이는 여성들이 직장 생활을 하는 동안 승진을 하거나 높은 직위에 오를 기회가 더 적다는 것을 뜻한다. 예를 들어, 학계에서 남성 교수와 동등한 자격요건(강의 경력, 논문 수, 해당 분야에의 영향력을 입증하는 피인용 횟수 등)을 갖추었더라도 여교수가 해당 학과의 석좌교수가 될 가능성은 현저히 낮다.

연구에 따르면, 동일한 업무를 여성이 수행했다고 할 때 평가절하되는 부분이 있으며, 그들의 업무 실적이 아주 강력하고 명확한 기준에 의해 평가되지 않는 한 남성보다 여성의 역량이 떨어지는 것으로 간주된다는 것이 반복적으로 밝혀지고 있다. 이는 여성의 성과를 평가하는 사람이 남성이든 여성이든 마찬가지이며, 무의식적인 성별 고정관념을 분명히 보여 주는 결과이다. 리더십의 영역에서 능력은 주도성을 의미하며 주도성은 남성을 의미한다.

여성들이 직장에서 주도적 자질을 발휘하더라도 그들은 여전히 남성들에 비해 유능하지 않은 것으로 여겨지는데, 그것은 여성들이 적극적인 기세를 보이는 것이 비정상적이라고 생각하기 때문이다. 예를 들어, 예일대학교에서 실시한 일련의 연구에서는 직장에서 분노를 표시한 여성의 경우 남성보다 낮은 지위가 부여된다는 것을 발견했다. 연구자들은 참가자들에게 한 비디오를 보도록 했는데, 전문직종에 취업을 위해 남성과 여성이 면접을 보는 장면의 내용이었다. 비디오에서 지원자는 동료 한 명과 함께 중요한 장부를 분실한 상황을 면접관에게 설명했고 면접관은 그들에게 그 상황에서 어떤 느낌이 들었는지 물었다. 그들은 "화가 났다." 또는 "슬펐다."라는 대답을 한다. 그 후 연구 참가자들에게 비디오 속의 지원자들의 역량을 평가해서 연봉을 추천하고, 향후 직장에서의 지위와 권력, 얼만큼의 독립성을 부여할 것인지 제안하도록 요청했다.

연구 참가자들은 그 상황에서 "화가 났다."라고 말한 남성 지원자가 "슬펐다."라고 답한 남성 지원자보다 더 유능하고 더 높은 연봉, 지위, 독립성을 가질 자격이 있다고 평가했다. 또 남성 지원자가 그 상황에서 화를 내는 것이 적절한 반응이라고 생각하는 경향이 있었다. 여성의 경우에는 그 반대였다. 참가자들은 그 상황에서 화를 내는 여성 지원자들은 본질적으로 뭔가 잘못되었다고 판단했고, 역량이 떨어진다는 평가를 내렸다(상황적 요소는 간과되었다). 따라서 그 여성 지원자에게 낮은 지위, 자율성, 연봉이 주어져야 한다는 결론이 나왔다.

직장 내에서 성별에 따른 격차가 공정하다고 생각하는 것은 사람들이 가진 성별 고정관념에서 기인한다. 남성은 주체적이고 여성은 공동체적 성향이 강하다는 관점을 맹신하는 사람들은 고위급 관리자와 임원이 남성인 이유를 설명(또는 변명)하는 근거로 이 관점을 사용한다. 그들은 선천적으로 남성이 리더십을 발휘해야 하는 지위에 더 적합하며, 그렇기 때문에 더 쉽게 승진의 기회를 잡게 된다고 가정한다.

이러한 고정관념은 실제 생활에서도 상당한 영향을 끼친다. 다양한 산업 분야의 직원 378,850명을 대상으로 실시한 약 100여 건의 실증연구 메타분석에서, 연구자들이 관리자에 의해 평가된 남성과 여성 직원의 실적을 평가한 결과, 여성의 실적은 남성에 비해 일관되게 낮게 평가되는 것으로 나타났다. 미국 인구조사 데이터에 따르면, 남성과 동등한 자격을 갖추고 노동시장에 진입하여 비슷한 직종에 종사하는 여성은 경력의 모든 단계에서 더 적은 임금을 받는 것으로 밝혀졌다. 또한 일하는 여성의 거의 절반은 직장에서 성차별을 경험했다고 했으며, 25%의 여성들은 자신이 무능한 사람처럼 취급받은 적이 있다고 보고한다.

## 직장 내 여성에 대한 암묵적 편견 정도 테스트

암묵적 연상 검사(the Implicit Association Test: IAT)는 직장일은 남성의 영역이고 가정일은 여성의 영역이라는 믿음과 같이, 우리의 무의식에 내재화된 편견의 정도를 측정한다. IAT는 어휘를 연결하는 속도로 우리가 얼마나 많은 편견을 가지고 있는지 측정한다. 예를 들어, 남성과 여성의 이름에 직장 단어 및 가족 단어와 연관시키는 속도를 이용하여 편견의 정도를 측정하는 것이다. 워싱턴대학교의 토니 그린월드[Tony Greenwald], 하버드대학교의 마자린 바나지[Mahzarin Banaji], 버지니아대학교의 브라이언 노섹[Brian Nosek]은 프로젝트 임플리시트(Project Implicit)라는 멋진 웹사이트를 만들었다. 그 사이트에 접속하면 자신의 무의식적 편견을 확인할 수 있다. 무료 회원등록을 한 후 무의식적인 성별−직장 편견과 같은 다양한 IAT 테스트에 참여할 수 있다(https://implicit.harvard.edu/implicit).

스스로를 페미니스트라고 생각한 나 또한 테스트 결과 성별 편견이 강한 것으로 나타났다! 만약 여러분의 결과가 자신이 이상적으로 원하는 것과 다를지라도 자신에 대해 연민을 갖는 것을 기억해야 한다. 우리 스스로 암묵적인 편견을 선택하지 않았지만, 그 편견들은 내재되어 있기 때문에 우리가 타인의 행동을 인식하는 방식이나 우리가 내리는 결정에 영향을 미치게 된다. 편견을 바로잡기 위한 조치를 취하기 전에, 자신 안에 편견이 있음을 인정하고 명확히 볼 필요가 있다.

## 역풍

여성에게 주도적인 성향과 공동체적 성향 모두가 있음에도 불구하고, 많은 여성은 유능한 직장인으로 보이기 위해 그들의 양의 측면을 활성화시키고 음의 측면은 누그러뜨린다. 안타깝게도 이로 인해 여성은 20여 년 전에 처음으로 밝혀진 현상인 '역풍(backlash)'을 맞을지도 모른다. 역풍이란 적극적인 자질을 가진 여성을 사회성이 결핍된—충분히 친절하지 않은—존재로 간주하는 경향을 말한다. 동일한 행동을 보이는 남성들은 그렇게 여겨지지 않는데 말이다.

2019년 12월, 미국 민주당 대선후보 경선 토론회를 생각해 보자. 각 후보자들은 미국의 최고 지도부 자리인 대통령직을 놓고 인터뷰에 응하고 있었다. 조 바이든, 버니 샌더스, 엘리자베스 워런, 피트 부티지지, 에이미 클로버샤, 톰 스테이어, 앤드류 양 등 7명의 후보는 한 국가를 이끌 수 있는 자신의 기량과 자질을 두 시간에 걸쳐 치열하게 홍보했다. 그리고 그 후에 그들은 공통 질문을 받았다. '대선 시즌을 맞아 무대 위에서 누군가에게 선물을 줄 것인가? 아니면 용서를 구할 것인가?'라는 질문이었다. 남성 후보자들은 모두 자신의 신념이 담긴 책이나 정책 제안서 등의 선물을 주겠다고 응답했다. 하지만 그날

밤 토론장 무대 위의 두 여성은 용서를 구해야 한다고 느꼈다. 엘리자베스 워렌은 "저는 용서를 구하겠습니다. 저는 가끔 제가 매우 흥분한다는 걸 알고 있습니다. 또 화가 많기도 하고요. 하지만 정말 그럴 의도는 아니에요."라고 말했다. 에이미 클로버샤는 "저는 언제 어디서든 저에 대해 화난 이가 있다면 용서를 구하고 싶어요. 제가 직설적인 경향이 있지만, 그런 성향이 바로 지금 제가 이 자리에 후보로 설 수 있도록 한 중요한 자질이라고 생각해요."라고 대답했다. 다시 말해, 여성 후보자들의 대답은 '제 내면의 적극성이 고스란히 드러난 것일 뿐이니 미워하지 말아 달라'는 뜻을 담고 있었다. 두 여성 후보 모두 자신이 가진 진취성과 적극성이 대통령직을 수행하기 위한 자격요건임을 알고 있었지만, 그럼에도 불구하고 그 부분에 대해 용서를 구해야만 한다고 느낀 것이다. 두 후보는 사람들이 그 적극성에 대해 자신들을 판단할 것을 알고 있었고, 그래서 사과를 할 수밖에 없었다. 반면, 남성 후보자들은 그 동일한 자질에 대해 감탄과 존경을 받을 것을 알고 있었다.

매우 유능하고 노련한 상원의원인 두 여성 후보가 경선에서 참패한 것이 전혀 놀랄 일은 아니다. 2016년 대선에서 도널드 트럼프에게 패배한(어쨌든 대통령 선거인단 투표에서는) 힐러리 클린턴의 상황과 유사하다. 성별 고정관념을 깬 이 강하고 유능한 여성들은 미국에서 가장 강력한 지도자가 될 만큼 사람들에게 호감을 주지 못했다.

여성에 대한 직장 내 편견은 우리가 주체적이기보다는 공동체적이라는 믿음(기술적 고정관념)뿐만 아니라, 우리는 주도적이기보다는 공동체 지향적이어야만 한다는(규범적 고정관념) 것에 근거하고 있다. 한마디로, 사람들은 주도적인 여성을 좋아하지 않는다. 왜냐하면 적극적인 여성은 공동체적이지 않다고 자동적으로 생각하기 때문이다. 친절과 온화함, 부양의 부드러운 자질만이 여성에게 중요한 것으로 여겨진다.

　전통적으로 남성 지배적인 분야에서 성공한 여성 관리자들은 그 분야에서 유사하게 성공한 남성 관리자들과 비교하여 부정적으로 묘사된다(신랄한, 싸우기 좋아하는, 이기적인, 기만적인, 교활한). 한 연구에서, 하일만과 동료들은 가상의 항공기 회사 영업 담당 부사장에 대한 참가자들의 평가를 조사했다. 그 부사장의 담당 업무는 연수생 교육 및 감독, 새로운 시장 개척, 업계 동향 파악, 신규 고객 창출이었다. 평가에 참여한 참가자들은 부사장들의 특징과 자격 요건이 동일하다는 정보를 얻었지만 두 가지 조건이 달랐다. 하나는, 부사장 이름이 안드레아(Andrea, 여자 이름) 또는 제임스(James, 남자 이름) 중 하나였다. 또 다른 하나는 부사장의 성공에 대한 정보가 명확하거나(방금 연간 실적 평가를 마쳤고, 매우 높은 점수를 받은 상황), 모호했다(이제 연간 실적 평가를 받으려고 하는 상황). 성공에 대한 정보가 명확한 경우, 제임스와 안드레아는 똑같이 유능한 사람으로 평가되었다. 하지만 정보가 애매한 경우, 안드레아는 제임스보다 유능성, 생산성, 효율성 모두에서 낮은 평가를 받았다. 이 실험 결과는, 특히 우리가 사용하는 정보가 모호할 경우 무의식적 고정관념이 우리의 인식을 형성하는 데 어떤 역할을 하는지 보여준다.

　더욱 충격적인 사실은 실적 평가가 이미 완료되어 후보의 성공 여부가 확실시되었을 때, 즉 두 후보자 모두 유능한 것으로 판명난 경우에 안드레아는 제임스보다 호감도가 낮았다는 것이다. 안드레아의 경우, '여성은 주체적이기보다 공동체적이어야 한다'는 규범적 고정관념을 깨트렸기 때문에 더 거칠고, 비열하고, 뻔뻔하고, 이기적이며 신뢰할 수 없는 사람으로 평가되었다. 여기서 제임스와 안드레아에 대해 주어진 정보는 이름을 제외하고는 완벽하게 동일했다는 것을 기억해야 한다. 한편, 실적 평가가 아직 이루어지지 않아 후보자들의 성공이 불확실한 상황에서는 호감도 평가에서 큰 차이가 나지 않았다. 그 이유는 비록 안드레아가 유능하지는 않다고 생각했지만 그녀에게서 따뜻한 양육의 자질을 기대할 수 있기 때문에 호감을 보인 것이다.

이와 유사한 현상은 자기홍보에서도 나타난다. 직장에서 승진을 하기 위해서는 자신의 강점, 재능, 실적에 대해 직접적으로 말해야 하는 경우가 있다. 특히 고위직 면접 자리에서는 더욱 그러하다. 하지만 자기홍보로 여성들은 역풍을 맞을 수 있다. 럿거스대학교의 로리 러드먼 Laurie Rudman은 구직 면접을 담은 비디오에서 드러난 남성과 여성 구직자에 대한 평가를 조사했다. 영상의 내용은 면접에서 구직자들이 두 가지 모습을 보이는 것이었다. 겸손하고 자신을 내세우지 않는 모습("음, 저는 전문가는 아니지만……."과 같이 말하는 식)을 보이거나, 자신 있게 자신을 홍보하는 태도(면접관을 정면으로 응시하면서 "제가 할 수 있다고 확신합니다……."와 같이 말하는 식)를 취했다. 실험 참가자들은 겸손한 남성보다는 자기홍보를 적극적으로 하는 남성을 선호했다. 반대로 여성의 경우에는, 자기홍보하는 여성보다는 겸손한 쪽을 더 선호했다. 이러한 차이는 자기홍보하는 여성을 싫어하는 여성 참가자들이 평가했을 때 극명하게 드러났다.

사람들이 주도적인 우리를 좋아하든 아니든 그저 무시하면 그만이라고 생각할 수 있지만, 주도적인 여성을 싫어한다는 사실은 여성이 채용되거나 승진할 가능성이 낮아질 수 있다는 것을 의미한다. 왜냐하면 호감도는 성공의 결정적인 요인 중 하나이기 때문이다. 자기주장이 강한 여성이 심각한 역풍을 겪게 되는 중요한 영역 중 하나는 바로 연봉 협상이다. 더 높은 연봉을 받기 위해 적극적으로 협상하는 여성은 비호감을 사게 되고, 이것이 그녀의 급여 인상 기회를 줄어들게 한다.

여성들은 이 사실을 잘 알기 때문에 협상에서 덜 적극적이며 남성보다 낮은 금액에 만족하는 경향이 있다. 텍사스대학교 오스틴의 한 연구에서, 여성은 역풍에 대한 두려움으로 인해 20% 더 낮은 금액에 합의하는 것으로 나타났다. 142개의 연구를 메타분석한 결과, 남성과 여성 직원이 똑같이 유능한 것으로 평가되더라도 여전히 남성이 더 많은 급여를 받으며 더 자주 승진하는 것으로 나타났다. 실제로 급여의 성별 차이는 성과 평가에서의 성별 차이보다 14배 더 컸다. 이는 역풍의 역할이 적지 않다는 것을 보여 준다.

이것이 지금 우리가 처해 있는 상황이다. 여성들은 충분히 주체적이지 않다고 여겨져 남성만큼 자주 승진하거나 그들만큼의 급여를 받지 못한다. 동시에 우리는 너무 주체적이라고 여겨져 남성만큼 자주 승진하거나 남성만큼 급여를 받지 못하는 것이다. 그리고 사람들은 왜 여전히 급여 차이가 존재하는지, 여성들이 고위 관리직에 오르는 경우가 적은지 의아해한다!

## 직장에서의 통합

직장에서 주도적 성향과 공동체적 성향이 통합된다면, 즉 우리의 적극적인 측면과 부드러운 측면을 동시에 끌어내는 것은 역풍을 잠재우는 데 도움이 된다. 한 실험에서 참가자들에게 두 명의 남성과 두 명의 여성 지원자들의 면접 영상을 보여 주었다. 그들이 지원한 직책은 고객들의 민원에 세심하게 귀를 기울여야 하는, 일의 압박감이 높은 관리직이었다. 이후 참가자들은 그 지원자들이 얼마나 유능하고 호감도가 있는지 평가하고 그들을 해당 직책에 채용할지 여부를 추천했다. 모든 지원자는 면접에서 "저는 압박이 심한 상황에서 일을 잘해 나가는 편입니다. 고등학교 때 학교신문 편집장을 맡아 매주 마감 기한에 맞추어 칼럼을 준비해야 했는데, 항상 해냈어요."라고 말하는 등 매우 적극적이고 자신감 넘치는 모습을 보였다. 하지만 남성 지원자 한 명과 여성 지원자 한 명은 주도성이 강한 발언을 많이 하면서 다음과 같은 말을 덧붙였다. "기본적으로 두 종류의 사람이 있는데, 바로 승자와 패자입니다. 제 목표는 승자가 되어서 그 직책을 맡아 결정 권한이 있는 그런 사람이 되는 것입니다." 그리고 나머지 한 남성 지원자와 한 여성 지원자는 "저에게 삶이란 다른 사람들과 연결되는 것입니다. 제가 누군가를 도울 수 있을 때, 저는 진정한 성취감을 느낍니다."와 같은 공동체적 성향의 말을 덧붙였다.

이전 연구 결과에서처럼 주도적이고 능동적인 남성과 여성은 모두 유능한 것으로 간주되었지만, 여성은 남성보다 호감도가 낮게 평가되어 해당 직책에 추천될 가능성이 적었다. 하지만 주도성과 공동체적 성향 모두를 겸비한 여성은 남성만큼 유능하고 호감도가 높은 것으로 간주되어 동등하게 해당 직책에 추천될 가능성이 높았다. 비슷한 연구에서, 이스라엘의 연구자들은 남성과 여성 모두 주도적 특성과 공동체적 특성을 보일 때 더 효과적인 리더로 여겨진다는 것을 밝혔는데, 흥미로운 점은 이러한 차이가 특히 여성들에게 두드러진다는 사실이었다. 이 연구 결과는 여성이 성별 편견을 줄이고 직장에서 성공할 수 있는 효과적인 방법 중 하나는 돌봄의 힘을 발휘하는 것임을 말한다.

이를 위해서는 어쩌면 캘리포니아대학교 헤이스팅스 로스쿨 교수인 조안 윌리엄스Joan Williams의 '젠더 유도'에 참여해야 할지도 모르겠다. 유도(柔道)는 일본 무술로 '부드러운 길'을 뜻한다. 상대를 제압하기 위해 맞서 싸우기보다는 흐름에 맞추어 움직이면서 상대의 기세를 이용하는 것이 핵심이다. 젠더 유도라는 용어는 우리가 남성적이고 주도적인 행동을 할 때 의도적으로 온화함이나 돌봄과 같은 전통적인 여성적 특성을 함께 일으키는 것을 뜻한다. 즉, 사람들의 고정관념의 틀 안에서 일을 도모해 나가는 것이다. 예를 들어, 직원이나 팀원들에게 관리자로서 지시사항을 전달하면서 미소를 짓거나 그 사람의 안부를 물으면 상대에게 지금 지시하고 있다는 부정적 인식을 부드럽게 누그러뜨릴 수 있을 것이다. 공동체적 성향이 표현되는 방식은 진실되고 자연스러워야 하므로 표현 방식은 사람마다 다를 수 있겠다. 하지만 사람은 누구나 음과 양의 에너지를 사용할 수 있고, 음양을 함께 공존시키게 되면 성별 편견의 영향을 줄이는 데 도움이 될 수 있을 것이다.

젠더 유도에 참여할 때, 일리엄스는 주의할 점을 안내한다. 온화함과 돌봄의 마음을 표출할 때, 양해를 구하거나 모호하게 말을 하면(예를 들어, "음, 정말 미안하지만 이번 주말에 시간 외 근무를 해 줄 수 있나요?") 관리자로서의 신뢰도가 약화될 수 있다는 것이다. 우리는 어떤 방식으로든 권위적이면서 동시에 따뜻한 태도를 가질 필요가 있다(예를 들어, "이번 주말에 시간 외 근무가 필요해요. 이런 일이 자주 일어나지 않도록 노력할게요. 그나저나 가족들은 다 잘 지내나요?"). 우리 자신의 여러 측면을 동시에 포용함으로써 우리는 진정성을 가지면서도 비즈니스 세계에서 우리의 자리를 찾을 수 있을 것이다.

부당한 구조 내에서 일할 수 있는 방법이 있다는 것을 아는 것은 좋지만, 애초에 이러한 전략에 대해 생각해야 한다는 사실 자체가 우울하기는 하다. 나는 자기연민이 직장에서의 성 편견을 직시하고 궁극적인 변화를 만들어 내는 데 아주 중요한 역할을 한다고 믿는다.

## 부드러운 자기연민이 어떻게 도움이 될 수 있을까

여성으로서 직장에서 겪게 되는 차별의 아픔을 스스로 경험하도록 허용하는 것이 매우 중요하다. 우리는 여전히 평등하지 않다는 사실을 깨달았을 때 느껴지는 속상함이나 공허한 느낌 그리고 슬픔과 절망감을 부드러운 자기연민의 자애와 연결된 현존으로 다룰 수 있다. 미국은 아직도 여성 대통령이 선출된 적이 없고, 백인 남성들이 대부분 정재계의 주도권을 쥐고 있다는 사실은 우리로 하여금 집단적인 슬픔을 확인하고 인정하게 한다. 여성들은 여러 세대에 걸쳐 자신의 재능, 기술, 능력이 억압되고 폄하되는 것을 보아 왔다. 그것이 우리가 물려받은 세상이고 안타깝게도 지금도 그 세상에 살고 있다. 우리는 그 아픔을 내면에 간직하고 있으며, 그것은 우리가 다른 여성들과 관계를 맺는 방식에도 영향을 미친다. 우리는 직장에서 우리 자신의 부드러운 면이 억제될 때 느끼는 불편함과, 다른 사람을 돌보는 것에 대한 가치가 경제 시스템에 제대로 반영되고 있지 않은 세상에 참여하면서 느끼는 고통을 인식할 필요가 있다.

또한 우리의 적극성이 받아들여지지 않는다는 사실을 인식할 때 좌절감을 느끼기도 한다. 유능하고 자기주장이 강하다는 이유로 매도당하고 미움을 받는 것은 가슴 아픈 일이다. 하지만 만약 고통이 없는 것처럼 행동한다면 그로 인한 해로운 영향으로부터 치유될 수가 없을 것이다. 상처를 인정하고 자신을 사랑으로 대할 때, 우리는 슬픔을 다룰 수 있고 가슴속 깊은 곳에서 올라오는 따뜻함의 결실을 거둘 수 있겠다.

직장에서 맞닥뜨리는 부당함에 대해 생각할 때, 특히 중요한 것은 그것이 개인적인 문제를 넘어 전 세계 수백만 명의 여성과 공유되는 문제임을 기억하는 것이다. 가끔 우리는 자아개념을 약화시키는 방식으로 사회적 편견을 내재화시킨다. 예를 들면, '나는 과학에 소질이 없어.' '나는 유능한 리더는 아니야.' '아마 저 사람은 나보다 낫겠지.' 등과 같은 것이다. 하지만 편견을 있는 그대로 보고 그 부당함을 외칠 때 우리는 혼자가 아니라는 사실을 기억한다. 성별이나 성적 지향, 인종, 민족, 능력, 계급, 종교 등으로 인해 소외받는 사람들과 연결감을 가질 수 있다. 우리가 인간으로서 겪는 이 고통을 인정하면서 우리 가슴 안에 다른 사람들을 더 많이 받아들일수록 고립감은 줄어들게 된다.

또한 자신의 무의식적 편견으로 인해 차별에 기여해 왔다는 사실을 인정하고 그에 대해 양해를 구하는 것도 아주 중요하다. 앞서 언급한 것과 같이, 여성이 남성보다 유능한 여성에 대해 반감을 갖는 경우가 훨씬 많다. 우리들은 성공한 여성을 깎아내리고 싶은 충동을 느껴 본 적이 있을 것이다. 대부분의 사람은 이러한 사실을 모른 채, '여성 폄하' 고정관념을 내재화시켰다. 자신도 모르는 사이에 무의식적으로 다른 유능한 여성에게 위협을 느끼며 혐오를 부추길지도 모른다. 그럼에도 불구하고 이런 자신을 판단하거나 비난할 필요는 없는데, 이는 거의 대부분 우리가 의식하지 못하는 사이에 일어나기 때문이다. 불공정한 사회에 살고 있는 인간이면 누구나 타인을 향한 편견이 내재화되는 것에 자유로울 수 없기 마련이다. 부드러운 자기연민은 이러한 편견을 인정하는 데 필요한 안전감과 무조건적 수용을 허용한다. 이것이 편견을 바로잡기 위한 첫 번째 단계인 것이다.

그러나 부드러운 자기연민으로 위로를 받으면서 여전히 소외감을 느낀다면, 그냥 그 상태에 멈추어 있어야 하는 걸까? 절대 아니다. 자신을 진정으로 돌보기 위해서 우리는 행동을 취해야 하고 우리가 현재 대우받는 방식에 관해 무언가를 해야만 한다.

## 적극적 자기연민은 어떻게 도움이 될 수 있을까

　적극적 자기연민은 부당함을 바로잡는 데 필요한 결단력을 제공한다. 이는 여성에게만 해당하는 것이 아니라 직장에서 차별을 당하는 모든 피해자에게 해당된다. 이 작업을 하는 데 있어서 결정적인 요소는 명확한 인지에 있다. 연구에 따르면, 직장에서의 무의식적인 성 편견을 줄이는 데 가장 중요한 단계 중 하나가 바로 그 편견을 정면에서 똑바로 응시하는 것이라고 한다. "이 여성이 남성이었다면 나는 이 사람의 능력이나 호감도에 대해 같은 인상을 받았을까?"라고 스스로에게 물어볼 수 있다. 또 주위 사람들에게도 역시 이 질문을 생각해 볼 수 있도록 권유할 수도 있을 것이다. 우리는 사람들의 판단에 깊은 영향을 주는 무의식적 편견에 대해 이야기할 수 있는데, 심지어 그들이 성 평등을 위해 헌신하고 있는 사람이라 할지라도 말이다. 하지만 이러한 이야기를 나눌 때 중요한 것은 그들을 악마처럼 여겨서는 안 된다는 것이다. 그렇게 되면 상대방은 자아를 보호하기 위해 더 이상 우리와 소통하지 않게 될 것이기 때문이다. 이렇게 그들을 무시하는 상황이 된다면, 그건 우리가 성취하고자 하는 목표와 정반대의 방향으로 가고 있는 것이다.

　동료가 한 여성 관리자에 대해 부정적으로 이야기하는 것을 보았는데, 그것이 성 편견에 의한 것처럼 보인다면 여러분이 개입해 볼 수도 있다. 예를 들어, 동료가 이런 이야기를 하는 것을 우연히 들었다고 해 보자. "자넷이 계속 자기 이야기만 떠들어 대는 게 너무 참기 힘들더라고요. 도대체 자기를 어떻게 생각하는 건지 모르겠어요. 그리고 참, 지난번에 비서가 서류 처리를 좀 늦었다고 그 비서를 어떻게 대하는지 보셨어요? 정말 못됐더라고요." 이 말에 이렇게 대응할 수 있다. "만약 자넷이 남자였더라도 우리가 그렇게 봤을까요? 대부분 여성이 자기를 내세우거나 다른 사람에게 단호한 모습을 보이는 것을 안 좋게 보잖아요. 만약에 마케팅 부서의 케빈이 자넷처럼 이야기했어도 같은 반응일까요?" 이런 대화를 하면서 비난으로 느낄 만한 단어('당신')가 아니라 포용적인 단어('우리'와 같은)를 사용함으로써 누군가를 망신 주지 않고 비판단적으로 말할 수 있다. 이를 통해 상대의 무의식적인 편견의 안개를 걷어 낼 기회가 있을지도 모르겠다. 아마도 "음, 한번도 그렇게 생각은 못 해 봤는데 좋은 지적이에요."라는 대답을 듣는 행운이 올 수도 있을 것이다. 상대가 아무런 반응 없이 침묵한다고 해도, 우리의 요점은 전달된 것이다. 더 이상 여성으로서 침묵으로 일관할 수 없디. 이러한 편견을 넘어서기 위해서는 무의식을 의식의 차원으로 끌어올려야 한다.

직장 내 여성에 대한 부당한 대우에 대해 억눌린 분노를 어떻게 다루어야 할까? 결국 이럴 때 분노는 좋은 일이다. 화내는 것을 두려워한다면 상황은 결코 더 나아질 수 없을 것이다. 우리는 불의에 분노하면서 그 보호의 에너지를 사회적 선을 위해 활용할 수 있다. 하지만 분노는 피해를 야기한 사람에게 해를 주는 것이 목표가 되어서는 안 된다. 해로움 그 자체를 겨냥할 수 있도록 분노를 기술적으로 사용해야 하는 것이다. 우리의 자아와 타인의 자아를 최대한 비워 낼수록, 원하는 결과를 얻어 낼 가능성은 점점 더 커진다(사실, 이 말은 내가 분노를 굉장히 능숙하게 잘 활용해서 원하는 결과를 얻어 낸 사람으로서 하는 말이 아니라, 자주 일을 망쳐 어떤 것이 효과적이지 못한지를 아는 사람으로서 하는 말이다) .

예를 들어, 한 남자 동료가 커피를 요청하거나, 회의를 위해 메모를 해 달라고 하거나, 여행 일정을 알아봐 달라고 하는 등 업무와 관련 없는 일을 부탁하는 경우를 생각해 보자. 이럴 때 우리는 돌봄의 힘으로 자신을 위해 과감하게 맞설 수 있다. "자기 커피는 자기가 직접 내려 먹던가!"라고 공격하는 대신, 미소를 지으며 "지금 여성을 단순한 사무 보조 이상의 존재로 보고 계신 것 같은데, 맞나요?"와 같이 대응할 수도 있다. 이렇게 하면 상대에게 모욕감을 주지 않으면서도 그의 요청이 불합리하다는 것을 알릴 수도 있을 것이다.

또는 한 남자 동료가 여러분의 아이디어를 가져가 자신의 아이디어로 홍보하는 상황을 떠올려 볼 수도 있다. 사실, 연구에 따르면 이런 상황은 흔히 일어나는 현상이다. 『페미니스트 파이트 클럽: 여성들의 오피스 서바이벌 매뉴얼(원제: Feminist Fight Club: An Office Survival Manual for a Sexist Workplace)』의 저자 제시카 베넷Jessica Bennett은 그런 일을 하는 남성을 '도용남(bropropriator)'[2]이라고 부른다. 이런 일을 겪었을 때 그녀는 '감사하고 낚아채기' 전략으로 반격할 것을 제안한다. 여러분의 아이디어에 대한 공로를 어떤 남성이 가로채려고 할 때, 여러분은 그 아이디어를 좋아해 준 것에 대해 그에게 감사를 표하면서도 그것이 여러분의 것임을 명확히 해야 한다. 예를 들어, "제 아이디어에 대해 동의해 주시니 기쁘네요. 그러면 우리는 이제 다음 단계로 뭘 할까요?"라고 말할 수 있다. 이러한 대응은 그 남성에게 긍정적인 반응을 보이는 동시에 여러분의 공로를 온전히 보호할 수 있게 해 준다. 베넷은 우리가 '맨터럽터(manterrupter)'[3]를 만났을 때도 비슷한 대처를 할 수 있다고 말한다. 연구에 따르면, 여성은 남성에 비해 말하는 것에 있어 더 자주 방해를 받는다고 한다. 베넷은 이럴 경우에 남성의 끼어듦에 관계없이 계속해서 말을 이어 가는 방법을 추천한다. 그러면 상대 남성이 결국

---

2  'bro'는 남성중심적이고 친근한 문화를 상징하고, 'proprietor'는 소유자를 뜻하므로, 'bropropriator'는 남의 아이디어를 자신의 소유물로 주장하는 남성을 풍자적으로 묘사한 신조어이다. ―역자 주

3  여성의 말을 중간에 끊고 끼어들어 자신의 의견을 표출하는 남성을 말한다. ―역자 주

말을 멈출 수밖에 없게 될 것이다. 그 맨터럽터를 망신 주지는 않지만 오히려 그를 지치게 하여 침묵하지 않을 것임을 분명히 하는 전략이다. 이는 직장에서 자신을 보호하기 위해 적극성을 활용할 수 있는 몇 가지 방법들이다.

또 다른 방법으로는 직장에서 서로에게 힘을 실어 주는 것이 있다. 연구에 따르면, 한 여성이 다른 여성을 대변할 때 둘 다 더 호감을 얻는다고 한다. 여성이 본인을 내세운다면 호감도가 떨어질 수 있지만, 만약 다른 여성 동료에 대해 긍정적인 말을 한다면 그녀는 역풍을 경험하지 않을 수도 있다. 왜냐하면 그녀가 주도적인 행위(홍보)와 공동체적 성향(타인 지지)이 결합된 행동을 보였기 때문이다. 그리고 여성들은 특히 자신을 내세우는 여성을 싫어하는 경향이 있다는 점을 고려할 때, 자신의 성공을 스스로 인정하는 사람에 대한 인식을 바꾸는 것은 우리의 몫이기도 하다. 성공한 여성에 대해 위협을 느끼거나 무의식적인 조건에 굴복하는 대신, 한 사람의 성공이 우리 모두에게 이익이라는 것을 알고 여성 동료들의 성공을 함께 기뻐해 줄 수 있다!

적극적 자기연민이 직장에서 제공할 수 있는 또 다른 이점도 있다. 우리의 개인적이고 직업적인 필요를 가족의 필요와 조화롭게 균형을 이루는, 진정성 있고 만족스러운 경력을 추구하도록 이끌어 준다는 것이다. 이는 간단한 질문에서 시작할 수 있다. '내가 살면서 진실로 원하는 것은 무엇인가?' 가장 만족감을 주는 선택은 음과 양의 에너지 모두를 표현할 수 있는, 그래서 온전함을 느낄 수 있는 선택이 될 것이다. 우리는 폭주하는 탐욕에 사로잡힐 필요도 없고, 천직이 아닌데 남을 돕는 이타적인 직업을 선택할 필요도 없다.

직장생활과 가정생활은 종종 상충하는 것으로 묘사되지만, 어떤 측면에서 이는 잘못된 이분법적 사고이다. 직장에서 만족감, 목적의식,

유능감을 발견할 수 있다면 그것은 우리의 우정과 가정생활을 윤택하게 만든다. 반대로, 직장 밖에서 균형 잡힌 사람으로 살 수 있다면 직장 내에서 잠재력을 최대한으로 발휘하는 데 도움이 된다. 실제로 연구에 따르면, 자기연민은 여성이 일과 삶의 균형을 이루는 데 도움이 되는 것으로 밝혀졌다. 의료, 교육, 금융 등의 분야에 종사하는 여성을 대상으로 한 연구에 따르면, 자기연민 수준이 더 높은 여성은 일과 삶이 더 균형 잡혀 있을 뿐만 아니라 자신의 커리어와 삶 전반에 대해 더 만족하는 것으로 나타났다. 또 다른 연구에서는 자기연민적인 여성들이 그들의 업무에 더 많은 자신감을 보이고, 직원들에게 더 헌신적으로 대하며, 직장에서 번아웃과 피로를 더 적게 경험하는 것을 발견했다.

특히 남성 지배적인 직종에 근무하는 여성들에게 흔히 나타나는 장벽 중 하나가 '가면 현상(imposter phenomenon)'이다. 1978년 폴린 클랜스[Pauline Clance]와 수잔 아임즈[Suzanne Imes]에 의해 처음으로 발견된 이 현상은, 박사 학위를 받은 성공한 여성들(모두 해당 분야의 전문가)이 자신이 지적 사기꾼으로 드러날 것을 두려워한다는 것이었다. 이 여성들은 과도한 완벽주의자였는데 자신의 성공을 단지 운이 좋았기 때문이라 생각했다. 이는 자신의 가면이 벗겨질 수 있다는 불안감 속에서 살았다는 것을 의미한다. 가면 현상은 여성들이 남성들 사이에서 당당하게 자리 잡는 능력을 방해할 수 있다. 남성들의 경우, 태어나면서부터 '남성 전용 클럽'에 속한 것처럼 대우받으며 자랐기 때문에 스스로를 더 편안하게 전문가로 느끼게 되는 것이다. 실제로는 여성들보다 더 유능하지 않더라도 말이다.

다행히 이런 경우에도 자기연민은 도움이 될 수 있다. 유럽의 한 명문대학교 1학년 학생을 대상으로 한 연구에서, 연구자들은 남성과 여성의 가면 현상 정도를 측정했다. 또 학생들의 자기연민지수와 함께 개인의 주도적·공동체적·중성적 성 역할의 성향 정도도 측정했다. 연구자들은 일반적으로 여학생들이 남학생들에 비해 가면 현상을 더 심하게 겪는 것을 알게 되었다. 또 주도적인 성향과 중성적인 성향의 여성들은 더 자기연민적이었고, 자기연민적인 여성들은 가면 현상에 영향을 덜 받고 있었다. 자신에 대한 무조건적인 수용과 지지로, 자기연민은 우리에게 자신의 성공에 대한 권리를 주장할 수 있도록 해 준다.

적극적 자기연민은 또한 직장에서 성공하기 위한 핵심 요소인 동기부여를 강력하고 안정적으로 하게 해 준다. 적극적 자기연민은 격려와 실수로부터 배울 수 있는 능력 그리고 우리가 나아갈 방향에 대한 명확한 비전을 제공한다. 자기연민적인 개인은 구직 과정에서 난관에 봉착했을 때도 더 긍정적이고 자신감 있는 태도를 보이는 것으로 나타났다. 그들은 어려움에 직면했을 때 침착함을 유지하고, 낙담하거나 실의에 빠지기보다는 구직에 대한 희망을 잃지 않을 가능성이 더 높다. 뿐만 아니라 자기연민적인 직원들은 더 활기차고 열정적이며 몰입도가 높았다. 그리고 일에 대한 실패를 극복하는 데 특히 이점이 있었다. 네덜란드의 한 연구진은 100명에 가까운 기업가들에게 자기연민을 교육했다. 그 결과, 그들은 소비자 수요의 갑작스러운 하락과 같은 상황에 두려움을 덜 느끼고 더 잘 대처한다는 것을 발견했다.

자신에 대한 가혹한 비판보다는 격려를 통해, 우리는 일이 잘못되었을 때 굳세게 버틸 수 있고 다시 굳은 의지와 집념으로 계속해서 노력할 수 있다. 세레나 첸Serena Chen은 『하버드 비즈니스 리뷰(원제: Harvard Business Review)』에서 직장에서의 자기연민이 주는 이점을 설명했다. 비록 업계에서 실패의 경험을 발판 삼아 더 성장하는 것이 중요하다는 생각이 퍼져 나가고는 있으나, 그 구체적 실행 방법을 아직 모색하지 못했다는 것이다. 첸은 이를 '실패가 주는 긍정적인 힘을 활용하는 것'

이라고 말한다. 이런 상황에서 자기연민이야말로 직장에서의 성공과 번영에 필요한 성장형 사고방식을 기르는 데 확실한 도움을 줄 수 있다.

## 직장에서 자기연민 휴식하기

직장생활에서 휴식을 취하는 것이 얼마나 중요한지 우리 모두 알고 있다. 커피 한잔을 마시거나, 좋은 책을 몇 장 읽는 것과 같은 짧은 휴식은 다시 힘을 내는 데 도움이 된다. 또 MSC의 자기연민 휴식을 취하는 것도 한 가지 방법인데, 이는 우리 앞에 놓인 스트레스, 좌절, 어려움에 대처하는 데 도움을 준다. 가장 먼저 자신에게 해야 할 질문은 "바로 지금 자신을 돌보기 위해서 나는 무엇을 해야 하나?"이다. 자신을 안정시키고 위로하기 위해, 있는 그대로를 수용할 수 있는 '부드러운 자기연민 휴식'(159쪽)이 필요한가? 확실하게 거절하고, 경계선을 긋고, 자신을 방어하기 위한 '보호를 위한 자기연민 휴식'(195쪽)이 필요한가? 진정성 있는 방식으로 자신의 필요를 충족하는 데 집중하기 위해 '나를 위한 자기연민 휴식'(233쪽)이 필요한가? 아니면 변화를 격려하거나 계속 앞으로 나아갈 수 있도록 돕는 '동기를 부여하는 자기연민 휴식'(261쪽)이 필요한가? 어쩌면 앞의 자기연민 휴식 중 몇 가지 조합이 필요할지도 모른다. 그 순간에 자신에게 필요한 것에 귀를 기울이는 습관을 가지면서 우리는 직장 생활 속에서 회복 탄력성과 효율성을 크게 향상시킬 수 있다.

## 학계에서 나의 행보

대부분의 여성과 같이 나 또한 직장에서 성 편견을 경험한다. 학계는 저돌적인 양의 에너지 세계이다. 앞서 언급했던 '척도 전쟁'이 확실한 그 증거이며 나의 학문적 페르소나는 꽤나 적극적이다. 하지만 적극적인 나의 특성은 성별 규범에 맞지 않기 때문에, 텍사스대학교 오스틴의 동료들 중 상당수는 나를 싫어한다. 이는 내가 학문의 길을 걸어오며 계속해서 씨름해야 했던 문제이다. 논문 심사 같은 자리에서 부적절하게 튀어나오는 나의 불도그 같은 부분에 대한 그들의 반응은 충분히 이해할 만하다. 하지만 내가 겪고 있는 상황은 그런 수준을 뛰어넘는다. 내가 만약 부서 회의에서 꽃무늬로 장식된 옷을 입지 않고 무뚝뚝하게 직설적인 질문을 한다면 그들은 공격으로 받아들인다. 그리고 사람들이 나의 근황을 물을 때, 내가 솔직하게 니에게 일어난 신나는 일에 대해 이야기하면("아주 좋아요, 고마워요! 지난달에 『뉴욕타임스』에 제 일이 두 번이나 언급됐거든요. 정말 멋지지 않아요?") 나를 나르시시즘적이고 자기홍보를 한다고 생각한다. 내가 남자였다면 내면의 불도그를 포함해서 이런 행동들이 과연 사람들의 눈살을 찌푸리게 할 만한 일이 될지 의심스럽다.

동시에 내 연구는 자기연민에 초점이 맞춰져 있기 때문에 너무 부드럽다는 이유로 불이익을 당하기도 했다. 학과에서 두 번째로 많이 인용된 정교수보다 인용 횟수가 50% 더 많았음에도 불구하고 부교수에서 정교수로 승진하지 못했는데, 그 이유는 내 연구가 R1(최고 수준의 연구대학을 의미함.) 연구대학에 걸맞은 '충분히 엄격한' 것으로 생각되지 않았기 때문이었다. 내 수업은 학생들이 마음챙김과 자기연민의 기술을 배우고 일상생활에서 그러한 실천이 미치는 영향에 대한 논문 작성에 중점을 두는데, 나의 교수법은 '충분히 학문적'이지 못한 수업으로 간주되었다. 그리고 자기연민을 위한 국제 교육 프로그램을 만들기 위해 한 작업들은 관료주의 시스템 밖에서 행해졌다는 이유로(예를 들어, 나는 거액의 정부 보조금을 신청하는 대신 비영리 단체를 공동으로 창설했다.) 그 가치를 인정받지 못했다.

나는 이미 부교수로서 종신 재직권이 있고 정교수와의 급여 차이가 그렇게 크지 않기 때문에 승진이 거부된 것은 생계보다는 자존심에 타격이 컸다. 내 평생의 연구가 가볍게 무시당한다는 사실이 큰 절망감을 안겨 주었다. 나는 자기연민을 연구하고 지도하는 데 전념하고 있는데, 이 일은 사람들에게 많은 도움을 주기 때문이다. 전통적 학계에서 중요하게 여겨지는 외부 위원회 활동, 학술회의 조직 및 참석, 지원서 작성 등의 일에 시간을 낭비하지 않았는데, 이는 실제로 누구에게도 도움을 주지 않을 것이기 때문이었다. 나는 학계 시스템 밖에서 활동했고 학계 사람들은 자신만의 고유한 길을 가는 사람을 좋아하지 않는다.

내가 자기연민을 수행할 수 있다는 사실에 깊은 감사를 느낀다. 승진에서 떨어진 후 나는 실망과 낙담에 휩싸였고, 이를 극복하기 위해 나는 부드러운 자기연민과 적극적 자기연민 모두가 필요했다. 먼저, 나는 승진에서 탈락했을 때의 실망과 슬픔, 인정받지 못했다는 느낌을 충분히 경험하도록 했다. 침대에 누워 양손을 가슴에 얹고 밤새 울었던 기억이 있다. 그때 내 자신에게 "정말 고통스러워. 내 존재감이 느껴지지 않고 있어. 스스로가 너무 하찮게 느껴져. 하지만 크리스틴, 내가 여기 있고, 나는 네 가치를 알고 이 세상에 더 많은 연민을 가져오기 위해 정말 열심히 일한 공로를 존중해. 너의 부서와 대학이 너와 다른 가치를 가지고 있다는 것은 정말 유감이야. 하지만 그건 너와 아무 상관이 없는 일이고, 학자로서 너의 가치와도 아무 관계가 없어." 나는 폭풍이 나에게로 와서 비바람과 천둥을 몰아치게 하고 스스로 물러가도록 허용했다.

다음 날 아침, 눈을 떴을 때 나는 화가 나 있었다. 부당하게 취급당한 기분이 들었다. 나는 학과장, 대학 옴부즈만 그리고 종신 재직권과 승진 위원회 의장을 만났다. 최근에 가장 유사한 분야에서 정교수로 승진한 교수 두 명(둘 다 남성)과 나의 학문적 엄격성을 비교하는 자료를 만들어 갔다. 내 연구 방법을 그들과 비교했을 때 비록 그 이상은 아니더라도, 엄격한 것은 분명했다. 하지만 그 결정은 최종적인 것이었고 내가 선택할 수 있는 유일한 방법은 2년 후에 다시 시도하는 것이었다. 하지만 그렇게 하려면 대학이 원하는 방식으로 내가 승진 심사에 참여해야 하는데, 그렇게 하고 싶지 않았다. 내가 하고 있는 연구에 집중하지 않고 대학이 중요하다고 여기지만 내가 무관하다고 느끼는 일에 시간을 허비하고 싶지 않았다. 그래서 나는 변화를 모색하기로 결심했고 2021년 말에 조기 퇴직을 하려고 한다. 여전히 명예 부교수로 연구를 수행할 수 있고 다양한 대학과 연구 프로젝트에 대해 논의할 예정이지만 주요 활동은 MSC 센터(the Center for Mindful Self-Compassion)가 전 세계의 필요한 사람들(의료계 종사자, 교육자, 사회정의 옹호자, 부모, 청소년, 고통받는 모든 사람)에게 자기연민을 전파할 수 있도록 돕는 데 집중할 것이다. 안정적인 직장을 떠나는 것이 겁이 나기도 하지만 나는 그것이 옳은 일이라는 것을 안다.

여성으로서 성차별적인 직장에서 난관을 잘 헤쳐 나가고 성공적인 변화를 만들어 내기 위해서는 많은 자기연민이 필요하다. 하지만 빠른 해결책은 없다. 우리가 할 수 있는 유일한 선택은 우리의 음과 양의 에너지를 잘 조율하여 최대한 진정성 있는 마음으로 전진하는 것이다. 부드러운 자기연민은 우리에게 부당함의 고통을 인내하도록 하고, 적극적 자기연민은 자신을 위해 일어서서 미래의 비전을 실현하도록 자극한다. 우리는 인간애의 가치가 수익창출과 균형을 이루고, 각자의 고유한 목소리가 충분히 수용될 수 있는 기회가 주어지며, 모든 사람

이 성공의 사다리를 오를 때 동등한 기반 위에서 시작하는, 그러한 일
터를 만들어 나가기 위해 함께 노력할 수 있다.

제 10 장

# 나를 잃지 않고 타인 돌보기

스스로를 돌보는 것은 방종이 아니다. 그것은 자기보존이며 이는 정치적 투쟁이다.

- 오드리 로드, 작가 겸 활동가(Audre Lorde, author and activist)

여성에게 기대하는 성 역할의 핵심적인 부분은 타인돌봄과 양육이다. 하지만 우리가 자신의 필요를 충족하는 측면은 덮어 둔 채, 그러한 기대에만 부응하기 위해 애쓴다면 결국엔 완전히 압도되어 버릴 위험이 있다. 마치 새끼 거미가 영양 공급을 위해 어미 거미를 산 채로 잡아먹어 버리는 그러한 모성애와 유사한 상황이다. 우리가 어미 거미처럼 잡아먹히지는 않지만 우리는 감정적·심리적으로 완전히 소진되어 결국에는 아무것도 남아 있지 않게 될 것이다.

일부에서는 이런 일이 이미 일어나고 있음을 보여 주는 몇 가지의 징후가 있다. 현재 한부모 가정의 80%는 여성이며, 이는 자녀 양육에서의 주된 책임을 아버지보다는 어머니가 맡을 확률이 훨씬 더 높다는 것을 뜻한다. 오늘날 가장 일반적인 형태인 맞벌이 가정에서도, 일하는 아내가 육아 및 가사 노동을 두 배 정도 더 많이 하는 것으로 추산된다. 그 이유가 단순히 남성이 여성에 비해 돈을 더 많이 벌기 때문만은 아니다. 사실, 여성이 남성보다 수입이 많은 경우, 여성이 집안일을 하는 시간은 줄어드는 것이 아니라 더 늘어난다. 그들은 '좋은 아내'의 이미지를 지키고 싶어 하기 때문이다. 가족 행사를 조정하고, 축하 행사를 계획하며, 병원을 예약하거나, 친척들에게 연락을 하는 데 더 많은 시간을 할애한다. 그 결과, 일하는 엄마 10명 중 4명은 자신을 위한 시간이 거의 없거나 전혀 없고, 항상 조급하게 지낸다고 응답했다. 아이들을 돌보고, 약속을 잡고, 설거지를 하면서 다음 날 중요한 미팅을 준비하느라 동분서주하다 보면 우리의 소중한 에너지는 모두 소진되고 마는 것이다.

여성들은 다른 가족 구성원을 돌보는 부담에서도 자유롭지 못하다. 알츠하이머 치매나 암을 앓고 있는 배우자나 노인 친척의 간병인이 될 확률이 남성보다 50% 더 높다. 불안, 스트레스, 우울증, 건강의 악화, 삶의 질 저하와 같은 간병으로 인한 부정적인 결과가 나타날 확률 또한 남성에 비해 더 높다. 특히 남성 배우자와의 가사 분담이 잘 되지 않는 경우에 많은 여성은 끓어오르는 분노를 느끼는데, 이는 긴장과 불만족을 유발한다. 실제로 정규직 기혼 여성 중에 가사 노동 분담이 불공평하다고 느끼는 여성들은 공평한 가사 분담이 이루어지는 여성들보다 더 화를 잘 내고, 더 괴로워하며 번아웃을 경험할 가능성도 더 높다고 알려져 있다.

남성도 자녀, 배우자, 친척을 돌보기는 하지만 그들의 기여에 대한 기대치는 훨씬 낮다. 남성이 간병에 나서면 마치 신장을 기증하기라도 하는 것처럼 칭송받는 경우도 종종 있다. 여덟 살 미만의 세 자녀를 두고 있는 나의 동료인 스테파니는 이 모든 불합리함에 대해 이야기했다. 스테파니는 신학기를 맞아 두 딸과 함께 옷을 사러 쇼핑몰에 갔고, 남편인 마이크는 아들과 함께 집에 머물렀다. 특히 가방을 여러 개 들고 있었기 때문에 어린 두 딸이 이 가게 저 가게를 돌아다니는 동안 길을 잃어버리지 않도록 하는 것은 보통 힘든 일이 아니었다. 매장에서 첫째가 옷을 입어 보려고 작은 간이 탈의실 하나에 세 명이 억지로 끼어 들어가야 했다. 그러자 어찌된 일인지 막내 딸이 탈의실 밖으로 기어나가 옆 칸의 탈의실로 들어갔고, 스테파니는 한 여성이 "아이 간수 좀 잘 하실래요?"라고 하는 날카로운 목소리를 들었다. 그 말을 듣자 자신이 엄마의 역할을 제대로 하지 못하는 것처럼 비춰진다는 생각에 수치심이 들었다. 그녀는 기진맥진한 상태로 집에 돌아왔다. 마이크는 문을 열고 들어오는 아이들을 반갑게 맞아 주었고, 기분이 좋아 보였다. "오늘 하루 어땠어?"라는 스테파니의 물음에, "아주 좋았지!"라는 유쾌한 대답이 돌아왔다. "내가 오늘 아기띠를 메고 타일러를 데리고 유아용품 매장에도 가고 식료품 가게도 갔었거든. 그리고 계산하려고 기다리고 있는데 나이 든 어르신 부부가 날 보더니 훌륭한 아버지라고 하던데!" 남편의 이야기를 들으며 스테파니는 그때 올라오는 좌절감을 억지로 억눌러야만 했다고 말했다. "나도 이렇게 쉬웠으면 좋았을 텐데!"

스테파니의 이야기는 전형적이다. 여성은 자녀를 돌보느라 트리플 덤블링을 해야 하지만, 부족한 모습이 포착되지 않는 한 그 누구도 주목하지 않는다. 하지만 남성은 그 절반의 일로도 영웅으로 칭송받는다.

누군가를 돌본다는 것은 엄청난 의미와 만족감을 가져다줄 수 있지만, 스스로를 돌보는 일과 균형을 맞추지 못한다면 즐겁지 않다. 우리가 전문 간병인이든, 가족 간병인이든, 배우자를 돌보든, 어떤 경우에도 주고받는 것이 공평할 때 지속 가능할 수 있다.

## 일방적 헌신

여성들은 상냥하고, 적극적이지 않다는 사회적 프레임이 씌워질 때 가장 문제가 되는 것이 있다. 바로 타인을 돕는 것에는 강조점이 과도하게 주어지지만, 스스로를 돕는 것은 지나치게 강조하지 않게 된다는 것이다. 여성이 본인의 필요를 타인의 필요에 종속시키는 것은 훌륭한 자기희생적 본성의 상징으로 여겨진다. 그리고 이는 여성을 '더 고귀한 성'으로 만든다. 여성에 대한 이러한 묘사는 온정적 성차별주의를 조장한다. 왜냐하면 그것은 불공평한 자원의 분배를 의미하기 때문이다. 남성은 여성의 아름답고 너그럽고 친절한 특성으로 인해 자원의 대부분을 차지하게 된다.

우리는 종종 완전히 속아 넘어가서 유혹에 빠질 수 있다. 다른 모든 사람처럼 우리도 사랑받고 인정받기를 원한다. 그래서 스스로를 희생시킬 때 다른 사람들이 우리를 좋아한다고 생각하면, 결국 불편한 지점에 있는 자신을 발견한다. 긍정적인 자신의 이미지를 계속 유지하기 위해 자신의 욕구를 포기하게 된다.

카네기멜론대학교의 비키 헬게슨Viki Helgeson과 하이디 프리츠Heidi Fritz는 '완화되지 않은 공동체 의식(unmitigated communion)'이라는 개념을 사용하여, 자신의 필요를 희생하면서까지 타인의 필요에만 집중하는 상태를 설명했다. 이는 자신을 돌보는 것 없이 타인을 돌보는 것만 계속될 때 발생하는 상태를 의미한다. 나는 이것을 일방적 헌신이라고 부르는데, 내가 원하는 것이 아닌 상대가 원하는 것(휴가 장소, 레스토랑, 거주하는 도시 등)에 계속 동의하는 것을 뜻한다. 이런 경우 가족, 친구, 또는 좋아하는 자선 단체를 돕는 데 너무 많은 시간을 할애하여 자신의 관심사를 추구할 시간이 거의 없어 늘 지치고 피곤해 보일 수 있다. 당연하게도 여성이 남성보다 편향적인 배려를 더 많이 하는 것으로 나타났다. 보통 타인을 돌보는 것은 웰빙과 관련이 있으나, 자신의 희생을 감수하면서까지 돌보는 것은 괴로움을 유발한다. 또한 이는 여성이 남성보다 왜 더 우울한지를 설명해 주는 부분이기도 하다.

때때로 여성들은 일상생활에서의 여건 때문에 자신의 욕구를 충족할 기회를 갖지 못하기도 한다. 아이들을 키우기 위해 일을 해야 하는 싱글맘은 직업을 두 개나 가져야 할 수도 있고, 그러다 보면 자신을 위한 시간은 부족해진다. 또 편향적인 배려는 성격 유형이나 정체성 때문에 일어나기도 한다. 어떤 여성은 자신이 그렇게 해야만 한다고 생각하기 때문에 자신의 욕구는 계속해서 배제하고 타인의 욕구에만 집중하게 되는 것이다. 연구에 따르면, 일방적 배려를 하는 여성은 자신이 하는 말은 가치가 없다고 생각하기 때문에 침묵하며, 다른 사람들 앞에서 주눅이 드는 경향이 있다고 한다. 다른 사람들로부터 배려받지 못할 때, 자신의 진실된 모습을 표현하거나 단호하게 자신의 권리를 주장하는 데 어려움을 겪는다. 이러한 표현의 부재는 연애 관계에서도 상대와의 친밀감을 형성하기 어렵게 만든다. 공유해야 할 내용이 부적절하다고 미리 판단하게 되면, 당연히 상대와 깊은 이야기를 나누기는 힘들다. 또 다른 사람들에게 자신의 욕구를 드러내거나 자신의 요구도 충분히 고려되어야 한다고 주장하기가 더 어려워진다.

일방적 헌신을 하는 여성들은 항상 기꺼운 마음에서 타인을 돌보는 것이 아니며, 종종 그런 상황에 대해 불만을 갖는다. 그들은 자신이 원하는 것을 요구하는 것에 두려움을 느끼는 동시에, 원하는 것을 주지 않는 타인을 원망하기도 하는 것이다. 물론 타인이 우리의 필요를 자연스럽게 알아주기를 기다리는 것은 사춘기 자녀가 자발적으로 쓰레기를 버릴 때까지 기다리는 것과 같다. 과연 우리의 바람대로 될까? 행운을 빈다. 하지만 그 일은 우리가 요청하지 않는 한, 아마 일어나지 않을 것이다.

이런 방식으로 자신을 잃어 가는 것은 위험한 일이며, 심지어는 생명을 위협할지도 모른다. 연구에 따르면, 편향적 배려를 하는 사람들은 자신의 건강을 소홀히 하는 경향이 있으며, 당뇨병이나 유방암 환자는 병원 방문, 운동, 균형 잡힌 식사, 처방된 약 복용, 충분한 휴식 취하기를 할 가능성이 낮다고 한다. 한 연구에서는 최근 심장마비와 같은 관상동맥질환으로 병원에 입원한 적이 있는 사람들을 조사했다. 연구 결과, 편향적 배려를 하는 사람들은 충분한 자기관리를 하지 않아 흉통, 현기증, 호흡 곤란, 피로, 메스꺼움, 심계 항진 등의 심장 증상을 지속적으로 경험할 가능성이 더 높다는 것을 발견했다. 우리는 자신의 욕구를 무시함으로써 말 그대로 마음을 아프게 하고 있을지도 모른다.

## 배려가 한쪽으로 치우쳐 있는가

프리츠와 헬게슨이 개발한 '완화되지 않은 친교 척도'를 통해 자기돌봄과 타인돌봄에서의 패턴이 어떤 균형을 이루고 있는지 테스트해 볼 수 있다.

### | 실습 안내 |

답하기 전에 각 문항을 주의 깊게 읽어 봅니다. 각 항목에 대해 해당 진술에 동의하는지 또는 동의하지 않는지 생각해 보고, 특히 가까운 사람, 친구 또는 가족과의 관계 방식을 얼마나 정확하게 묘사하는지 생각해 보세요. 1(매우 동의하지 않음), 2(약간 동의하지 않음), 3(동의하지도 동의하지 않지도 않음), 4(약간 동의함), 5(매우 동의함)의 척도를 사용하여 응답하세요.

- ___ 다른 사람의 필요를 자신의 필요보다 우선시한다.
- ___ 다른 사람의 문제에 지나치게 관여하는 스스로를 발견한다.
- ___ 내가 행복하기 위해서는 다른 사람들도 행복해야 한다.
- ___ 다른 사람들이 화가 났을 때, 밤에 잠을 자는 데 큰 어려움을 겪는다.
- ___ 내 욕구가 다른 사람의 욕구를 방해할 때 내 욕구를 충족시키는 것은 불가능하다.
- ___ 누군가가 도움을 요청할 때 거절할 수 없다.
- ___ 지칠 때도 항상 다른 사람을 돕는다.
- ___ 다른 사람의 문제에 대해 자주 걱정한다.

답변을 작성한 후, 총점을 계산하고 9로 나누어 평균 점수를 구합니다. 3점 이상이면 배려가 다소 일방적이라는 뜻입니다. 일반적 경향을 파악하기 위해 361명의 학부생을 대상으로 한 연구에 따르면, 남성의 평균 점수는 3.05점, 여성의 평균 점수는 3.32점으로 나타났습니다.

## 여성의 가치

앞서 언급했듯, 일방적 헌신을 일으키는 한 가지 요소는 타인들로부터 인정받고자 하는 욕구이다. 우리는 다른 사람들이 우리를 좋아하고 인정해 주기를 원한다. 자존감은 종종 사회가 '좋은' 엄마(학부모회 만찬에 컵케이크를 가져오는 자원봉사), '좋은' 아내(배우자의 취미에 관심을 갖는 것), '좋은' 딸(노부모의 집을 수리하는 것)이 되기 위해 설정한 기준을 충족하는 데 의존하게 된다. 이러한 행동 중 상당수는 진정한 배려의 표현이지만, 이것이 타인의 인정을 받기 위한 수단으로 사용되면 그 의미가 퇴색된다. 타인에 대한 너그러움과 자기돌봄 사이에서 균형을 잡는 대신, 타인의 행복을 위해 스스로가 진정으로 원하는 것을 종속시키기 시작한다. 이는 거절하고 싶은 상황임에도 왜 그렇게 많은 여성이 "좋아요."라고 말하는지에 대한 이유를 부분적으로 설명해 준다. 즉, 거절을 하면 아무도 자신을 사랑하지 않을 것이라는 두려움에서 나타나는 행동인 것이다.

하지만 이 전략의 문제점은 종종 우리가 원하는 효과를 얻지 못한다는 것이다. 사람들은 우리의 배려에 감사를 느끼기보다는 당연한 것으로 여길 수 있다. 그 이유는 상대방이 배려에 대해 감사해하지 않기로 결정한 것이거나 아니면 단지 자신의 문제에 몰두하고 있어서일 수도 있겠다. 더 안타까운 일은, 타인이 우리의 가치를 인정해 줄 때조차도 만족하지 못할 수 있다는 것이다. 스스로가 갖고 있는 부적절한 느낌을 해소시키기에 상대의 인정이 충분하지 않을 수 있다. 예를 들어, 배우자가 "당신은 대단해. 당신은 내게 정말 특별해."라고 말하더라도 스스로가 이 말을 믿지 못한다면 그 말은 그냥 흘러가 버릴 것이다. 스스로를 소중히 여기지 못하면 우리는 결코 충분히 행복하다고 느끼지 못한다. 편향적인 배려를 하는 사람들이 느끼는 이러한 무가치한 느낌은 그들의 불행과 우울감에 직접적인 영향을 미친다.

다른 사람들로부터 가치와 인정을 얻으려고 하는 대신, 우리 자신의 따뜻함과 선의의 원천인 내면으로 시선을 돌릴 수 있다. 무리한 요구인 것처럼 들릴 수도 있지만, 이것이 바로 자기연민의 힘이다. 우리는 자기 자신과 결점 그리고 모든 것을 포용하면서, 불완전함에도 '불구하고'가 아니라 불완전한 모습 '때문에' 스스로를 존중한다. 장점과 약점은 모두 가치가 있다. 이러한 수용을 얻기 위해 억지로 무언가를 할 필요는 없는데, 이 수용적 태도는 타고난 권리이기 때문이다. 그렇다면 무엇이 우리의 인간적 가치를 결정하는 걸까? 우리가 얼마나 좋은 사람인지, 얼마나 유용한 사람인지, 얼마나 매력적인 사람인지, 그리고 얼마나 많은 사람이 우리를 좋아하는지가 그 기준일까? 인간의 가치는 우리가 가진 내재적인 부분에서 비롯된다. 주어진 환경이나 조건에 상관없이 최선을 다하는 것 자체가 가치가 있다는 것이다. 우리의 가치는 인간으로서의 의식을 가진 존재이기 때문에, 기쁨이나 슬픔 등 모든 감정을 경험할 수 있다는 점에서 나온다. 이 점을 인식할 때, 우리는 우리가 원하는 사랑과 관심을 스스로에게 주는 법을 배울 수 있다.

이 이야기는 그저 자기연민에 대한 지지를 얻으려고 애써서 하는 말이 아니다. 경험적 연구 결과가 이를 뒷받침하고 있다. 연구에서는 자기연민에 뿌리를 두고 있는 자존감은 다른 사람들이 나를 얼마나 좋아하는지, 내가 얼마나 매력적인지, 얼마나 성공했는지에 따라 좌우되지 않는다고 한다. 외부가 아닌 내면에서 비롯된 것이기 때문에 시간이 지나도 더 안정적이게 되며, 덜 흔들린다. 칭찬과 비난의 순간에도 변함없이 우리를 위해 존재한다.

자신에 대한 무조건적 수용이 우리를 받쳐 줄 때, 우리는 해야만 한다고 생각하기 때문이 아니라 우리가 원하기 때문에 돌볼 수 있다. 충분히 도울 수 있는 정신적·물질적 자원이 있을 때 "Yes"라고 말할 수 있고, 자원탱크가 고갈되면 우리는 "No"라고도 말할 수 있다.

## 타인에게는 "No", 자신에게 "Yes"라고 말하기

타인과 자신을 돌보는 데 있어 적절한 균형점을 찾는 것은 건강을 유지하는 데 결정적이다. 우리가 타인에게 줄 사랑의 샘물을 무한대로 가지고 있다고 해도, 우리의 시간과 에너지는 무한대가 아니다. 자신에게 해를 줄 정도까지 타인을 돌본다면, 우리는 타인에 대한 연민으로 더 이상 일을 하는 것이 아니다. 연민이 고통의 완화에 초점이 맞춰진다는 것을 감안할 때, 타인의 고통을 완화하기 위해 자신을 고통스럽게 만드는 것은 원리적으로든 실천적으로든 효과가 없다. 자신의 욕구를 충족시키기 위해 노력하고 충만감을 느끼지 못한다면, 돌보는 사람으로서 스스로를 파산시키는 것과 같다. 결국 에너지가 모두 고갈되어 더 이상 줄 것이 없게 되었을 때, 우리는 누구에게도 쓸모가 없을 것이다.

베로니카는 내가 일주일간 진행한 자기연민 집중 워크숍에 참여한 후, 자기돌봄의 중요성을 알게 되었다. 점심식사를 하면서 우리는 여성을 돌보는 사람으로 바라보는 문화적 기대에 대해 이야기를 나누고 있었다. 나는 멕시코계 미국인 여성과 유럽계 미국인 여성의 자기희생 규범을 비교하는 연구 결과를 말해 주었다. 멕시코계 미국인 여성은, 특히 관계에서 타인을 위해 자신의 욕구를 포기해야 한다는 압박을 느낄 가능성이 높았다. 멕시코계 미국인 여성인 베로니카도 이에 동의했는데, 사실은 이것이 그녀가 자기연민이라는 주제에 끌렸던 이유였다. 그 이후로 우리는 알고 지내는 사이가 되었고 그녀의 이야기를 듣게 되었다.

베로니카는 캘리포니아 중부의 단란하고 사랑이 넘치는 대가족 밑에서 자랐다. 여섯 남매 중 장녀인 그녀는 열 살 때부터 동생을 돌보는 일을 맡게 되었다. 그녀는 좋은 보호자라는 자아개념을 형성시켰고, 책임감 있는 행동에 대한 보상을 받기도 했다. 성인이 된 후에도 마찬 가지였다. 결혼하여 현재 10대인 두 아들을 낳았고, 바쁜 회계 법인에 서 매니저로 일했다. 결혼 초에 남편인 후안은 다발성 경화증을 앓고 있었고 일을 할 수 없었기 때문에, 그녀가 주로 생계를 유지해 나가야 했다.

그녀는 퇴근 후 아이들을 돌보고, 남편 후안이 필요로 하는 도움을 주며, 가족이 함께 좋은 시간을 보낼 수 있도록 했다. 또 신앙심이 깊 었던 베로니카는 주말에는 교회에서 자원봉사를 하며 사람들을 돕고, 모금 행사에서 요리를 하며 기부금 모금 운동을 조직하기도 했다. 도 움이 필요한 사람들에게 언제나 손을 내밀던 그녀였다.

하지만 그녀의 내면은 점점 가라앉고 있었다. 지칠 때까지 일을 했 고, 자신에게 의존하는 모든 사람에 대한 원망이 쌓여 갔다. 그녀의 삶 은 집안일에서 다음 집안일로 이어지는 것처럼 보였고, 자신이 좋아하 는 수채화 그림을 그릴 시간조차 거의 없었다. 사실, 베로니카는 대학 에서 그림을 전공했고 예술가가 되고 싶었지만, 안전한 길을 선택해 회계사가 되었던 것이었다.

그러던 중 남편 후안은 3일 간의 주말 동안 아이들을 데리고 가족 을 만나러 외지로 떠날 계획이 생겼고, 드디어 그녀는 자신만의 시간 을 가질 기회를 얻게 되었다. 집에서 시간을 보내며 최대한 그림을 그 릴 계획을 했다. 그러나 그녀의 교구 신부가 갑자기 전화를 걸어 왔다. 그 주말에 열리는 연례 여름캠프에 오기로 한 자원봉사자가 아파서 못 오게 되었는데, 대신 도와줄 수 있는지 부탁을 한 것이다. "아이들에게 큰 의미가 될 거예요."라는 신부의 말에 베로니카는 즉시 "그러죠."라 고 대답할 뻔했지만, 잠시 고민해 봐야겠다고 말했다. 워크숍에서 배운 적극적 자기연민은 그녀에게 강한 인상을 남겼고, 자신에게 더 많은 양의 에너지가 필요하다는 것을 알게 되었다. 그리고 이번 기회는 그것을 실천해 볼 수 있는 기회였다.

신부와 전화 통화가 끝난 후, 베로니카가 처음으로 한 일은 만약 자신이 거절을 하면 어떤 일이 일어날지 생각하는 것이었다. 그녀는 두려워졌다. 어떻게 거절할 수 있을까? 교회 사람들은 어떻게 생각할까? 그들은 그녀가 차갑고, 이기적이고, 냉정하고, 비기독교적이라고 생각할까? 나중에 베로니카는 워크숍에서 연습한 방법들이 두려움을 다루는 데 어떻게 도움이 되었는지 나에게 설명해 주었다. 그녀는 먼저 스스로를 그 걱정과 온전히 함께 있을 수 있도록 했고, 그것이 목구멍 뒤쪽에서 조여드는 신체적인 형태로 나타나는 것을 느꼈다. 거의 숨이 막히고 말을 할 수 없는 것처럼 느껴졌다. 그러고는 자신의 의견을 주장하면 더 이상 사랑받을 자격이 없을까 봐 두려워하고 있다는 것을 깨달았다. 그래서 다른 방법을 시도해 보았다. 비록 조금 어색하게 느껴졌지만, 스스로에게 이렇게 말했다. "나는 너를 사랑하고, 너를 소중히 여겨. 나는 너의 행복을 원해." 그녀는 그 말을 반복했다. 처음에는 믿어지지 않고 낯설었지만 계속해서 그 말을 반복했다. 결국 눈물이 흘러내리기 시작했고, 그 말이 조금씩 받아들여지기 시작했다.

그 후 베로니카는 '자기연민 휴식'을 시도하며 충족되고 균형 잡힌 진정성의 힘을 불러일으키기 시작했다. 먼저, 마음챙김을 통해 자신이 정말 원하는 것은 캠프에서 자원봉사를 하는 것이 아니라 그림 그리기 휴식을 취하는 것이라는 사실을 인식할 수 있었다. 그다음 단계인 균형으로 나아갔을 때는 자신에게 "나의 욕구도 중요해."라고 반복해서 말해 주었다. 그녀는 교회를 사랑하고 돕고 싶었지만, 이제 다른 사람들을 돕는 것만큼 자신도 돌봐야 한다는 것을 알게 되었다. 마지막으로, 자신의 행복을 위한 결단을 내리는 단계로 나아갔다. 그녀는 두 손으로 얼굴을 감싸며 자신에게 아들에게 말하듯이 말했다. "나는 네가 비어 있고 지친 채로 있기를 원하지 않아. 네가 만족스럽고 온전하게 시간을 보낼 수 있길 원해. 너는 자신을 위한 시간을 가질 자격이 있어." 베로니카는 이 짧은 연습을 마친 후 더 강해졌고, 신부에게 전화를 걸었다. "신부님, 도와드리고 싶지만, 그 주말에는 계획이 있어서요. 죄송해요." 신부는 베로니카가 거절하는 것을 듣는 것에 익숙하지 않았다. "정말 일정을 바꿀 수 없나요?" 그녀는 따뜻하지만 단호하게 대답했다. "아니요, 할 수 없어요. 저는 저 자신을 위한 시간이 필요해요." 신부는 그녀의 결정을 받아들일 수밖에 없었고, 세상은 무너지지 않았다. 베로니카는 혼자서 그림을 그리며 무척 즐거운 주말을 보냈다. 그녀는 나중에 나에게 와서 자신이 너무 자랑스러웠다고 말했다. 그동안 다른 사람들로부터 사랑과 인정을 받으려고 했던 삶을 살았지만, 이제는 자신에게 필요한 것을 줄 용기를 찾았다고 말이다.

## 지금 무엇이 필요한가

자기연민은 우리의 필요를 충족시키기 위해 매우 다양한 방식으로 사용될 수 있다. 때로는 부드러움이 필요할 때도 있고, 때로는 적극성이 필요할 때도 있으며, 때로는 변화가 필요할 때도 있다. 적극적이고 부드러운 자기연민의 다양한 측면을 목록으로 작성하고 현재 자신을 돌보기 위해 필요한 것이 무엇인지 생각해 보라(어쩌면 모든 측면이 필요할 수도 있다!).

수용. 자신에 대해 기분이 나쁘거나 어떤 면에서 무가치하다고 느끼고 있는가? 불완전해도 괜찮다는 것을 알고 사랑과 이해로 자신을 받아들이기만 하면 된다.

위로. 어떤 일로 화가 나서 위로가 필요한가? 부드러운 접촉으로 몸을 진정시켜 보라. 그리고 비슷한 상황을 겪고 있는 친한 친구에게 해줄 수 있는 배려의 말을 떠올려 본다. 어떤 목소리와 어조를 사용할지 생각해 보고, 자신에게 그 방식으로 배려의 말을 해 줄 수 있을 것이다.

확인. 본인은 불평할 자격조차 없다고 느끼거나, 문제를 해결하는데 너무 집중한 나머지 현재 본인이 얼마나 힘든지 완전히 인정하지 못할 수 있다. 자신의 진실한 감정을 긍정하는 방식으로 말해 보라. 예를 들어, "이건 정말 힘들다."라거나 "당연히 힘들겠지. 이런 상황이라면 누구든지 그럴 거야."라고 소리 내어 말한다.

경계. 누군가 경계를 넘어 너무 많은 것을 요구하거나 불편함을 느끼게 하는 사람이 있나? 당당하게 맞서고 적극적 자기연민을 발휘하여 용기 있게 거절해 보라. 공격적으로 거절할 필요는 없지만, 허용되는 것과 허용되지 않는 것을 명확하게 구분한다.

분노. 누군가 여러분에게 해를 끼치거나 학대한 적이 있나? 이에 분노를 느끼거나 불건강한 방법으로 분노를 억압하고 있나? 사랑하는 사람들을 보호하고자 하는 사나운 내면의 엄마 곰을 불러내어 화를 낼 수 있도록 스스로에게 허락해 보라. 분노가 파괴적이기보다는 건설적일 수 있도록 현명하게 표현하되, 분노를 느끼고 몸에서 자유롭게 흐를 수 있도록 허용한다. 이 강력한 감정은 사랑의 다른 측면이기도 하다.

성취. 성취하기 위해 무엇이 필요한지 스스로에게 물어보았나? 첫 번째 단계는 우리에게 필요한 것이 무엇인지 파악하는 것이고, 두 번째 단계는 실제로 그것을 얻기 위한 조치를 취하는 것이다. 정서적 지원, 수면, 웃음 등 적절하게 충족되지 않는다고 생각하는 욕구가 있다면 적어 보라. 자신에게 행복할 자격이 있다고 말해 본다. 또한 타인에 의해서 여러분의 요구가 충족되지 않을 수 있다는 점을 기억하라. 그런 요구들을 스스로 충족시킬 수 있는 방법은 무엇일까? 예를 들어, 만약 손길이 필요하다면 마사지를 받을 수 있나? 만약 휴식이 필요하다면 이틀 정도 혼자 쉬면서 그냥 온전히 휴식할 수 있나? 만약 사랑이 필요하다면 스스로에게 부드러움과 애정을 주겠다고 다짐할 수 있나?

변화. 직장이나 관계 또는 생활 환경 같은 상황에 갇혀서 답답해하고 있나? 담배를 피우거나, 미루거나, 너무 많은 TV를 보는 등 스스로를 해치고 있는 행동을 반복하고 있나? 그렇다면, 자책보다는 친절과 이해로 변화를 위한 동기를 부여해 볼 수 있나? 여러분이 스스로의 좋은 코치가 된 것처럼, 목표를 이루는 데 필요한 개선 방법을 제시하면서 동시에 자신의 능력을 믿고 지지하는 방법으로 영감을 줄 수 있나?

## 공감의 고통

돌봄을 제공하는 여성들이 직면하는 또 다른 어려움은 돌보는 사람으로서의 고통이다. 사람들을 돌보는 일은 그들의 고통에 민감해져야 하는데, 여성은 남성에 비해 정서적으로 더 예민한 것으로 꾸준히 밝혀져 왔다. 우리가 돌보는 사람이 고통을 겪을 때, 어쩌면 그들의 고통을 우리의 고통으로 받아들여 자신의 삶을 영위하는 데 방해가 될 정도로 감당하기 어려울 수 있다. 어떻게 이런 일이 일어나는지 이해하기 위해서는 공감의 과정을 자세히 살펴보아야 한다.

칼 로저스Carl Rogers는 공감을 정의하기를 '다른 사람의 세계를 마치 자신의 세계처럼 감지하는 능력'이라고 했다. 공감은 타인의 감정 상태에 동조하는 것을 포함하며 우리의 연결 능력의 기반을 이룬다. 공감은 타인의 생각과 감정을 이해하기 위한 인지적 감정(타인의 입장이 되어 보기)에 의존하지만, 의식적인 인식 밖에서 작동하게 되는 사전 성찰적 요소 또한 있다.

우리 뇌는 다른 사람의 감정을 직접 경험할 수 있도록 설계되어 있다. 심지어 '거울 뉴런'이라고 불리는 특수한 뉴런은 다른 사람의 감정에 공명하기 위한 목적을 갖는다. 이 능력은 언어를 통해 발생하는 것이 아니라 언어 전 단계에서 일어난다. 공감은 다른 사람이 고통에 대해 명시적으로 말하지 않더라도 저절로 그것을 감지할 수 있게 해 주는 능력이다. 그 과정에서 말 그대로 그들의 고통을 느낄 수 있게 된다.

인간의 두뇌는 집단에서 협력하고 생존하는 데 도움이 되는 방향으로 진화되었기 때문에 이러한 능력이 생겨났다. 승자 독식 경쟁을 강조하는 찰스 다윈Charles Dawin의 '적자생존'의 원리가 잘 알려져 있지만, 실제로 그는 협동을 생존의 핵심 요소로 간주했다. 공감은 협동의 핵심이며 언어 능력이 발달하기 전 부모와 유아 사이의 의사소통을 촉진한다. 즉, 미러링 능력이 뛰어난 부모는 유아의 요구를 더 잘 충족시킬 수 있고, 이 우수한 기술을 가능하게 하는 DNA가 후대로 전달되는 것이다.

하지만 공감이 항상 좋은 것만은 아니다. 때때로 사람들은 타인의 고통을 느끼지만 그것에 대해 신경 쓰지 않는 경우도 있다. 예를 들어, 능숙하게 사람들을 속이는 사기꾼은 다른 사람이 두려워하고 고통스러워하는 순간을 공격하기 좋은 순간으로 받아들일 수 있다는 것이다. 또 다른 때에는, 다른 사람들의 고통이 너무 불편하게 느껴져서 그들을 차단하고, 그들의 고통을 외면하며 비인간화하게 된다. 길거리에서 만나는 노숙자들의 처지를 무시하는 것이 이런 현상의 좋은 예가 된다. 신경과학 연구에 따르면, 고통받는 사람과 함께 있을 때 우리 뇌의 통증 중추가 활성화된다고 한다. 신체적·정서적 또는 정신적 트라우마를 겪고 있는 사람과 지속적으로 함께 있으면 심각한 결과를 초래할 수도 있다. 소방관이나 응급 의료 요원과 같은 응급 구조대원들은 생명을 위협하는 상황에 처한 사람들에게 지속적으로 노출되는 것만으로도 이차적인 외상후 스트레스 장애(PTSD)를 겪을 가능성이 생긴다. 트라우마를 간접적으로 경험했음에도 불구하고 위험에 대한 과잉 경계, 수면 장애, 무감각, 신체적 긴장, 우울증, 짜증 등의 증상이 나타나는 것은 PTSD와 매우 유사하다. 간호사, 교사, 사회복지사, 치료사 등 사람을 돕는 직종에 종사하는 사람들도 비슷한 증상을 호소한다. 또한 고통받는 자녀, 배우자 또는 노인 친척을 계속해서 돌봐야 하는 가족 간병인에게도 영향을 미칠 수 있을 것이다. 만약 우리가 오랫동안 다른 사람의 고통에 공감한다면, 결국 정신적·감정적으로 지쳐 버릴 수밖에 없다. 번아웃은 정서적 피로, 비인간화(무감각하고 공허한 느낌), 타인을 돌보는 일에 대한 만족감의 상실을 동반한다. 교사, 사회복지사, 의료 전문가들이 이직하는 주요 원인이 바로 번아웃이기도 하다. 하지만 가족 간병인은 그 일을 그만둘 수 있는 선택권이 거의 없다. 가족으로서 어려움을 감내해야 하며, 그 결과 극심한 스트레스와 불안, 우울증을 겪게 된다.

심리학자 찰스 피글리Charles Figley는 간병인의 피로를 '연민 피로'로 불렀지만, 일부에서는 이를 '공감 피로'라고 해야 한다고 주장하기도 한다. 공감을 경험할 때 우리는 타인의 고통을 느낀다. 한편, 연민을 경험할 때 우리는 타인의 고통을 느끼지만, 동시에 그 고통을 사랑으로 보듬을 수 있게 된다. 이는 엄청난 차이를 만들어 내게 된다. 연민은 다른 사람의 고통을 경험하는 데서 오는 부정적인 영향에 대한 완충 역할을 할 수 있도록 따뜻함과 연결의 감정을 만들어 낸다. 연민은 긍정적이고 보람을 느끼며 본질적으로 활력을 주는 감정이다. 연민을 더 많이 경험할수록 우리 몸과 마음은 더 좋아지게 된다. 연구에 따르면, 연민은 우울증과 불안을 줄이고 희망과 행복과 같은 긍정적인 마음 상태를 높이며, 면역 기능을 향상시키는 것으로 나타났다.

베를린 막스 플랑크 연구소의 신경 과학자인 타니아 싱어[Tania Singer]와 제네바대학교의 올가 클리메츠키[Olga Klimecki]는 공감과 연민의 차이를 광범위하게 연구해 왔다. 한 실험에서는 두 그룹의 사람들을 대상으로 며칠 동안 공감 또는 연민을 경험하도록 훈련하고, 사람들이 고통받는 상황(예를 들어, 부상을 입거나 자연 재해에 견디는 상황)을 묘사한 짧은 뉴스 영상을 보여 주었다. 이 영상에 의해 두 그룹의 연구 참가자들이 활성화되는 뇌의 네트워크는 확연하게 달랐다. 공감 훈련을 받은 참가자들은 편도체가 활성화되어 슬픔, 스트레스, 두려움과 같은 부정적인 감정으로 이어졌으나 연민 훈련을 받은 참가자들은 뇌의 보상 중추가 활성화되는 것을 알 수 있었다. 그 결과, 유대감이나 친절함과 같은 긍정적인 감정이 일어나게 되었다.

연민은 우리가 다른 사람들을 돌볼 때 경험하게 되는 공감적 고통에 압도되는 것을 방지해 준다. 책임을 다하는 사람들에 대해 연민을 가지는 것뿐만 아니라, 연민의 빛을 내면으로 비추는 것도 굉장히 중요한 일이다. 우리가 돌봄 제공자로서 겪는 불편함에 대해 자기연민을 가질 때 우리는 더 강인해질 수 있다.

## 번아웃 방지하기

일반적으로 번아웃을 예방하는 한 가지 방법은 일종의 적극적 자기연민을 활용하는 것인데, 경계선을 설정하는 것이다. 이는 우리가 다른 사람들에게 베푸는 시간과 에너지의 양에 제한을 두는 것을 의미한다. 이렇게 단호한 태도를 취하려면 보호적인 자기연민의 요소인 '용기' '역량 있는 명확성'이 필요하다. 예를 들어, 주말에 개인 전화번호로 연락을 원하는 고객이나, 이번 주만 해도 벌써 세 번째나 마트에 데려다 달라고 요청하는 할머니에게 거절할 줄 아는 것이다. 이렇게 명료한 경계를 설정하는 것은 우리의 정신 건강과 효과성을 유지하는 데 필수적이다.

경계를 설정하는 또 다른 방법은 감정적 거리 두기이다. 이는 우리가 다른 사람들의 고통에 덜 관여하게 만든다. 감정적으로 너무 깊이 빠져 버리면 업무 처리 능력이 떨어진다. 응급실 의사나 간호사가 생명을 위협하는 상처를 입은 환자를 돌볼 때, 바로 이런 감정적 거리가 필요하다. 그래야 과중한 감정에 압도되지 않고 일을 계속할 수 있다. 형사 전문 변호사가 집에 들어가는 순간, 그녀는 고객의 문제를 사무실에 두고 개인적인 삶에 방해가 되지 않도록 해야 할 수도 있다. 우리가 무엇을 하고 있는지 명확히 알게 된다면, 다른 사람들의 고통에서 잠시 거리를 두는 것이 일을 효과적으로 할 수 있도록 돕는다. 진짜 문제는 사람들이 무의식적으로 자신의 감정에서 거리를 두는 경우에 발생한다. 우리가 자신을 보호하기 위해 닫아 놓고 있다는 사실을 인식하지 못하면, 우리가 경험한 공감적 고통을 처리할 기회를 갖지 못하게 된다. 만약 내가 집에 돌아와서 직장 스트레스를 풀기 위해 와인 병을 집어 들거나 TV를 켠다면, 그런 감정들은 내 안에 갇혀 있을 수 있다. 이것은 고혈압, 우울증 또는 약물 남용으로 이어질 수 있다. 그러나 그 순간 우리의 행복을 위한 배려적 행위로 의식적으로 감정을 차단할 수 있다면, 이후 더 많은 자원이 생겨났을 때 그 어려운 감정은 충분히 처리될 수 있을 것이다.

사실, 이 방법은 내가 자주 사용하고 있는 전략이다. 수업이나 워크숍에서 누군가의 가슴 아픈 이야기를 듣게 되면 그 자리에서 바로 받아들이기 어려울 수 있다. 감정적으로 흔들리지 않고 계속해서 지도를 하려면 공감하는 고통을 잠시 접어 두고 진행한다. 하지만 그날 저녁에는 내가 어떻게 지내고 있는지 스스로 점검해 본다. 하루의 고통이 여전히 남아 있다면 부드러운 자기연민 휴식(160쪽)이나 힘든 감정과 함께하기(176쪽)와 같은 실습을 하면서 불편함을 인정하고 스스로를 보살핀다.

돌보는 사람들의 번아웃을 예방하기 위해서는 자기관리가 중요하다. 산책, 요가, 잘 먹기 등의 자기관리 활동을 통해 스스로를 돌보는 적극적 자기연민의 한 형태이기도 하다. 연구에 따르면, 규칙적으로 자기관리를 하는 사람들은 번아웃을 경험할 확률이 낮고, 다른 사람을 돕는 것에 대한 긍정적 감정을 증진시키는 데 큰 도움이 될 수 있다고 한다. 자기관리는 재충전과 기분전환을 통해 다른 사람의 필요를 돌볼 수 있는 에너지를 갖추는 데 필수적인 활동이다. 또 여러 연구에서는 자기연민적인 돌봄 제공자들은 일기 쓰기, 운동, 친구와의 교류 등과 같은 자기관리 활동에 참여할 가능성이 더 높다고 한다.

이런 방법들은 번아웃을 예방하는 데 일정 부분 도움이 되지만 분명히 한계가 있다. 때로는 다른 사람을 돌볼 때 명확한 경계를 설정하는 것이 적절치 않을 수도 있을 것이다. 돌봐야 하는 사람이 자녀이거나 배우자, 부모인 경우, 거절하는 것은 상황적으로 옳은 일이 아닐 수 있다. 정서적 거리 두기와 같은 전략도 일시적으로는 괜찮을지 모르나 한계가 있다. 공감은 우리가 돌보는 사람을 이해할 수 있게 해 주며 효과적인 돌봄을 제공하는 데 필요한 요소이기 때문이다. 의사나 치료사가 자신을 보호하기 위해 환자 앞에서 지나치게 위축되면 환자의 고통을 완화하는 데 무엇이 필요한지 파악하는 능력이 제한될 수밖에 없다.

번아웃에 대처하는 방법으로 자기관리 활동 또한 커다란 한계를 갖는다. 종종 자기관리는 비상 상황에서 다른 사람을 돕기 전에 먼저 자신의 산소 마스크를 착용하는 상황에 비유되는데, 모든 비행에서 이륙하기 전에 우리가 듣게 되는 말이다. 하지만 자기관리 활동은 비행기가 추락하는 동안 행해지는 것들이 아니다. 이륙 전이나 추락 후에 가능한 활동인데, 즉 돌봄을 제공하는 동안이 아니라 그 이외의 상황에서 자기관리 활동이 가능하다는 뜻이다. 만약 여러분이 인공 호흡기를 착용한 코로나19 환자의 곁에 있는 간호사라면, "이거 너무 무섭네요. 저는 태극권 하러 갈게요!"라고 말하는 것이 합당한가? 여유 시간에 자기관리를 하는 것은 중요하지만, 그것만으로는 충분하지 않다. 왜냐하면 우리가 고통받는 사람의 곁에 있어서 미러 뉴런이 반응하고 있을 때는 그다지 도움이 되지 않기 때문이다. 그렇다면 고통 앞에서 우리는 어떻게 자신을 돌볼 수 있을까? 부드러운 자기연민을 가져오는 것이다. 돌봄이라는 쉽지 않은 일을 하면서, 자애롭고 연결된 현존을 통해 공감적 고통과 함께 있는 법을 배운다. 돌봄에서 오는 자신의 괴로움을 인정한다. "이건 정말 힘든 일이구나. 혼란스럽고 압도당하는 느낌이야." 다른 사람을 돕는 것은 도전적이지만 보람 있는 인간경험의 한 부분임을 인식한다. "나는 혼자가 아니야." 그리고 우리는 친구와 자연스럽게 나눌 수 있는 따뜻한 내적 대화로 자신을 지지한다. "네가 힘들어하는 것 같아서 미안해. 내가 곁에 있을게." 실제 돌봄의 과정에서 일어나는 공감적 고통을 연민으로 다루게 되면 엄청난 평온과 안정감, 회복력을 얻을 수 있다.

누군가는 이렇게 생각할 수도 있다. 내가 겪는 고통보다 훨씬 고통스러워하는 사람을 돌보면서 스스로에게 연민심을 갖는 것이 부적절하다고 느끼는 것이다. "내가 지금 12시간을 일했다고 불평할 자격이 있을까? 이 불쌍한 사람은 오늘 밤을 넘기지 못할지도 모르는데!"라는 생각과 같은 것이다. 자기연민이 이기적으로 느껴질 수 있지만, 결코 그렇지 않다. 다른 사람을 배제하고 자신에게만 돌봄을 주는 것이 아니라, 연민의 원 안에 자신을 포함시키는 것일 뿐이다. 여기에서 중요한 점은 본인과 돌보고 있는 사람 모두에게 연민을 베풀어야 한다는 것이다. 연민심은 한정된 양이 있는 것이 아니며, 자신에게 3개를 주면 다른 사람에게는 2개만 남게 되는 것도 아니다. 우리가 마음을 열게 되면 한량없는 연민의 원천에 접근하게 된다. 그것이 내면으로 흐를수록 밖으로도 더 많이 흐를 수 있다.

또한 우리가 소중히 여기는 사람들도 우리의 마음 상태에 공감한다는 것을 기억하는 것도 중요하다. 공감은 양방향으로 이루어진다. 우리가 좌절하고 지치면 타인이 부정적인 감정에 공감하지만, 자기연민으로 가득 차 있으면 그들은 이러한 긍정적인 감정에 공감할 수 있다. 우리가 이차적인 외상 스트레스를 경험할 수 있는 것처럼, 자애와 연결된 현존 또한 이차적으로 경험될 수 있다. 그러므로 타인을 돌보면서 자신에게 연민을 주는 것은, 사실 우리가 세상에 주는 선물과 같은 것이다.

## 아들 로완 돌보기

나는 로완을 돌보면서 양방향 공감이 어떻게 작용하는지 많이 배웠다. 자폐 아동은 주변 사람들의 감정에 매우 민감해지는데, 이것이 가끔 자신을 고립시키게 되는 이유가 된다. 로완이 아직 어릴 때, 나는 그가 내 감정 상태에 크게 영향을 받는다는 걸 알게 되었다. 만약 로완이 떼를 쓰는 상황에서 내가 화를 내면 그는 감정적으로 더 폭발했고 괴성을 질러 댔다. 하지만 내가 그런 상황에서 스스로를 진정시키고 돌보면, 그의 폭발은 금방 잦아들었다. 때때로 로완은 마치 내 감정 상태를 즉각적으로 반영하는 투명한 거울 같았다. 이 과정을 가장 뚜렷하게 경험한 순간은 바로 비행기 안에서였다.

당시 로완은 약 네 살이었고, 자폐증이 가장 심했던 시기였다. 그는 아직 화장실 훈련도 안 됐고, 말을 할 수 없었으며, 환경에 극도로 민감했다. 나는 아들을 데리고 런던에 있는 할머니, 할아버지를 만나러 가야 했다. 오스틴에서 런던까지는 대서양을 횡단하는 장거리 비행이었다. 당연히 나는 긴 비행 동안 무슨 일이 일어날지 매우 두려웠다. 저녁에 출발하는 직항이었기 때문에 나는 로완이 잠을 자며 지나가길 바랐다. 저녁 식사를 무사히 마친 후, 나는 이제 모든 일이 잘될 거라는 희망을 품기 시작했다. 이제 사람들이 잠을 잘 수 있도록 기내 조명이 어두워졌는데, 그 순간 로완이 갑자기 폭발했다. 조명의 변화가 로완을 놀라게 한 것인지 어떤 설명할 수 없는 이유로 로완은 비명을 지르며 울부짖고 몸부림을 치기 시작했다. 나는 겁이 났다. 우선 소리가 엄청나게 시끄럽고 방해스러웠기 때문에, 비행기 안의 모든 사람이 우리를 쳐다보는 것 같았다. 사람들이 어떤 끔찍한 생각을 하고 있을지 상상해 보았다. "저 아이는 뭐지? 저럴 나이가 아닌 것 같은데 왜 저러는 거야?" 그보다 더 괴로운 건 사람들이 나에 대해 어떻게 생각할지 상상하는 것이었다. "저 여자는 뭐지? 왜 아이를 조용히 못 시키는 거야?"

너무나 당황한 나는 그냥 창문 밖으로 뛰어내리고 싶은 심정이었다. 그 와중에 문득 기발한 아이디어가 떠올랐다. 나는 로완을 안고 복도 끝 화장실로 데려가서 거기서 화를 풀게 하고 비명소리가 들리지 않게 하기로 했다. 그건 마치 수치스러운 행진 같았다. 그는 울고 난리를 치며 사람들을 때렸다. 나는 자폐아를 둔 부모들이 사용하는 'A 카드'[1]를 꺼냈다. 이는 아이가 자폐증이 있다는 걸 주위에 알려서 사람들이 좀 더 이해해 주길 바라는 표현이다. "정말 죄송합니다. 자폐 아동이 지나갑니다. 양해 부탁드립니다." 그런데 결국 화장실에 도착했을 때, 화장실은 모두 차 있었다. 당연했다. 그 순간 인생이 나에게 가르쳐 준 교훈은 어려운 상황을 슬기롭게 피하는 방법이 아니라, 그 상황을 어떻게 헤쳐 나갈 것인지에 대한 것이었다.

나는 절망에 빠져 바닥에 주저앉았다. 자기연민을 제외하고는 다른 선택지가 없었다. 나는 로완이 자해를 하고 있지는 않은지 안전을 확인한 뒤, 내 자신에게 95%의 주의를 기울였다. 보통 나는 사람들 앞에서 자기연민을 표현할 때는 몰래 하는 편이다. 예를 들어, 손을 가볍게 잡거나 속으로 자신에게 말을 건넨다. 하지만 이번에는 상황이 너무 절박해서 다른 사람들이 뭐라고 생각할지 신경 쓸 겨를이 없었다. 어차피 여기에서 더 나빠질 수도 없었다. 나는 두 손을 가슴에 올리고 몸을 앞뒤로 흔들기 시작했다. 그리고 나 자신에게 속삭였다. "괜찮아, 크리스틴 넌 이겨 낼 수 있어. 너는 최선을 다하고 있어." 거의 즉시 마음이 가라앉았다. 나는 내 처지가 진심으로 불쌍하게 느껴졌고, 마음이 열렸다. 얼마 지나지 않아 로완이 차분해지기 시작했다. 그의 울음이 가라앉고, 나는 그를 안고 흔들어 주었다. "괜찮아, 아가야. 괜찮아." 우리는 다시 자리로 돌아갔고, 로완은 밤새 잘 잤다.

내가 로완과의 관계에서 느끼는 것은 그와 나 자신에 대한 연민이 끊임없이 상호작용하며 돌아가고 있다는 것이다. 감정의 교차점에서 서로가 영향을 미친다. 내가 이 글을 쓰는 이 시점에 로완은 열아홉 살이고, 정말 뛰어나고 친절하며 배려심 깊고 매력적이며 책임감 있는,

---

1 자폐증을 뜻하는 영어 단어인 Autism의 첫 글자를 딴 것-역자 주

사랑스러운 사람이다. 그는 음식에 대한 열정이 있고, 유머 감각도 뛰어나며, 두 가지를 자주 결합한다. 한번은 내가 그가 좋아하는 랩 음악의 충격적인 가사에 놀라서 숨을 헐떡이자, 그는 웃으면서 이렇게 말했다. "걱정 마, 엄마. 나는 그들이 말하는 걸 진지하게 받아들이지 않아. 그냥 핫도그에 양파를 얹는 것처럼 음악에 양념 맛을 더하는 것뿐이에요." 며칠 전에는 로완이 나에게 두 개의 난센스 퀴즈를 냈다. "발로 먹을 수 있는 음식이 뭘까요? 토스타다.[2] 북극에서 가장 인기 있는 음식은? 부리토.[3]" 비록 아직도 불안 발작에는 어려움을 겪고 있지만, 이제는 떼를 쓰거나 이상 행동을 하지는 않는다.

　로완은 최근에 운전 면허를 땄다. 자녀에게 운전을 가르쳐 본 부모라면 누구나 우리 내면의 상태가 아이들에게 얼마나 영향을 미치는지 잘 알 것이다. 내가 로완이 고속도로에서 차선을 변경하거나 붐비는 도로에서 좌회전을 할 때 조금이라도 두려움을 보이면, 그는 그것을 느끼고 더 스트레스를 받았다. 내 자신의 두려움이나 공포에 대처하는 방식이 모든 차이를 만들어 내었다. 나는 아무렇지 않게 팔짱을 끼면서 자연스럽게 내 자신을 안아 주는 방식으로 스트레스 상황을 다독였다. 나는 내가 혼자가 아니라는 것, 모든 부모가 이런 경험을 하고 결국엔 다 살아남는다는 것을 스스로에게 상기시켰다. 이렇게 하면 더 안전하고 차분한 기분이 들었고, 그 덕분에 로완도 같은 느낌을 받을 수 있었다. 내 아들 덕분에 나는 자기연민이 우리를 더 나은 보호자로 만든다는 것을 직접 배울 수 있었다.

---

2　토스타다(Tostada)는 멕시코 음식으로, 바삭한 토르티야에 여러 가지 재료를 얹은 음식이다. 'toe-stada (toe는 발가락을 뜻함)'라는 말장난으로 로완이 난센스 퀴즈를 낸 것이다.-역자 주
3　부리토(Burritos)의 첫 두 음절이 영어권에서 추울 때 내는 소리인 Brrr과 유사하게 들린다.-역자 주

## 평정심

타인을 돌보면서 자신을 잃지 않기 위해서는 평정심이 필요하다. 평정심은 격동적인 상황에서도 유지되는 일종의 정신적 균형이다. 평정심은 차가운 무관심이나 배려의 결여가 아닌, 통제라는 환상에 대한 깊은 통찰이다. 우리는 고통을 없애고 싶지만, 현실을 내가 원하는 대로 바꿀 수는 없다. 그렇지만 할 수 있는 것에 최선을 다해 돕겠다는 의지를 세우고, 미래가 나아지기를 바랄 수는 있다. 평정심은 12단계 회복 프로그램[4]에서 중요한 역할을 하는 평온을 비는 기도(Serenity Prayer)의 핵심이다. "신이시여, 우리가 바꿀 수 없는 것들은 수용할 수 있는 평정심을 주시고, 바꿀 수 있는 것들을 바꿀 용기와 그리고 이 둘의 차이를 알 수 있는 지혜를 주소서."

평정심은 또한 음양의 통합에서 나오는 선물 중 하나이다. 수용과 변화, 행동과 존재의 균형을 맞춤으로써 자비의 마음을 불러일으킨다. 돌보는 사람으로서 우리는 연민을 통해 위로하고, 위험으로부터 보호하며, 필요를 충족하고, 행동에 동기를 부여할 수 있다. 그러나 궁극적으로 우리가 일어나는 모든 일을 통제할 수는 없다. 이 사실을 받아들이는 것이 중요하다. 때때로 우리는 다른 사람들의 고통을 없앨 수 있어야 한다고 믿는 함정에 빠지기도 한다. 돌봄 제공자로서의 역할에 과하게 몰입해서, 우리가 좋은 돌봄을 제공하면 상대방이 더 나아질 것이라고 생각하게 된다. 만약 그런 결과가 나타나지 않는다면 스스로가 부족했기 때문이라고 느낄 수도 있다. 특히 의사들이 그렇다. 많은

---

4  12단계 프로그램은 약물 중독, 행동 중독, 강박적인 습관에서 벗어나도록 돕는 국제적인 상호지원 프로그램이다. 1930년대에 처음 개발된 이 프로그램은 '익명의 알코올 중독자 모임(AA, Alcoholics Anonymous)'에서 시작되었으며, 빌 윌슨(Bill Wilson)과 밥 스미스(Bob Smith)가 설립했다. 이 프로그램은 알코올 중독을 극복하는 데 도움을 주기 위해 만들어졌다.—역자 주

사람이 의사가 마치 신이 주신 삶과 죽음의 권능을 가진 것처럼 통제할 수 있다고 믿기 때문이다. 하지만 사실은 의사도, 모든 돌봄을 제공하는 사람들도 결국 한 인간일 뿐이다. 우리는 우리가 돌보는 사람들을 돕기 위해 최선을 다할 수 있지만, 결과는 우리가 통제할 수 없는 영역이다. 돌봄이 행해지는 공간에 평정심이 있을 때, 우리는 결과에 대한 집착을 놓고 대신 현재의 순간에 최선을 다하는 데 집중할 수 있다.

## 연민과 평정심

이 실습은 MSC 프로그램에서 안내되는 수행이며, 돌봄 제공자를 위해 응용한 버전에서 가장 중요한 부분이기도 하다. 이 실습은 돌봄 상황 속에서 공감적 고통에 대해 자기연민적으로 대응하는 방법을 연습할 수 있도록 설계된 비공식적 실습이다. 실제 돌봄 상황에서 적용하기 전에 혼자서 한두 번 연습해 보는 것이 도움이 될 것이다(이 수행의 오디오 안내 버전은 FierceSelf-Compassion.org에서 확인할 수 있다).

## ▮ 실 습 안 내 ▮

- 편안한 자세를 찾아 심호흡을 몇 번 하면서 자신의 몸과 현재의 순간에 집중합니다. 손을 가슴 위 또는 위로와 지지가 되는 곳에 얹어 따뜻함을 온전히 느낄 수 있도록 합니다.

- 여러분이 돌보고 있는 사람 중에서 자신을 지치게 하거나 좌절하게 하거나 걱정스럽게 만드는 사람을 떠올립니다. 고통받고 있는 그 사람을 마음속으로 그려 보고 여러분이 돌봄을 주는 상황을 명료하게 상상합니다. 이때 느껴지는 몸의 긴장감을 그대로 느낍니다.

- 이제 이 말을 조용히 마음속으로 되뇌어 보세요. "모든 사람은 자신의 인생 여정을 걷고 있습니다. 이 사람의 고통의 원인은 내가 아니며, 내가 그 고통을 없애 주기를 바라지만 이것이 전적으로 내 힘에 달려 있는 것도 아닙니다. 견디기 어려운 순간들이 있지만 나는 여전히 내가 할 수 있는 한 도움을 주기 위해 노력합니다."

- 몸에 쌓인 스트레스를 인식하며 깊게 숨을 들이쉬고, 연민을 내면으로 가져와서 모든 세포를 자애롭고 연결된 현존으로 채웁니다. 원한다면, 자신의 몸이 흰색이나 금빛으로 채워지는 모습을 상상할 수도 있습니다. 깊게 숨을 들이쉬며, 자신에게 필요한 연민을 주는 것으로 스스로를 진정시켜 보세요.

- 숨을 내쉬면서 돌보고 있는 사람에게 연민을 보내는 모습을 상상하세요. 숨을 내쉴 때, 그 사람의 몸이 흰색이나 금빛으로 채워지는 모습을 상상할 수도 있습니다.

- 연민을 들이쉬고 내쉬는 것을 계속하며, 몸이 자연스럽게 호흡의 리듬을 찾을 수 있도록 하세요. 몸이 스스로 호흡하도록 돕니다. "나를 위해 하나, 상대를 위해 하나. 나를 위해 들이쉬고, 상대를 위해 내쉬어 봅니다."

- 자신과 자신의 고통에 더 집중해야 한다면, 숨을 들이쉬는 데 더 집중하세요. 반대로, 돌보는 사람의 고통에 더 이끌린다면 내쉬는 데 더 집중합니다. 필요에 따라 비율을 조정할 수 있지만, 항상 자신과 타인을 모두 포함하도록 하세요.

- 호흡과 함께 몸이 내면에서부터 진정되고 부드럽게 감싸지는 느낌을 느껴 봅니다.

- 자신이 모든 고통을 포용하는 무한한 연민의 바다 위를 유유히 떠다닌다고 상상할 수도 있습니다. 당신에게도 상대방에게도 충분한, 한계가 없는

바다입니다.

- 원하는 만큼 계속해서 연민을 들이쉬고 내쉽니다.

- 준비가 되면, 다시 한번 이 말을 조용히 반복하세요. "모든 사람은 자신의 인생 여정을 걷고 있습니다. 이 사람의 고통의 원인은 내가 아니며, 내가 그 고통을 없애 주기를 바라지만 이것이 전적으로 내 힘에 달려 있는 것도 아닙니다. 견디기 어려운 순간들이 있지만 나는 여전히 내가 할 수 있는 한 도움을 주기 위해 노력합니다."

- 이제 이 연습을 내려놓고, 지금 이 순간 있는 그대로의 자신을 받아들이세요.

## 자기연민과 돌봄 제공자들의 회복탄력성

선천적으로 또는 훈련을 통해 더 자기연민적인 돌봄 제공자는 스트레스 요인이 있음에도 불구하고 더 강한 회복력과 더 나은 정신 건강을 보인다는 연구가 많이 있다. 한 연구에서는, 폐암 진단을 받은 상대를 간병할 때 자기연민이 어떻게 도움이 되는지 조사했다. 연구자들은 자기연민이 강한 경우, 상대의 암 진단에 덜 스트레스를 받으며, 그것에 대해 더 열린 마음으로 이야기할 수 있었고, 그들의 상대도 덜 괴로워한다는 사실을 발견했다. 또한 치료사, 간호사, 소아과 레지던트, 조산사, 종교인 등 전문 간병인 중 자기연민을 가진 사람들은 피로와 번아웃의 경험이 더 적다고 보고되었다. 그들이 직장에서 받은 스트레스를 감안하더라도 밤에 더 잘 자며, 더 많은 일에 참여하고 충족감을 느낀다. 또 이들은 '연민 만족(compassion satisfaction)'을 더 많이 경험한다고 보고되기도 했다. 연민 만족이란 행복, 흥분, 세상을 변화시킬 수 있다는 것에 대한 감사함 등과 같이 보람 있는 일에 종사하는 것과 관련된 좋은 감정들이다. 즉, 다른 사람들에게 차분하고 연민 어린 돌봄을 제공할 수 있다는 자신감을 얻을 수 있게 된다.

나는 의사, 간호사 및 기타 의료 전문가를 위해 특별히 고안된 '의료 커뮤니티를 위한 자기연민(Self-Compassion for Healthcare Community: SCHC)' 프로그램을 개발하는 데 도움을 주었다. 이 프로그램은 오스틴에 있는 델 어린이 의료센터의 회복탄력성 센터와 함께 개발되었으며, 의료 종사자들을 위한 프로그램이다. 이 과정은 MSC 프로그램을 근간으로 삼아 그들의 상황에 맞게 응용되었는데, 2시간 반 세션을 8회기로 진행하는 대신, 1시간씩 6회기로 이루어져 있어 바쁜 의료 종사자들에게 더 실용적이다. 참가자들은 수업에서 배운 '자기연민 휴식'과 '평정심을 유지하는 연민' 실습을 직장에서 실천하도록 안내받게 된다. 과중한 업무에 지장을 주지 않기 위해 그 이외의 명상이나 숙제를 요구하지 않았는데, 그럼에도 그 최소한의 실습만으로도 효과가 있다는 것이 확인되었다. 우리의 연구에 따르면, SCHC는 의료 종사자들의 자기연민, 마음챙김, 다른 사람에 대한 연민, 연민 만족감 및 개인적인 성취감을 크게 증가시키며, 스트레스, 우울증, 이차 외상 스트레스, 번아웃, 정서적 피로를 감소시키는 것으로 나타났다.

프로그램을 수료한 참가자들과 인터뷰를 진행한 결과 긍정적인 피드백을 받았다. 한 사회복지사는 이 프로그램이 환자와의 연결감을 느낄 수 있게 도와준다고 말했다. "제 환자분이 저에게 말을 할 때, 제 존재는 온전하게 거기에 있었고…… 저는 들을 수 있었어요." 한 언어 치료사는 "(자기연민은) 저에게 더 건강한 경계를 설정하는 데 도움을 준 것 같아요."라고 말했다. 한 간호사는 "저는 이건 모두가 해야 한다고 생각해요. 정말, 정말, 정말 긍정적이고 도움이 되었어요. 내가 일했었던 다른 병원에서는 이런 프로그램이 없었다는 게 놀라울 정도예요."
라고 했다. 머지않아 의료계에서도 새로운 자기연민의 물결이 일어나
기를 바란다. 그 병원에서는 여전히 SCHC 프로그램을 정기적으로 진
행하고 있다.

또한 병원 직원들은 이 프로그램을 암이나 뇌성마비와 같은 만성
질환을 앓고 있는 소아 환자의 부모를 대상으로도 진행해 주기를 요청
했다. 부모들에게 자녀를 돌보는 고통에 대해 자기연민을 줄 수 있는
역량을 갖게 된다는 것은 그들 인생의 큰 전환과 같았다. 그들은 지치
지 않고 열린 마음으로 자녀와 함께 있을 수 있는 힘을 얻었다.

자기연민이 돌봄 제공자가 되기 위한 필수적인 학습 과정으로 여겨
지는 세상을 상상해 보라. 마치 체온 측정 기술, 병명 진단을 위한 면
담 역량, 아동의 문제 행동을 돕는 역량과 같이 중요하게 여겨진다면
어떨까. 아마도 타인을 돌보는 무게를 훨씬 덜 수 있을 것이다.

특히 자기연민이 필요한 그룹 중 하나는 사회운동가들이다. 성 평
등, 성적 표현, 인종 정의, 인권, 기후 변화와 같은 문제를 위해 싸우는
사람들 말이다. 사회운동가에게는 변화를 추구하는 일이 그들이 마주
한 고통스러운 문제와 싸우는 일이기 때문에 번아웃에 특히 취약하다.
대다수의 사람은 타인의 고통이 자신에게 직접적인 영향을 미치지 않
는다면 이를 외면하지만, 사회운동가들은 그것을 스스로 선택하여 불
의를 찾아내고 맞서 싸운다. 세상의 고통을 직면하는 것은 엄청난 공
감적 고통을 초래할 수 있으며, 뿐만 아니라 이들은 낮은 급여, 높은
스트레스, 긴 근무 시간으로 인해 고통이 더욱 악화될 수 있다. 또한
그들은 반대 입장의 권력자들로부터 일어나는 혐오스러운 반발을 감
당해 내야 한다. 이러한 상황은 번아웃을 일으키기에 완벽한 조건이
되며, 결국 많은 활동가는 자신의 운동을 포기하게 된다.

안타깝게도 사회운동은 '배려는 일방향적으로 흐른다'는 믿음을 수반하기도 한다. 오타와대학교의 캐슬린 로저스$^{Kathleen Rodgers}$는 50명의 국제앰네스티 직원들과 심층 인터뷰를 진행했는데, 그 조직 내에 이타주의와 자기희생 문화가 퍼져 있었고, 이것이 번아웃을 증가시키는 직접적 원인이라고 밝혔다. 한 직원은 "우리는 기본적으로 '피해를 입은 사람들'에게 충분히 신경을 쓰지 못했다는 죄책감을 갖고 있어요. 그들은 관심을 '받을 자격이 있고' 그것이 '필요'하며, '반드시' 그래야 한다고 느끼는 거죠. 그래서 우리가 할 수 있는 모든 주의와 에너지를 그들에게 기울여야 한다는 생각이 있습니다. 원하는 결과가 나오지 않으면, 어떤 면에서는 피해자들을 배신하는 것 같은 그런 느낌이 들어요."라고 말했다. 이러한 관점에서는 자기돌봄이 궁극적으로 다른 사람을 돕는 힘의 원천이 될 수 있음을 인식하기가 어렵다.

자기연민은 빈곤, 성매매, 배우자의 폭력과 같은 고통스러운 문제를 다룰 수 있는 힘과 회복력을 기르는 데 중요하다. 우리가 여성으로서 불평등한 세상에 정의를 가져오려면, 연민이 외부로 향하는 것만큼이나 우리 자신으로 향해야만 한다. 여기에서 한 가지 좋은 소식은 여성으로서의 성 역할이 우리에게 강력하고 유능한 돌봄 제공자로서의 능력을 주었다는 것이다. 여성들은 이미 고통을 덜어 줄 수 있는 기술과 자원을 가지고 있으며, 그 과정에서 자신 또한 돌볼 수 있도록 스스로를 허락해야 한다. 올바른 것을 위해 싸우는 강력한 '엄마 곰'에 의지하고 인생 여정을 돌봐 주는 부드러운 '어머니'에게도 의지해야 한다.

제 11 장

# 사랑을 위해 우리가 하는 일

정의로움 없이는 사랑도 있을 수 없다.

– 벨 훅스, 작가 및 활동가(Bell Hooks, author and activist)

성별을 음과 양으로 구분하는 것이 가장 강하게 작용하는 영역 중 하나는 바로 연애 관계이다. 우리는 태어날 때부터 상대가 없으면 완전하지 못하다고 믿도록 세뇌되었기 때문에, 상대와 함께하기 위해 자신의 영혼을 파는 경우가 너무 많다. 즉, 행복해지기 위해서는 연애를 해야 한다고 믿게 되는 것이다. 이러한 믿음은 종종 다른 여성들의 동조와 함께한다. 예를 들어, 결혼하지 않은 상태에서 오랜 친구가 전화를 걸어 어떻게 지내냐고 물으면, 그 친구가 첫 번째로 묻는 질문은 대개 '연애 중이냐' 또는 '관계는 잘되고 있냐'는 것이다. 마치 연애가 우리 삶의 가장 중요한 부분인 것처럼 말이다.

'나의 다른 반쪽'과 같이 우리가 흔히 듣게 되는 표현은 온전함이 두 사람의 동반자 관계를 필요로 한다는 개념을 강화한다. 이때 일어날 수 있는 일은 음과 양이 성별에 따라 나뉘어져 있다는 것이다(적어도 이성애 커플의 관계에서는 그렇다). 음으로 사회화된 여성은 그 에너지가 균형을 이루기 위해서 양으로 사회화된 남성과 함께해야 한다고 느끼기 때문이다. 전통적으로 여성은 부드러움을 본인 내면이 아닌 외부로 향하게 하도록 배웠으며, 이러한 부드러움을 직접 경험하기 위해서는 남성에게 사랑받고 그들로부터 받아들여져야 한다고 학습한다. 자신의 자애롭고 연결된 현존이, 본인을 사랑해 주고(로맨틱하게) 자신과 연결되어 있으며(정서적이고 심리적 측면에서) 곁에 있는(헌신적인 관계에서) 남자로부터 비롯된다는 것을 배우는 것이다. '보호하고, 부양하며, 동기를 부여하는' 적극적인 자질들은 여성의 내면이 아닌 외부에서 오는 특성인 것처럼 가르친다. 그런 여성에게는 자신을 신체적으로 보호해 줄 남자, 물질적으로 도와줄 남자 그리고 자신의 삶에 의미를 부여해 줄 남자가 필요하다. 비록 이런 전통적인 규범들이 예전만큼 강력하지는 않지만 여전히 우리의 관계에 대한 감정에 영향을 미치고 있다.

음양의 통합이 개인이 아닌 커플 사이에서만 발생하는 것은 불건강한 관계로 발전하기 쉽다. 여성은 스스로 만족감을 느끼고 충족되기보다는 의존적이며 요구적이고 집착하는 모습을 보일 가능성이 있는데, 이는 본인의 가치를 찾기 위해 끊임없이 남성의 관심을 끌려고 하기 때문이다. 또한 그러한 여성은 수동적이고 복종적이고, 혼자인 상태를 불편하게 느끼게 되므로 자기내면의 힘을 찾지 못할 수도 있다. 콜렛 다울링Colette Dowling은 이러한 상태를 '신데렐라 콤플렉스'라고 명명했는데, 이는 신데렐라 이야기의 여주인공처럼 그녀가 구출되기 전까지는 무력하고 하찮은 존재로 남는다는 의미에서 유래한 말이다. 성별 사회화는 우리가 사랑받고 보호받기 위해서는 어떤 왕자님을 찾아야 한다고 가르친다. 이는 우리 자신을 사랑하고 보호하는 방법을 배우는 데 분명히 방해가 된다.

다행히도, 자기연민은 이러한 착각에서 벗어날 수 있는 방법을 제공한다. 자기연민을 통해 우리는 외부가 아닌 내적인 음양의 균형을 찾아갈 수 있다. 또 자기연민은 연애 여부와 관계 없이 우리의 연애 생활을 향상시킨다. 우리가 자신을 진정으로 소중히 여길 때, 사랑받고, 행복하고, 가치 있고, 안전하다고 느끼기 위해 누군가에게 덜 의존하게 된다. 이는 우리의 삶을 즐기고 자신을 표현하는 데 있어 진정성을 가지며, 혼자 있든, 데이트를 하든, 아니면 헌신적인 상대와 함께하든 그 어떤 경우에도 의미와 충족감을 찾을 수 있는 놀라운 자유를 가져다준다.

## 연애 관계에서의 자기연민

헌신적인 연애 관계에 있을 때, 자기연민은 관계를 강화하는 매우 중요한 자원이 된다. 어려운 시기를 보내고 있거나 불안감을 느낄 때 자신을 돌보고 지지할 수 있는 역량이 있다면, 다른 사람에게 더 잘 다가가고 더 쉽게 헌신할 수 있지 않을까. 내가 원하는 대로, 원하는 정확한 때에 언제든지 모든 욕구를 정확히 맞춰 주기를 상대방에게 기대하지만 않는다면(따로, 또 같이의 원칙!), 상대는 항상 제대로 해내야 한다는 부담감을 덜게 되며, 이는 관계에서 더 큰 조화를 찾는 데 도움이 된다.

독일 철학자 아서 쇼펜하우어<sup>Arthur Schopenhauer</sup>는 인간관계를 고슴도치 딜레마에 비유했다. "어느 추운 겨울날, 여러 마리의 고슴도치가 서로의 온기로 얼어 죽지 않으려고 가까이 모여들었다. 하지만 곧 그들의 가시가 서로에게 닿아 불편하다는 것을 느끼고 다시 거리를 두게 되었다. 이제 다시 따뜻함이 필요해져 가까워졌을 때, 그들은 서로를 가장 잘 견딜 수 있는 적절한 거리를 찾을 때까지 계속해서 양극단(가시에 닿아 불편한 것과 너무 떨어져서 추운 것) 사이를 반복하는 모습을 보였다." 이 이야기에 나오는 고슴도치들처럼, 우리는 연애 관계에서 상대를 다치게 하기도 하고 친밀감에 따른 어려움을 겪기도 한다. 자기연민을 통해 내면의 따뜻함을 더 많이 생성할수록, 파트너와 더 잘 조화를 이루고, 거리두기와 과도한 친밀감 사이에서 적절한 균형을 찾을 수 있다. 자기연민은 자기중심적인 것이 아니며, 안정감과 유연성을 제공해 파트너로서의 능력을 향상시킨다.

연구에 따르면, 자기연민적인 사람들은 더 건강한 연애 관계를 유지한다. 그들은 파트너와 싸울 가능성이 적고, 더 만족스러운 상호작용을 하며, 질적인 시간을 더 많이 함께 할 수 있다. 또한 성적으로도 더 만족도가 높다. 그들은 자신이 관계 안에서 어떤 사람인지에 대해 더 잘 느끼고, 그로 인해 더 행복하고 덜 우울하다. 갈등이 생겼을 때, 자기연민적인 사람들은 더 공정한 타협을 하거나 자신이 필요로 하거나 원하는 것을 요구할 때 상대에게 더 솔직할 가능성이 높다.

우리가 관계 갈등을 주제로 진행한 한 연구에서는, 자기연민적인 대학생이 남자친구와의 갈등을 해결해 나가는 과정을 다루었다. 그녀는 "저는 학교, 응원단 활동, 스포츠, 음악, 아르바이트 등으로 정말 바빴어요. 이런 활동들은 저에게 중요한 것들이었고 그래서 많은 시간과 노력을 기울였죠. 제 남자친구는 저와 더 많은 시간을 보내고 싶어 했지만 시간이 충분치가 않았어요." 그녀는 남자친구와 좀 더 많은 시간을 보내기로 했지만, 자신에게 정말 중요한 일을 포기할 정도는 아니었다. "우리는 서로 존중하기 때문에 이런 식으로 문제를 해결할 수 있었던 것 같아요. 물론 각자의 욕구와 필요가 있었지만, 우리 관계가 유지되는 것이 더 중요하다고 느꼈거든요."라고 말했다. 자기연민이 부족한 대학생들에서는 이런 균형을 찾기 어려운 경우가 많았다. 그들은 종종 파트너의 욕구를 자신의 필요보다 우선시했다. 한 젊은 여성은 "저는 항상 그를 기쁘게 하고 행복하게 해 주고 싶어요. 그가 화나면 나와 함께하고 싶지 않을까 봐 두렵기도 하고요. 그는 아주 설득력이 있어서 대부분은 제가 자신의 관점을 받아들이도록 만들어요." 적극적 자기연민은 갈등이 생겼을 때 자신의 입장을 고수할 수 있는 힘을 주고, 부드러운 자기연민은 더 열린 마음을 갖게 하며, 친밀하고 사랑스러운 관계를 만든다.

우리가 진행한 또 다른 연구는 오스틴 지역의 오랜 파트너십 관계에 있는 100쌍 이상의 성인 커플을 대상으로 한 것이었다. 그들의 자기연민 수준, 자존감, 관계에서의 진정성, 의견을 표현하는 편안함 등을 평가한 연구였다. 연구 참가자들에게는 상대방의 행동에 대해 보고해 달라고 요청했다. '파트너는 따뜻하고 사랑스러운가, 아니면 차갑고 거리감이 느껴지는가?' '파트너가 수용적이고 관계에서의 여유와 자유를 주었는가, 아니면 비판적이고 통제적인가?' '파트너가 언어적으로 폭력적이거나 공격적인 적이 있었나?' 등을 물었다. 그리고 마지막으로, 참가자들에게 그 관계에서 얼만큼의 만족감과 안정감을 느끼는지 물어보았다. 그 결과, 자기연민이 높은 사람들은 중요한 문제에 대해 더 진실하게 임했고 자신의 의견을 내는 데 더 능숙한 것으로 밝혀졌다. 이는 그들이 자신을 지키기 위한 내면의 적극성을 발휘할 수 있음을 보여 준다. 또한 그들의 자기관리 능력은 일반적으로 배려심으로 드러났다. 그들은 더 따뜻하고 지지적이며("나에게 따뜻하고 친절하다."), 수용적이며("내 의견을 존중한다."), 자율성을 존중하는("내가 원하는 만큼의 자유를 준다.") 것으로 묘사되었다. 반면에 냉담해 보이거나("내가 방해가 되는 존재인 것처럼 행동한다."), 통제적이고("모든 것을 자기 방식대로 하기를 기대한다."), 공격적("소리를 지르거나 방에서 뛰쳐 나간다.")이라고 인식할 가능성은 낮았다. 놀랍게도, 이 연구에서는 자존감보다는 자기연민 수준이 파트너들에게 긍정적인 평가를 받는 중요한 요소임을 발견했다. 다시 말해, 자존감이 높은 사람일지라도 파트너는 여전히 자신을 부정적으로 묘사할 수 있다. 그러나 자기연민적인 사람들의 경우에는, 압도적으로 관계에서 배려심이 더 많은 것으로 묘사되었다. 당연히 자기연민적인 사람의 파트너는 더 안정감을 느끼고 더 만족도가 높은 것으로 나타났다. 이 연구 결과는 자기연민이 자기중심적이거나 이기적인 행동으로 이어지지 않는다는 것을 잘 보여 준다. 스스로에게 더 많은 사랑을 주는 것이 가능할수록 다른 사람에게도 더 많은 사랑을 줄 수 있는 여유가 생긴다.

다만 이 연구에서의 한 가지 한계점은 참가자들이 인종적으로 다양하지 않다는 점(주로 백인 부부)이었으나, 캔자스주립대학교에서 210쌍의 흑인 이성애 부부를 대상으로 한 논문 연구에서도 자기연민적인 파트너가 더 따뜻하고 보람차며 행복한 관계를 맺고 있다고 답했다. 이들은 서로를 비하하거나, 비난하고, 욕설을 하거나, 과거의 상처를 들추는 등의 부정적 행동을 할 가능성이 적었다. 이 연구 결과는 자신에게 친절하면 파트너를 더 건강하고 지속 가능한 관계로 이끄는 방식으로 대하는 데 도움이 된다는 사실을 다시 한번 시사하고 있다.

자기연민은 우리가 결점이 있는 인간임을 받아들이고 최선을 다하고 있다는 사실을 이해하는 데 도움이 된다. 우리 모두는 어느 시점에서, 파트너를 무심하게 대하거나 후회되는 방식으로 대한 적이 있을 것이다. 우리가 자신의 인간적인 결점을 더 이해하고 용서할수록, 파트너의 한계에 대해서도 더 이해하고 용서할 가능성이 높아진다. 이러한 무조건적인 수용이 양방향으로 이루어지면 관계가 더 강해진다. UC 버클리의 지아 웨이 장[Jia Wei Zhang]과 세레나 첸[Serena Chen]은 연인 관계에서의 자기연민과 수용의 역할에 대해 연구했다. 연구자들은 대학생과 성인을 모집하여 자신이 지닌 개인적인 단점(예: 나는 지저분하다.)과 그들이 인식하는 파트너의 단점(예: 그는 항상 일을 미룬다.)을 묘사하게 했다. 연구 결과, 자기연민을 가진 사람들은 자신과 파트너의 단점을 더 잘 받아들이는 경향이 있었다. 그 후, 각 파트너들은 묘사 내용을 확인했고 자신의 단점에 대해 상대로부터 비판을 덜 받고 있으며 더 수용되는 느낌을 받는다고 말했다. 이러한 상호수용은 관계의 전반적인 만족도를 높이는 결과를 가져왔다.

하지만 자기연민은 약점을 받아들이는 것뿐만 아니라 건강한 변화와 성장을 촉진한다. 테네시대학교의 연구진이 수행한 세 가지 연구에 따르면, 장기적인 관계를 맺은 자기연민적 여성은 파트너와의 관계에서 생기는 어려움을 더 잘 극복할 수 있는 것으로 나타났다. 첫 번째 연구에서는 자기연민이 높은 여성일수록 문제를 해결하기 위해 노력한다고 응답할 가능성이 높았다(예: "나는 보통 파트너와 문제를 바로 해결하려고 노력한다."). 두 번째 연구에서는 여성들에게 도움이 필요한 파트너에게 도움을 주지 못한 것과 같은 후회되는 행동을 한 것으로 상상해 보라고 요청했다. 그리고 연구자들은 참가자들이 자신의 실수에 대해 연민을 가질 수 있도록 했고, 그 결과 상황을 바로잡으려는 동기가 더 강해졌다는 사실을 발견했다. 세 번째 연구는 결혼한 지 5년이 지난 여성들이 파트너와의 관계에 대해 얼마나 만족하는지 추적했다. 대부분의 사람은 이 기간 동안 만족도가 떨어지지만 자기연민을 가진 여성들은 5년 차에도 신혼부부만큼이나 행복한 관계를 유지할 수 있었다고 한다. 이상의 연구들은 건강한 관계를 만들고 유지하는 데 있어 자기연민이 얼마나 놀라운 힘이 되는지 보여 준 사례들이다.

## 연애의 어려움을 극복하는 자기연민

연애는 기쁨의 원천이지만 동시에 고통이기도 하다. 우리가 관계 문제에 부딪힐 때, 그 순간에 필요한 것이 무엇인지에 따라 적극적이면서도 부드러운 자기연민을 자신에게 줄 수 있다. 이 실습은 글로 쓰거나 내적 성찰의 방식으로 할 수 있으며, 현재 연애 중인 사람들을 위해 고안된 것이다.

### | 실 습 안 내 |

- 연인과 겪고 있는 힘겨운 상황에 대해 생각해 보세요. 아마도 무언가에 대해 의견이 다르거나, 어떤 면에서 불만족스럽거나, 자신이나 상대가 한 일에 대해 미안한 감정을 느끼고 있을 수 있습니다. 가능한 한 구체적으로 그 상황을 떠올려 보세요. 누가 누구에게 무슨 말을 했는지, 무엇이 일어났거나 일어나지 않았는지 말입니다.

- 이제 잠시 그 스토리에서 벗어나 감정에 집중해 보세요. 지금 무엇을 느끼고 있나요? 슬픔, 좌절, 외로움, 두려움, 수치, 분노? 여러 감정이 섞여 있을 수도 있습니다. 그 감정들이 몸 안의 어디에서 느껴지는지 찾아보세요. 그 감정의 신체적 감각에 집중하세요. 마음챙김으로 자신이 느끼는 고통을 인정하세요. 이런 감정을 느끼는 것이 힘들다는 것을 알아차려 보세요. 이 감정을 즉시 고치거나 없애려고 하지 않고 그 감정들이 있는 그대로 있을 수 있도록 허용해 보세요.

- 다음으로는, 여러분이 겪은 상황 또한 보편적 인간경험이라는 것을 기억합니다. 여러분은 혼자가 아니에요. 모든 관계는 도전이 따를 수밖에 없고 어떤 관계든 완벽하지 않습니다. 이 힘겨운 상황 속에서 자신에게 친

절을 베풀 수 있도록 해 보세요. 먼저, 자신에게 위로가 될 수 있는 부드럽고 지지적인 손길을 제공해 봅니다. 감정을 느끼는 몸의 부위에 손을 얹거나, 두 손을 가슴에 대어 봅니다. 가슴 위에 주먹을 올리고 다른 손을 그 위에 가볍게 올리는 것과 같은 강한 제스처를 사용할 수도 있습니다.

- 마지막으로, 이 순간에 자신이 듣고 싶은 친절의 말을 해 보세요. 수용적이고 위로하는 부드러운 말이나, 용기를 북돋아 주는 말, 자신의 필요를 인정하는 말 혹은 변화를 일으킬 수 있도록 격려하는 말이 필요할 것입니다. 만약 적절한 말을 찾는 데 어려움을 겪고 있다면, 비슷한 어려움을 겪고 있는 가까운 친구에게 해 줄 말을 상상해 보세요. 어떤 말이 자연스럽게 흘러나올까요? 같은 말을 자신에게 해 볼 수 있을까요?

자기연민 수행을 시작한 후에 많은 사람은 연애 관계가 개선되었다고 보고한다. 그중 한 사람이 바로 자기연민 고급 세미나를 수강한 대학원생 미셸이었다. 미셸은 자신이 매우 자기비판적이고 스스로에게 너무 엄격하다고 고백했다. 그녀는 모든 것을 완벽하게 해야 한다고 생각하는 자칭 '통제광'이었고, 그중에는 연애도 포함되었다. 미셸은 마라톤을 할 정도로 건강관리에 열심인 사람이었고, 그녀의 빛나는 피부와 날씬한 몸매는 그것을 증명하는 듯했다. 그녀는 소방관인 남자친구 브랜든과 2년째 사귀고 있었고 둘은 서로를 사랑했다. 미셸과 브랜든은 모두 음악과 하이킹을 즐겼고 공통점이 많이 있다고 느꼈다. 하지만 물론 문제들도 있었다.

미셸은 언제나 시간을 잘 지키는 사람이었고 둘이 만날 약속이 있었을 때 그가 20분 이상 늦을 것 같으면 문자로 알려 달라고 했다. 하지만 브랜든은 연락하는 것을 자주 잊어버렸고, 특히 친구들과 시간을 보낼 때는 더 그랬다. 레스토랑에서 혼자 그를 기다리며 그녀는 그의 배려 없는 태도에 화가 났지만, 브랜든이 자신을 잔소리꾼으로 생각할까 봐 그가 나타났을 때는 아무렇지 않게 대수롭지 않은 척 넘어가곤 했다.

또 다른 문제는 브랜든이 그녀가 바라는 만큼 로맨틱하지 않다는 것이었다. 미셸은 그가 더 열정적으로 사랑을 표현하길 원했다(그녀는 〈아웃랜더〉나 〈폴다크〉 같은 사극 로맨스물을 좋아하고 그런 강렬함을 원했다). 하지만 브랜든은 차분한 성격이었고, 감정을 극적으로 표현하는 것을 어색해했다. 브랜든이 생각하는 영웅들은 강하고 조용한 유형으로, 헌신을 통해 사랑을 표현하는 사람들이었다. 미셸은 안정적인 브랜든의 성향을 감사히 여기면서도 열정이 부족한 면에 대해 실망감을 느꼈다.

또 하나의 문제는 음식이었는데, 미셸은 브랜든과의 관계에서 가장 큰 문제 중 하나가 그가 패스트푸드인 타코벨이나 맥도날드에서 음식을 먹는다는 점이었다고 말했다. 그녀는 그의 차 뒷좌석에서 빈 포장지를 발견하면 가끔씩 화를 내며 영양에 대해 한바탕 잔소리를 하곤 했다. 하지만 그런 직후에는 자신이 너무 강압적이었다며 자책을 하는 식이었다.

이러한 문제에도 불구하고 브랜든은 미셸을 사랑했고, 그녀에게 동거를 요청했는데 미셸은 주저했다. 관계에 문제가 있는 걸까, 아니면 자신이 너무 까다롭고 요구적인 걸까? 미셸은 자기연민에 대해 배우기로 결심했다. 우선은 자신을 위해서였지만, 브랜든과의 관계에도 도움이 될 수 있기를 바라는 마음도 있었다. 그녀는 여러 권의 책을 읽은 후에 내 세미나에 참석했다.

미셸은 자기연민을 (그녀가 하는 모든 일처럼) 열심히 실천했다. 그리고 얼마 지나지 않아 자신에게 일어나고 있는 변화를 느낄 수 있었다.

덜 불안해졌고, 더 많은 동기부여를 받으며, 덜 통제하려 했다. 또 브랜든과의 관계도 개선되기 시작했다. 미셸은 자신의 많은 반응이 자신의 불안감에서 비롯되었음을 깨달았다. 예를 들어, 브랜든이 늦었을 때, 그녀는 그가 더 이상 자신을 사랑하지 않아서 신경 쓰지 않는다고 걱정하는 부분이 있었다. 그래서 그녀는 브랜든이 더 열정적으로 사랑을 표현하기를 원했다. 그녀는 자신이 사랑받고 있으며 사랑받을 가치가 있다는 것을 100% 확신하고 싶었다. 건강에 대한 그녀의 집착도 기본적으로는 긍정적인 가치에 기반한 것이기는 했으나, 부분적으로는 체중 증가나 병에 걸릴까 봐 두려운 마음에서 비롯되었고 그녀는 이 두려움을 브랜든에게 투영했다.

자기연민으로 이러한 불안을 다루는 법을 알게 된 후, 그 불안감은 예전보다 덜 압도적으로 느껴졌다. 우선, 미셸은 스스로에게 자기의심이 있다는 사실을 받아들일 수 있었다. 그녀가 어렸을 때 부모님은 이혼했고 그 뒤로 치열한 양육권 분쟁이 있었는데, 이러한 과거의 경험이 현재 그녀의 감정에도 영향을 미치고 있음을 알 수 있었다. 그녀는 치유가 더디게 일어날 것임을 알았지만 그래도 이를 극복하기 위해 노력하기로 결심했다. 브랜든이 약속에 늦을 때, 그가 자신을 사랑하지 않는다는 생각이 들면 그녀는 자신의 두려움을 있는 그대로 인식하고 스스로에게 위로와 친절을 주었다. 자신이 불안해하는 것은 당연한 일이었고 그 불안을 자기의 따뜻함과 배려로 위로했다. 또 언젠가 브랜든이 자신이 원하는 만큼 로맨틱하지 않을 때는, 실망감을 느끼는 자신의 감정을 인정했다. 그리고 스스로에게 커다란 꽃다발을 선물함으로써 로맨스에 대한 욕구를 충족시키려고 노력했다. 브랜든의 식습관에 과민반응을 보이는 자신을 발견했을 때는 자신을 비난하기보다는 그 반응이 일어난 이유를 이해하려 했다. 그것은 건강에 대한 열망과 관련된 반응이었고, 사실은 긍정적인 일이었다.

미셸이 자기연민을 통해 자신을 수용하고 자신에게 더 부드럽고 친절하게 대할수록, 브랜든에게도 같은 방식으로 다가갈 수 있었다. 그녀가 관계에 대한 부담을 내려놓고 완벽한 관계는 없다는 사실을 받아들이자 둘은 싸우는 일이 줄어들었다.

하지만 미셸은 거기서 그치지 않았다. 그녀가 느끼는 일부 불만은 합당했고, 그것을 해결하려면 적극적 자기연민이 필요했다. 그녀는 브랜든에게 패스트푸드 습관에 대해 잔소리하는 것이 자신의 문제이며, 다 큰 어른인 그에게 무엇을 먹으라고 말할 권리가 없다는 것을 알게 되었다. 하지만 브랜든이 약속에 늦을 것 같을 때 문자 메시지를 보내는 요청은 유효했다. 그래서 브랜든에게 특히 공공장소에서 만났을 때 얼마나 화가 났었는지를 솔직하게 말했다. 브랜든이 단순히 휴대폰 알림을 설정하면 되는 일일 수도 있지만, 미셸에게는 이 일에 관해 이야기하는 것이 중요했다. 물론 브랜든이 약속에 늦는다고 해서 자신을 사랑하지 않는 것이 아니라는 걸 알았지만, 여전히 상대에 대한 배려의 부족이라고 느꼈고 자신의 시간을 존중해 주기를 바랐다.

더 힘겨운 대화는 브랜든의 사랑 표현 방식에 관한 것이었다. 브랜든은 자신의 본래의 성향을 바꿀 수는 없으며, 자신이 로맨스 소설의 등장인물처럼 행동하길 기대해서는 안 된다고 말했다. 미셸도 인정했다. 그렇지만 그녀의 친밀감에 대한 필요는 완전히 충족되지 못하고 있었다. 스스로에게 꽃 선물을 하는 것만으로는 충분하지 않았다. 그들은 브랜든이 더 안전하게 감정을 표현할 수 있도록 미셸이 도울 수 있을지에 대해 대화를 나누기 시작했다. 브랜든에 대한 지지와 수용을 보여 주면서, 마음을 더 열 수 있도록 했다. 그들은 소방관들의 마초적인 문화가 부드러운 애정 표현을 어떻게 불편하게 만드는지에 대해서도 이야기를 나누었다. 비록 그에게는 어색하게 느껴지겠지만, 기꺼이 다른 방식을 시도하기로 했다. 브랜든이 평가받는 느낌이 들지 않도록 감정 표현을 요청하는 법을 미셸은 배우게 되었고, 그런 방식은 그에게도 점차 편안해져 갔다.

그들은 관계에서 힘의 균형에 대해서도 솔직하게 이야기하기 시작했다. 브랜든은 친구들이 자신을 '여자에게 휘둘린다'고 생각할까 봐, 때때로 데이트에서 미셸을 기다리게 했다고 고백했다. 또한 친밀함을 표현하는 것에 대한 그의 저항은 또 다른 방식으로 힘을 가지려는 것임을 알게 되었는데, 그렇게 하면 미셸은 계속해서 더 많은 것을 원하게 될 것이라는 것이다. 이런 이야기들을 솔직하게 터놓고 나누는 것은 쉽지 않은 과정이었지만 그들은 서로에 대한 사랑, 존중 그리고 자기연민을 바탕으로 이를 해결할 수 있었다. 미셸이 자기연민을 통해 자신의 문제를 인정하자, 브랜든도 자신의 부족함을 더 쉽게 인정할 수 있었다. 이제 미셸과 브랜든은 함께 살기 시작한 지 2년이 되었고, 아주 잘 지내고 있다.

## 사랑과 가부장제

성별에 따른 권력 역학은 이성애 관계의 배경에서 종종 중요한 역할을 한다. 사랑과 결혼의 역사 자체가 가부장제에 의해 형성되었기 때문이다. 산업화 시대 이전의 결혼은 주로 지위와 경제적 안정에 기반한 가족 간의 경제적 계약으로 여겨졌다. 여성이 결혼할 남자를 선택하는 일은 드물었고 그 결정은 보통 부모가 내렸다. 사랑하기 때문에 결혼을 한다는 것은 적절한 이유가 되지 못했다. 미국에서 19세기까지 적극적으로 시행되었던 규칙인 '커버처 원칙(The doctrine of coverture)'은 남성이 아내를 소유한다는 내용이었으며, 이는 아내의 몸과 노동, 재산과 임금 그리고 드물게 이혼했을 시 자녀의 양육권까지 포함되었다. 여성은 사실상 소유물로 간주되었기 때문에 여성이 생존하기 위해서는 남성을 필요로 했다.

그러나 계몽주의 시대가 시작되면서 개인의 자유와 행복 추구의 표현으로서 연애 결혼이 인식되기 시작했다. 제인 오스틴Jane Austen과 샬럿 브론테Charlotte Brontë와 같은 작가들은 이런 낭만적인 사랑을 여성에게 의미와 성취감을 주는 원천으로서 그려 내며 찬양했지만, 실질적으로 당시 여성들은 여전히 투표권이나 재산을 통제할 권리가 없었다. 소설속에서도 실제로도 이상적인 여성의 모습은 사랑받고 소중하게 여겨지며 자신을 보호해 줄 수 있는 남자를 찾아서 행복하고 충만한 결혼생활을 이루는 것이 목표였었다.

하지만 남편이 항상 사랑이 넘치거나 안전한 사람은 아니었다. 때때로 남편은 감정적으로 차갑게 대하며, 게으르고, 학대적이기까지 했다. 1920년까지는 합법적으로 아내를 폭행할 수 있었다. 비록 낭만적인 사랑은 상호존중을 기반으로 해야 한다고 여겨졌지만, 아내는 남편의 결정을 따를 것으로 기대되었고, 남편의 자존심을 위협하지 않기 위해 자신의 지능을 억제해야 했다[리타 러드너는 농담처럼 이런 말을 했다. "내가 결국 Mr. Right(맞아요 씨)를 만났을 때, 그의 이름이 Always(항상)라는 걸 몰랐어요."]. 그럼에도 불구하고, 아내를 사랑하고 아끼며 보호해 주는 남편과 결혼하는 것이 사회의 낭만적인 이상이었다. 비록 현실에서 그이상이 실현되는 경우는 거의 없었지만 말이다. 사람들은 낭만적 꿈에 빠져 있는 것이 자신의 무력한 진실을 보는 것보다 낫다고 느꼈다.

여성들은 이러한 환상을 지키기 위해 애를 썼는데, 남성에게 경제적으로 의존하고 있었으며 결혼 생활 외에는 사회적 위치가 없었기 때문에 그들은 가정 내에서 만족을 찾으려고 했다. 따라서 여성들은 종종 불륜을 외면하고, 남성들의 거친 행동을 무시하며, 자신을 깔보는 말들을 참아 냈다. 이혼이 불가능한 상황에서, 그들은 불행한 결혼 생활을 웃으며 견뎌 내야 했다. 이러한 결혼관은 낭만적인 이상에 의해 지속되었고, 1950년대의 '오지와 해리엇'[1] 시대까지 이어졌다.

1960년대부터 1980년대에 이르러서는 상황이 변하기 시작했다. 이혼과 동거가 더 일반화되었고 더 많은 여성이 직장에 나가고 대학에 진학했다. 페미니즘의 두 번째 물결(첫 번째는 여성 참정권 운동)이 우리 사회에 큰 영향을 미쳤다. 아내이자 가정주부로서의 여성상에 의문을 제기한 베티 프리단Betty Friedan의 『여성성의 신화(원제: The Feminine Mystique)』와 같은 선구적인 책들이 베스트셀러가 되었다. 글로리아 스타이넘Gloria Steinem은 여성의 지위가 미혼(Miss)인지 기혼(Mrs.)인지에 따라 결정된다는 생각을 거부하며 『미즈(Ms.)』를 공동 창립해 큰 성공을 거두었다. 이 시기에 낭만적인 사랑의 개념도 도전을 받았으며, 급진적 페미니스트들은 "억압적인 남녀 관계에서 사랑은 지배-복종 관계를 정당화하는 시멘트와 같이, 떼어 낼 수 없는 감정적 결합을 유발한다."라고 주장했다. 이들에게 화장을 하는 것과 같이 여성이 남성에게 매력적으로 보이게 하기 위한 관습들은 가부장제와 결탁하는 것으로 여겨졌다. 미스 아메리카 대회에서의 시위는 하이힐과 브래지어를 쓰레기통에 던지는 일이었고, 시위대가 실제로 불태운 것은 아니었지만 언론에서는 이를 '징병카드 태우기'[2]에 빗대어 '브래지어 불태우기'로

---

1　1950년대 미국의 인기 TV 프로그램인 〈The Adventures of Ozzie and Harriet〉에서 유래한 표현이다. 이 쇼는 '이상적인 가정'과 '완벽한 가족'을 묘사하며, 1950년대 미국에서 전형적인 '모범적인 가정'을 대표하는 이미지로 자리 잡았다. 당시의 가부장적이고 전통적인 가족 구조를 비유적으로 나타낸다.-역자 주

2　Draft-card burning. 1960년대와 1970년대 초반 미국에서 일어난 반전 운동의 중요한 상징적 행동 중 하나이다. 징병을 거부하거나, 군에 가기를 원하지 않는 사람들이 이를 태우는 방식으로 반전 운동을 표현한 것이다.-역자 주

묘사했다. 이것이 한 세대의 저항적인 여성들이 '브래지어를 불태우는 페미니스트(bra-burning feminist)'로 불리게 된 배경이다.

그 이후 수십 년 동안, 페미니즘 운동에 대한 문화적 반발이 있었고, 낭만적 관계에서 여성의 억압을 끝내고자 하는 열망은 '남성 혐오'라는 이름으로 바뀌어 버렸다. 타이틀 IX[3]와 여성학 수업을 통해 성장한 다음 세대의 페미니스트들이 최선을 다했음에도 불구하고 페미니즘은 비교적 조용하게 진행되고 있었다. 트럼프 대통령 취임 후 #MeToo와 여성 행진이 쓰나미처럼 몰려와 새롭게 촉발되기 전까지는 말이다. 이를 기점으로 성희롱 문제와 권력직에서 배제되는 여성들의 문제가 다시 한번 헤드라인을 장식하게 되었다. 그러나 우리 삶에서 사랑과 연애의 역할에 대한 의문이 제기되는 것은 더디게 진행되고 있는 듯하다. 내가 아는 많은 고위직의 활동적이고 독립적인 여성도 여전히 사랑받고, 충족되고, 가치를 인정받기 위해서는 파트너가 필요하다고 믿고 있다.

여성들은 마음을 주는 데 능숙하다. 그러나 문제는 파트너와의 관계에서 사랑과 안전의 원천이 자신이 아닌 타인에게 있다고 믿으면, 마음을 주는 것이 곧 자신의 권력을 내어 주는 것이 되어 버린다는 것이다. 이성애자 여성들은 남성이 자신을 사랑하고 헌신하는지의 여부에 따라 가치를 느끼도록 사회적으로 강하게 조건 지어져 있기 때문에, 관계를 유지하기 위해 때때로 자신을 포기하게 된다. 돈을 잘 벌고 성공적이며 독립적인 여성들도 여전히 행복하려면 남자가 필요하다고 믿는 경우가 많은데 그로 인해 많은 여성이 힘든 관계에 너무 오래 머

---

3 Title IX는 1972년에 미국에서 제정된 교육 기회 평등법의 일부분으로, 미국의 교육 시스템에서 성별에 의한 차별을 금지하는 중요한 법이다. 핵심 내용은 성별에 관계없이 모든 학생에게 동등한 교육 기회를 제공해야 한다는 원칙이었는데, 특히 체육 분야에서 성별에 상관없이 동등한 기회를 보장하도록 요구한다. -역자 주

물러 버릴 수 있다. 부유한 여성 유명인들이 끊임없이 잘못된 연애 관계를 선택하는 모습을 떠올려 보라. 여러분의 친구들 또는 본인의 모습을 떠올려 보라. 우리가 연애를 처음 시작할 때는 그것이 건강한 관계인지 알기 어렵지만, 한번 관계가 시작되고 나면 온전한 파트너가 필요하다는 그 믿음이 우리의 의사 결정 과정에 영향을 미치게 된다. 우리는 관계가 성공하길 바라는 마음에 종종 경고 신호를 무시한다. 한편, 동성애 여성들은 이성애 여성들처럼 성별화된 문화적 틀에 갇히지 않기 때문에 이와 같은 문제에 덜 얽힌다. 텍사스대학교 오스틴의 연구진은 결혼 또는 동거(평균 15년 이상)하고 있는 157명의 레즈비언 커플과 115명의 이성애자 커플을 대상으로 한 연구를 진행했다. 그 결과, 이성애자 부부들이 레즈비언 커플들보다 배우자가 실망스럽거나, 배려 없이 행동하거나, 말을 잘 듣지 않았다고 느낀 비율이 더 높다는 결과를 보였다. 또한 레즈비언 여성들은 자신들의 관계에서 더 높은 심리적 안녕감을 보고했다. 물론 동성애자 커플들은 여전히 사회적인 차별과 외부의 압박을 받지만, 그들만의 관계 안에서는 가부장제의 유해한 역학에서 어느 정도 자유로운 경우가 많다.

## 행복한 연인 관계를 위해서는 무엇이 필요할까

우리 사회에서 여성들이 더 이상 사회적 지위를 얻기 위해 결혼을 할 필요는 없게 되었지만 여전히 연애에 대한 욕구는 강하다. 불건강한 관계에서 벗어난 후에도 누군가와 연결되지 않으면 완전하지 않다는 느낌이 다른 사람과 빨리 다른 관계를 시작하도록 만들 수 있다. 여전히 '미혼 여성은 쓸모없는 노처녀'라는 인식이 미묘하게 존재하며, 문화적으로도 이를 강화한다. 남성들 또한 연애를 원하고 사랑받고 싶어 할 수 있으나 그것이 필요한 것은 아닌 경우가 많다. 많은 여성과는 다르게 대부분 남성의 가치와 안전감은 깊은 무의식에서는 연애 관계에 의존하지 않는다. 그들은 싱글이라고 해서 불쌍하게 여겨지지 않으며, 오히려 미디어에서는 독신으로 행복하고 존경받는 남성의 이미지를 많이 내보내고 있다. 여성은 그렇지 않다.

웬디 랭포드[Wendy Langford]의 『Revolutions of the Heart』은 25년 전에 쓰였지만 오늘날에도 여전히 큰 반향을 일으키고 있다. 그녀는 15명의 여성을 대상으로 그들의 삶에서 연애 관계가 차지하는 위치에 대해 인터뷰했다. 그중 하나인 한나는 독신으로 연애를 간절하게 원하고 있었는데, 이런 말을 했다. "내 삶에 공백이 있는 것 같아요. 누군가 한 사람에게 정말 특별한 존재라고 여겨지는 느낌 같은 거 있잖아요. 그러니까 우연히 새벽 세 시에 일어나서 누군가 옆에 있다는 것이 문득 정말 친밀하게 느껴지는 그런 거요……. 그런 사람을 다시 만날 수 있을지 모르겠다는 생각이 들곤 해요."

또 다른 공통적인 주제는, 여성들이 그들 자신이 사랑받을 자격이 있다는 느낌을 얻기 위해 남자가 자신을 사랑해야 한다는 것이다. 루스는 이렇게 말했다. "아마 내가 정말 매력적이거나 좋은 사람이면, 나를 좋아해 줄 남자가 있을 거라고 생각했어요." 이런 태도는 여전히 과거 20년 동안 크게 바뀌지 않았다.

여성이 진정 자유로워지려면, 우리는 자신이 완전해지기 위해 파트너가 필요하다는 생각을 버려야 한다. 우리는 스스로 홀로 온전함을 느끼는 방법을 배울 수 있다. 40대와 50대인 많은 여성(나를 포함해서)은 이혼했거나 결혼하지 않은 싱글이다. 우리는 연애 관계를 원하지만, 우리가 필요로 하는 정서 지능, 영성, 자기인식, 존중, 평등을 제공할 수 있는 파트너를 찾을 수 없을 것이다. 어떤 여성들은 행복하지 않은 관계에 타협하여 들어가기도 하고, 또 다른 여성들은 파트너가 없다는 이유로 만족하지 못한다고 느낀다. 이들의 공통점은 자신의 행복을 위해서는 파트너가 필요하다는 믿음이다. 사실, 우리는 그렇지 않다. 기쁨을 누릴 수 있는 원천은 다양한데 우정일 수도 있고, 가족, 직업, 영성 등일지도 모른다. 그중에서도 가장 중요한 원천은 무조건적이고 상황에 따라 바뀌지 않는 것이어야 하는데, 가장 쉽게 접근할 수 있는 것 중 하나가 바로 자기연민이다.

## 자신과의 연애

자기연민은 우리가 연애 관계에 있을 때 더 행복하게 만들어 줄 뿐만 아니라, 연애를 하고 있지 않을 때에도 우리가 행복할 수 있게 해 준다. 자기연민이 여성들에게 주는 근본적인 선물은 자신을 만족시키는 것이 파트너의 유무와는 상관없음을 깨닫는 것이다. 우리는 자기연민의 맥락에서 스스로의 음양 에너지를 완전히 발전시키고 접근할 수 있다. 혹시나 이러한 스스로에 대한 충족감이 남성 혐오로 이어지지는 않을지 우려하는 이성애자 여성들이 있을 수도 있겠다. 하지만 그것과는 전혀 다르다. 원한다면 남자를 사랑할 수 있고, 그들과 함께 기뻐하고, 그들과 함께 살거나 결혼할 수 있으며, 아이를 같이 기를 수도 있다. 여기에서의 요점은 여성들이 단순히 남성을 필요로 하지 않는다는 데 있다. 우리는 부드러운 자기연민으로 사랑받고 가치 있는 존재라고 느낄 수 있고, 적극적 자기연민으로는 안전하고 보호받고 있다고 느낄 수 있다.

자애롭고 연결된 존재로 자신과 함께하면서, 자신을 받아들이는 능력은 연애 관계 밖에서 행복을 찾는 데 핵심적인 요소이다. 누구나 자신이 특별하고, 사랑받고, 가치있고, 중요하며, 배려받고 싶은 깊은 욕구를 가지고 있다. 마음이 완전히 열려 자신의 아름다움을 충분히 느낄 수 있을 때는 이러한 욕구를 직접 충족시킬 수 있다. 그 아름다움이라는 것은 신체적인 완벽함이나 모든 것을 잘 해내는 것에 의존한 상대적 아름다움이 아니다. 그것은 우리 각자가 고유한 역사와 특별함을 가진 독특한 존재라는 절대적 차원의 아름다움이다. 우리의 가치는 이루어 낸 성취에서 오는 것이 아니며, 우리를 사랑스럽다고 말해 주는 파트너에게서 오는 것도 아니다. 그것은 우리가 의식이 있고, 느끼고, 숨 쉬는 존재이며, 순간순간 펼쳐지는 삶의 일부이며, 다른 어떤 것과 마찬가지로 소중하다는 것을 인식하는 데서 온다. 타인에게서 받기를 갈망하는 그 사랑을 자신에게 줄 수 있을 때, 우리는 놀라울 정도로 스스로 충만감을 느끼게 된다.

우리가 내면의 적극적 자기연민에 완전히 맞닿으면, 지금까지 여성들이 남성들에게 기대었던 부분들을 스스로도 제공할 수 있다. 용감하며, 힘 있는 명료함의 에너지가 온몸에 흐른다면 필요할 때 내면의 전사를 불러낼 수 있을 것이다. 독립적으로 일어설 수 있다는 것은 우리를 보호해 줄 남자에게 의존하지 않음을 의미한다. 누군가가 우리를 모욕하거나 선을 넘을 때, 우리는 그 사람에게 정면으로 맞설 수 있다. 물론 물리적인 힘이 필요한 상황이나, 우리가 신체적으로 위험에 처할 때는 친구나 가족, 이웃 또는 법적 권한을 통해 도움을 요청할 수 있다. 만약 경제적 여유가 있다면 남자친구나 남편에게 의존했던 일을 도와줄 사람을 고용할 수도 있다. 예를 들어, 무거운 물건을 옮기거나, 집안을 수리하거나, 잔디를 깎는 일을 시간제로 도와주는 온라인 서비스도 있다.

자기 스스로 재정적 필요를 충족시킬 수 있다면 굳이 남성의 부양을 받아야 할 필요가 없다. 비록 여성이 남성에 비해 임금 수준이 더 낮은 현실은 변화해야 할 일이다. 하지만 물질적 편안함을 얻기 위해 행복하지 않은 남성과 만남을 지속한다는 식의 계산이라면 계획대로 될 확률은 거의 없다. 또한 감정적 지원과 동반자 관계와 같은 정서적 필요도 많은 경우에는 가까운 친구들이 충족시켜 줄 수 있다. 점점 더 많은 여성이 남성보다는 친구와의 관계를 더 중요한 소속감의 근원으로 삼고, 그러한 유대감이 깊고 만족스럽고 안정적이라는 사실을 깨닫고 있다. 가장 중요한 것은 자기연민을 통해 우리는 스스로에게 사랑과 보살핌, 정서적 지원을 줄 수 있다는 것이다.

또한 스스로에게 진정성과 충족감을 주는 활동을 하며 시간을 보낼 수도 있다. 사실, 어떤 면에서는 파트너가 없을 때 더 자유롭게 배우고 성장할 수 있다. 특히 연애 초기에 많은 여성은 자신의 관심사를 포기하고 대부분의 에너지를 관계에 집중하는 경향이 있다. 내가 아는 친구 한 명은 몇 년 동안 책을 쓰고 싶어 했다. 그녀는 아주 재능 있는 작가였고 나는 그 프로젝트가 세상에 큰 선물이 될 것이라고 확신했다. 하지만 싱글인 상태에서는 작업이 잘 진행됐는데, 연애를 시작하기만 하면 책 작업은 늘 중단되었다. 우리의 소중한 시간과 에너지가 얼마나 많은 부분에서 연애 상대를 찾고, 사랑에 빠지고, 그 관계가 옳은 지 아닌지 고민하는 데 소비되는지 생각해 보라. 물론, 안정된 관계에서는 우리가 무언가를 성취할 수 있도록 많은 자유와 지원을 제공받을 수 있다. 하지만 행복한 결말을 찾기 위해 다른 모든 것을 창밖으로 던져 버리고 싶은 사람이 있을까. 싱글일 때는 꿈을 추구할 수 있는 시간과 공간이 있다. 만약 우리 인생에서 유일한 목표가 연애라고 믿는 함정에 빠진다면 우리는 인생에서 무엇을 놓치고 있는 걸까? 자기연민은 처한 상황에 관계없이 잠재력을 온전하게 발휘하고 성장할 수 있도록 도와준다.

내면에서 음양의 에너지가 결합되면 성 역할의 구속에서 상당 부분 벗어나게 된다. 남성적·여성적 에너지는 우리 안에서 결합된다. 우리는 자신의 중요한 부분을 외부에서 찾고 의존하고자 하는 것을 멈추게 되면서, 그 결과 진정한 자아를 실현할 수 있다. 물론, 이것이 우리가 다른 사람을 원하지 않고, 필요하지 않다는 뜻은 아니다. 로맨틱한 사랑에 대한 욕망은 우리의 본성에 필수적인 부분이기도 하며 혼자 있을 때 생겨나는 그리움은 자연스러운 일이다. '멋진 왕자님을 만나는 꿈'은 단지 우리가 돌봐 줄 사람을 원하는 것이 아니라 두 영혼이 하나가 되는 사랑과 친밀함, 연결을 경험하고자 하는 깊고 아름다운 욕망이기도 하다.

벨 훅스Bell Hooks는 영향력 있는 저서인 『난 여자가 아닙니까?(원제: Ain't I a Woman)』를 1981년에 출간하여 페미니스트 운동의 중심 인물로 자리 잡게 되었다. 그녀는 남성을 사랑하고 돌보는 척하면서 여성들이 자신의 종속을 점차 받아들이도록 하는 것이 낭만적인 사랑이라는 것을 지적해 왔다. 그녀는 또한 결합에 대한 욕구의 중요성도 인정한다. 또 다른 저서인 『사랑은 사치일까(원제: Communion: The Female Search for Love)』에서 그녀는 이렇게 썼다. "단단하며 자기를 사랑할 줄 아는 여성들은 자신의 감정적 필요를 돌보는 능력이 중요하다는 것을 안다. 그러나 스스로를 돌보는 것이 동료애나 파트너와의 사랑을 대신할 수 없다는 것 또한 알고 있다." 내가 여성들에게 다른 사람들에게서 듣고 싶은 "사랑해, 당신은 아름다워." "당신을 존경해." "나는 절대 당신을 버리지 않을 거야."와 같은 말을 스스로에게 말해 줌으로써 로맨스를 충족시킬 수 있다고 말하면, 그들은 즉각적으로 이렇게 말한다. "그건 다른 사람이 말해 주는 거랑은 다르잖아요." 그렇다. 당연히 그것은 같지 않다. 같지 않다는 것을 부정하지 않으면서, 그 대신 우리는 로맨틱한 사랑을 얻지 못한 아픔을 온전히 받아들이고 마치 두려움과 외로움을 느끼는 아이를 대하는 것처럼 부드러움을 가지고 아픔을 안아 줄 수 있다. 자신의 그 꿈을 존중하고 언젠가는 이루어질 수 있다는 희망의 불씨를 간직할 수도 있지 않을까?

하지만 내가 말하고 싶은 문제는 우리가 이 한 가지 행복의 원천을 다른 모든 것보다 우선시한다는 것이다. 이 사랑만이 유일하게 가치 있는 사랑이라고 믿는다. 우리가 파트너에게 사랑받을 자격이 있다고 말하는 것과 우리가 자신에게 그런 말을 할 때, 사실 우리는 동일한 사람이다. 그런데 파트너의 관점이 유일하게 타당하다고 생각하게 되는 것이다. 이렇게 되면 우리 자신의 힘을 빼앗기고, 스스로 사랑할 수 있는 능력을 경시하게 된다.

게다가 '진정한 사랑'을 찾았다고 해도 그것이 지속적으로 이어질 것이라는 보장은 없기 때문에 어쩌면 또다시 실연의 아픔을 겪게 될지도 모른다. 운이 좋다면 한동안 그런 경험을 할 수 있을지도 모르겠다. 하지만 삶은 언제나 그렇듯 계획대로 흘러가지 않고, 상황은 변하며, 사람들은 멀어지기 마련이다. 평생 지속될 것 같은 만족스러운 연애 관계를 유지하고 있는 지인들을 떠올려 보자. 물론 그런 사람들이 존재하기는 하지만 일반적인 경우는 아니다. 전체 결혼의 절반 정도만이 20년 이상 지속되며, 그렇게 오랫동안 결혼 생활을 하고 있더라도 여전히 만족스럽지 않은 경우가 부지기수이다. 여러분은 자신의 행복을 정말로 그렇게 불안정하고 스스로 거의 통제할 수 없는 것에 의존하고 싶은가?

스스로에게 사랑을 주는 것이 연애 관계를 대체할 수는 없지만, 상황에 따라 바뀌지 않는다는 사실 하나만으로 연애 관계보다 더 중요하다. 결국 평생 함께할 수 있다고 100% 보장되는 유일한 존재는 우리 자신뿐이다. 그리고 자기연민에서 오는 사랑은 우리의 작은 자아에서 비롯된 것이 아니라, 더 큰 무언가와의 연결에서 생겨나는 것이다. 기쁨과 슬픔의 순간, 언제나 진정으로 존재하고 자신을 돌볼 때 타인과 분리되어 있다는 느낌은 사라진다. 우리의 의식은 고유하고 끊임없이 변화하며 펼쳐지는 경험으로 향하는 창문이며, 이 창을 통해 비추는 의식의 빛은 다른 창을 통해 들어오는 빛과 분리된 것이 아니다. 인간으로서 각자는 서로 다른 경험을 하며, 어떤 이들은 다른 사람들보다 훨씬 더 많은 고통을 겪지만 본질적으로 그 빛은 같다. 두 사람이 사랑에 빠져 하나가 되는 것이 놀라운 일인 이유는 그 과정에서 우리는 의식의 융합을 경험하기 때문이다. 그렇지만 그러한 경험을 반드시 다른 존재와 함께해야 할 필요는 없으며, 내면적으로 융합과 통합을 이루어 낼 수도 있다.

## 온전함을 향한 나의 여정

몇 번의 관계에서 실패를 경험한 후, 나는 혼자인 상태를 받아들이게 되었다. 누군가가 곁에 없다면 "내 존재는 의미가 없는 걸까?"라는 외로움과 두려움이 엄습할 때도 있었지만, 이 감옥에서 벗어날 수 있는 열쇠가 자기연민이라는 통찰을 얻게 되었다. 이 시점에서 나는 행복이 더 이상 연애 여부에 달려 있지 않다고 말할 수 있어 자랑스럽다. 누군가와 함께하고 싶지만 이제 타협할 생각은 없다. 나는 혼자서도 행복할 수 있으며 내가 나를 사랑하고, 소중하게 여기며, 충족감을 느끼고, 안전하다고 느끼는 유일한 사람이라는 것을 배웠다. 물론 여기에 오기까지 긴 여정이 있었다.

　텍사스로 이주해 아들 로완을 낳기 전에 남편인 루퍼트를 인도에서 만나 결혼한 이야기를 내 첫 번째 책 『러브 유어셀프(원제: Self-Compassion: Stop Beating Yourself Up and Leave Insecurity Behind)』에서 소개한 적이 있다. 전남편인 루퍼트는 인권운동가이자 여행 작가였으며 내가 만난 사람 중에 가장 흥미로운 사람이었다. 그는 나의 '왕자님'이었다. 영국에서 온 금발에 푸른 눈의 빛나는 갑옷을 입은 기사 같았고, 어린 시절 동경하던 사랑과 로맨스를 실현시켜 준 사람이었다. 로완이 자폐 진단을 받으면서 열정적인 기수였던 루퍼트는 로완이 말과 신비로운 관계를 맺고 있으며 말과 함께 있을 때 자폐 증상이 많이 완화된다는 사실을 발견했다. 게다가 칼라하리족 부시맨들이 처한 어려움을 홍보하기 위해 열린 원주민 치유 모임에 참여했을 때, 로완은 샤먼과의 만남에서도 좋은 반응을 보였다. 그래서 우리 가족은 샤머니즘이 토착 종교이면서, 말의 기원이 되는 나라인 몽골로 여행을 떠났다. 그곳에서 우리는 말을 타고 대초원을 달렸고, 아들을 치료하기 위해 순록족을 만나기도 했다. 이 이야기는 다큐멘터리로도 만들어지고, 베스트셀러 책이기도 한 『The Horse Boy』에서 상세하게 살펴볼 수 있다. 여기까지만 들으면 마치 동화같이 아름다운 이야기이다. 하지만 많은 사람이 알고 있듯 이런 이상적인 이야기들은 우리에게 큰 도움이 되지 않으며, 오히려 우리를 약화시키는 경우가 많다.

　루퍼트는 내 두 번째 남편이었다. 첫 번째 결혼은 나의 외도로 마침표를 찍게 되었는데, 내가 소중히 여기는 모든 가치에 어긋나는 일을 저질러 버린 것이었다. 그 사건을 겪고 나서 나는 내가 한 행동에 대한 수치심과 자책감을 극복하는 과정이 필요했고, 그때 자기연민이 내 마음을 치유하고 다시 시작하는 핵심이라는 것을 알게 되었다. 두 번째 결혼을 결심했을 때는 정말 제대로 하고 싶었다. 내게 중요한 것은 정직함이었고, 어떤 일이 있어도 관계에서 정직할 것이라고 엄숙히 다짐했다. 나는 결혼 생활에서 다시는 내면의 내전을 겪고 싶지 않았다. 루퍼트도 비슷한 결심을 했을 것이라 생각했다.

하지만 로완이 진단을 받은 직후부터 루퍼트가 나에게 모든 것을 말하고 있지 않다는 직감을 받기 시작했다. 왜 그런지 정확히 알 수는 없었지만 그냥 그런 느낌이 들었다. 하지만 그때는 로완이 자폐 진단을 받았다는 사실이 너무나 힘든 일이었기 때문에 그 의심을 뒤로 미뤄 두었다. 로완의 진단은 내가 겪은 일 중 가장 힘든 일이었고, 당시에는 결혼 생활에 대한 의구심에 대처할 에너지가 전혀 남아 있지 않은 상태였다. 자세한 이야기는 생략하고, 결국 나는 루퍼트가 다른 여성들과의 은밀한 만남을 반복적으로 숨기고 있었다는 사실을 알게 되었다. 내가 그를 대면했을 때, 그는 수치심과 죄책감에 휩싸인 모습을 보였다. 나에게 얼마나 미안한지를 말했고, 무엇보다도 관계를 회복하고 싶다고 했다.

나는 완전히 망연자실했다. 이 일은 명상 집중수행 기간 직전에 일어났고, 나는 명상수행 기간 내내 울었다. 그러나 내 마음속의 자기연민과 마음챙김은 강했고, 이 사건을 극복하며 지나갈 수 있었다. 내가 선택한 것은 결혼을 유지하려는 것이었다. 우리는 부부 상담을 받으며 관계가 나아지길 바랐다.

그 사이에 내 자기연민 작업은 시작되었다. 첫 번째 책을 쓸 때, 루퍼트와의 관계에서 주로 좋았던 점들만 이야기했다. 루퍼트가 더 이상 나에게 거짓말을 하지 않는다고 어떻게든 스스로를 설득했다. 돌이켜 보면 내가 무시한 많은 경고 신호가 있었다. 솔직히 말하면 그저 모든 것이 괜찮다고 생각하는 것이 그렇지 않다는 사실을 직시하는 것보다 쉬웠다.

2011년 내 책이 출판된 직후 루퍼트의 또 다른 은밀한 만남들을 발견했다. 그때 나는 더 이상 이 결혼을 지속할 수 없다는 것을 확신하게 되었다. 여전히 나는 그를 사랑했고 자폐증이 있는 어린 아들이 있었지만, 더 이상 그렇게 살 수는 없었다. 친구들의 도움을 받아 용기를 얻었고, 결정을 내렸다. 당시에는 적극적 자기연민에 대해 잘 알지 못했지만, 그 결정에는 엄청난 용기가 필요하다는 것을 알았다. 내 안의 엄마 곰(당시에는 엄마 곰이라는 이름도 없었지만) 에너지가 나를 지켜 주었다. 심지어 가방에 철조각을 하나 넣고 다니면서, 내게 필요한 결단력을 마음속에서 상징적으로 되새기기도 했다.

내가 떠난다고 루퍼트에게 말했을 때, 그는 다시 한번 미안하고 부끄럽다고 하면서 자신의 성중독 문제를 인정했다. 그런 모습이 내 연민심을 자극했지만, 나의 내면의 보호자는 그것을 제지해 주었다. 그가 변할 수 있을지 없을지를 기다릴 수가 없었고, 어쨌든 나는 끝이었다. 하지만 그 후로도 우리는 로완을 함께 돌보고 홈스쿨링을 했어야 했기 때문에 친구로 잘 지내기로 했고, 우리의 이별이 로완에게 부정적인 영향을 미치지 않도록 노력했다.

루퍼트를 떠난 내가 자랑스러웠지만 그 후에도 여전히 만족스러운 연애를 갈망하고 있었다. 내 운명의 인연이 어딘가에 있을지도 모른다고 생각했다. 약 1년이 지나고 나는 한 브라질 남자를 만났다. 그는 친절하고 지적이고 진지한 명상가였으며 외모도 훌륭했다. 한 가지 문제점이 있었다면 그는 처음에 분명히 연애를 원치 않는다고 말한 것이다. 우리는 정서적·영적·성적으로 열정적으로 교감했기 때문에 나는 그의 마음이 바뀌길 바라며 몇 년을 기다렸다. 그러나 그는 결코 그런 변화를 보이지 않았다. 그는 언제나 나에게 정직했지만 우리가 너무 진지해졌다고 느낄 때는 물러서고 멀어지려고 했다. 그런 모습을 보면서 나는 '애착형성에 문제가 있는 것이 틀림없어.'라든지 '뭔가 문제가 있어.'라는 식으로 그를 탓하기도 했지만 사실은 그저 인생에서 서로 다른 삶을 원했을 뿐이었다. 충분히 그럴 수 있는 일이었다. 나는 자기연민 수행을 통해 이를 받아들이는 슬픔과 고통을 견뎌 낼 수 있었지만 연애에 대한 열망은 여전히 내면에서 강하게 타오르고 있었다.

비교적 최근의 만남은 잠깐이었지만 강렬했다. 그도 처음에는 내가 늘 원하고 있었던 것들—정직함, 열정, 사랑, 우정, 지지 그리고 가장 중요한 헌신—을 다 주는 것처럼 보였다. 그도 내가 꿈에 그리던 여자라고 말했고 남은 인생을 함께하고 싶다고 했다. 로완과도 잘 지냈는데, 아들에게도 긍정적인 영향을 줄 수 있을 것처럼 보였다. 이 무렵에 루퍼트는 다른 가정을 꾸려 지구 반 바퀴를 돌아 독일로 이주했기 때문에 나는 도움이 필요하기도 했다. 이 새로운 남자는 음악가였고 자신이 과거에 중독자임을 밝혔지만, 지금은 그렇지 않았으며 자각이 강했다. 심지어 나를 만나기 전에 알코올 중독자 모임에서 내 책을 읽은 적도 있었다! 그 사람의 과거가 우려스럽기는 했지만 나는 최대한 편견 없이 그를 보려고 노력했고, 서로에게 푹 빠져 갔으며 마침내 그가 우리 집으로 이사를 왔다.

이사를 오면서부터 그는 점점 퇴보하는 모습을 보였다. 비디오 게임을 하루에 몇 시간씩이나 하며 변덕스러운 사춘기 소년처럼 행동했고, 가끔 아들과 대화를 나눌 때면 한참 말하다가도 갑자기 중간중간에 졸기도 했다. 나는 그게 정상적이지 않다는 걸 알았지만 그가 불면증이 있다는 것도 알고 있었다. 대화 중에 왜 자꾸 졸고 있는지 물었을 때 그는 그저 잠이 부족해서 그렇다고 했고, 진실보다는 사랑의 환상을 더 중요하게 생각했던 나는 그 작은 불안감을 다시 무시하고 외면했다. 3개월 정도 흐른 후에 나는 구글에 '고개를 끄덕이며 조는 것'

이 어떤 현상인지 검색해 보게 되었고, 첫 번째로 나온 것이 바로 아편 중독의 전형적인 증상이라는 것이었다. 나는 그에게 약물 검사를 받아 보라고 했고, 그는 화를 내며 자신을 믿지 않는 여자는 만날 수 없다고 하며 옷을 챙기고는 집을 뛰쳐나갔다. 다행히 그때 로완은 아빠를 만 나러 유럽에 가 있었고, 나는 그 즉시 집의 모든 자물쇠를 바꿨다.

그는 다음 날 다시 찾아와서 한번 더 기회를 달라고 부탁했지만, 나 는 한 치의 망설임도 없었다. 내 안의 엄마 곰 에너지가 작동했고, 루 퍼트에게 느꼈던 것처럼 그에 대한 연민은 있었지만, 그가 내 아들에 게 다시 다가오는 것은 절대 허락할 수 없었다. 하지만 내가 인정해야 할 부분은 그의 과거를 고려해 좀 더 경계했어야 했고, 그를 이사 오게 하도록 해서 로완을 위험에 빠뜨렸다는 것이었다. 나는 사랑이라는 꿈 을 쫓기 위해 스스로를 속였고, 진실을 직시하지 않으려 했다. 다시 한 번, 나는 내 실수를 용서하고 모든 아픔을 감당하기 위해 부드러운 자 기연민으로 나 자신을 채워야 했다. 무언가를 신뢰하고 수용할 수 있 다는 것은 본래 아름다운 특성이지만, 이번 경우에는 그것이 적극적 자기보호와의 균형을 잃어버린 것이다.

나는 충분한 치료를 통해 내면의 상처받은 어린 소녀의 어떤 부분 이 파트너십을 통해 온전함을 얻으려고 하고 있다는 것을 깨달았다. 이 상처의 원인은 분명했다. 아버지는 내가 두 살 때 떠났고, 자라면서 그를 거의 보지 못했다. 음악가와 헤어진 후 나는 덴마크에 있는 아버 지를 방문했다(그는 덴마크 여인과 결혼한 후 덴마크로 이사했고, 이혼 후에도 그곳에 살았다).

그 방문은 고통스러웠지만 나의 어린 시절에 대한 새로운 통찰을 주었다. 용기를 내어 아버지에게 그동안 내가 해 왔던 모든 내면의 작 업들을 말했고, 그가 어린 시절에 가족을 떠났음에도 불구하고 그 모든 것을 용서하고 사랑한다고 이야기했다. 아마도 나는 "그랬구나. 아버지가 너를 아프게 해서 미안해, 사랑해."라는 말을 듣기를 바랐던 것 같다.

대신, 그는 고개를 숙이며 묘하게 고통스러운 표정을 지었다. "나는 이 말을 절대로 너에게 하지 않겠다고 다짐했어. 내가 다짐했어!" 그가 중얼거렸다.

"무슨 말이요?" 내가 물었다.

그는 계속해서 말했다. "네가 어렸을 때 나를 싫어했잖아!"

"뭐라고요?" 나는 깜짝 놀라 물었다.

"너는 나를 싫어했어. 태어나서 처음 2년간은 나랑 말을 안 했어. 너는 내가 떠나기를 원했고, 그래야 엄마를 독차지할 수 있었으니까. 내가 할 수 있는 최선의 방법은 그냥 떠나는 거였어."

다행히 나는 그의 말을 깊이 받아들이지 않았다. 그저 '이 사람은 미쳤구나. 떠난 걸 정당화하기 위해 무고한 아기에게 증오를 투사해야 할 정도라니, 병적이군.'이라는 생각뿐이었다. 그의 말에 논리적으로 반박하지도 않았다. 사실, "아기가 어떻게 증오를 느낄 수 있고, 그리고 두 살짜리 아기가 어떻게 말을 하죠?"라고 말하고 싶었지만, 대신 나는 피곤하다고 말하고 잠자리에 들었다. 그도 이제 나이가 있고, 그가 할 수 있는 만큼은 나를 사랑했다는 것을 깨달았다. 나는 내 상처를 돌보면서, 그를 있는 그대로 받아들일 수 있었다. 그것은 그의 문제였지 내 문제가 아니었다. 나중에 어머니에게 물어보았을 때 아버지는 나를 질투했다고 했다. 내가 태어났을 때 어머니가 나에게 주는 사랑과 관심에 질투를 느꼈고, 그것이 그가 떠난 이유 중 하나였다. 나는 이를 통해 음양이 분리되면 어떻게 작용하는지를 다시 한번 볼 수 있었다. 아버지는 자신의 부드러운 자기연민과 단절되어 있었고(그는 부모님과의 관계에서 문제가 있었다), 그래서 부인의 보살핌에 의존한 것이었다. 그런데 내가 태어나고 어머니의 양육 에너지가 나에게로 향하자, 그는 길을 잃고 버림받았다고 느꼈고, 그래서 떠난 것이다. 그로 인해 내 마음에는 구멍이 생겼고, 나는 여전히 그것을 연애 관계로 채우려고 노력 중이었다.

이제 나는 내가 불완전하다는 잘못된 생각에 더 이상 신경 쓰지 않기로 결심했다. 설령 다시는 파트너를 찾지 못한다 해도 더 이상 내 자신을 팔아넘기지 않을 것이다. 분명히 나는 사랑에 열려 있지만, 내면의 연결을 통해 행복을 찾는 데 집중하고 있다. 나는 분리감에 기반해서 연결감을 느끼는 상태로는—부드러운 음의 에너지가 적극적인 양의 에너지와 분리될 때—절대 온전해질 수 없다는 것을 깨달았다. 친밀감은 나 이외의 어떤 대상이 있어야 느낄 수 있다고 생각한다면, 우리는 혼자 있을 때 외로움을 느낀다. 하지만 연결이 분리된 두 존재 사이에서만 일어난다는 관념은 착각이다. 연결은 내면에서 찾아야 한다. 연결은 음과 양이 합쳐지고 통합되는 데서 온다. 연결은 우리의 진정한 본성, 즉 모든 생명체와의 본질적인 상호관련성을 깨닫는 데서 비롯되는 것이다. 그것을 신, 우주 의식, 사랑, 자연, 신성 등 무엇이라고 이름 붙여도 상관없다. 우리는 그것을 개별적 자아로서의 자기중심적인 마음과 자신을 동일시하지 않을 때 느낄 수 있다. 이 자아는 우리가 충분하지 않으며 불완전하다고 느끼게 만든다.

지난 1년 동안 내 수행의 목표는 이 분리의 환상을 넘어서는 것이었다. 내 안에서 외로움이나 남자에 대한 갈망이 일어날 때, 나는 그것들을 마음챙김으로 알아차린다. 그 갈망을 무시하거나 경시하지 않는다. 그것을 존중하고 그 신성함을 인식한다. 내가 가장 갈망하는 것이 무엇인지 스스로에게 물어본다. 그것은 보통 여성으로서 나의 가치,

즉 내가 존중받고, 아름답고, 사랑받으며, 가치 있는 존재라는 것에 대한 확언이다. 내가 안전하고 버림받지 않으리라는 확신이기도 하다. 그리고 나는 그 확언들을 나 자신에게 큰 소리로 말한다(물론 개인적인 공간에서). '다른 사람이 이렇게 말해 주면 좋겠다'는 생각에 집착하지 않고 진정성 있게 말한다면 놀라울 정도의 만족감이 생겨난다. 나는 이미 온전한 존재이며 나를 완성하기 위해 다른 사람이 필요하지 않다는 것을 기억한다. 나는 이미 나 자신, 세상, 의식, 사랑, 존재와 연결되어 있다.

## 나는 무엇을 갈망하는가

이 실습은 MSC의 여러 가지 기법을 바탕으로 우리가 가장 깊은 욕구에 접촉하고 그것을 자기연민으로 직접 충족시킬 수 있도록 도움을 준다. 간단하게 내면 성찰을 하거나 글쓰기를 할 수도 있는데, 각자에게 적합한 방식으로 진행할 수 있다.

### | 실습 안내 |

- 먼저, 스스로에게 물어보세요. 당신은 어떤 관계를 갈망하고 있나요? 현재 연애 중이라면 아마도 무언가 부족하다고 느낄지도 모릅니다. 더 친밀한 느낌, 열정, 인정, 헌신이 필요할까요? 만약 연애 중이 아니라면 당신 삶에 파트너가 있기를 갈망하나요?
- 이제 그 갈망을 몸에서 느낄 수 있는 감각으로 찾을 수 있는지 확인해 보세요. 가슴이 타는 듯한 느낌, 속이 텅 빈 것 같은 공허함, 이마에서 느껴지는 압박감 혹은 전반적인 통증의 느낌일 수 있습니다. 갈망이 있음을

알려 주는 신체적인 감각은 무엇인가요? 만약 특별한 감각을 찾을 수 없다면 그것도 괜찮습니다. 그저 몸이 어떤 느낌인지 느껴 보세요.

- 이제 몸에서 갈망을 느끼는 부위에 부드럽게 손을 올려 보세요(특정 부위를 찾을 수 없다면, 그냥 가슴이나 편안한 부위에 손을 올려도 좋습니다).

- 갈망이 채워진다면 삶에서 무엇을 얻을 수 있을 것이라고 생각하나요(예를 들어, 사람들과의 더 많은 연결, 즐거움, 지지, 안정 등)?

- 갈망이 채워진다면 그것이 당신을 어떤 사람으로 느끼게 할까요(특별한 사람, 소중한 사람, 가치 있는 사람, 아름다운 사람, 사랑받는 사람, 중요한 사람, 행복한 사람 등)?

- 당신의 파트너가 어떤 말을 속삭여 주기를 원하나요?(당신은 정말 대단해, 사랑해, 존경해, 절대 떠나지 않을 거야 등)

- 이제 파트너에게서 듣고 싶은 그 말을 자신에게 큰 소리로 말해 보세요. 조금 어색할 수 있지만, 그냥 그렇게 해 봅니다. 만약 이 말들이 공허하거나 자기중심적이라고 느껴진다면 그 생각들을 내려놓습니다. 이 말은 당신이 정말 듣고 싶은 말이고 그 갈망은 그 자체로 유효합니다. 이 말을 스스로에게 의미 있게 말할 수 있나요?

- 깊게 몇 번 숨을 쉬면서, 숨을 들이쉴 때는 적극적 자기연민을 활성화하고, 내쉴 때는 부드러운 자기연민으로 편안히 쉬는 모습을 상상해 보세요. 이 두 에너지가 당신 안에서 합쳐지고 통합되는 것을 느껴 보세요.

- 연결과 결합을 갈망하는 마음은 충분히 의미 있고 가치 있는 것입니다. 이 갈망은 음과 양의 결합을 통해 내면에서 채워질 수 있습니다. 자신이 더 큰 전체와 연결되어 있다는 느낌으로 확장될 수 있습니다. 온전함을 나타내는 어떤 상징을 사용해 보세요. 만약 당신이 영적인 사람이라면, 그것은 신, 알라, 신성한 의식일 수 있고, 그렇지 않다면, 그것은 단순히

지구나 우주가 될 수 있습니다. 사실, 당신은 혼자가 아닙니다. 자신보다 더 큰 무언가와의 연결을 느낄 수 있는지 살펴보고 가능한 한 오랫동안 이 자각과 함께 해 봅니다.

• 마지막으로, 자신을 포함해서 당신의 삶에 사랑과 연결을 가져다주는 모든 것에 감사의 말을 전해 보세요.

나는 이 실습을 정기적으로 하고 있고 이 수행은 나에게 큰 변화를 가져다주었다. 이 글을 쓰는 지금 이 순간에도 내가 상상했던 것보다 더 큰 사랑과 기쁨, 성취감을 찾았다고 진심으로 말할 수 있다. 비록 여전히 인생을 함께할 남자를 찾고자 하는 마음은 있지만, 나의 행복이 그것에 의존하고 있지 않다는 사실은 내가 나 자신에게 준 소중한 선물이다.

## 나가며

# 따뜻한 혼란 속에서 살아가기[1]

> 우리는 긴 세월이 지난 후에도 여전히 별로일지도 모릅니다. 여전히 화를 낼 수
> 도 있고요, 그 많은 시간이 지나가도 말이죠······ 중요한 점은 우리가 더 나은
> 무언가가 되기 위해 자신을 버리려고 하지 않는 것입니다. 그것보다는, 이미 있
> 는 우리 자신과 친해지는 것이 훨씬 중요합니다.
>
> — 페마 초드런, 작가 및 명상지도자(Pema Chödrön, author and meditation
>
> teacher)

나는 거의 25년 동안 매일 자기연민 수행을 실천해 왔다. 그 덕분
에 확실히 더 강하고, 차분하고, 행복해졌으며, 내면의 불도그도 예전
만큼 자주 짖지는 않는다. 하지만 여전히 고군분투하고 있다. 나는 불
완전한 존재이며 그건 원래 그럴 수밖에 없는 것이다. 인간이 된다는
것은 완벽하게 해내는 것이 아니라 잘하든 잘 못하든 상관없이 경험에
마음을 여는 것을 뜻한다. 시간이 지남에 따라 실수를 하고 어려움을
겪으면서 이 사실을 배울 수 있었다. 나는 음에 비해 양의 에너지가 더
강한 편인데, 그런 성향 때문에 문제가 생겼을 때는 스스로를 온화하
게 대하며 다시 균형을 되찾아 간다. 내 내면의 적극적이고 용감하며

---

1 · 이 표현은 자신이 완벽하지 않고 혼란스러운 상태일지라도, 여전히 연민적이고 따뜻한 존재
　　로 살아가는 것을 의미한다.—역자 주

때로는 짜증을 내기도 하는 감정적인 부분을 사랑하게 되었는데, 이 부분이 없었더라면 많은 일을 성취해 내지 못했을 것이기 때문이다. 덕분에 책 쓰기, 연구 수행, 프로그램 개발, 워크숍 진행 그리고 무엇보다 중요한 아들 로완을 키우는 일 등을 해낼 수 있었다. 이 모든 성과는 부드럽고 온화한 부분만큼이나 강렬하고 결단력 있는 면이 영향을 준 것이다. 하지만 만약 이 모든 것을 이루지 못했더라도 그리고 내일 모든 것이 멈춘다고 해도 결과적으로 나의 가치가 줄어들지 않는다는 것을 알고 있다.

한 명상 지도자가 "명상 수행의 목표는 그저 따뜻한 혼란 속에서 살아가는 것입니다."라는 말을 한 적이 있다. 이 말을 잘 생각해 보라. 어떤 일이 일어나든 스스로에게 지지적이고, 돕고, 연민적인 태도를 갖는 것을 목표로 삼는다면 그 목표는 언제나 달성 가능하다. 인간의 삶을 경험하는 완전한 표현으로서 그 혼란을 받아들이는 법을 배운다. 균형 상태에 도달한 다음 그것을 그대로 유지하는 것과는 다르다. 우리는 끊임없이 균형을 잃지만, 그럴 때마다 다시 균형을 잡을 수 있게 되는 것은 걸려 넘어짐에 대한 연민이 있기 때문이다. 내가 누군가에게 너무 직설적으로 맞섰다면, 그 일이 발생한 것을 깨닫는 순간에(보통 몇 초 이내에) 바로 사과하고 나 자신에게 친절해진다. 과잉 반응의 이면에 있는 불꽃은 일시적으로 상대의 감정을 배려하지 못한, 내면의 적극적인 부분이라는 것을 알기 때문이다. 한편, 나 또는 타인에게 해로운 결과를 초래할 수 있는 행동을 그냥 넘길 때, 그것이 내면의 평화롭고 자애로운 부분에서 비롯된 과도한 수용임을 알고 교정적인 적극적인 행동이 더 필요하다는 것을 금세 깨달을 수도 있다.

복잡하게 얽혀 엉망진창이 된 모든 것에 마음을 열어 놓음으로써 나는 내가 생각했던 것보다 더 많은 것을 견딜 수 있는 힘을 얻었다.

그리고 그 모든 것이 내가 지금의 나로 존재하게 해 주었기 때문에 그 어떤 경험도 바꾸고 싶지 않다. 이 과정이 여성들에게도 일반적으로 일어나고 있다는 것을 믿고 있다. 우리는 오랜 세월 억압되어 왔던 적극성을 되찾으며 균형을 회복하고, 우리의 진정한 본성을 알아 가고 있다. 우리가 순종하지 않으면서 양육하는 법을 배우고, 공격적이지 않게 분노하는 법을 배우면서 자신의 내면뿐만 아니라 사회 전체에서 음과 양을 통합하고 있다. 우리가 가는 이 길은 도전적이며 그 과정에서 반드시 실수가 수반될 것이다. 가해자를 찾아내는 과정에서 프라이버시 보호와 무죄 추정 원칙을 지키지 못할지도 모른다. 또 성평등을 향한 진전을 이루는 과정에서 다른 억압받는 집단들의 요구를 충분히 고려하지 못할 수 있다. 일과 가족, 개인적인 성취와 사회적 정의 사이에서 올바른 균형을 찾으려 할 때 압도당할지도 모른다. 우리는 정치적 대표성, 동일한 임금, 동일한 대우와 같은 목표를 향해 나아가는 길에서 수없이 실패할 것이다. 그러나 일어나서 균형을 다시 잡고, 다시 시도할 것이다. 여성주의 운동은 모든 운동과 마찬가지로 엉망이었고 앞으로도 계속 엉망일 것이다. 하지만 우리의 돌봄 능력 덕분에 이 운동은 진정한 '연민적 엉망'이 될 잠재력을 갖고 있다. 여성의 역량 강화를 위한 전체 과정에 적극적이면서도 부드러운 자기연민을 불어넣으면, 우리는 우리의 궁극적인 목표인 고통의 경감에 집중할 수 있다. 변화를 만들어 내기 위한 작업에 마음을 열어 두고 계속해서 나아간다면 우리는 결국 성공할 수 있을 것이다.

이러한 작업은 개인적 차원과 사회적 차원에서 동시에 이루어져야 한다. 각자는 삶의 이야기에서 중심이 되는 주인공이지만, 우리의 모든 이야기는 서로 얽혀 있다. 적극적이고 부드러운 자기연민이 우리 혈관을 통해 내면과 외부로 흘러갈 때, 우리는 사회와 우리 자신을 모두 도울 수 있다. 넘어지고 쓰러지는 것은 다만 배움과 성장의 기회일 뿐만 아니라 같은 어려움을 겪는 타인과 공감하며 연대할 수 있는 기회를 제공하여 상호연결을 강화한다. 개인적·정치적·세계적인 차원에서 펼쳐지는 온갖 고통스러운 드라마는 각자의 각성을 위해 꼭 필요한 교훈을 주기 위한 것일지 모른다. 어떤 어려운 일이든 우리 개인과 집단을 긍정적인 진화로 이끄는 데 필요한 것일지 누가 알겠는가? 최소한 우리의 어려움은 고통의 본질에 대한 통찰을 준다. 그것을 모두 사랑과 자기연민으로 열어 갈 때, 우리는 도전을 더 잘 받아들이고 그것을 생산적으로 다룰 수 있게 된다.

로완은 마침내 이 아이디어를 깨닫고 그것을 삶에 적용하고 있다. 오랫동안 고통과 불완전함의 현실과 맞서 싸워 온 그는 이제 이 모든 것이 우리의 변화를 위해 꼭 필요하다는 것을 알게 되었다. 얼마 전에는 중요한 집안일(예전이었으면 자책감에 휩싸였을 일)을 잊어버리고는, 아주 자연스럽게 이렇게 말하면서 스스로 위로했다. "실수 없는 삶은 밍밍한 식사와 같을 거예요. 지루하고 예측 가능한 식사요. 불완전함은 그 음식을 맛있게 만드는 매콤한 소스 같은 거예요." 그는 이 깨달음을 자신만의 방식으로, 자신만의 시간에 얻어 가고 있었고 그 깨달음이 정말로 큰 차이를 만들어 내고 있다. 팬데믹으로 인한 변화들을 겪으면서도 잘 대처하고 있다. Zoom에서 온라인 수업을 듣고 지금은 다른 몇몇 학생들과 함께 대면 수업에 참여하는데, 로완의 그 유연성과 회복력은 놀라웠다. 여전히 불안 발작이 문제가 되기는 하지만 이제는 발작이 일어나면 손을 가슴에 얹고 스스로 이렇게 말하곤 한다. "괜찮아, 로완. 넌 안전해. 내가 여기 있어." 이 방법은 정말 큰 도움이 되고 있다. 그는 인생에서 일어나는 일들이 건강과 행복을 결정하는 것이 아니라, 그것에 대해 얼마나 자기연민적으로 대하는지가 더 중요하다는 것을 어린 나이에 배웠다.

나는 이제 새로운 단계, 흔히 '현명한 여성'의 시기로 불리는 완경기에 접어들고 있다. 폐경 후, 여성은 임신에 대한 걱정에서 자유롭다. 아이들이 있다면, 대개는 다 성장했고 우리는 직장에서 자리를 잡았다. 이 시기는 쌓은 지혜를 공동체에 돌려주는 시간이다. 나이가 들어가면서 피부가 처지고 시력이 떨어지는 등 받아들이기 힘든 부분들이 있지만, 그것을 저항하지 않고 기꺼이 받아들일 수 있다면 이 시기는 정말로 멋진 시간이 될 수 있다. 젊은 시절의 그 많은 불안과 환상을 벗어던지며 여성으로서의 진정한 힘을 얻을 수 있다. 우리 사회는 종종 나이가 든 여성을 평가절하하지만, 그 가치 기준은 가부장제에 의해 강요된 왜곡된 시각이다. 하지만 그것은 강력하게 자기연민을 실천함으로써 쉽게 떨쳐 낼 수 있다. 진실은 우리가 나이가 들수록 더 영혼이 완전히 피어날 기회를 얻게 되므로 점점 더 아름다워진다는 것이다. 이 시기는 짜릿하고도 급진적인 변화를 일으킬 수 있고, 나는 그것을 몸소 경험하고 있다.

나는 이제 내 패턴을 이해하거나 상처를 치유하려는 노력을 멈췄다. 내 자아와 성격이 충분히 기능적이라는 것을 깨달았기 때문이다. 여기에 오기까지 도움을 준 수년간의 치료에 감사하고 있지만 나의 다양한 부분 각각을 더 철저하게 이해할 필요는 없다. 누군가 진실을 위반하고 있다고 느껴질 때 활을 뽑아 들게 되는 전사 같은 나의 부분, 항상 부드럽지는 않더라도 진솔하게 말하는 부분, 어려운 상황에서도 근면하게 일을 하고 진취적인 부분 그리고 모든 것을 사랑으로 품을 수 있는 부분 등 나의 모든 부분을 알게 되었고 감사하게 되었다.

요즘 하는 작업은 주로 양과 음의 에너지가 자유롭게 흐르는 데 방해가 되는 장애물을 없애는 일에 집중하는 것이다. 명상을 할 때는 내가 무엇을 놓아주고 있는지도 모른다. 거기에는 어떤 스토리가 존재하지 않는다. 그저 "더 이상 내게 도움이 되지 않는 것을 놓아 버리게 하소서."라고 반복하면 몸속 에너지가 변하는 것을 느낀다. 일을 할 때 주로 나는 머리를 많이 쓰게 되기 때문에 모르는 상태에 익숙해지려고 한다. 나는 내가 무엇에 집착하는지, 왜 그런 일이 일어나는지, 앞으로 무슨 일이 일어날지 모른다. 내가 다시 연애를 시작할지, 텍사스대학교 오스틴에서 은퇴한 후 어떻게 될지, 사회와 지구는 어떻게 될지 알지 못한다. 나는 이 모든 것이 무슨 일이 일어날지 명확히 파악하지 못하더라도 평온함을 유지하는 데 집중하며 받아들여야 할 것은 받아들이고, 바꾸어야 할 것은 때가 되면 변화시키기 위해 노력할 것을 믿는다. 마치 '크리스틴'이라는 사람이 더 이상 삶의 모든 상황을 통제하거나 결정을 내리는 것이 아니라 그저 순간순간 펼쳐지는 삶을 지지하고 돕는 것처럼 느낀다. 사물이나 상황을 아는 자아와 그것을 통제하려는 자아에 대한 집착을 놓아 버리면서 내면이 더 가벼워짐을 느낀다. 더이상 압박감을 느끼지 않고, 밝은 빛으로 충만해져 가는 듯한 느낌이 든다.

여성으로서 우리는 자기동일시를 내려놓고, 그 과정을 통해 스스로를 해방시키고 있다. 세대를 거쳐 우리와 우리 어머니들의 삶을 제한해 온 성 역할에 대한 동일시에서 벗어나고 있는 것이다. 자아의 가치를 더 이상 성별에 따른 사회적 승인에 덜 의존하게 되고, 우리의 안전감을 남성에게 덜 의존하게 될 때 각자는 자신만의 음과 양의 에너지를 독특하게 표현해 낼 수 있을 것이다. 이것은 남성, 트랜스젠더, 논바이너리(non-binary) 그리고 젠더플루이드(genderfluid)에게도 해당되는 이야기이다. 성별에 따라 우리가 어떤 사람이 되어야 한다는 편협한 고정관념만 없앤다면, 어떤 모습이 될 수 있을까? 우리를 제약하고 있는 자기판단, 고립감, 우리를 가로막는 두려움과 부적절함의 스토리들을 버릴 수 있다면 어떤 사람이 될 수 있을까? 반복해서 넘어지고 다시 일어나는 것은 문제가 아니며, 그것이 우리가 가야할 길이라는 사실을 인정한다면 우리는 점점 더 자신을 존중할 수 있을 것이다. 스스로를 끊임없이 진화하는 영광스러운 엉망진창이라고 자평할 수 있다면 말이다. 적극적이고 부드러운 자기연민을 삶의 원칙으로 삼는다면, 세상을 바로잡을 수 있는 기회는 이미 우리 손에 들어와 있지 않을까.

# 감사의 글

이 책은 여러 사람의 협력으로 이루어진 결과물이며, 감사드릴 많은 분이 있습니다. 우선, 제 오랜 동료이자 좋은 친구이자 '마음 챙김 자기연민(Mindful Self-Compassion)' 프로그램의 공동 창립자인 크리스 거머<sup>Chris Germer</sup>에게 감사의 마음을 전하고 싶습니다. 우리는 '적극적이고 부드러운 자기연민'에 관한 많은 아이디어를 함께 발전시켰으며, 이 책에 나오는 대부분의 실습은 우리의 공동 작업에서 나온 것입니다. 저에게 가장 효율적인 성인 남성 관계를 대표하는 존재가 크리스라고 농담을 하곤 하는데, 그와 함께한 파트너십은 정말 놀랍고 생산적인 시간이었습니다.

'마음챙김 자기연민 센터'의 구성원들, 특히 자기연민의 '적극적인' 측면이 어떻게 드러나는지에 대한 아이디어와 통찰을 제공해 준 미셸 베커<sup>Michelle Becker</sup>와 카산드라 그래프<sup>Cassondra Graf</sup>에게도 감사의 뜻을 전합니다. 또한 전 세계적으로 자기연민의 실천을 격려해 주신 훌륭한 전무이사인 스티브 히크먼<sup>Steve Hickman</sup>과 센터 모든 팀원의 지원에 깊은 감사의 마음을 보냅니다.

이 책을 집필하는 과정에서 케빈 콘리<sup>Kevin Conley</sup>의 공헌은 매우 컸습니다. 그는 제 첫 번째 편집자 역할을 맡아 원고를 다듬는 작업을 함께 했고, 거의 모든 페이지에서 그의 도움의 손길을 찾아볼 수 있습니다.

아이디어를 교환하며 초안을 주고받을 때 보여 준 그의 인내심과 유머에 큰 감사를 표합니다.

또한 이 책이 완성될 수 있도록 여러모로 도움을 주신 하퍼 웨이브의 편집자, 카렌 리날디Karen Rinaldi에게도 깊은 감사를 드립니다. 그녀는 처음부터 이 책을 잘 '이해'해 주었고, 저는 이해받고 있다는 느낌을 받아 정말 기뻤습니다. 또한 헤일리 스완슨Haley Swanson의 세심한 편집과 하퍼 웨이브의 훌륭한 팀원들에게도 감사드립니다. 작업 과정에서 많은 배려를 받았다고 느낍니다.

제 에이전트인 엘리자베스 샤인크만Elizabeth Sheinkman에게 감사의 마음을 전하고 싶습니다. 이 책 제안을 처음 보냈을 때부터 그녀는 이 책이 제가 꼭 써야 할 책이라는 확신을 주었고, 여성의 관점에서 준 피드백은 물론 책의 시장성에 대한 그녀의 전문적인 조언도 매우 유용했습니다. 그녀가 저에게 보여 준 신뢰는 큰 의미가 있었습니다.

또한 '적극적 연민'에 대해 처음 가르쳐 주신 인사이트 명상 전통의 스승들, 특히 샤론 잘츠베르크Sharon Salzberg와 타라 브라흐Tara Brach의 지혜에 큰 빚을 지고 있습니다. 이 두 분은 '적극적이고 부드러운 자기연민'의 통합이 어떻게 이루어지는지에 대한 훌륭한 본보기가 되어 주었으며, 그들의 지도와 멘토링은 매우 소중했습니다.

그리고 또 다른 영적 스승인 캐롤린 실버Carolyn Silver에게도 감사를 전합니다. 저는 그녀와 오랜 시간 함께 작업해 왔으며, 그녀의 실질적인 도움 덕분에 제 내면의 여정이 계속해서 펼쳐질 수 있었습니다. 제가 중심을 잃었을 때 언제나 방향을 잡아 주시는 분으로 정말 존경하고 사랑합니다.

또한 저를 제외하고는 처음으로 자기연민척도를 연구에 사용한 사람이며, 수년간 저를 아끼고 신뢰하는 동료가 되어 준 절친한 친구, 쇼나 셔피로Shauna Shapiro에게도 감사드립니다.

이 책에 큰 영향을 끼친 사람 중 한 명은 제 평생의 친구인 켈리 레인워터Kelley Rainwater입니다. 그녀는 신성한 여성의 신비를 저에게 소개해 주었고, 제가 가장 필요할 때 이 원천으로부터의 안내를 끌어낼 수 있도록 도와주었습니다. 여성성과 가부장제, 역사에 대해 몇 시간씩 나눈 대화들이 이 책의 많은 아이디어를 발전시키는 데 중요한 역할을 했습니다. 그녀는 제게 꾸준한 동반자가 되어 주었고, 제가 인생에서 가장 어려운 순간들을 보내는 데 큰 도움을 주었습니다. 또한 함께 기쁜 순간들을 많이 나누었으며, 그녀가 없었다면 지금과 같은 제 인생도 없었을 겁니다. 물론, 어머니 없이는 제 삶 자체가 존재하지 않았을 겁니다. 동생 파커와 저를 훌륭하게 키워 주신 것뿐만 아니라, 어머니와 우정을 지속하게 해 주신 것에 대해서도 감사드립니다. 그녀는 외부의 어떤 조건에도 굴하지 않는 모습을 보여 주며, '적극적인 여성'이 되는 법을 많이 가르쳐 주셨습니다.

마지막으로, 제 아들 로완에게 깊은 감사를 전합니다. 그의 놀라운 용기와 회복력은 매일 저에게 영감을 줍니다. 저에게 많은 것을 가르쳐 주었으며, 이렇게 친절하고 사랑스러우며 기쁨을 주는 아들이 있다는 것은 저에게 큰 축복입니다.

Kristin Neff

# 참고문헌

AARP Public Policy Institute. (2015, June). *Caregiving in the United States 2015.* https://www.aarp.org/content/dam/aarp/ppi/2015/caregiving-in-the-us-research-report-2015.pdf

ABC News/Washington Post. (2017, October 17). Poll on sexual harassment.

Allen, A. B., & Leary, M. R. (2010). Self-compassion, stress, and coping. *Social and Personality Psychology Compass, 4*(2), 107-118. https://doi.org/10.1111/j.1751-9004.2009.00246.x

Allen, A. B., Goldwasser, E. R., & Leary, M. R. (2012). Self-compassion and well-being among older adults. *Self and Identity, 11*(4), 428-453. https://doi.org/10.1080/15298868.2011.595082

Allen, A. B., Robertson, E., & Patin, G. A. (2017). Improving emotional and cognitive outcomes for domestic violence survivors: The impact of shelter stay and self-compassion support groups. *Journal of Interpersonal Violence, Advance online publication.* https://doi.org/10.1177/0886260517734858

Alliance for Board Diversity. (2018). *Missing pieces report: The 2018 board diversity census of women and minorities on Fortune 500 boards.* Deloitte. https://www2.deloitte.com/us/en/pages/centerfor-board-effectiveness/articles/missing-pieces-fortune-500-board-diversity-study-2018.html

Allison, D. C., & others (Eds.). (2016). *Black women's portrayals on reality television: The new Sapphire.* Rowman & Littlefield.

Amanatullah, E. T., & Morris, M. W. (2010). Negotiating gender roles: Gender differences in assertive negotiating are mediated by women's fear of backlash and attenuated when negotiating on behalf of others. *Journal of Personality and Social Psychology, 98*(2), 256-267. https://doi.org/10.1037/a0017094

Amanda Gorman. (2021, January 20). *The hill we climb* [Poem read at the presidential inauguration of Joseph Biden]. CNBC. https://www.cnbc.com/2021/01/20/amanda-gormans-inaugural-poem-the-hill-we-climb-full-text.html

Amparo, A. R., Smith, G., & Friedman, A. (2018, June). Gender and persistent grade performance differences between online and face to face undergraduate classes. In *EdMedia+ Innovate Learning* (pp. 1935-1939). Association for the Advancement of Computing in Education.

Anderson, K. J., & Leaper, C. (1998). Meta-analyses of gender effects on conversational interruption: Who, what, when, where, and how. *Sex Roles, 39*(3-4), 225-252. https://doi.org/10.1023/A:1018827116976

Arabi, A. (2016). *Becoming the narcissists' nightmare: How to devalue and discard the narcissist while supplying yourself.* SCW Archer Publishing.

Ashfield, E., Chan, C., & Lee, D. (2020). Building "a compassionate armour": The journey to develop strength and self-compassion in a group treatment for complex post-traumatic stress disorder. *Psychology and Psychotherapy: Theory, Research and Practice, Advance online publication.* https://doi.org/10.1111/papt.12275

Associated Press. (1992, August 26). Robertson letter attacks feminists. *The New York Times.* https://www.nytimes.com/1992/08/26/us/robertson-letter-attacks-feminists.html

Barnes, A. E., et al. (2018). Exploring the emotional experiences of young women with chronic pain: The potential role of self-compassion. *Journal of Health Psychology, Advance online publication, 1-11.* https://doi.org/10.1177/1359105318816509

Basharpoor, S., et al. (2014). The role of self-compassion, cognitive self-control, and illness perception in predicting craving in people with substance dependency. *Practice in Clinical Psychology, 2*(3), 155-164.

Batra, R., & Reio, T. G., Jr. (2016). Gender inequality issues in India. *Advances in Developing Human Resources, 18*(1), 88-101. https://doi.org/10.1177/1523422315627390

Batrinos, M. L. (2012). Testosterone and aggressive behavior in man. *International Journal of Endocrinology and Metabolism, 10*(3), 563-568. https://doi.org/10.5812/ijem.3661

Bem, S. L. (1981). Gender schema theory: A cognitive account of sex typing. *Psychological Review, 88*(4), 354-364. https://doi.org/10.1037/0033-295X.88.4.354

Bianchi, S. M., Sayer, L. C., Milkie, M. A., & Robinson, J. P. (2012). Housework: Who did, does or will do it, and how much does it matter? *Social Forces, 91*(1), 55-63. https://doi.org/10.1093/sf/sos120

Biber, D. D., & Ellis, R. (2019). The effect of self-compassion on the self-regulation of health behaviors: A systematic review. *Journal of Health Psychology, 24*(14), 2060-2071. https://doi.org/10.1177/1359105317713361

Bittman, M., England, P., Sayer, L., Folbre, N., & Matheson, G. (2003). When does gender trump money? Bargaining and time in household work. *American Journal of Sociology, 109*(1), 186-214. https://doi.org/10.1086/378341

Black Lives Matter. (n.d.). *Herstory.* https://blacklivesmatter.com/herstory

Black, M. C., Basile, K. C., Breiding, M. J., Smith, S. G., Walters, M. L., Merrick, M. T., Chen, J., & Stevens, M. R. (2011). *National intimate partner and sexual violence survey: 2010 summary report.* Centers for Disease Control and Prevention, National Center for Injury Prevention and Control. http://www.cdc.gov/ViolencePrevention/pdf/NISVS_Report2010-a.pdf

Blasi, A., Mercure, E., Lloyd-Fox, S., Thomson, A., Brammer, M., Sauter, D., Deeley, Q., Barker, G. J., Renvall, V., Deoni, S., Gasston, D., Williams, S. C. R., Johnson, M. H., Simmons, A., & Murphy, D. G. M. (2011). Early specialization for voice and emotion processing in the infant brain. *Current Biology, 21*(14), 1220-1224. https://doi.org/10.1016/j.cub.2011.06.009

Bleiweis, R. (2020, March 24). Quick facts about the gender wage gap. *Center for American Progress.* https://www.americanprogress.org/issues/women/reports/2020/03/24/482141/quick-facts-gender-wage-gap/

Bolen, J. S. (2002). *Goddesses in older women: Archetypes in women over fifty*. Harper Perennial.

Borelli, J. L., Nelson, S. K., River, L. M., Birken, S. A., & Moss-Racusin, C. A. (2017). Bringing work home: Gender and parenting correlates of work-family guilt among parents of toddlers. *Journal of Child and Family Studies, 26*(6), 1734-1745. https://doi.org/10.1007/s10826-017-0693-4

Bowles, N. (2018, May 18). Jordan Peterson, custodian of the patriarchy. *The New York Times*. https://www.nytimes.com/2018/05/18/style/jordan-peterson-12-rules-for-life.html

Brach, T. (2004). *Radical acceptance: Embracing your life with the heart of a Buddha*. Bantam.

Braehler, C., & Neff, K. D. (2020). Self-compassion for PTSD. In N. Kimbrel & M. Tull (Eds.), *Emotion in PTSD* (pp. 567-596). Elsevier Academic Press.

Braun, T. D., Park, C. L., & Gorin, A. (2016). Self-compassion, body image, and disordered eating: A review of the literature. *Body Image, 17*, 117-131. https://doi.org/10.1016/j.bodyim.2016.03.003

Breines, J. G., & Chen, S. (2012). Self-compassion increases self-improvement motivation. *Personality and Social Psychology Bulletin, 38*(9), 1133-1143. https://doi.org/10.1177/0146167212445599

Brescoll, V. L., & Uhlmann, E. L. (2008). Can an angry woman get ahead? Status conferral, gender, and expression of emotion in the workplace. *Psychological Science, 19*(3), 268-275. https://doi.org/10.1111/j.1467-9280.2008.02079.x

Brewer, J. A., Worhunsky, P. D., Gray, J. R., Tang, Y. Y., Weber, J., &

Kober, H. (2011). Meditation experience is associated with differences in default mode network activity and connectivity. *Proceedings of the National Academy of Sciences, 108*(50), 20254-20259. https://doi.org/10.1073/pnas.1112029108

Brion, J. M., Leary, M. R., & Drabkin, A. S. (2014). Self-compassion and reactions to serious illness: The case of HIV. *Journal of Health Psychology, 19*(2), 218-229. https://doi.org/10.1177/1359105312467391

Brockes, E. (2018, January 15). #MeToo founder Tarana Burke: "You have to use your privilege to serve other people." *The Guardian.* https://www.theguardian.com/world/2018/jan/15/me-too-founder-tarana-burke-women-sexual-assault

Brody, L. (2009). *Gender, emotion, and the family.* Harvard University Press.

Brooks, M., et al. (2012). Self-compassion amongst clients with problematic alcohol use. *Mindfulness, 3*(4), 308-317. https://doi.org/10.1007/s12671-012-0106-5

Broomfield, M. (2017, January 23). Women's March against Donald Trump is the largest day of protests in US history, say political scientists. *The Independent.* https://www.independent.co.uk/news/world/americas/womens-march-anti-donald-trump-womens-rights-largest-protest-demonstration-us-history-political-scientists-a7541081.html

Brown, J. D. (1986). Evaluations of self and others: Self-enhancement biases in social judgments. *Social Cognition, 4*(4), 353-376. https://doi.org/10.1521/soco.1986.4.4.353

Buffington, C., Cerf, B., Jones, C., & Weinberg, B. A. (2016). STEM training and early career outcomes of female and male graduate students: Evidence from UMETRICS data linked to the 2010 Census. *American Economic Review, 106*(5), 333-338. https://doi.org/10.1257/aer.p20161124

Buntaine, R. L., & Costenbader, V. K. (1997). Self-reported differences in the experience and expression of anger between girls and boys. *Sex Roles, 36*(9-10), 625-637. https://doi.org/10.1023/A:1025601405659

Büring, D. (2016). *Intonation and meaning.* Oxford University Press.

Buss, D. M. (1990). Unmitigated agency and unmitigated communion: An analysis of the negative components of masculinity and femininity. *Sex Roles, 22*(9), 555-568. https://doi.org/10.1007/BF00288229

Bussey, K., & Bandura, A. (1999). Social cognitive theory of gender development and differentiation. *Psychological Review, 106*(4), 676-713. https://doi.org/10.1037/0033-295X.106.4.676

Cameron, J. E. (2001). Social identity, modern sexism, and perceptions of personal and group discrimination by women and men. *Sex Roles, 45*(11-12), 743-766. https://doi.org/10.1023/A:1015623829978

Cameron, K., Mora, C., Leutscher, T., & Calarco, M. (2011). Effects of positive practices on organizational effectiveness. *Journal of Applied Behavioral Science, 47*(3), 266-308. https://doi.org/10.1177/0021886310395514

Campbell, A., & Muncer, S. (1994). Sex differences in aggression: Social representation and social roles. *British Journal of Social Psychology, 33*(2), 233-240. https://doi.org/10.1111/j.2044-8309.1994.tb01024.x

Campbell, J. C., Glass, N., Sharps, P. W., Laughon, K., & Bloom, T. (2007).

Intimate partner homicide: Review and implications of research and policy. *Trauma, Violence, & Abuse, 8*(3), 246-269. https://doi.org/10.1177/1524838007303505

Capps, K. (2017, January 22). Millions of marchers, zero arrests. *CityLab.* https://www.bloomberg.com/news/articles/2017-01-22/millions-gather-for-women-s-march-none-arrested

Caraway, N. (1991). *Segregated sisterhood: Racism and the politics of American feminism.* University of Tennessee Press.

Carter, C. S. (2014). Oxytocin pathways and the evolution of human behavior. *Annual Review of Psychology, 65*, 17-39. https://doi.org/10.1146/annurev-psych-010213-115110

Cavell, T. A., & Malcolm, K. T. (Eds.). (2007). *Anger, aggression, and interventions for interpersonal violence.* Lawrence Erlbaum.

Ceccarelli, L., Giuliano, R. J., Glazebrook, C. M., Strachan, S. M., & Côté, J. (2019). Self-compassion and psycho-physiological recovery from recalled sport failure. *Frontiers in Psychology, 10*, 1564. https://doi.org/10.3389/fpsyg.2019.01564

Chan, D. K. S., Chow, S. Y., Lam, C. B., & Cheung, S. F. (2008). Examining the job-related, psychological, and physical outcomes of workplace sexual harassment: A meta-analytic review. *Psychology of Women Quarterly, 32*(4), 362-376. https://doi.org/10.1111/j.1471-6402.2008.00451.x

Chaplin, T. M., Cole, P. M., & Zahn-Waxler, C. (2005). Parental socialization of emotion expression: Gender differences and relations to child adjustment. *Emotion, 5*(1), 80-88. https://doi.org/10.1037/1528-3542.5.1.80

Chemaly, S. (2018). *Rage becomes her: The power of women's anger.* Simon & Schuster.

Cheng, C. (2005). Processes underlying gender-role flexibility: Do androgynous individuals know more or know how to cope? *Journal of Personality, 73*(3), 645-673. https://doi.org/10.1111/j.1467-6494.2005.00323.x

Cherry, M. A., & Wilcox, M. M. (2021). Sexist microaggressions: Traumatic stressors mediated by self-compassion. *The Counseling Psychologist, 49*(1), 106-137. https://doi.org/10.1177/0011000020962732

Chödrön, P. (1991). *The wisdom of no escape and the path of loving-kindness.* Shambhala.

Christman, J. A. (2012). *Examining the interplay of rejection sensitivity, self-compassion, and communication in romantic relationships* (Unpublished doctoral dissertation). University of Tennessee.

Chu, R. (2016). *The relations of self-compassion, implicit theories of intelligence, and mental health outcomes among Chinese adolescents* (Unpublished doctoral dissertation). San Francisco State University.

Clance, P. R., & Imes, S. A. (1978). The imposter phenomenon in high achieving women: Dynamics and therapeutic intervention. *Psychotherapy: Theory, Research and Practice, 15*(3), 241-249. https://doi.org/10.1037/h008

Clarke, C. (2020, May 28). Texas bar owner prohibits customers from wearing masks. *CBS News.* https://www.cbsnews.com/news/texas-bar-liberty-tree-tavern-bans-masks-customers/

Cleare, S., Gumley, A., & O'Connor, R. C. (2019). Self-compassion, self-forgiveness, suicidal ideation, and self-harm: A systematic review.

참고문헌

*Clinical Psychology & Psychotherapy, 26*(5), 511-530. https://doi. org/10.1002/cpp.2372

Closson, T. (2020, July 8). Amy Cooper's 911 call, and what's happened since. *The New York Times.* https://www.nytimes.com/2020/07/08/ nyregion/amy-cooper-false-report-charge.html

Cole, E. R. (2009). Intersectionality and research in psychology. *American Psychologist, 64*(3), 170-180. https://doi.org/10.1037/a0014564

Coyle, E. F., Fulcher, M., & Trübutschek, D. (2016). Sissies, mama's boys, and tomboys: Is children's gender nonconformity more acceptable when nonconforming traits are positive? *Archives of Sexual Behavior, 45*(7), 1827-1838. https://doi.org/10.1007/s10508-016-0742-x

Coyne, S. M., & Ostrov, J. M. (Eds.). (2018). *The development of relational aggression.* Oxford University Press.

Craig, C., Hiskey, S., & Spector, A. (2020). Compassion focused therapy: A systematic review of its effectiveness and acceptability in clinical populations. *Expert Review of Neurotherapeutics, 20*(4), 385-400. https://doi.org/10.1080/14737175.2020.1746184

Crocker, J., & Canevello, A. (2008). Creating and undermining social support in communal relationships: The role of compassionate and self-image goals. *Journal of Personality and Social Psychology, 95*(3), 555-575. https://doi.org/10.1037/0022-3514.95.3.555

Crocker, J., & Knight, K. M. (2005). Contingencies of self-worth. *Current Directions in Psychological Science, 14*(4), 200-203. https://doi. org/10.1111/j.0963-7214.2005.00364.x

Crocker, J., & Park, L. E. (2004). The costly pursuit of self-esteem. *Psychological Bulletin, 130*(3), 392-414. https://doi.org/10.1037/0033-

2909.130.3.392

Crocker, J., Thompson, L. L., McGraw, K. M., & Ingerman, C. (1987). Downward comparison, prejudice, and evaluations of others: Effects of self-esteem and threat. *Journal of Personality and Social Psychology, 52*(5), 907-916. https://doi.org/10.1037/0022-3514.52.5.907

Cundiff, J. L., & Vescio, T. K. (2016). Gender stereotypes influence how people explain gender disparities in the workplace. *Sex Roles, 75*(3-4), 126-138. https://doi.org/10.1007/s11199-016-0593-2

Dahm, K. A., Meyer, E. C., Neff, K. D., Kimbrel, N. A., Gulliver, S. B., & Morissette, S. B. (2015). Mindfulness, self-compassion, posttraumatic stress disorder symptoms, and functional disability in US Iraq and Afghanistan war veterans. *Journal of Traumatic Stress, 28*(5), 460-464. https://doi.org/10.1002/jts.22045

Damaske, S. (2011). *For the family? How class and gender shape women's work.* Oxford University Press.

Darkness to Light. (2020, October 15). *Child sexual abuse statistics.* https://www.d2l.org/the-issue/statistics/

Davidson, K., MacGregor, M. W., Stuhr, J., Dixon, K., & MacLean, D. (2000). Constructive anger verbal behavior predicts blood pressure in a population-based sample. *Health Psychology, 19*(1), 55-64. https://doi.org/10.1037/0278-6133.19.1.55

Davison, H. K., & Burke, M. J. (2000). Sex discrimination in simulated employment contexts: A meta-analytic investigation. *Journal of Vocational Behavior, 56*(2), 225-248. https://doi.org/10.1006/jvbe.1999.1711

Dawson Rose, C., Maxwell, A., & Lin, J. (2014). Self-compassion and risk behavior among people living with HIV/AIDS. *Research in Nursing & Health, 37*(2), 98-106. https://doi.org/10.1002/nur.21590

de Azevedo Hanks, J. (2016). *The assertiveness guide for women: How to communicate your needs, set healthy boundaries, and transform your relationships*. New Harbinger.

De Dreu, C. K. W., Greer, L. L., Handgraaf, M. J. J., Shalvi, S., Van Kleef, G. A., Baas, M., Ten Velden, F. S., Van Dijk, E., & Feith, S. W. W. (2010). The neuropeptide oxytocin regulates parochial altruism in intergroup conflict among humans. *Science, 328*(5984), 1408-1411. https://doi.org/10.1126/science.1189047

Deci, E. L., & Ryan, R. M. (2000). The "what" and "why" of goal pursuits: Human needs and the self-determination of behavior. *Psychological Inquiry, 11*(4), 227-268. https://doi.org/10.1207/S15327965PLI1104_01

Deci, E. L., & Ryan, R. M. (Eds.). (2004). *Handbook of self-determination research*. University of Rochester Press.

Delaney, M. C. (2018). Caring for the caregivers: Evaluation of the effect of an eight-week pilot mindful self-compassion (MSC) training program on nurses' compassion fatigue and resilience. *PLOS ONE, 13*(11), e0207261. https://doi.org/10.1371/journal.pone.0207261

Desai, N., & Krishnaraj, M. (1987). *Women and society in India*. Ajanta Press.

DeWold, M. (2017, March 6). 12 stats about working women. *U.S. Department of Labor Blog.* https://www.ishn.com/articles/105943-stats-about-working-women

Di Stasio, M. R., Savage, R. S., & Burgos, G. (2016). Social comparison, competition and teacher-student relationships in junior high school classrooms predicts bullying and victimization. *Journal of Adolescence, 53,* 207-216. https://doi.org/10.1016/ j.adolescence.2016.10.002

Diac, A. E., et al. (2017). Self-compassion, well-being and chocolate addiction. *Romanian Journal of Cognitive Behavioral Therapy and Hypnosis, 4*(1-2), 1-12.

Dicks, J. M. (2014). *Sexual assault survivors' experiences of self-compassion* (Unpublished doctoral dissertation). University of Alberta.

Dinger, U., Zunhammer, M., Arens, E. A., Willutzki, U., & Schauenburg, H. (2015). Interpersonal problems, dependency, and self-criticism in major depressive disorder. *Journal of Clinical Psychology, 71*(1), 93-104. https://doi.org/10.1002/jclp.22119

Duckworth, A. L., & Gross, J. J. (2014). Self-control and grit: Related but separable determinants of success. *Current Directions in Psychological Science, 23*(5), 319-325. https://doi.org/10.1177/0963721414541462

Dundas, I., Binder, P. E., Hansen, T. G., & Stige, S. H. (2017). Does a short self-compassion intervention for students increase healthy self-regulation? A randomized control trial. *Scandinavian Journal of Psychology, 58*(5), 443-450. https://doi.org/10.1111/sjop.12385

Dutton, J. E., Frost, P. J., Worline, M. C., Lilius, J. M., & Kanov, J. M. (2002). Leading in times of trauma. *Harvard Business Review, 80*(1), 54-61.

Dweck, C. S. (2000). *Self-theories: Their role in motivation, personality, and development.* Psychology Press.

Dworkin, E. R., Menon, S. V., Bystrynski, J., & Allen, N. E. (2017).

Sexual assault victimization and psychopathology: A review and meta-analysis. *Clinical Psychology Review, 56*, 65-81. https://doi.org/10.1016/j.cpr.2017.06.002

Eagly, A. H., & Steffen, V. J. (1984). Gender stereotypes stem from the distribution of women and men into social roles. *Journal of Personality and Social Psychology, 46*(4), 735-754. https://doi.org/10.1037/0022-3514.46.4.735

Eagly, A. H., & Steffen, V. J. (1986). Gender and aggressive behavior: A meta-analytic review of the social psychological literature. *Psychological Bulletin, 100*(3), 309-330. https://doi.org/10.1037/0033-2909.100.3.309

Eagly, A. H., & Wood, W. (2013). The nature-nurture debates: 25 years of challenges in understanding the psychology of gender. *Perspectives on Psychological Science, 8*(3), 340-357. https://doi.org/10.1177/1745691613484767

Eagly, A. H., Nater, C., Miller, D. L., Kaufmann, M., & Sczesny, S. (2020). Gender stereotypes have changed: A cross-temporal meta-analysis of U.S. public opinion polls from 1946 to 2018. *American Psychologist, 75*(3), 301-315. https://doi.org/10.1037/amp0000494

Ehret, A. M., Joormann, J., & Berking, M. (2015). Examining risk and resilience factors for depression: The role of self-criticism and self-compassion. *Cognition and Emotion, 29*(8), 1496-1504. https://doi.org/10.1080/02699931.2014.992394

England, P., Budig, M., & Folbre, N. (2002). Wages of virtue: The relative pay of care work. *Social Problems, 49*(4), 455-473. https://doi.org/10.1525/sp.2002.49.4.455

Ernst, C. P., & Herm-Stapelberg, N. (2020, January). Gender stereotyping's influence on the perceived competence of Siri and Co. In *Proceedings of the 53rd Hawaii International Conference on System Sciences*.

Eron, L. D. (1997). Spare the rod and spoil the child? *Aggression and Violent Behavior*, *2*(4), 309-311. https://doi.org/10.1016/S1359-1789(97)00013-5

Esqueda, C. W., & Harrison, L. A. (2005). The influence of gender role stereotypes, the woman's race, and level of provocation and resistance on domestic violence culpability attributions. *Sex Roles*, *53*(11-12), 821-834. https://doi.org/10.1007/s11199-005-8309-3

Evans, T. A., Wallis, E. J., & Elgar, M. A. (1995). Making a meal of mother. *Nature*, *376*(6538), 299. https://doi.org/10.1038/376299a0

Everson, S. A., Goldberg, D. E., Kaplan, G. A., Cohen, R. D., Pukkala, E., & Tuomilehto, J. (1998). Anger expression and incident hypertension. *Psychosomatic Medicine*, *60*(6), 730-735. https://doi.org/10.1097/00006842-199811000-00009

Fahrenthold, D. A. (2016, October 8). Trump recorded having extremely lewd conversation about women in 2005. *The Washington Post*. https://www.washingtonpost.com/politics/trump-recorded-having-extremely-lewd-conversation-about-women-in-2005/2016/10/07/3b9ce776-8cb4-11e6-bf8a-3d26847eeed4_story.html

Ferguson, L. J., Kowalski, K. C., Mack, D. E., & Sabiston, C. M. (2015). Self-compassion and eudaimonic well-being during emotionally difficult times in sport. *Journal of Happiness Studies*, *16*(5), 1263-1280. https://doi.org/10.1007/s10902-014-9558-8

Ferrari, M., Hunt, C., Harrysunker, A., Abbott, M. J., Beath, A. P., &

Einstein, D. A. (2019). Self-compassion interventions and psychosocial outcomes: A meta-analysis of RCTs. *Mindfulness, 10*(8), 1455-1473. https://doi.org/10.1007/s12671-019-01134-6

Ferrari, M., Yap, K., Scott, N., Einstein, D. A., & Ciarrochi, J. (2018). Self-compassion moderates the perfectionism and depression link in both adolescence and adulthood. *PLOS ONE, 13*(2), e0192022. https://doi.org/10.1371/journal.pone.0192022

Ferreira, J. S., Rigby, R. A., & Cobb, R. J. (2020). Self-compassion moderates associations between distress about sexual problems and sexual satisfaction in a daily diary study of married couples. *Canadian Journal of Human Sexuality, 29*(2), 182-196. https://doi.org/10.3138/cjhs.2020-0007

Festinger, L. (1962). Cognitive dissonance. *Scientific American, 207*(4), 93-106. https://doi.org/10.1038/scientificamerican1062-93

Field, T. (2014). *Touch*. MIT Press.

Fivush, R. (1989). Exploring differences in the emotional content of mother-child conversations about the past. *Sex Roles, 20*(11-12), 675-691. https://doi.org/10.1007/BF00288079

Fleming, K. (2020, January 2). Mansplaining conference hopes to "Make women great again." *New York Post*. https://nypost.com/2020/01/02/mansplaining-conference-hopes-to-make-women-great-again/

Fraley, R. C., & Hudson, N. W. (2017). The development of attachment styles. In J. Specht (Ed.), *Personality development across the lifespan* (pp. 275-292). Academic Press.

Fresnics, A., & Borders, A. (2016). Angry rumination mediates the unique associations between self-compassion and anger and aggression.

*Mindfulness, 8*(3), 554-564. https://doi.org/10.1007/s12671-016-0623-2

Friis, A. M., Consedine, N. S., & Johnson, M. H. (2015). Does kindness matter? Diabetes, depression, and self-compassion: A selective review and research agenda. *Diabetes Spectrum, 28*(4), 252-257. https://doi.org/10.2337/diaspect.28.4.252

Fritz, H. L. (2000). Gender-linked personality traits predict mental health and functional status following a first coronary event. *Health Psychology, 19*(5), 420-428. https://doi.org/10.1037/0278-6133.19.5.420

Fritz, H. L., & Helgeson, V. S. (1998). Distinctions of unmitigated communion from communion: Self-neglect and overinvolvement with others. *Journal of Personality and Social Psychology, 75*(1), 121-140. https://doi.org/10.1037/0022-3514.75.1.121

Fuochi, G., Veneziani, C. A., & Voci, A. (2018). Exploring the social side of self-compassion: Relations with empathy and outgroup attitudes. *European Journal of Social Psychology, 48*(6), 769-783. https://doi.org/10.1002/ejsp.2362

Gandhi, M. K. (1958). Letter to Mr. - (25 January 1920). *In The collected works of Mahatma Gandhi* (Vol. 19). Publications Division, Ministry of Information and Broadcasting, Government of India.

Gandhi, M. K. (2014). *My experiments with the truth.* Simon & Schuster. (Original work published 1928)

Garcia, S. M., Tor, A., & Schiff, T. M. (2013). The psychology of competition: A social comparison perspective. *Perspectives on Psychological Science, 8*(6), 634-650. https://doi.

org/10.1177/1745691613504114

Germer, C. K. (2009). *The mindful path to self-compassion: Freeing yourself from destructive thoughts and emotions.* Guilford Press.

Germer, C. K., & Neff, K. D. (2019). *Teaching the mindful self-compassion program: A guide for professionals.* Guilford Press.

Germer, C., & Neff, K. D. (2019). Mindful self-compassion (MSC). In I. Ivtzan (Ed.), *The handbook of mindfulness-based programs: Every established intervention, from medicine to education* (pp. 55-74). Routledge.

Gershoff, E. T. (2002). Corporal punishment by parents and associated child behaviors and experiences: A meta-analytic and theoretical review. *Psychological Bulletin, 128*(4), 539-579. https://doi.org/10.1037/0033-2909.128.4.539

Ghaed, S. G., & Gallo, L. C. (2006). Distinctions among agency, communion, and unmitigated agency and communion according to the interpersonal circumplex, five-factor model, and social-emotional correlates. *Journal of Personality Assessment, 86*(1), 77-88. https://doi.org/10.1207/s15327752jpa8601_09

Gibb, B. E. (2002). Childhood maltreatment and negative cognitive styles: A quantitative and qualitative review. *Clinical Psychology Review, 22*(2), 223-246. https://doi.org/10.1016/S0272-7358(01)00088-5

Gilbert, P. (2000). Social mentalities: Internal 'social' conflicts and the role of inner warmth and compassion in cognitive therapy. In P. Gilbert & K. G. Bailey (Eds.), *Genes on the couch: Explorations in evolutionary psychotherapy* (pp. 118-150). Psychology Press.

Gilbert, P. (2000). Social mentalities: Internal "social" conflicts and the role of inner warmth and compassion in cognitive therapy. In P. Gilbert & K. G. Bailey (Eds.), *Genes on the couch: Explorations in evolutionary psychotherapy* (pp. 118-150). Psychology Press.

Gilbert, P. (2014). The origins and nature of compassion focused therapy. *British Journal of Clinical Psychology, 53*(1), 6-41. https://doi.org/10.1111/bjc.12043

Gilbert, P., & Procter, S. (2006). Compassionate mind training for people with high shame and self-criticism: Overview and pilot study of a group therapy approach. *Clinical Psychology & Psychotherapy, 13*(6), 353-379. https://doi.org/10.1002/cpp.507

Gilbert, P., McEwan, K., Bellew, R., Mills, A., & Gale, C. (2005). An exploration into depression-focused and anger-focused rumination in relation to depression in a student population. *Behavioural and Cognitive Psychotherapy, 33*(3), 273-283. https://doi.org/10.1017/S1352465804002048

Gilbert, P., McEwan, K., Matos, M., & Rivis, A. (2011). Fears of compassion: Development of three self-report measures. *Psychology and Psychotherapy: Theory, Research and Practice, 84*(3), 239-255. https://doi.org/10.1348/147608310X526511

Gilmore, G. E. (2019). *Gender and Jim Crow: Women and the politics of white supremacy in North Carolina, 1896-1920* (2nd ed.). UNC Press Books.

Ging, D. (2019). Alphas, betas, and incels: Theorizing the masculinities of the manosphere. *Men and Masculinities, 22*(4), 638-657. https://doi.org/10.1177/1097184X17706401

Glassman, B., & Fields, R. (1996). Instructions to the cook. *Tricycle: The*

*Buddhist Review.*

Glick, P., & Fiske, S. T. (2001). An ambivalent alliance: Hostile and benevolent sexism as complementary justifications for gender inequality. *American Psychologist, 56*(2), 109-118. https://doi.org/10.1037/0003-066X.56.2.109

Goetz, J. L., Keltner, D., & Simon-Thomas, E. (2010). Compassion: An evolutionary analysis and empirical review. *Psychological Bulletin, 136*(3), 351-374. https://doi.org/10.1037/a0018807

Goldstein, J., & Kornfield, J. (1987). *Seeking the heart of wisdom: The path of insight meditation.* Shambhala.

Gordon, I., Zagoory-Sharon, O., Leckman, J. F., & Feldman, R. (2010). Oxytocin and the development of parenting in humans. *Biological Psychiatry, 68*(4), 377-382. https://doi.org/10.1016/j.biopsych.2010.02.005

Gorman, A. (2021, January 20). *The hill we climb* [Poem read at the presidential inauguration of Joseph Biden]. CNBC. https://www.cnbc.com/2021/01/20/amanda-gormans-inaugural-poem-the-hill-we-climb-full-text.html

Gorman, A. (2021, January 20). *The hill we climb* [Poem read at the presidential inauguration of Joseph Biden]. CNBC. https://www.cnbc.com/2021/01/20/amanda-gormans-inaugural-poem-the-hill-we-climb-full-text.html

Graf, N., Brown, A., & Patten, E. (2019, March 22). The narrowing, but persistent, gender gap in pay. *Pew Research Center.* https://www.pewresearch.org/fact-tank/2019/03/22/gender-pay-gap-facts/

Grall, T. (2020, February). Custodial mothers and fathers and their child support: 2015 (P60-262). U.S. Census Bureau. (Original work published 2018). https://www.census.gov/library/publications/2018/demo/p60-262.html

Grant, H. (2018). *Pocket Frida Kahlo wisdom*. Hardie Grant Publishing.

Groth, G. (2011, May 23). Jack Kirby interview, part 6. *Comics Journal, (134)*. https://www.tcj.com/jack-kirby-interview-part-6

Gruen, R. J., Silva, J. R., & Jason, L. A. (1997). Vulnerability to stress: Self-criticism and stress-induced changes in biochemistry. *Journal of Personality, 65*(1), 33-47. https://doi.org/10.1111/j.1467-6494.1997.tb00529.x

Grunspan, D. Z., Eddy, S. L., Brownell, S. E., Wiggins, B. L., Crowe, A. J., & Goodreau, S. M. (2016). Males under-estimate academic performance of their female peers in undergraduate biology classrooms. *PLOS ONE, 11*(2), e0148405. https://doi.org/10.1371/journal.pone.0148405

Gunnell, K. E., Mosewich, A. D., McEwen, C. E., Eklund, R. C., & Crocker, P. R. (2017). Don't be so hard on yourself! Changes in self-compassion during the first year of university are associated with changes in well-being. *Personality and Individual Differences, 107*, 43-48. https://doi.org/10.1016/j.paid.2016.11.032

Haines, E. L., Deaux, K., & Lofaro, N. (2016). The times they are a-changing … or are they not? A comparison of gender stereotypes, 1983-2014. *Psychology of Women Quarterly, 40*(3), 353-363. https://doi.org/10.1177/0361684316634081

Haines, E. L., Deaux, K., & Lofaro, N. (2016). The times they are a-changing ⋯ or are they not? A comparison of gender stereotypes,

1983-2014. *Psychology of Women Quarterly, 40*(3), 353-363. https://doi.org/10.1177/0361684316634081

Halifax, J. (2009). *Being with dying: Cultivating compassion and fearlessness in the presence of death.* Shambhala Publications.

Halperin, E. (2008). Group-based hatred in intractable conflict in Israel. *Journal of Conflict Resolution, 52*(5), 713-736. https://doi.org/10.1177/0022002708314665

Halperin, E., Russell, A. G., Trzesniewski, K. H., Gross, J. J., & Dweck, C. S. (2011). Anger, hatred, and the quest for peace: Anger can be constructive in the absence of hatred. *Journal of Conflict Resolution, 55*(2), 274-291. https://doi.org/10.1177/0022002710374723

Halpin, J., Agne, K., & Omero, M. (2018, September). *Affordable child care and early learning for all families.* Center for American Progress. https://cdn.americanprogress.org/content/uploads/2018/09/12074422/ChildCarePolling-report.pdf

Harris-Perry, M. V. (2011). *Sister citizen: Shame, stereotypes, and Black women in America.* Yale University Press.

Harter, S., Waters, P., & Whitesell, N. R. (1998). Level of voice among high school women and men: Relational context, support, and gender orientation. *Developmental Psychology, 34*(5), 892-901. https://doi.org/10.1037/0012-1649.34.5.892

Hashem, Z., & Zeinoun, P. (2020). Self-compassion explains less burnout among healthcare professionals. *Mindfulness, 11*(11), 2542-2551. https://doi.org/10.1007/s12671-020-01475-6

Hayes, S. C., Strosahl, K. D., & Wilson, K. G. (2011). *Acceptance and commitment therapy: The process and practice of mindful change.*

Guilford Press.

Hayter, M. R., & Dorstyn, D. S. (2013). Resilience, self-esteem and self-compassion in adults with spina bifida. *Spinal Cord, 52*(2), 167-171. https://doi.org/10.1038/sc.2013.154

Heilman, M. E. (2012). Gender stereotypes and workplace bias. *Research in Organizational Behavior, 32*, 113-135. https://doi.org/10.1016/j.riob.2012.11.003

Heilman, M. E., & Haynes, M. C. (2005). No credit where credit is due: Attributional rationalization of women's success in male-female teams. *Journal of Applied Psychology, 90*(5), 905-916. https://doi.org/10.1037/0021-9010.90.5.905

Heilman, M. E., & Parks-Stamm, E. J. (2007). Gender stereotypes in the workplace: Obstacles to women's career progress. In S. J. Correll (Ed.), *Social psychology of gender: Advances in group processes* (Vol. 24, pp. 47-77). Emerald Group Publishing.

Heilman, M. E., Block, C. J., & Martell, R. (1995). Sex stereotypes: Do they influence perceptions of managers? *Journal of Social Behavior and Personality, 10*(4), 237-252.

Helgeson, V. S. (1994). Relation of agency and communion to well-being: Evidence and potential explanations. *Psychological Bulletin, 116*(3), 412-428. https://doi.org/10.1037/0033-2909.116.3.412

Helgeson, V. S., & Fritz, H. (1998). A theory of unmitigated communion. *Personality and Social Psychology Review, 2*(3), 173-183. https://doi.org/10.1207/s15327957pspr0203_2

Helgeson, V. S., & Fritz, H. L. (2000). The implications of unmitigated agency and unmitigated communion for domains of problem behavior. *Journal of Personality, 68*(6), 1031-1057. https://doi. org/10.1111/1467-6494.00127

Herbert, J., & Stipek, D. (2005). The emergence of gender differences in children's perceptions of their academic competence. *Journal of Applied Developmental Psychology, 26*(3), 276-295. https://doi. org/10.1016/j.appdev.2005.02.007

Herculano-Houzel, S. (2016). *The human advantage: A new understanding of how our brain became remarkable.* MIT Press.

Hering, D., Lachowska, K., & Schlaich, M. (2015). Role of the sympathetic nervous system in stress-mediated cardiovascular disease. *Current Hypertension Reports, 17*(10), 80. https://doi.org/10.1007/ s11906-015-0594-2

Hill, F., Mammarella, I. C., Devine, A., Caviola, S., Passolunghi, M. C., & Szücs, D. (2016). Maths anxiety in primary and secondary school students: Gender differences, developmental changes and anxiety specificity. *Learning and Individual Differences, 48*, 45-53. https:// doi.org/10.1016/j.lindif.2016.02.006

Hill, J. P., & Lynch, M. E. (1983). The intensification of gender-related role expectations during early adolescence. In J. Brooks-Gunn & A. C. Petersen (Eds.), *Girls at puberty* (pp. 201-228). Springer.

Hiraoka, R., Meyer, E. C., Kimbrel, N. A., DeBeer, B. B., Gulliver, S. B., & Morissette, S. B. (2015). Self-compassion as a prospective predictor of PTSD symptom severity among trauma-exposed US Iraq and Afghanistan war veterans. *Journal of Traumatic Stress, 28*(1), 1-7. https://doi.org/10.1002/jts.21995

Homan, K. J., & Sirois, F. M. (2017). Self-compassion and physical health: Exploring the roles of perceived stress and health-promoting behaviors. *Health Psychology Open, 4*(2), 1-9. https://doi.org/10.1177/2055102917729542

hooks, b. (1981). *Black women and feminism*. Routledge.

Hope, N., Koestner, R., & Milyavskaya, M. (2014). The role of self-compassion in goal pursuit and well-being among university freshmen. *Self and Identity, 13*(5), 579-593. https://doi.org/10.1080/15298868.2014.889032

Howell, J. L., & Ratliff, K. A. (2017). Not your average bigot: The better-than-average effect and defensive responding to implicit association test feedback. *British Journal of Social Psychology, 56*(1), 125-145. https://doi.org/10.1111/bjso.12174

Huprich, S. K., Nelson, S. M., Shankar, R., Dauphin, V. B., Lengu, K., & O'Brien, C. (2018). Are malignant self-regard and vulnerable narcissism different constructs? *Journal of Clinical Psychology, 74*(9), 1556-1569. https://doi.org/10.1002/jclp.22628

Huysmans, Z., & Clement, D. (2017). A preliminary exploration of the application of self-compassion within the context of sport injury. *Journal of Sport and Exercise Psychology, 39*(1), 56-66. https://doi.org/10.1123/jsep.2016-0144

Hyde, J. S. (2014). Gender similarities and differences. *Annual Review of Psychology, 65*, 373-398. https://doi.org/10.1146/annurev-psych-010213-115057

Jack, D. C., & Dill, D. (1992). The Silencing the Self Scale: Schemas of intimacy associated with depression in women. *Psychology of Women Quarterly, 16*(1), 97-106. https://doi.org/10.1111/j.1471-6402.1992.

tb00242.x

Jalnapurkar, I., Allen, M., & Pigott, T. (2018). Sex differences in anxiety disorders: A review. *Journal of Psychiatry, Depression and Anxiety, 4*, 1-9.

Jamieson, A. (2016, December 27). Women's March on Washington: A guide to the post-inaugural social justice event. *The Guardian*. https://www.theguardian.com/us-news/2016/dec/27/womens-march-on-washington-dc-guide

Jiang, Y., You, J., Hou, Y., Du, C., Lin, M.-P., Zheng, X., & Ma, C. (2016). Buffering the effects of peer victimization on adolescent non-suicidal self-injury: The role of self-compassion and family cohesion. *Journal of Adolescence, 53*, 107-115. https://doi.org/10.1016/j.adolescence.2016.09.005

Jin, L., Wang, W., He, J., & Yu, J. (2010). Depressive symptoms and unmitigated communion in support providers. *European Journal of Personality, 24*(1), 56-70. https://doi.org/10.1002/per.738

Johnson, E. A., & O'Brien, K. A. (2013). Self-compassion soothes the savage ego-threat system: Effects on negative affect, shame, rumination, and depressive symptoms. *Journal of Social and Clinical Psychology, 32*(9), 939-963. https://doi.org/10.1521/jscp.2013.32.9.939

Joshi, A., Son, J., & Roh, H. (2015). When can women close the gap? A meta-analytic test of sex differences in performance and rewards. *Academy of Management Journal, 58*(5), 1516-1545. https://doi.org/10.5465/amj.2013.0721

Jost, J. T., & Kay, A. C. (2005). Exposure to benevolent sexism and complementary gender stereotypes: Consequences for specific and diffuse forms of system justification. *Journal of Personality and Social Psychology, 88*(3), 498-509. https://doi.org/10.1037/0022-3514.88.3.498

Kaler, S. R., & Freeman, B. J. (1994). Analysis of environmental deprivation: Cognitive and social development in Romanian orphans. *Journal of Child Psychology and Psychiatry, 35*(4), 769-781. https://doi.org/10.1111/j.1469-7610.1994.tb01219.x

Kanal, D., & Kornegay, J. T. (2019, June). Accounting for household production in the national accounts. *Survey of Current Business, 99*(6). https://apps.bea.gov/scb/2019/06-june/0619-household-production.htm

Kark, R., Waismel-Manor, R., & Shamir, B. (2012). Does valuing androgyny and femininity lead to a female advantage? The relationship between gender-role, transformational leadership and identification. *Leadership Quarterly, 23*(3), 620-640. https://doi.org/10.1016/j.leaqua.2011.12.012

Kelly, A. J., Dubbs, S. L., & Barlow, F. K. (2015). Social dominance orientation predicts heterosexual men's adverse reactions to romantic rejection. *Archives of Sexual Behavior, 44*(4), 903-919. https://doi.org/10.1007/s10508-014-0458-9

Kempton, S. (2013). *Awakening Shakti: The transformative power of the goddesses of yoga.* Sounds True.

Kennedy, J. A., & Kray, L. J. (2014). Who is willing to sacrifice ethical values for money and social status? Gender differences in reactions to ethical compromises. *Social Psychological and Personality Science,*

5(1), 52-59. https://doi.org/10.1177/1948550613482986

Keown, A. (2018, February 26). Price of Teva's generic drug to treat Wilson's disease sparks outrage. *BioSpace*. https://www.biospace.com/article/price-of-teva-s-generic-drug-to-treat-wilson-s-disease-sparks-outrage/

Kernis, M. H., & Goldman, B. M. (2006). Assessing stability of self-esteem and contingent self-esteem. In M. H. Kernis (Ed.), *Self-esteem issues and answers: A sourcebook of current perspectives* (pp. 77-85). Psychology Press.

King, M. L., Jr. (1967, April 4). *Beyond Vietnam: A time to break silence* [Speech delivered at a meeting of Clergy and Laity Concerned, Riverside Church, New York, NY]. https://kinginstitute.stanford.edu/king-papers/publications/beyond-vietnam

King, M. L., Jr. (1967, April 4). *Beyond Vietnam: A time to break silence* [Speech transcript]. Riverside Church, New York, NY. https://kinginstitute.stanford.edu/king-papers/documents/beyond-vietnam

King, M. L., Jr. (1967, April 4). *Beyond Vietnam: A time to break silence* [Speech transcript]. Riverside Church, New York, NY. https://kinginstitute.stanford.edu/king-papers/publications/speeches/beyond-vietnam

King, M. L., Jr. (2010). *Where do we go from here: Chaos or community?* (Vol. 2). Beacon Press.

Kirschner, H., Kuyken, W., Wright, K., Roberts, H., Brejcha, C., Karl, A., & Barnhofer, T. (2019). Soothing your heart and feeling connected: A new experimental paradigm to study the benefits of self-compassion. *Clinical Psychological Science*, 7(3), 545-565. https://

doi.org/10.1177/2167702618812438

Kite, M. E., Deaux, K., & Haines, E. L. (2007). Gender stereotypes. In F. L. Denmark & M. A. Paludi (Eds.), *Psychology of women: A handbook of issues and theories* (2nd ed., pp. 205-236). Praeger.

Kohlberg, L., & Hersh, R. H. (1977). Moral development: A review of the theory. *Theory into Practice, 16*(2), 53-59. https://doi.org/10.1080/00405847709542675

Kornfield, J. (2012). *Bringing home the dharma: Awakening right where you are.* Shambhala.

Kornfield, J. (2017). Freedom of the heart [Audio podcast episode]. In *Heart wisdom* (Ep. 11). Jack Kornfield. https://jackkornfield.com/freedom-heart-heart-wisdom-episode-11

Kotera, Y., & Rhodes, C. (2019). Pathways to sex addiction: Relationships with adverse childhood experience, attachment, narcissism, self-compassion and motivation in a gender-balanced sample. *Sexual Addiction & Compulsivity, 26*(1-2), 54-76. https://doi.org/10.1080/10720162.2019.1572198

Kupers, T. A. (2005). Toxic masculinity as a barrier to mental health treatment in prison. *Journal of Clinical Psychology, 61*(6), 713-724. https://doi.org/10.1002/jclp.20091

Leaper, C., & Friedman, C. K. (2007). The socialization of gender. In J. E. Grusec & P. D. Hastings (Eds.), *Handbook of socialization: Theory and research* (pp. 561-587). Guilford Press.

Lennon, R., & Eisenberg, N. (1987). Gender and age differences in empathy and sympathy. In N. Eisenberg & J. Strayer (Eds.), *Empathy and its development* (pp. 195-217). Cambridge University Press.

Leonard, D. J., Moons, W. G., Mackie, D. M., & Smith, E. R. (2011). We're mad as hell and we're not going to take it anymore: Anger self-stereotyping and collective action. *Group Processes & Intergroup Relations, 14*(1), 99-111. https://doi.org/10.1177/1368430210371634

Lerer, L., & Medina, J. (2020, August 17). The "rage moms" Democrats are counting on. *The New York Times*. https://www.nytimes.com/2020/08/17/us/politics/democrats-women-voters-anger.html

Li, Q. P., Mak, Y. W., & Loke, A. Y. (2013). Spouses' experience of caregiving for cancer patients: A literature review. *International Nursing Review, 60*(2), 178-187. https://doi.org/10.1111/inr.12000

Lieke, L., Bakker, A. B., Demerouti, E., & Schaufeli, W. B. (2008). Positive and negative effects of family involvement on work-related burnout. *Journal of Vocational Behavior, 73*(3), 387-396. https://doi.org/10.1016/j.jvb.2008.07.001

Lindsey, E. W., & Mize, J. (2001). Contextual differences in parent-child play: Implications for children's gender role development. *Sex Roles, 44*(3-4), 155-176. https://doi.org/10.1023/A:1010950919451

Linskey, A. (2019, December 20). The women asked for forgiveness. The men tried to sell their books: How a Democratic debate moment put a spotlight on gender. *The Washington Post*. https://www.washingtonpost.com/politics/seek-forgiveness-or-give-a-gift-how-a-democratic-debate-moment-put-gender-in-the-spotlight/2019/12/20/6b77450c-22db-11ea-a153-dce4b94e4249_story.html

Lively, K. J., Steelman, L. C., & Powell, B. (2010). Equity, emotion, and household division of labor response. *Social Psychology Quarterly*,

73(4), 358-379. https://doi.org/10.1177/0190272510389016

Livingston, G. (2018, September 24). Stay-at-home moms and dads account for about one-in-five U.S. parents. *Pew Research Center.* https://www.pewresearch.org/fact-tank/2018/09/24/stay-at-home-moms-and-dads-account-for-about-one-in-five-u-s-parents/

Locke, K. D. (2015). Agentic and communal social motives. *Social and Personality Psychology Compass, 9*(10), 525-538. https://doi.org/10.1111/spc3.12201

LoParo, D., Mack, S. A., Patterson, B., Negi, L. T., & Kaslow, N. J. (2018). The efficacy of cognitively-based compassion training for African American suicide attempters. *Mindfulness, 9*(6), 1941-1954. https://doi.org/10.1007/s12671-018-0940-5

Lorde, A. (2017). *A burst of light: And other essays.* IXIA Press. (Original work published 1988).

Lutz, A., Slagter, H. A., Dunne, J. D., & Davidson, R. J. (2008). Attention regulation and monitoring in meditation. *Trends in Cognitive Sciences, 12*(4), 163-169. https://doi.org/10.1016/j.tics.2008.01.005

Luyten, P., Blatt, S. J., & Corveleyn, J. (2007). Dependency and self-criticism: Relationship with major depressive disorder, severity of depression, and clinical presentation. *Depression and Anxiety, 24*(8), 586-596. https://doi.org/10.1002/da.20272

MacBeth, A., & Gumley, A. (2012). Exploring compassion: A meta-analysis of the association between self-compassion and psychopathology. *Clinical Psychology Review, 32*(6), 545-552. https://doi.org/10.1016/j.cpr.2012.06.003

Mah, B. L., Bakermans-Kranenburg, M. J., Van IJzendoorn, M. H., &

Smith, R. (2015). Oxytocin promotes protective behavior in depressed mothers: A pilot study with the enthusiastic stranger paradigm. *Depression and Anxiety, 32*(2), 76-81. https://doi.org/10.1002/da.22242

Mak, L., Minuzzi, L., MacQueen, G., Hall, G., Kennedy, S. H., & Milev, R. (2017). The default mode network in healthy individuals: A systematic review and meta-analysis. *Brain Connectivity, 7*(1), 25-33. https://doi.org/10.1089/brain.2016.0438

Malhotra, I. (2014). *Indira Gandhi: A personal and political biography.* Hay House.

Martin, C. L., & Halverson, C. F., Jr. (1983). The effects of sex-typing schemas on young children's memory. *Child Development, 54*(3), 563-574. https://doi.org/10.2307/1130043

Martin, K. A. (1998). Becoming a gendered body: Practices of preschools. *American Sociological Review, 63*(4), 494-511. https://doi.org/10.2307/2657264

Maslow, A. H. (2013). *A theory of human motivation.* Simon and Schuster.

Mattaini, M. A. (2013). *Strategic nonviolent power: The science of satyagraha.* Athabasca University Press.

Mattingly, M. J., & Blanchi, S. M. (2003). Gender differences in the quantity and quality of free time: The US experience. *Social Forces, 81*(3), 999-1030. https://doi.org/10.1353/sof.2003.0036

McCormick-Huhn, K., Kim, L. M., & Shields, S. A. (2020). Unconscious bias interventions for business: An initial test of WAGES-Business (Workshop Activity for Gender Equity Simulation) and Google's 're:Work' trainings. *Analyses of Social Issues and Public Policy, 20*(1), 26-65. https://doi.org/10.1111/asap.12189

McLaughlin, H., Uggen, C., & Blackstone, A. (2012). Sexual harassment, workplace authority, and the paradox of power. *American Sociological Review, 77*(4), 625-647. https://doi.org/10.1177/0003122412451728

McLaughlin, K., Muldoon, O. T., & Moutray, M. (2010). Gender, gender roles and completion of nursing education: A longitudinal study. *Nurse Education Today, 30*(4), 303-307. https://doi.org/10.1016/j.nedt.2009.08.005

McLean, L., Bambling, M., & Steindl, S. R. (2018). Perspectives on self-compassion from adult female survivors of sexual abuse and the counselors who work with them. *Journal of Interpersonal Violence, Advance online publication.* https://doi.org/10.1177/0886260518793975

Merton, T. (1969). *My argument with the Gestapo: A macaronic journal.* New Directions Books.

Miller, C. C., Quealy, K., & Sanger-Katz, M. (2018, April 24). The top jobs where women are outnumbered by men named John. *The New York Times.* https://www.nytimes.com/interactive/2018/04/24/upshot/women-and-men-named-john.html

Miller, J. B. (1991). The development of women's sense of self. In J. Jordan et al. (Eds.), *Women's growth in connection: Writings from the Stone Center* (pp. 11-26). Guilford Press.

Miller, K., & Kelly, A. (2020). Is self-compassion contagious? An examination of whether hearing a display of self-compassion impacts self-compassion in the listener. Canadian *Journal of Behavioural*

*Science, 52*(2), 159-170. https://doi.org/10.1037/cbs0000158

Mills, R. S., & Rubin, K. H. (1992). A longitudinal study of maternal beliefs about children's social behaviors. *Merrill−Palmer Quarterly, 38*(4), 494-512.

Miron, L. R., Orcutt, H. K., Hannan, S. M., & Kumpula, M. J. (2016). The potential indirect effect of childhood abuse on posttrauma pathology through self-compassion and fear of self-compassion. *Mindfulness, 7*(3), 596-605. https://doi.org/10.1007/s12671-016-0490-0

Miyagawa, Y., Niiya, Y., & Taniguchi, J. (2020). When life gives you lemons, make lemonade: Self-compassion increases adaptive beliefs about failure. *Journal of Happiness Studies, 21*(6), 2051-2068. https://doi.org/10.1007/s10902-019-00176-1

Miyagawa, Y., Taniguchi, J., & Niiya, Y. (2018). Can self-compassion help people regulate unattained goals and emotional reactions toward setbacks? *Personality and Individual Differences, 134*, 239-244. https://doi.org/10.1016/j.paid.2018.06.032

Moms Demand Action. (n.d.). *Our story.* https://momsdemandaction.org/about

MomsRising. (n.d.). *About MomsRising.* https://www.momsrising.org/about

Mosher, D. L., & Tomkins, S. S. (1988). Scripting the macho man: Hypermasculine socialization and enculturation. *Journal of Sex Research, 25*(1), 60-84. https://doi.org/10.1080/00224498809551445

Moss-Racusin, C. A., & Rudman, L. A. (2010). Disruptions in women's self-promotion: The backlash avoidance model. *Psychology of Women Quarterly, 34*(2), 186-202. https://doi.org/10.1111/j.1471-

6402.2010.01561.x

Moss-Racusin, C. A., Dovidio, J. F., Brescoll, V. L., Graham, M. J., & Handelsman, J. (2012). Science faculty's subtle gender biases favor male students. *Proceedings of the National Academy of Sciences, 109*(41), 16474-16479. https://doi.org/10.1073/pnas.1211286109

Muris, P. (2015). A protective factor against mental health problems in youths? A critical note on the assessment of self-compassion. *Journal of Child and Family Studies, 25*(5), 1461-1465. https://doi.org/10.1007/s10826-015-0315-3

Muris, P., & Otgaar, H. (2020). The process of science: A critical evaluation of more than 15 years of research on self-compassion with the Self-Compassion Scale. *Mindfulness, 11*(6), 1469-1482. https://doi.org/10.1007/s12671-020-01363-0

Murnen, S. K., Wright, C., & Kaluzny, G. (2002). If "boys will be boys," then girls will be victims? A meta-analytic review of the research that relates masculine ideology to sexual aggression. *Sex Roles, 46*(11-12), 359-375. https://doi.org/10.1023/A:1020488928736

Nairn, R. (2009, September). *The goal of practice* [Lecture presented at Kagyu Samye Ling Monastery, Dumfriesshire, Scotland].

National Center for Education Statistics. (2017). *Table 318.30. Bachelor's, master's, and doctor's degrees conferred by postsecondary institutions, by sex of student and discipline: 2015 – 16.* Digest of Education Statistics. https://nces.ed.gov/programs/digest/d17/tables/dt17_318.30.asp?current=yes

National Sexual Violence Resource Center. (n.d.). *Statistics.* https://www.nsvrc.org/statistics

Navarro-Gil, M., López-del-Hoyo, Y., Barroso, C., Prado-Abril, J., Herrera-Mercadal, P., & García-Campayo, J. (2018). Effects of attachment-based compassion therapy (ABCT) on self-compassion and attachment style in healthy people. *Mindfulness, 9*(1), 51-62. https://doi.org/10.1007/s12671-017-0744-3

Navarro-Gil, M., López-del-Hoyo, Y., Modrego-Alarcón, M., Montero-Marin, J., Van Gordon, W., Shonin, E., & García-Campayo, J. (2020). Effects of attachment-based compassion therapy (ABCT) on self-compassion and attachment style in healthy people. *Mindfulness, 11*(1), 51-62. https://doi.org/10.1007/s12671-018-1088-6

Neely, M. E., Schallert, D. L., Mohammed, S. S., Roberts, R. M., & Chen, Y. J. (2009). Self-kindness when facing stress: The role of self-compassion, goal regulation, and support in college students' well-being. *Motivation and Emotion, 33*(1), 88-97. https://doi.org/10.1007/s11031-008-9119-8

Neff, K. D. (1998). *Reasoning about rights and duties in the context of Indian family life* (Unpublished doctoral dissertation). University of California, Berkeley.

Neff, K. D. (2001). Judgments of personal autonomy and interpersonal responsibility in the context of Indian spousal relationships: An examination of young people's reasoning in Mysore, India. *British Journal of Developmental Psychology, 19*(2), 233-257. https://doi.org/10.1348/026151001166068

Neff, K. D. (2003a). Self-compassion: An alternative conceptualization of a healthy attitude toward oneself. *Self and Identity, 2*(2), 85-102. https://doi.org/10.1080/15298860309032

Neff, K. D. (2003b). Development and validation of a scale to measure self-compassion. *Self and Identity, 2*(3), 223-250. https://doi. org/10.1080/15298860390209035

Neff, K. D. (2011). Self-compassion, self-esteem, and well-being. *Social and Personality Compass, 5*(1), 1-12. https://doi.org/10.1111/j.1751-9004.2010.00330.x

Neff, K. D. (2020). Commentary on Muris and Otgaar: Let the empirical evidence speak on the Self-Compassion Scale. *Mindfulness, 11*(6), 1900-1909. https://doi.org/10.1007/s12671-020-01411-9

Neff, K. D., & Beretvas, S. N. (2013). The role of self-compassion in romantic relationships. *Self and Identity, 12*(1), 78-98. https://doi.org /10.1080/15298868.2011.639548

Neff, K. D., & Faso, D. J. (2014). Self-compassion and well-being in parents of children with autism. *Mindfulness, 6*(4), 938-947. https:// doi.org/10.1007/s12671-014-0359-2

Neff, K. D., & Germer, C. K. (2013). A pilot study and randomized controlled trial of the mindful self-compassion program. *Journal of Clinical Psychology, 69*(1), 28-44. https://doi.org/10.1002/jclp.21923

Neff, K. D., & Pommier, E. (2013). The relationship between self-compassion and other-focused concern among college undergraduates, community adults, and practicing meditators. *Self and Identity, 12*(2), 160-176. https://doi.org/10.1080/15298868.2011. 649546

Neff, K. D., & Suizzo, M. A. (2006). Culture, power, authenticity and psychological well-being within romantic relationships: A comparison of European American and Mexican Americans.

*Cognitive Development, 21*(4), 441-457. https://doi.org/10.1016/j.cogdev.2006.06.008

Neff, K. D., & Terry-Schmitt, L. N. (2002). Youths' attributions for power-related gender differences: Nature, nurture, or God? *Cognitive Development, 17*(3-4), 1185-1203. https://doi.org/10.1016/S0885-2014(02)00093-6

Neff, K. D., & Vonk, R. (2009). Self-compassion versus global self-esteem: Two different ways of relating to oneself. *Journal of Personality, 77*(1), 23-50. https://doi.org/10.1111/j.1467-6494.2008.00537.x

Neff, K. D., Bluth, K., Tóth-Király, I., Davidson, O., Knox, M. C., Williamson, Z., & Costigan, A. (2020). Caring for others without losing yourself: An adaptation of the mindful self-compassion program for healthcare communities. *Journal of Clinical Psychology, 76*(9), 1543-1562. https://doi.org/10.1002/jclp.23007

Neff, K. D., Hsieh, Y.-P., & Dejitthirat, K. (2005). Self-compassion, achievement goals, and coping with academic failure. *Self and Identity, 4*(3), 263-287. https://doi.org/10.1080/13576500444000317

Neff, K. D., Kirkpatrick, K., & Rude, S. S. (2007). Self-compassion and adaptive psychological functioning. *Journal of Research in Personality, 41*(1), 139-154. https://doi.org/10.1016/j.jrp.2006.03.004

Neff, K. D., Knox, M., & Davidson, O. (n.d.). A comparison of self-compassion and compassion for others as they relate to personal and interpersonal wellbeing among community adults [Manuscript in preparation].

Neff, K. D., Long, P., Knox, M. C., Davidson, O., & Kuchar, A. (2018).

The forest and the trees: Examining the association of self-compassion and its positive and negative components with psychological functioning. *Self and Identity, 17*(6), 627-645. https://doi.org/10.1080/15298868.2018.1436587

Neff, K. D., Long, P., Knox, M. C., Davidson, O., Kuchar, A., Costigan, A., & Williamson, Z. (2018). The forest and the trees: Examining the association of self-compassion and its positive and negative components with psychological functioning. *Self and Identity, 17*(6), 627-645. https://doi.org/10.1080/15298868.2018.1436587

Neff, K. D., Rude, S. S., & Kirkpatrick, K. (2007). An examination of self-compassion in relation to positive psychological functioning and personality traits. *Journal of Research in Personality, 41*(4), 908-916. https://doi.org/10.1016/j.jrp.2006.08.002

Neff, K. D., Tóth-Király, I., Knox, M. C., Kuchar, A., & Davidson, O. (2018). The forest and the trees: Examining the association of self-compassion and its positive and negative components with psychological functioning. *Self and Identity, 17*(6), 627-645. https://doi.org/10.1080/15298868.2018.1436587

Neff, K. D., Whittaker, T. A., & Karl, A. (2019). Examining the factor structure of the Self-Compassion Scale using exploratory SEM bifactor analysis in 20 diverse samples: Support for use of a total score and six subscale scores. *Psychological Assessment, 31*(1), 27-45. https://doi.org/10.1037/pas0000629

Nelson, A. A., & Brown, C. S. (2019). Too pretty for homework: Sexualized gender stereotypes predict academic attitudes for gender-typical early adolescent girls. *Journal of Early Adolescence, 39*(4),

603-617. https://doi.org/10.1177/0272431618797037

Nery-Hurwit, M., Yun, J., & Ebbeck, V. (2017). Examining the roles of self-compassion and resilience on health-related quality of life for individuals with multiple sclerosis. *Disability and Health Journal*, *11*(2), 256-261. https://doi.org/10.1016/j.dhjo.2017.10.010

Nevid, J. S., & Rathus, S. A. (2016). *Psychology and the challenges of life* (13th ed.). Wiley.

New York Times. (1988, July 19). Transcript of the keynote address by Ann Richards, the Texas treasurer. *The New York Times*. https://www.nytimes.com/1988/07/19/us/transcript-of-the-keynote-address-by-ann-richards-the-texas-treasurer.html

Newcombe, S. R. (2015). *Shame and self—compassion in members of Alcoholics Anonymous* (Unpublished doctoral dissertation). Wright Institute.

Nicklin, J. M., Seguin, K., & Flaherty, S. (2019). Positive work-life outcomes: Exploring self-compassion and balance. *European Journal of Applied Positive Psychology*, *3*(6), 1-13.

Nolen-Hoeksema, S. (2012). Emotion regulation and psychopathology: The role of gender. *Annual Review of Clinical Psychology*, *8*, 161-187. https://doi.org/10.1146/annurev-clinpsy-032511-143109

Novaco, R. W. (2010). Anger and psychopathology. In M. Potegal, G. Stemmler, & C. Spielberger (Eds.), *International handbook of anger* (pp. 465-497). Springer.

O'Neil, A., Sojo, V., & Fileborn, B. (2018). The #MeToo movement: An opportunity in public health? *The Lancet*, *391*(10140), 2587-2589. https://doi.org/10.1016/S0140-6736(18)30991-7

Olson, E. (1989). The Buddhist female deities. In S. Nicholson (Ed.), *The goddess re-awakening: The feminine principle today* (pp. 80-90). Quest Books.

Palmer, M. (1997). *Yin & yang: Understanding the Chinese philosophy of opposites.* Piatkus Books.

Parker, G., & Brotchie, H. (2010). Gender differences in depression. *International Review of Psychiatry, 22*(5), 429-436. https://doi.org/1 0.3109/09540261.2010.492391

Parker, K., & Funk, C. (2017, December 14). Gender discrimination comes in many forms for today's working women. *Pew Research Center.* https://www.pewresearch.org/fact-tank/2017/12/14/gender-discrimination-comes-in-many-forms-for-todays-working-women/

Parker-Pope, T. (2011, February 29). Go easy on yourself, a new wave of research shows. *The New York Times.* https://well.blogs.nytimes. com/2011/02/28/go-easy-on-yourself-a-new-wave-of-research-urges/

Pascual-Leone, A., Paivio, S. C., Harrington, S., & Rowe, J. (2013). Problem anger in psychotherapy: An emotion-focused perspective on hate, rage and rejecting anger. *Journal of Contemporary Psychotherapy, 43*(2), 83-92. https://doi.org/10.1007/s10879-012-9223-6

Pew Research Center. (2006, February 28). Who's feeling rushed? https:// www.pewsocialtrends.org/2006/02/28/whos-feeling-rushed/

Pew Research Center. (2015, November 4). *Raising kids and running a household: How working parents share the load.* https://www. pewsocialtrends.org/2015/11/04/raising-kids-and-running-a-household-how-working-parents-share-the-load/

Phelps, C. L., et al. (2018). The relationship between self-compassion and the risk for substance use disorder. *Drug and Alcohol Dependence, 183,* 78-81. https://doi.org/10.1016/j.drugalcdep.2017.10.026

Phelps, C. L., Paniagua, S. M., Willcockson, I. U., & Potter, J. S. (2018). The relationship between self-compassion and the risk for substance use disorder. *Drug and Alcohol Dependence, 183,* 78-81. https://doi.org/10.1016/j.drugalcdep.2017.10.026

Phillips, W. J., & Ferguson, S. J. (2012). Self-compassion: A resource for positive aging. *Journals of Gerontology Series B: Psychological Sciences and Social Sciences, 68*(4), 529-539. https://doi.org/10.1093/geronb/gbs091

Phillips, W. J., & Hine, D. W. (2019). Self-compassion, physical health, and health behaviour: A meta-analysis. *Health Psychology Review, 13*(4), 427-459. https://doi.org/10.1080/17437199.2019.1618729

Piaget, J. (1959). *The language and thought of the child* (M. Gabain, Trans.). Lund Humphries. (Original work published 1926)

Pommier, E., Neff, K. D., & Tóth-Király, I. (2019). The development and validation of the compassion scale. *Assessment, 27*(1), 21-39. https://doi.org/10.1177/1073191119874108

Porges, S. W. (2003). The polyvagal theory: Phylogenetic contributions to social behavior. *Physiology & Behavior, 79*(3), 503-513. https://doi.org/10.1016/S0031-9384(03)00156-2

Porges, S. W. (2011). *The polyvagal theory: Neurophysiological foundations of emotions, attachment, communication, and self-regulation.* Norton.

Powers, T. A., Koestner, R., & Zuroff, D. C. (2007). Self-criticism, goal motivation, and goal progress. *Journal of Social and Clinical Psychology, 26*(7), 814-828. https://doi.org/10.1521/jscp.2007.26.7.814

Price, E. C., Gregg, A. P., & Williams, M. N. (2018). Masculine traits and depressive symptoms in older and younger men and women. *American Journal of Men's Health, 12*(1), 19-29. https://doi.org/10.1177/1557988315625479

Proudfoot, D., Kay, A. C., & Koval, C. Z. (2015). A gender bias in the attribution of creativity: Archival and experimental evidence for the perceived association between masculinity and creative thinking. *Psychological Science, 26*(11), 1751-1761. https://doi.org/10.1177/0956797615604820

Purdie-Vaughns, V., & Eibach, R. P. (2008). Intersectional invisibility: The distinctive advantages and disadvantages of multiple subordinate-group identities. *Sex Roles, 59*(5-6), 377-391. https://doi.org/10.1007/s11199-008-9424-4

Rabon, J. K., Hirsch, J. K., Kaniuka, A. R., & Brooks, B. D. (2019). Self-compassion and suicide risk in veterans: When the going gets tough, do the tough benefit more from self-kindness? *Mindfulness, 10*(12), 2544-2554. https://doi.org/10.1007/s12671-019-01214-9

Raes, F., Pommier, E., Neff, K. D., & Van Gucht, D. (2011). Construction and factorial validation of a short form of the Self-Compassion Scale. *Clinical Psychology & Psychotherapy, 18*(3), 250-255. https://doi.org/10.1002/cpp.702

Rainey, J. C., Furman, C. R., & Gearhardt, A. N. (2018). Food addiction among sexual minorities. *Appetite, 120*, 16-22. https://doi.

org/10.1016/j.appet.2017.08.006

Ramdas, K. (2013, May 19). *Commencement address at Mount Holyoke College.* https://www.mtholyoke.edu/media/kavita-ramdas-commencement-speech-2013

Rapinoe, M. (2016, October). Why I am kneeling. *The Players' Tribune.* https://www.theplayerstribune.com/articles/megan-rapinoe-why-i-am-kneeling

Reiff, M. R. (2019). The just price, exploitation, and prescription drugs: Why free marketeers should object to profiteering by the pharmaceutical industry. *Review of Social Economy, 77*(2), 108-142. https://doi.org/10.1080/00346764.2018.1545181

Reis, N. A., Kowalski, K. C., Ferguson, L. J., Sabiston, C. M., Sedgwick, W. A., & Crocker, P. R. E. (2015). Self-compassion and women athletes' responses to emotionally difficult sport situations: An evaluation of a brief induction. *Psychology of Sport and Exercise, 16,* 18-25. https://doi.org/10.1016/j.psychsport.2014.08.011

Reizer, A. (2019). Bringing self-kindness into the workplace: Exploring the mediating role of self-compassion in the associations between attachment and organizational outcomes. *Frontiers in Psychology, 10,* 1148. https://doi.org/10.3389/fpsyg.2019.01148

Richardson, C. M. E., Trusty, W. T., & George, K. A. (2018). Trainee wellness: Self-critical perfectionism, self-compassion, depression, and burnout among doctoral trainees in psychology. *Counselling Psychology Quarterly, 33*(2), 1-12. https://doi.org/10.1080/09515070.2018.1509839

Rivis, A. (2011). Fears of compassion: Development of three self-report measures. *Psychology and Psychotherapy: Theory, Research and Practice, 84*(3), 239-255. https://doi.org/10.1348/147608310X526511

Roach, M. K. (2013). *Six women of Salem: The untold story of the accused and their accusers in the Salem witch trials.* Da Capo Press.

Robinson, J. P., & Espelage, D. L. (2012). Bullying explains only part of LGBTQ-heterosexual risk disparities: Implications for policy and practice. *Educational Researcher, 41*(8), 309-319. https://doi.org/10.3102/0013189X12457023

Robinson, K. J., Gould, J. A., Stojanov, A., & Allen, N. B. (2016). Resisting self-compassion: Why are some people opposed to being kind to themselves? *Self and Identity, 15*(5), 505-524. https://doi.org/10.1080/15298868.2016.1160952

Rockliff, H., Gilbert, P., McEwan, K., Lightman, S., & Glover, D. (2008). A pilot exploration of heart rate variability and salivary cortisol responses to compassion-focused imagery. *Clinical Neuropsychiatry: Journal of Treatment Evaluation, 5*(3), 132-139.

Rogers, C. (1995). *On becoming a person: A therapist's view of psychotherapy.* Houghton Mifflin. (Original work published 1960)

Rosch, P. J. (2001). The quandary of job stress compensation. *Health and Stress, 3*(1), 1-4.

Ross, N. D., Kaminski, P. L., & Herrington, R. (2019). From childhood emotional maltreatment to depressive symptoms in adulthood: The roles of self-compassion and shame. *Child Abuse & Neglect, 92*, 32-42. https://doi.org/10.1016/j.chiabu.2019.03.016

Rucker, D. D., Galinsky, A. D., & Magee, J. C. (2018). The agentic-communal model of advantage and disadvantage: How inequality produces similarities in the psychology of power, social class, gender, and race. *Advances in Experimental Social Psychology, 58*, 71-125. https://doi.org/10.1016/bs.aesp.2018.04.001

Rudman, L. A. (1998). Self-promotion as a risk factor for women: The costs and benefits of counter-stereotypical impression management. *Journal of Personality and Social Psychology, 74*(3), 629-645. https://doi.org/10.1037/0022-3514.74.3.629

Rudman, L. A. (2004). Sources of implicit attitudes. *Current Directions in Psychological Science, 13*(2), 79-82. https://doi.org/10.1111/j.0963-7214.2004.00279.x

Rudman, L. A., & Glick, P. (1999). Feminized management and backlash toward agentic women: The hidden costs to women of a kinder, gentler image of middle managers. *Journal of Personality and Social Psychology, 77*(5), 1004-1010. https://doi.org/10.1037/0022-3514.77.5.1004

Rudman, L. A., & Glick, P. (2001). Prescriptive gender stereotypes and backlash toward agentic women. *Journal of Social Issues, 57*(4), 743-762. https://doi.org/10.1111/0022-4537.00239

Rudman, L. A., Greenwald, A. G., & McGhee, D. E. (2001). Implicit self-concept and evaluative implicit gender stereotypes: Self and ingroup share desirable traits. *Personality and Social Psychology Bulletin, 27*(9), 1164-1178. https://doi.org/10.1177/0146167201279009

Ruiz, F. J. (2010). A review of acceptance and commitment therapy (ACT) empirical evidence: Correlational, experimental psychopathology, component and outcome studies. *International Journal of Psychology and Psychological Therapy, 10*(1), 125-162.

Ryan, R. M., & Deci, E. L. (2017). *Self-determination theory: Basic psychological needs in motivation, development, and wellness.* Guilford Press.

Salerno, J. M., & Peter-Hagene, L. C. (2015). One angry woman: Anger expression increases influence for men, but decreases influence for women, during group deliberation. *Law and Human Behavior, 39*(6), 581-592. https://doi.org/10.1037/lhb0000147

Salin, D. (2003). Bullying and organisational politics in competitive and rapidly changing work environments. *International Journal of Management and Decision Making, 4*(1), 35-46.

Salzberg, S. (2012). *Fierce compassion.* Omega. https://www.eomega. org/article/fierce-compassion

Samnani, A. K., & Singh, P. (2012). 20 years of workplace bullying research: A review of the antecedents and consequences of bullying in the workplace. *Aggression and Violent Behavior, 17*(6), 581-589. https://doi.org/10.1016/j.avb.2012.08.004

Sbarra, D. A., Smith, H. L., & Mehl, M. R. (2012). When leaving your ex, love yourself: Observational ratings of self-compassion predict the course of emotional recovery following marital separation. *Psychological Science, 23*(3), 261-269. https://doi. org/10.1177/0956797611429466

Schellenberg, B. J., Bailis, D. S., & Mosewich, A. D. (2016). You have passion, but do you have self-compassion? Harmonious passion, obsessive passion, and responses to passion-related failure. *Personality and Individual Differences, 99*, 278-285. https://doi.org/10.1016/ j.paid.2016.05.003

Scholastic. (1997, January/February). Interview with Rosa Parks. http:// teacher.scholastic.com/rosa/interview.htm

Schulte-Rüther, M., Markowitsch, H. J., Shah, N. J., Fink, G. R., & Piefke, M. (2008). Gender differences in brain networks supporting empathy. *NeuroImage, 42*(1), 393-403. https://doi.org/10.1016/ j.neuroimage.2008.04.180

Schwartz, R. C., & Sweezy, M. (2019). *Internal family systems therapy.* Guilford Press.

Scoglio, A. A., Rudat, D. A., Garvert, D. W., Jarmolowski, M., Jackson, C., & Herman, J. L. (2018). Self-compassion and responses to trauma: The role of emotion regulation. *Journal of Interpersonal Violence, 33*(13), 2016-2036. https://doi.org/10.1177/0886260515622296

Seabrook, R. C., Ward, L. M., & Giaccardi, S. (2018). Why is fraternity membership associated with sexual assault? Exploring the roles of conformity to masculine norms, pressure to uphold masculinity, and objectification of women. *Psychology of Men & Masculinity, 19*(1), 3-13. https://doi.org/10.1037/men0000076

Shadick, N. A., Sowell, N. F., Frits, M., Hoffman, S. M., Hartz, S. A., Tang, R., & Weinblatt, M. E. (2013). A randomized controlled trial of an internal family systems-based psychotherapeutic intervention on outcomes in rheumatoid arthritis: A proof-of-concept study. *Journal of Rheumatology, 30*(11), 1831-1841.

Shapira, L. B., & Mongrain, M. (2010). The benefits of self-compassion and optimism exercises for individuals vulnerable to depression. *Journal of Positive Psychology, 5*(5), 377-389. https://doi.org/10.108 0/17439760.2010.516763

Shaver, P. R., Mikulincer, M., Gross, J. T., Stern, J. A., & Cassidy, J. (2017). Attachment security as a foundation for kindness toward self and others. In K. W. Brown & M. R. Leary (Eds.), *The Oxford handbook of hypo-egoic phenomena* (pp. 223-242). Oxford University Press.

Shernock, S., & Russell, B. (2012). Gender and racial/ethnic differences in criminal justice decision making in intimate partner violence cases. *Partner Abuse, 3*(4), 501-530. https://doi.org/10.1891/1946-6560.3.4.501

Sherry, S. B., Mackinnon, S. P., & Gautreau, C. M. (2014). Self-critical perfectionism confers vulnerability to depression after controlling for neuroticism: A longitudinal study of middle-aged, community-dwelling women. *Personality and Individual Differences, 69*, 1-4. https://doi.org/10.1016/j.paid.2014.05.005

Shih, J. H., & Eberhart, N. K. (2010). Gender differences in the associations between interpersonal behaviors and stress generation. *Journal of Social and Clinical Psychology, 29*(3), 243-255. https://doi.org/10.1521/jscp.2010.29.3.243

Shimizu, M., Niiya, Y., & Shigemasu, E. (2015). Achievement goals and improvement following failure: Moderating roles of self-compassion and contingency of self-worth. *Self and Identity, 15*(1), 107-115. https://doi.org/10.1080/15298868.2015.1084371

Shweder, R. A., Mahapatra, M., & Miller, J. G. (1987). Culture and moral development. In J. Kagan & S. Lamb (Eds.), *The emergence of morality in young children* (pp. 1-83). University of Chicago Press.

Simon, R. W., & Lively, K. (2010). Sex, anger and depression. *Social Forces, 88*(4), 1543-1568. https://doi.org/10.1353/sof.0.0339

Singh, N. N., Lancioni, G. E., Winton, A. S., Singh, J., Singh, A. N., & Singh, A. D. (2003). Soles of the feet: A mindfulness-based self-control intervention for aggression by an individual with mild mental retardation and mental illness. *Research in Developmental Disabilities*, *24*(3), 158-169. https://doi.org/10.1016/S0891-4222(03)00026-0

Sirois, F. M. (2014). Procrastination and stress: Exploring the role of self-compassion. *Self and Identity*, *13*(2), 128-145. https://doi.org/10.108 0/15298868.2013.763404

Smith, T. W., Glazer, K., Ruiz, J. M., & Gallo, L. C. (2004). Hostility, anger, aggressiveness, and coronary heart disease: An interpersonal perspective on personality, emotion, and health. *Journal of Personality*, *72*(6), 1217-1270. https://doi.org/10.1111/j.1467-6494.2004.00296.x

Sojourner Truth Project. (1863, April 23). Francis Gage's version of Sojourner Truth's "Ain't I a woman" speech. https://www.thesojournertruthproject.com/compare-the-speeches/

Spence, J. T., & Helmreich, R. L. (1978). *Masculinity and femininity: Their psychological dimensions, correlates, and antecedents*. University of Texas Press.

Steinem, G. (2019). *The truth will set you free, but first it will piss you off!: Thoughts on life, love, and rebellion*. Random House.

Stephens, R., Atkins, J., & Kingston, A. (2009). Swearing as a response to pain. *NeuroReport*, *20*(12), 1056-1060. https://doi.org/10.1097/WNR.0b013e32832e64b1

Stevenson, O., & Allen, A. B. (2017). Women's empowerment: Finding strength in self-compassion. *Women & Health*, *57*(3), 295-310.

https://doi.org/10.1080/03630242.2016.1157126

Stoeber, J., & Otto, K. (2006). Positive conceptions of perfectionism: Approaches, evidence, challenges. *Personality and Social Psychology Review, 10*(4), 295-319. https://doi.org/10.1207/s15327957pspr1004_2

Stop Street Harassment. (2018, February). The facts behind the #MeToo movement: A national study on sexual harassment and assault. http://www.stopstreetharassment.org/wp-content/uploads/2018/01/Full-Report-2018-National-Study-on-Sexual-Harassment-and-Assault.pdf

Suinn, R. M. (2001). The terrible twos—Anger and anxiety: Hazardous to your health. *American Psychologist, 56*(1), 27-36. https://doi.org/10.1037/0003-066X.56.1.27

Sutherland, L. M., Kowalski, K. C., Ferguson, L. J., Sabiston, C. M., Sedgwick, W. A., & Crocker, P. R. E. (2014). Narratives of young women athletes' experiences of emotional pain and self-compassion. *Qualitative Research in Sport, Exercise and Health, 6*(4), 499-516. https://doi.org/10.1080/2159676X.2013.876087

Swim, J. K. (1995). Sexism and racism: Old-fashioned and modern prejudices. *Journal of Personality and Social Psychology, 68*(2), 199-214. https://doi.org/10.1037/0022-3514.68.2.199

Swim, J. K., & Campbell, B. (2001). Sexism: Attitudes, beliefs, and behaviors. In R. Brown & S. Gaertner (Eds.), *The handbook of social psychology: Intergroup relations* (Vol. 4, pp. 218-237). Blackwell Publishers.

Tagar, M. R., Federico, C. M., & Halperin, E. (2011). The positive effect of negative emotions in protracted conflict: The case of anger. *Journal of Experimental Social Psychology, 47*(1), 157-164. https://doi.

참고문헌

org/10.1016/j.jesp.2010.09.011

Tangney, J. P., & Dearing, R. L. (2003). *Shame and guilt.* Guilford Press.

Tangney, J. P., Wagner, P., Hill-Barlow, D., Marschall, D. E., & Gramzow, R. (1996). Relation of shame and guilt to constructive versus destructive responses to anger across the lifespan. *Journal of Personality and Social Psychology, 70*(4), 797-809. https://doi.org/10.1037/0022-3514.70.4.797

Taylor, D. M., Wright, S. C., Moghaddam, F. M., & Lalonde, R. N. (1987). Disadvantaged group responses to perceived inequity: From passive acceptance to collective action. *Journal of Social Psychology, 127*(3), 259-272. https://doi.org/10.1080/00224545.1987.9713704

Taylor, J. (2015). Gender orientation and the cost of caring for others. *Society and Mental Health, 5*(1), 49-65. https://doi.org/10.1177/2156869314564190

Taylor, S. E. (2006). Tend and befriend: Biobehavioral bases of affiliation under stress. *Current Directions in Psychological Science, 15*(6), 273-277. https://doi.org/10.1111/j.1467-8721.2006.00451.x

Terry, M. L., Leary, M. R., & Mehta, S. (2013). Self-compassionate reactions to health threats. *Personality and Social Psychology Bulletin, 39*(7), 911-926. https://doi.org/10.1177/0146167213488213

The 22 Convention. (2020, October). *Make women great again conference.* https://22convention.com

Thomas, S. P. (1995). Women's anger: Causes, manifestations, and correlates. In C. D. Spielberger & I. G. Sarason (Eds.), *Stress and emotion* (Vol. 15, pp. 53-74). Taylor & Francis.

Thomas, S. P. (2005). Women's anger, aggression, and violence.

*Health Care for Women International, 26*(6), 504-522. https://doi. org/10.1080/07399330590962679

Thomas, S. P. (Ed.). (1993). *Women and anger*. Springer.

Thomas, S. P., Smucker, C., & Droppleman, P. (1998). It hurts most around the heart: A phenomenological exploration of women's anger. *Journal of Advanced Nursing, 28*(2), 311-322. https://doi. org/10.1046/j.1365-2648.1998.00686.x

Thompson, B. L., & Waltz, J. (2008). Self-compassion and PTSD symptom severity. *Journal of Traumatic Stress, 21*(6), 556-558. https://doi. org/10.1002/jts.20374

Thornton, B., & Leo, R. (1992). Gender typing, importance of multiple roles, and mental health consequences for women. *Sex Roles, 27*(5-6), 307-317. https://doi.org/10.1007/BF00290004

Thornton, V., & Nagurney, A. (2011). What is infidelity? Perceptions based on biological sex and personality. *Psychology Research and Behavior Management, 4*, 51-58. https://doi.org/10.2147/PRBM. S16797

Tice, D. M., & Baumeister, R. F. (1997). Longitudinal study of procrastination, performance, stress, and health: The costs and benefits of dawdling. *Psychological Science, 8*(6), 454-458. https:// doi.org/10.1111/j.1467-9280.1997.tb00460.x

Timko, C. A., DeFilipp, L., & Dakanalis, A. (2019). Sex differences in adolescent anorexia and bulimia nervosa: Beyond the signs and symptoms. *Current Psychiatry Reports, 21*(1), 1-8. https://doi. org/10.1007/s11920-019-0991-y

Tippett, K. (Host). (2013, October 31). Sharon Salzberg + Robert

Thurman: Meeting our enemies and our suffering [Audio podcast]. *On Being.* https://onbeing.org/programs/sharon-salzberg-robert-thurman-meeting-our-enemies-and-our-suffering

Tobin, D. D., Menon, M., Menon, M., Spatta, B. C., Hodges, E. V., & Perry, D. G. (2010). The intrapsychics of gender: A model of self-socialization. *Psychological Review, 117*(2), 601-622. https://doi.org/10.1037/a0018936

Treviño, L. J., Gomez-Mejia, L. R., Balkin, D. B., & Mixon, F. G., Jr. (2018). Meritocracies or masculinities? The differential allocation of named professorships by gender in the academy. *Journal of Management, 44*(3), 972-1000. https://doi.org/10.1177/0149206315599216

Turiel, E. (2002). *The culture of morality: Social development, context, and conflict.* Cambridge University Press.

Turner, J. S. (2005). Explaining the nature of power: A three-process theory. *European Journal of Social Psychology, 35*(1), 1-22. https://doi.org/10.1002/ejsp.244

U.S. Bureau of Labor Statistics. (2017, March). *Women as managers.* https://www.bls.gov/careeroutlook/2017/data-on-display/women-managers.htm

U.S. Department of Justice, Office of Justice Programs, Bureau of Justice Statistics. (2017). *National crime victimization survey, 2010 – 2016.*

U.S. Equal Employment Opportunity Commission. (2021, February 18). *Facts about sexual harassment.* https://www.eeoc.gov/fact-sheet/facts-about-sexual-harassment

University of Minnesota. (n.d.). What is Qi? (and other concepts). *Taking charge of your health and wellbeing.* https://www.takingcharge. csh.umn.edu/explore-healing-practices/traditional-chinese-medicine/ what-qi-and-other-concepts

Valera, P., & Taylor, T. (2011). Hating the sin but not the sinner: A study about heterosexism and religious experiences among Black men. *Journal of Black Studies, 42*(1), 106-122. https://doi. org/10.1177/0021934709357012

Van Anders, S. M., Steiger, J., & Goldey, K. L. (2015). Effects of gendered behavior on testosterone in women and men. *Proceedings of the National Academy of Sciences, 112*(45), 13805-13810. https://doi. org/10.1073/pnas.1509591112

van Osch, Y., & Schaveling, J. (2020). The effects of part-time employment and gender on organizational career growth. *Journal of Career Development, 47*(3), 328-343. https://doi. org/10.1177/0894845318790412

Vazeou-Nieuwenhuis, A., & Schumann, K. (2018). Self-compassionate and apologetic? How and why having compassion toward the self relates to a willingness to apologize. *Personality and Individual Differences, 124*, 71-76. https://doi.org/10.1016/j.paid.2017.11.050

Vigna, A. J., Poehlmann-Tynan, J., & Koenig, B. W. (2017). Does self-compassion facilitate resilience to stigma? A school-based study of sexual and gender minority youth. *Mindfulness, 9*(3), 914-924. https://doi.org/10.1007/s12671-017-0831-x

Vigna, A. J., Poehlmann-Tynan, J., & Koenig, B. W. (2020). Is self-compassion protective among sexual- and gender-minority adolescents across racial groups? *Mindfulness, 11*(3), 800-815. https://

doi.org/10.1007/s12671-019-01294-7

Wainryb, C., & Turiel, E. (1994). Dominance, subordination, and concepts of personal entitlements in cultural contexts. *Child Development, 65*(6), 1701-1722. https://doi.org/10.2307/1131283

Walley-Jean, J. C. (2009). Debunking the myth of the "angry Black woman": An exploration of anger in young African American women. *Black Women, Gender and Families, 3*(2), 68-86. https://doi.org/10.5406/blacwomegendfami.3.2.0068

Walsh, J. P., Weber, K., & Margolis, J. D. (2003). Social issues and management: Our lost cause found. *Journal of Management, 29*(6), 859-881. https://doi.org/10.1016/S0149-2063(03)00036-7

Ward, L. M., Seabrook, R. C., Manago, A., & Reed, L. (2014). Sexuality and entertainment media. In D. Tolman & L. Diamond (Eds.), *APA handbook of sexuality and psychology* (2nd ed., Vol. 2, pp. 373-423). American Psychological Association. https://doi.org/10.1037/14194-012

Ware, V. (2015). *Beyond the pale: White women, racism, and history.* Verso Books.

White, B. (2011). *If you ask me (And of course you won't).* Putnam.

Whitley, B. E. (1985). Sex-role orientation and psychological well-being: Two meta-analyses. *Sex Roles, 12*(1-2), 207-225. https://doi.org/10.1007/BF00288048

Whyte, D. (2019). *Consolations: The solace, nourishment and underlying meaning of everyday words.* Canongate Books.

Wilkinson, P., & Goodyer, I. (2011). Non-suicidal self-injury. *European Child & Adolescent Psychiatry, 20*(2), 103-108. https://doi.

org/10.1007/s00787-010-0156-y

Williams, J. C. (2014, January 24). Women, work and the art of gender judo. *The Washington Post.* https://www.washingtonpost.com/opinions/women-work-and-the-art-of-gender-judo/2014/01/24/29e209b2-82b2-11e3-8099-9181471f7aaf_story.html

Williams, J. C., & Dempsey, R. (2018). *What works for women at work: Four patterns working women need to know.* NYU Press.

Willness, C. R., Steel, P., & Lee, K. (2007). A meta-analysis of the antecedents and consequences of workplace sexual harassment. *Personnel Psychology, 60*(1), 127-162. https://doi.org/10.1111/j.1744-6570.2007.00067.x

Wilson, A. C., Mackintosh, K., Power, K., & Chan, S. W. Y. (2018). Effectiveness of self-compassion related therapies: A systematic review and meta-analysis. *Mindfulness, 10*(6), 979-995. https://doi.org/10.1007/s12671-018-1037-6

Won, E., & Kim, Y. K. (2016). Stress, the autonomic nervous system, and the immune-kynurenine pathway in the etiology of depression. *Current Neuropharmacology, 14*(7), 665-673. https://doi.org/10.2174/1570159X14666151208113006

Wong, C. C. Y., & Yeung, N. C. Y. (2017). Self-compassion and posttraumatic growth: Cognitive processes as mediators. *Mindfulness, 8*(4), 1078-1087. https://doi.org/10.1007/s12671-017-0673-6

Wong, Y. J., & Rochlen, A. B. (2005). Demystifying men's emotional behavior: New directions and implications for counseling and research. *Psychology of Men & Masculinity, 6*(1), 62-72. https://doi.org/10.1037/1524-9220.6.1.62

Wood, J. V., Perunovic, W. Q. E., & Lee, J. W. (2009). Positive self-statements: Power for some, peril for others. *Psychological Science, 20*(7), 860-866. https://doi.org/10.1111/j.1467-9280.2009.02370.x

Wood, W., & Eagly, A. H. (2009). Gender identity. In M. R. Leary & R. H. Hoyle (Eds.), *Handbook of individual differences in social behavior* (pp. 109-125). Guilford Press.

World Economic Forum. (2018). Global gender gap report 2018. https://www.weforum.org/reports/the-global-gender-gap-report-2018

Worline, M. C., & Dutton, J. E. (2017). *Awakening compassion at work: The quiet power that elevates people and organizations.* Berrett-Koehler.

Yarnell, L. M., & Neff, K. D. (2013). Self-compassion, interpersonal conflict resolutions, and well-being. *Self and Identity, 12*(2), 146-159. https://doi.org/10.1080/15298868.2011.649545

Yarnell, L. M., Neff, K. D., Davidson, O., Mullarkey, M., & Eastabrook, J. (2015). Meta-analysis of gender differences in self-compassion. *Self and Identity, 14*(5), 499-520. https://doi.org/10.1080/15298868.2015.1029966

Yarnell, L. M., Stafford, R. E., Neff, K. D., Reilly, E. D., Knox, M. C., & Mullarkey, M. (2019). Gender differences in self-compassion: Examining the role of gender role orientation. *Mindfulness, 10*(6), 1136-1152. https://doi.org/10.1007/s12671-018-1066-1

Yehuda, R. (2002). Post-traumatic stress disorder. *New England Journal of Medicine, 346*(2), 108-114. https://doi.org/10.1056/NEJMra012941

Young, S. (2017). Break through pain. https://www.shinzen.org/wp-content/uploads/2016/12/art_painprocessingalg.pdf

Yousafzai, M. (2013). *I am Malala: The girl who stood up for education and was shot by the Taliban.* Little, Brown.

Zhang, J. W., & Chen, S. (2016). Self-compassion promotes personal improvement from regret experiences via acceptance. *Personality and Social Psychology Bulletin, 42*(2), 244-258. https://doi.org/10.1177/0146167215623271

Zhang, J. W., Chan, D. K., Teng, F., & Zhang, Z. (2019). A compassionate self is a true self? Self-compassion promotes subjective authenticity. *Personality and Social Psychology Bulletin, 45*(9), 1323-1337. https://doi.org/10.1177/0146167218820914

Zhang, J. W., Chen, S., & Tomova, T. K. (2020). From me to you: Self-compassion predicts acceptance of own and others' imperfections. *Personality and Social Psychology Bulletin, 46*(2), 228-241. https://doi.org/10.1177/0146167219853846

Zhu, L., et al. (2019). The predictive role of self-compassion in cancer patients' symptoms of depression, anxiety, and fatigue: A longitudinal study. *Psycho-Oncology, 28*(9), 1918-1925. https://doi.org/10.1002/pon.5177

## 저자 소개

크리스틴 네프(Kriistin Neff)는 버클리 캘리포니아대학교에서 도덕 발달을 연구하며 박사 학위를 받았다. 이후 덴버대학교에서 자기개념 발달을 연구하며 2년간 박사 후 연구를 진행했다. 텍사스대학교 오스틴 캠퍼스에서 교육심리학 부교수로 근무하였으며, 현재는 자기연민을 널리 알리는 데 힘쓰고 있다. 크리스틴은 대학원 마지막 해에 불교에 관심을 가지게 되었고, 그 이후로 인사이트 명상 전통에 따라 명상을 실천해 왔다. 박사 후 연구를 진행하면서 그녀는 자기연민에 대한 연구를 시작하기로 결심했으며, 이는 불교 심리학의 핵심 개념이자 아직 실증적으로 연구되지 않은 주제였다. 크리스틴은 자기연민 연구 분야의 선구자로, 약 20년 전 이 개념을 측정하기 위한 척도를 개발했다. 이 주제에 대해 수많은 학술 논문과 책을 집필했으며, 『러브 유어셀프』(학지사, 2019)라는 책의 저자이기도 하다. 또한 크리스틴은 동료인 크리스 거머 박사와 함께 '마음챙김 자기연민'이라는 실증적으로 효과가 입증된 프로그램을 개발했으며, 이 프로그램은 전 세계 수천 명의 교사들에 의해 가르쳐지고 있다(미국 www.CenterforMSC.org; 한국 http://www.ikmp.org 참조). 그들은 또한 『전문가를 위한 마음챙김 자기연민 가이드북』(2023, 학지사)이라는 책을 공동 저술했다. 자기연민에 대한 추가 정보, 자기연민 테스트, 연구 논문, 안내 명상, 크리스틴 네프의 강의 일정은 www.self-compassion.org에서 확인할 수 있다.

## 역자 소개

### 서광(Seogwang)

소피아대학교 대학원 심리학 박사
현 동국대학교 불교대학원 명상심리상담학과 책임교수

〈저서 및 역서〉
치유하는 불교 읽기(불광출판사, 2012)
치유하는 유식 읽기(도서출판 공간, 2013)
러브 유어셀프(공역, 학지사, 2019)

〈논문〉
불교수행체계와 현대명상 연구 고찰(선학, 2021)
Efficacy of the online Mindful Self-Compassion for Healthcare Communities program for surgical trainees: a prospective pilot study(공동, ANNALS OF SURGICAL TREATMENT AND RESEARCH, 2023)
육도윤회척도의 타당화 연구(공동, 학습자중심교과교육연구, 2024)

### 덕산(Duksan)

대구교육대학교 초등국어교육 석사
현 동국대학교 일반대학원 불교학과 박사과정

〈논문〉
초등학교 이중언어교육의 방향 연구(대구교육대학교, 2017)
사찰 승가대학의 변혁적 교육방향 모색(동국대학교, 2024)

### 서승희(Seo Seunghee)

국제영어대학원대학교 한영통번역학과 석사
〈역서〉
자아초월명상 연구방법론(공역, 학지사, 2019)

# 나를 돌보는 마음 훈련법

크리스틴 네프가 전하는 **적극적 자기연민의 힘**

## FIERCE SELF-COMPASSION
How Women Can Harness Kindness to Speak Up, Claim Their Power and Thrive

2025년 9월 20일 1판 1쇄 인쇄
2025년 9월 30일 1판 1쇄 발행

지은이 • Kristin Neff
옮긴이 • 서광 · 덕산 · 서승희
펴낸이 • 김진환
펴낸곳 • ㈜ **학지사**
　　　　　　04031 서울특별시 마포구 양화로 15길 20 마인드월드빌딩
대표전화 • 02-330-5114　팩스 • 02-324-2345
등록번호 • 제313-2006-000265호
홈페이지 • http://www.hakjisa.co.kr
인스타그램 • https://www.instagram.com/hakjisabook

ISBN 978-89-997-3514-1 03180

정가 20,000원

**출판미디어기업 학지사**

간호보건의학출판 **학지사메디컬** www.hakjisamd.co.kr
심리검사연구소 **인싸이트** www.inpsyt.co.kr
학술논문서비스 **뉴논문** www.newnonmun.com
교육연수원 **카운피아** www.counpia.com
대학교재전자책플랫폼 **캠퍼스북** www.campusbook.co.kr